危机的秩序化

西方经济哲学的历史拟像

刘道一 著

图书在版编目（CIP）数据

危机的秩序化：西方经济哲学的历史拟像 / 刘道一著 . -- 北京：当代中国出版社 , 2024.6
ISBN 978-7-5154-1391-4

Ⅰ.①危… Ⅱ.①刘… Ⅲ.①经济哲学－研究 Ⅳ.① F0

中国国家版本馆 CIP 数据核字（2024）第 105686 号

出 版 人	王　茵
责任编辑	战盈彤
责任校对	贾云华　康　莹
印刷监制	刘艳平
装帧设计	鲁　娟
出版发行	当代中国出版社
地　　址	北京市地安门西大街旌勇里 8 号
网　　址	http://www.ddzg.net
邮政编码	100009
编 辑 部	（010）66572154
市 场 部	（010）66572281　66572157
印　　刷	中国电影出版社印刷厂
开　　本	880 毫米 ×1230 毫米　1/32
印　　张	16.375 印张　1 插页　384 千字
版　　次	2024 年 6 月第 1 版
印　　次	2024 年 6 月第 1 次印刷
定　　价	86.00 元

版权所有，翻版必究；如有印装质量问题，请拨打（010）66572159 联系出版部调换。

目 录

前　言　拟像·差异·历史　　　　　　　　　　　　001
引　论　西方经济哲学的"古今之变"　　　　　　　001

第一部分　延异：危机之思　　　　　　　　　　067

第一章　危机的史前史：临在的模拟与拣选的意志　　073
　　"危机"证史　　　　　　　　　　　　　　　073
　　失序的轨迹　　　　　　　　　　　　　　　079
　　差异与重复　　　　　　　　　　　　　　　090
第二章　语境中的危机：以亚当·斯密为中心的探究　　101
　　问题与脉络　　　　　　　　　　　　　　　101
　　拟像主体　　　　　　　　　　　　　　　　121
　　"看不见的手"悖谬　　　　　　　　　　　　127
　　视角主义的独断　　　　　　　　　　　　　134
第三章　危机的意识形态化：构化、显现与虚无　　　140
　　"自然的自由"　　　　　　　　　　　　　　140

失灵的"定律"	148
"政治经济学新原理"	156
"经济和谐"与无危机辩护	163
危机与意识形态	169

第二部分 反诘：秩序之问

第四章 秩序与意义："苏格拉底言辞"中的理念结构	187
追寻秩序	187
理念与城邦	198
洞穴拟像	210
第五章 实践性的悖论：从亚里士多德出发	226
两种"经济"概念	226
哲人与律法	231
绝对的敕令	240
第六章 坏世界与不平等：现代世界的自我倾覆	256
经济哲学的"马基雅维利时刻"	256
"自然状态"中的卑污与恐惧	270
空洞的启蒙	277
利益的诠证	286
建制不平等	297
脆弱的幸福	302

第三部分 称义：权力之殇

第七章 总体之思：功利主义与资本逻辑的内在化　321
　　内在性与总体性　321
　　功利原理　328
　　重构的意图　332
　　立场与言说　340

第八章 开端与无限：凯恩斯主义的权力之图　348
　　资本主义与欲望机器　348
　　反驳"萨伊市场定律"　355
　　利维坦的欲望困境　360
　　铁律与规训　367
　　救平与破灭　374

第九章 炼狱理性："新自由主义"的"致命自负"　387
　　"反启蒙的启蒙"　387
　　反思实证主义　393
　　心灵内容与意向立场　409
　　意图伦理　422
　　致命的策略　433

主要参考文献　451

前　言　拟像·差异·历史

"危机"（Crisis）与"秩序"（Order）是西方经济哲学（Western Economical Philosophy）演进历程中两个关键的"主题极性"（Polaration），同时也是古希腊—希伯来的文明/文化逐步实现其"拟制"（Simulation）现实的构架性重要支柱，当下现实世界所面临的"危机的秩序化"场景正根源于其造作的理论意图之中。一方面，秩序的叙事必然排斥危机，以"失序"为根本的经济—政治问题，自古希腊经济言说的肇端，诸多对于制度变革的思考与呼召皆始因于此；另一方面，危机又根源事实上于秩序本身，在此，历史界域的"秩序"之说既关涉阶级秩序、财富秩序、统治秩序，也内置心灵秩序、欲望秩序、生命秩序，由此可知，正是"秩序"的不合理、不平等、不正义，带来了渐次涌现（Emergency）的"危机"现实。由此可见，根植于西方社会运行机理内部的"危机"并不是单维的、偶发的、可根除的单一病灶，而是与其历史性的"秩序"造作相因应（但却不能相互适应）。"危机"可以在叙事策略上和理论演历中被抹平和去政治化，但并不会因此而消失无踪，或者可以说，这才是言之凿凿、时时刻刻奉"秩序"为圭臬的西方经济哲学反而不断延异、拓进为新的"危机时刻"的真正动因。①

当我们将如上的"共时性"分析引入"历时性"发展的西方经济哲学的历史视野，就更清晰地呈现出一种批判性的"拟像"（Simulacrum）图景，与"同一化"（Identification）的死亡驱力相抗辩，"拟像正是一个毫无类似性的着魔的影像；或者毋宁说，与祭祀像相反，它将类似性置于外部，并靠差异来维持自己的生命"②。"拟像"与"真实"（无论是数学真实抑或历史真实）有着永恒的隔阂，但是幻象环伺的"常人"（das Man）更擅长以幻觉的秩序替代真理的表征，从而成就"自我与世界的边界的消除，通过世界的在场和不在场对自我进行挤压，它也是真实与虚假的边界的消除，通过表象组织所保障的虚假的真实在场，对所经历的任何真理进行压抑"③。在此，正如法国批判理论家让·波德里亚（Jean Baudrillard，1929—2007）所说，历代西方经济哲人所造作的"思"之拟像"已经是真实与想象的混合体，在拟像建构的过程中，想象成为创造物的核心"④。也正是在"创世存在论"

---

① 而在另一个层面，持续发生的"危机"的秩序化、制度化，也意味着"异化"现实的不断深化和迫切化。"异化理论不只提出了社会问题中人的中心地位的观念——这在一定意义上说是明显的，但在另一种更实际的意义上说是特别具有启发性的——而且也提出了应该以每个时代和每种社会经济形态的语言，具体而历史地阐明异化概念的迫切性。"郑天喆、王平主编：《马克思主义异化理论的当代诠释》，中国人民大学出版社 2021 年版，第 167 页。
② ［法］吉尔·德勒兹：《差异与重复》，安靖、张子岳译，华东师范大学出版社 2019 年版，第 224 页。
③ ［法］居伊·德波：《景观社会》，张新木译，南京大学出版社 2017 年版，第 138 页。
④ ［法］柳棱棱：《拟像场：当代空间展示设计》，华中科技大学出版社 2022 年版，第 40 页。

的意义上，全球资本主义"这种惊呼的工业生产是一种幻象控制，即一种'理性的生产'，它清除了独特性构成的参与装置，如赠予和回赠的循环，通过将冲动从欲望循环中分立出来去解除与冲动的联系"①。由此，脱离了现实际遇的"拟像人格"所寄寓的西方化历史编撰学总是试图以自身的历史轨迹诠释或重构世界历史，构造"自我承认的政治历史"，其实质就是以自身的文化（文明）创造一种规限，一种根源于"差异性"的权力关系，"把比较者要么置于一个从属于另一个，要么置于同一序列的等级之中"②。而当一个比较的序列得以成立的时候，西方主体（归根结底恰恰是资本的"特殊"的力量）又会以普遍性的、强力的方式重新区隔世界文明的图景，在对特殊性的驱逐中实现自我持存，并在其最终完成的全球性"脱域"（安东尼·吉登斯语）的构造中，达至"资本主义"（Capitalism）之为世界普遍历史的必然产物这一绝对自我"构序"的历史定位。

在西方现代性的话语系谱中，"普遍历史"（Allgemeine Geschichte）这一概念的使用最初来自赫尔德（Johann Gottfried Von Herder, 1744—1803）对某种历史编纂学的指称，意指试图对于某个总体历史时期或文化区域进行统合性描述的历史叙事。③

---

① ［法］贝尔纳·斯蒂格勒：《象征的贫困2：感性的灾难》，张新木、刘敏译，南京大学出版社2022年版，第238页。
② 张志扬：《西学中的夜行》，华东师范大学出版社2010年版，第109页。
③ ［德］马克斯·韦伯：《宗教社会学论文集·绪论》注释，《新教伦理与资本主义精神》（罗克斯伯里第三版），苏国勋等译，社会科学文献出版社2010年版，第141页。

因此可以说"普遍历史"这一概念的最初创发就有着明显的价值前设,即首先认定历史偶然性的可规整化以及整一性历史的存在恰恰不是一种自我呈现的客观过程,而(应当)是一种通过主观意向性构造的、人为的整合物,是一种叙事,进而是一种意识形态。这种西方文明中心论的意识形态也就最终在马克斯·韦伯(Max Weber,1864—1920)著名的独异性提问中得以呈现:

> 身为现代欧洲文明之子,在研究普遍历史问题时,都会必然地和正当地铭记如下特殊问题:各种情境因素究竟以什么样的方式结合起来产生了那些在西方,而且仅仅在西方出现的并在历史发展进程中(至少我们倾向于认为)具有普遍意义和有效性的文化现象?①

历史地看,"普遍历史"的"拟像"观念是由康德(Immanuel Kant,1724—1804)提出并将其与人类的自由发展相联系而设论的。在《世界公民观点之下的普遍历史观念》②一文中,康德开宗明义地指出了"普遍历史"观念的必要性:

---

① [德]马克斯·韦伯:《新教伦理与资本主义精神》(罗克斯伯里第三版),苏国勋等译,社会科学文献出版社2010年版,第1页。
② 本文亦有译为《来自一个世界主义者的世界普遍史观念》,参校两译名中对于"weltburger"的翻译,"世界主义者"的译法更突出"普遍历史观念"中主观性的、造作的成分,而"世界公民"的说法则似乎呼应18世纪的德国与21世纪的中国的内在焦虑。相关译名参见[美]弗朗西斯·福山:《历史的终结及最后之人》,中国社会科学出版社2003年版,第66页。

要按照这样一种观念——当世界的行程可以用某种合理性的目的来加以衡量的时候,它那历程应该是怎样的——来编写一部历史……哪怕我们是那么近视而看不透它那布局的秘密构造,但是这一观念却仍可以为我们提供一条指导线索,把一堆否则便只是毫无计划的人类行动的汇合体至少在整体上构划出一个体系。①

这一条遵从"合理性的目的"的"指导线索",重构人类历史的事件链条,进而将其放入一个"自然"的言说序列(叙事)之中,"把普遍的世界历史按照一场以人类物种的完美的公民结合状态为其宗旨的大自然计划来加以处理……必须看作是可能的,并且甚至还是这一大自然的目标所需要的"②。

人类行为的历史性("世界的行程")由此便获得了更高的观照,成为"大自然的目标"的实现,但是,这种将"大自然的计划"加诸于本身的做法又必然使认识陷入目的论和决定论的悖谬。历史的("自然")决定论构造了一幅图景,而"人类物种从长远看来,就在其中表现为他们怎样使自己终于上升到这样一种状态,那时候大自然所布置在他们身上的全部萌芽都可以充分地发展出来,而他们的使命也就可以在大地之上得到实现"③。正是

---

① [德]康德:《历史理性批判文集》,何兆武译,商务印书馆1990年版,第18—19页。
② [德]康德:《历史理性批判文集》,何兆武译,商务印书馆1990年版,第18页。
③ [德]康德:《历史理性批判文集》,何兆武译,商务印书馆1990年版,第20页。

在这样一个维度上,人类的行为被赋予了终极的,也同样是普遍的目标,这样一种全称式的宣告(当然不是"论证")必定潜藏决定论的傲慢,因为只要能够获得通过定义大自然的"布置"进而指称人类(作为总体)的"使命"的决定性势位(资产阶级领导权),就可以达至对人类社会发展的"普遍性话语"的重构,从而在历史的叙事中"唯意志的"(而非依"理性的")裁断"普遍历史"的言说质料与形式,也即裁定各非西方的文化历史共同体的"近文明性"或在以西方文化为根本尺度的评价体系中的"文明等级"。"当我们从希腊的历史——都是通过它,其他一切古代的或其同时代的历史才得以为我们保留下来,或者至少是才成为可以征信的——而起始的时候;当我们追溯它对于并吞了希腊国家的罗马民族的国家共同体之形成与破坏所起的影响以及罗马对于后来又消灭了罗马民族的野蛮人所起的影响时,下迄我们自己的时代为止;这里面还应该加入其他民族的国家史作为插曲(我们有关他们的知识正是通过这些启蒙了的民族才逐步地获得的);那么我们就会发现,我们这个大陆上的国家宪法是有着一个合规律的进步历程的(这或许有一天会给其他一切大陆提供法则)。"[①]

在康德对普遍历史的描述中(康德认为"世界普遍历史"的书写要由一位由"大自然本身"产生出的开普勒、牛顿式的人物来完成,而他自己并不具备完成这一重任的能力,而只能对人类

---

① [德]康德:《历史理性批判文集》,何兆武译,商务印书馆1990年版,第19页。

历史发展的普遍法则进行约略的表述①），有着明显的基于理性与启蒙（"启蒙"问题在下文将有进一步论述）观念的西方中心论倾向，"希腊—希腊化—中世纪"的"历史"表述与基于"启蒙运动"转向的现代西方资产阶级宪政的"当下"界定，就成为以西方社会制度变迁重构（篡改）世界"非西方"民族—国家的社会历史进程的理论前驱，毕竟在康德看来，这些非西方的历史与文化还只是"作为插曲"而存在。康德普遍历史观念的展开，就呈现为双重谬误的境遇。第一个谬误是非西方文明体进入西方叙事体系的"可知性"的谬误。"唯有从其一开始就延续不断直迄我们今天的那个有知识的公众，才能征信古代的历史。超出此外，一切便都是未知的领域了；凡是生活在此之外的各个民族，其历史便只能从他们加入这里面的那个时代开始算起……从这里出发（当这一开端首先已经恰当地被确定了之后），我们才可以向上追溯他们的故事。所有其他的民族也都是如此。"② 在此，"政治的霸权"以"叙事的霸权"为前导出现，我们惊奇地发现，人类认识的限度问题（西方人或非西方人的"普遍"）居然得到了如此无理的规避：由认识的局限性所造成的"此"的局限竟成为"未知的领域"的规定性的来源，也就是说，只有符合现代西方的"启蒙"原则的文明体（"普世价值"的在场）才可能进入"普遍历史"的"叙事脉络"。这也就引发了康德论述的第二个也是更根

---

① ［德］康德：《历史理性批判文集》，何兆武译，商务印书馆1990年版，第3页。
② ［德］康德：《历史理性批判文集》，何兆武译，商务印书馆1990年版，第19页注释1。

本的，更"自然"的谬误："人类的历史大体上可以看作是大自然的一项隐蔽计划的实现，为的是奠定一种对内的，并且为此目的同时也就是对外的国家宪法，作为大自然得以在人类的身上充分发展其全部禀赋的唯一状态。"①

"叙事的霸权"以"自然的君临"为指归，狂妄地"勾勒主体疯狂愿望的可触摸性眩晕，以拥抱主体自身的图像，并通过它使主体晕厥"②。正是在"主体性"的拟像之下，康德的论述决定性地为资本主义态势作为人类进步与启蒙的"唯一状态"，并充分展开为其"普遍历史"的最高纲领：只有资产阶级宪政才能为人类"普遍"立法。从这个理论基点出发，对"普遍历史"观念的践行就必然指向资产阶级宪政与资本主义制度的必然性与普世性的证成。展开而论，康德从西方文明的主体（有限性）视角出发，强调只有在资产阶级权利理性之上建立的宪政体系才是"自然"的，也因而才是"合人类"的，也即特殊性在普遍性中完成和呈现自身，但事实上正是（西方文化）特殊性对（人类文明）普遍性的僭越与基于"误识"（或"识之限"）的"普遍性叙事"造成了对"普遍"的幻觉（"有知识的公众"的另外一种意义上的"启蒙"），并一再以"自然"（非实体化的决定者）的名义在悖谬中为"普遍历史"观念（资产阶级宪政的"历史"性与资本主义制度的"普遍"性）的发展开辟了道路。

---

① ［德］康德：《历史理性批判文集》，何兆武译，商务印书馆1990年版，第15页。
② ［法］让·波德里亚：《论诱惑》，张新木译，南京大学出版社2011年版，第95页。

作为唯心主义哲学的集大成者，黑格尔（Georg Wilhelm Friedrich Hegel，1770—1831）的资本主义观根源于康德在西方价值本体论上的自信，与康德一样，他把自己的设想说成编写一部能展示在发掘知识的过程的精神的世界普遍史①；同时，在历史决定论的层面，黑格尔也继承了康德的"自然"原则："历史是精神的形态，它采取事件的形式，即自然的直接现实性的形式。因此，它的发展阶段是作为直接的自然原则而存在的。"②但是黑格尔反对康德把资产阶级宪政国家理想化为一种抽象道德的绝对性持存，而认为应当基于现实的原则，将其视为一种特殊，即在这种特殊的"拟像域"（Simulacrum Field）中，"伦理型的整体本身和国家的独立性都被围委之于偶然性。由于各民族作为实存着的个体只有在他们的特殊性中才具有客观现实性和自我意识，所以民族精神的原则因为这种特殊性就完全受到了限制。各民族在其相互关系中的命运和事迹是这些民族的精神有限性的辩证发展现象。从这种辩证法产生出普遍精神，即世界精神，它既不受限制，同时又创造着自己；正是这种精神，在作为世界法庭的世界历史中，对这些有限精神行使着它的权利，它的高于一切的权利"③。在"普遍精神"之下，人类的精神裂解为"特殊"的在场，与"普遍"相对又归属于"普遍"。"各种具体理念，即各种民

---

① ［美］弗朗西斯·福山：《历史的终结及最后之人》，黄胜强、许铭原译，中国社会科学出版社2003年版，第69页。
② ［德］黑格尔：《法哲学原理》，范扬、张企泰译，商务印书馆1961年版，第353页。
③ ［德］黑格尔：《法哲学原理》，范扬、张企泰译，商务印书馆1961年版，第351页。

族精神,在绝对的普遍性这一具体理念中,即在世界精神中,具有它们的真理和规定性;它们侍立在世界精神王座的周围,作为它的现实化的执行者和它的庄严的见证和饰物而出现。"① 在规定了"普遍精神"对于"民族精神"具有关系之后,黑格尔以"世界精神"统摄"世界历史",裁断、辨别"特殊者"的"普遍性"意蕴,进而提出他的世界历史辩证法:历史的进步不是理性的稳定发展所推动的,而是通过人类冲突、革命甚至战争的相互作用发生的,历史沿着一个不断冲突的过程向前发展,其间思想体系和政治制度由于内部矛盾的作用发生碰撞而崩溃,继而被矛盾较少并因此形态更高的制度所取代,并再产生新的和不同的矛盾。② 黑格尔的这一思路,正承接了康德所指出的制度变迁"总会留下来一个启蒙的萌芽,这一萌芽通过每一次的革命而愈加发展,并准备好了后来的、更高阶段的进步"③。在这里,"启蒙"和"进步"通过"拟像化"的辩证表达而成为"普遍历史"的规范性(normativity)来源,同时在启蒙与进步的叙事中完成了对"特殊"的普遍化:世界历史性民族在"特殊—普遍"的辩证法中的证成。

黑格尔以"普遍化"了的世界历史(康德意义上的"自然")的阶段论指向世界历史性民族的权利论,"世界历史的每一个阶

---

① [德]黑格尔:《法哲学原理》,范扬、张企泰译,商务印书馆1961年版,第356页。
② [德]弗朗西斯·福山:《历史的终结及最后之人》,黄胜强、许铭原译,中国社会科学出版社2003年版,第69页。
③ [德]康德:《历史理性批判文集》,何兆武译,商务印书馆1990年版,第20页。

段，都保持着世界精神观念的那个必然环节，而那个环节就在它的那个阶段获得它的绝对权利，至于生活在那个环节中的民族则获得幸运与光荣，其事业则获得成功……这种环节作为自然原则所归属的那个民族，在世界精神的自我意识的自我发展中，有执行这种环节的使命"[1]。"自然"这种"在外"的因而是"客观"的原则再次作为决定论（Determinsim）的现实性而出现，其内在的意向性可揭示为通过对世界精神阶段性的定义而达至对世界历史阶段性的界定，进而指称世界历史阶段的"在世承担者"，即"世界历史性民族"；而在这样一个决定论的话语序列中，一旦完成了对某一"民族"的历史性的认定，"这个民族在世界历史的这个时期就是统治的民族……它具有绝对权利成为世界历史目前发展阶段的担当者，对它的这种权利来说，其他各民族的精神都是无权的"[2]。"叙事的霸权"进一步深入而成为"界定的霸权"，在这种"霸权"中，"世界历史性民族"的特殊性以强力的方式蛮横地攫取了普遍的意义[3]，而这一强力的叙事则直接构造了资本主义西方作为现代性意义上的、"启蒙的"、"进步的"世界精神的"担当者"角色。这也就引申出对于马克斯·韦伯的著名提问的回

---

[1] ［德］黑格尔：《法哲学原理》，范扬、张企泰译，商务印书馆1961年版，第353—354页。
[2] ［德］黑格尔：《法哲学原理》，范扬、张企泰译，商务印书馆1961年版，第354页。
[3] 关于"统治的民族"的论述另可参见《法哲学原理》347节"附释"中对于"一个世界历史性民族的特殊历史"及其"世界意义"的获得的论述以及从"东方王国"向"日耳曼王国"过渡的"四阶段"理论。

答：正是通过以"叙事的强力"为表象的"资本的强力"(冲突、战争以及被制造的革命),"特殊"意义上的西方才获得了"具有普遍意义和有效性的"的地位(黑格尔"日耳曼王国"论的泛化),而这种强力又反过来希求一种"自然"的授权,仿佛这一基于强力意志下的威权秩序仅仅是"大自然得以在人类的身上充分发展其全部禀赋"的现成化。

在韦伯的路向上,资本的正义就是最高的正义,只有符合资本逻辑的行为才可以纳入"普遍历史"的层级序列,又或者根本上这种"纳入方式"已经规定了只能"从属于"西方文明体系的价值判断。

> 就我们在经济方面的文献所能延及的遥远的过去而论,"资本主义"和"资本主义的"企业(有时仅仅具有有限的资本核算的理性化程度)在所有的世界文明地区都已存在。换言之,"资本主义"和"资本主义的"企业一直存在于中国、印度、巴比伦、埃及、古代地中海地区、中世纪欧洲,就像它们存在于现代西方一样……然而,西方赋予资本主义的那种重要性程度在其他地方是不存在的,西方并发展出实现这种重要性的、在其他地方不存在的资本主义的类型、形式及趋势。[①]

---

① [德]马克斯·韦伯:《新教伦理与资本主义精神》(罗克斯伯里第三版),苏国勋等译,社会科学文献出版社2010年版,第6页。

进而，在列举"投机者"、"家户"生产方式和"理性簿记"后，韦伯将论述（或颂赞）的方向指向资产阶级宪政国家的律法系统，实现了从经济现实到政治体制对非西方（非"普遍"）文明体的全面否定，也使其普遍论的问题意识到达顶峰。"唯有在西方，这种类型的法律和行政才处于这种法律—技术上及形式上的完善状态，才能为经济发展所利用……问题是，为什么资本主义利益在中国或印度没有产生出它们在西方那样的影响？为何那些国家的科学、艺术、政治、经济发展没有步入西方所特有的那种理性化轨道？"① 由此可见，在一个无所不在的普遍历史时间中，现代/前现代、资本主义/非资本主义的区分成为一个族群身份认同的巨大困境，而这也当然不是通过盲目快速的经济发展可以顺利解决的问题。诚然，"普遍历史"问题指向西方自身，即只有西方社会的文化心理、价值体系才能造就资本主义（资产阶级民主宪政）这一政治—经济现象，但是康德—黑格尔的判断序列也预设了严酷的排他性：即使资本主义的外在的理性化组织形式可以被其他文化体所套用，但是其精神内核与文化属性却是唯西方的。于是，"特殊与普遍"的辩证法进一步演绎跨主体（Transubjectivity）场域的"主人与奴隶"（Master and Slave）的辩证法，悬设的逻辑终至受困于"资本的狡计"。根源于"拟像"的历时性特征，"资本是现实原则最纯粹的表达。它本身已

---

① ［德］马克斯·韦伯：《新教伦理与资本主义精神》（罗克斯伯里第三版），苏国勋等译，社会科学文献出版社2010年版，第10—11页。

经成为现实。它生产出现实，它变成了现实，但也在自身消失时令现实一道消失"①。资本在吞噬一切物质资财的同时，也对"现实性/实在性"（Reality）进行了"超真实"（Hyperreality）的拟构与仿真，从而彻底实现了从"外爆"向"内爆"的转向（Reverses Explosion into Implosion）。

本书的致思理路引申自新柏拉图主义（Neo-Platonism）超越"洞穴"图景的"太一"（The One）流溢之光，从"历史拟像"（Historical Simulacra）论的批判视角（"名者离其真"）出发，重审/考古西方世界对于"危机"与"秩序"的经济哲学话语建构，并最终归结在对于"资本—权力"的总体性（Totality）逻辑的反思中，钩沉"资本—虚无主义"的本质性"炼狱"意涵，在依据康德—黑格尔—韦伯系谱的差异性历史话语中秉持的（本质上的）"非理性"构序基础上，进一步反思拟像论的"德勒兹命题"："拟像通过反复经过永恒回归那些偏离中心的中心而作用于自身。"②

在此，根据德勒兹（Gilles Deleuze，1925—1995）的断言，"拟像"与"真实"之间有着永恒的"差异性"，而这又切实意味着资本作为符号性的"拟像之宰制"的无可回避性，"在其高级形态中，资本寻求越来越高的抽象化，并因此力求摆脱或许

---

① ［法］让·波德里亚：《为何一切尚未消失？》，张晓明、薛法蓝译，南京大学出版社2017年版，第29页。
② ［法］吉尔·德勒兹：《差异与重复》，安靖、张子岳译，华东师范大学出版社2019年版，第225页。

尚属于现实的这一旨在使交流减速的机制。它牺牲了这一机制，也因此牺牲了自己。"① 西方经济哲学对于其根源处"经济危机"（Economical Crisis）的"经济周期"性辩称，即是在根本上对于以纵容"欲求"（Appetite/Desire）为动力的现代"欲望机器"的构造的伪饰"辩护"（Justification），完全远离了这一颠转的心灵秩序所造成的现实恶果本身，甚至成为一种"资本—道义逻辑"下对"必然性"（necessity）的重新定义。并且，这样的理论操作，"在新一轮的创造中，形成新的内爆，周而复始，世界越发拟像化"②。

与此恰成对应，"拟像化"本身就是"秩序化"的一种实现方式，并且在历史叙述的"演化博弈"（Evolutionary Games）中甚至成为达致"构序"之普全性的唯一可能。这一点也就深刻地反映在圣奥古斯丁（St. Augustine，354—430）与马丁·路德（Martin Luther，1483—1546）对于"上帝之国"与"地上之国"的"合一"论述之中。"无论奥古斯丁抑或是路德而言，两国论的神学出发点在于，以（因原罪而）失乐园为肇始象征的人类此间世界史以及以该隐杀弟为象征的国家诞生之后，人类全部历史就是一部朝向终末的历史，人类自身的历史始于与乐园的某种意

---

① ［法］让·波德里亚：《为何一切尚未消失？》，张晓明、薛法蓝译，南京大学出版社 2017 年版，第 29 页。
② 柳棱棱：《拟像场：当代空间展示设计》，华中科技大学出版社 2022 年版，第 44 页。

的分离、历经朝向上帝的回溯而终于回归上帝。"① 只是在理论的造作之下，作为"原初之罪"的"欲望"图示恰恰成为现代意义上真正君临的"上帝"具在，替换了"开端"与"终末"的符码。

　　随附于"资本—权力"之作为为 20 世纪新生的经济哲学"拟像论"所由以运作的动机，"功利主义"所带来的（人为的—内在的）"均衡理想"（Reflective Equilibrium）也就进一步置换了古旧时代统御性的"自然"理性。无视卢梭—马克思的"不平等"（Inequality）警示，完全"内在化"的"无偏观察者"（Impartial Spectator）攫取"总体主义"效能的经济哲学运思，"那种最基本的、甚至不曾用一时激动来谅解的剥夺、压制、辱骂、逮捕、拷打、杀害，——由此他清楚地看见一切没有被他的法官们就其本身、而只是基于某个特定的考虑和利益指向才加以谴责和判决的事情"②。束缚于"物体系"的全面整肃，"现代自然科学、非目的论的自然科学崛起了，并且从而摧毁了传统自然正当理论的基础"③。独异地遵从于人为拟制的理性规则承诺，"承诺均衡是指在政策制定者一开始就能使自己受制于某种特定规则时产生的均衡。此时，假定个人对这些政策作出最优反应，那么政策选择问题就变为使社会福利函数（或其他一些目标）最大化。在缺少这样一种承诺方法时，政策规则必须是序列理性的。也就是

---

① 徐龙飞：《法哲之路：论马丁·路德宗教改革作为法哲学》，商务印书馆 2019 年版，第 89 页。
② ［德］尼采：《论道德的谱系》，赵千帆译，商务印书馆 2018 年版，第 88 页。
③ ［美］列奥·施特劳斯：《自然权利与历史》，彭刚译，生活·读书·新知三联书店 2016 年版，第 169 页。

说，在个体经济人都最优行事的条件下，该政策规则在每个时期都使一个具体目标最大化。进一步讲，个体经济人明白政策将满足这种序列理性，他们依据这种认识作相应的预测"①。以"假言命令"（Hypothetical Imperative）的"规范"模式，作为"权力"（potestas）的资本无处不在，无往而不胜地行使着"地上之城"的贪婪盲动，并在现代经济哲人的"力比多"辩护术下妄言增长与繁荣的"所予神话"（Myth of Given）。现时代的"绩效主体由于自我力比多的致命累积而崩溃。他自愿而热情地自我剥削，直到崩溃。他把自我优化到死"②。质言之，这种无所不在的"自我剥削"与"自我奴役"体现了"资本主义的开放性在于它的扩张运动（积累扩张、占有扩张、帝国主义扩张）。但这运动也是一个注定的毁灭，是一个必然事件：这个系统不能不延展；如果稳定下来，它就会停滞、消亡；它必须继续吸收所经过的路上的一切，把此前外在于它的一切变成内部事物"③。经济哲学的"拟像历史"所构造的"虚无主义"，是一个自反性"永恒轮回"（Eternal Return）的"存在论事件"（Ontological Event），在其中"一切都悬空着，物品和时间，甚至连光线和前景都悬空着"。④因

---

① [美]罗伯特·巴罗编：《现代经济周期理论》，方松英译，商务印书馆 2019 年版，第 14 页。
② [德]韩炳哲：《仪式的消失：当下的世界》，安尼译，中信出版集团 2023 年版，第 17 页。
③ [美]詹姆逊：《重读〈资本论〉》，胡志国、陈清贵译，中国人民大学出版社 2018 年版，第 149 页。
④ [法]让·波德里亚：《论诱惑》，张新木译，南京大学出版社 2011 年版，第 94 页。

此，由以"内爆"自身残存的生命欲力／死亡驱力，"作为现代性代表的西方社会，正在通过全球化的网络构架与普遍性的技术接口，将世界纳入超真实的水晶球"①。而正是限定于这一境遇，资本主义受困于死亡。对死亡的无意识恐惧驱使着它，死亡的威胁挟制资本主义不断积累的增长。这种胁迫性不仅带来生态上的灾难，也产生精神灾难。破坏性的绩效压力将自我确证和自我毁灭合而为一。人不断优化自我，直至死亡。肆无忌惮的自我剥削致使精神崩溃。②与之相应地，历史性"批判"（Critique）内蕴于"辩证"（Dialectical）的视域，正是在"现实性"被彻底否弃的"拟像域"，理性反思的"现实感"才尤为重要，因为在毛细血管般精微统治的权力结构下，"为了保持良好的神经状态，一个国家需要一场实质性的灾难、一个担忧的对象、一种积极的恐惧，以佐证他们的'情结'"③。这是"危机的秩序化"所显明的根本理据。因此，在突破符码措置重重拟像困境的终极时刻，"如果诱惑不是来自主体的理想幻影，它也不会来自思维的理想幻影"④。极致之思对思想之"真相"的诉求终将为突破"炼狱"而向上的攀升努力开辟坦途，就正呼应鲍德里亚在《激进的思想》中所说

---

① 刘文嘉：《拟真化生存——鲍德里亚媒介批判理论研究》，商务印书馆2022年版，第151页。
② [德]韩炳哲：《资本主义与死亡驱力》，李明瑶译，中信出版集团2023年版，第10页。
③ [法]E.M.齐奥朗：《历史的眩晕》，见《苦论》，蔡羽婷译，广西师范大学出版社2023年版，第165页。
④ [法]让·波德里亚：《表面的深渊》，见《论诱惑》，张新木译，南京大学出版社2011年版，第103—104页。

"思想应该是特殊的、有预见的和超越社会的——未来事件投下的影子"①,并且,那势必意味着"彼岸性"作为真理之"结构面向"(Structural Aspects)的具身化(Incarnation),在"拟像、差异与重复"的命题纠结盘缠中历时性地开显。

---

① [法]让·博德里亚尔:《完美的罪行》,王为民译,商务印书馆2014年版,第99页。

引 论　西方经济哲学的"古今之变"

　　区别于古希腊经济哲学以"城邦"为核心的意识形态建构，奠基于文艺复兴"人文主义"（Humanism）的"立人"理想，并进一步通过对于古希腊思想之典范意义上"自然"（physis）与"人为"（poesis）之价值意涵的改写，① 现代经济哲学获得了全新的"生成"在意义上的合法性辩护，并且与现代科学所据以成立的"现代机械论"（Modern Mechanism）的"制作"观念镜像对应。因为"假如'自然的'只能被用来指内在的或本能的，而'人为的'只能用来指设计的产物，那么文化进化的结果（如传统规则）显然既不是前者也不是后者——因此它不但是'处在本能和理性'之间，而且还处在'自然的'（'本能的'）和'人为的'（理性设计的产物）之间。对'自然的'和'人为的'这种非此即彼的两分法，以及与此相关的对'理性'与'情感'的

---

① 与此相对，海德格尔在其后期思想中认为古希腊的自然概念是从"人为""制作"的意涵发展而来的，所谓的"自然"就是自我制作，是一种"自己呈现自己"的"自我涌现"。［德］马丁·海德格尔：《尼采》，孙周兴译，商务印书馆2004年版，第203页。

类似划分,使人大大忽略和误解了文化进化中关键性的外展过程(exosomatic process),正是这个过程产生了决定文明成长的传统"①。也正是在完成了对于新的"文明传统"之于"人类交往秩序"的现代性转折的思想境遇②之下,即思想意识形态领域之"古今之争"的语境中,新的"至上秩序"的降临,重构了"教化"之后的"中心",并改变了时间之流的本质性内容。"现代,尤其看起来是在最近的阶段,浸透着焦虑、期望和没有消除的渴望的感觉,好像最重要的、终极性的事情要来了,那就是生活和事物的真正意义与中心点。这当然是手段剧增在感觉上带来的结果,我们复杂的生活技术迫使我们在手段上建筑手段,直至手段应该服务的真正目标不断地退到意识的地平线上,并最终沉入地平线下。"③

基于对"现代"区隔于"古代"之致命"颠转"的关键性审理,同时对现代意义下的"秩序""欲望""启蒙""自然""自由""权利"等核心概念加以"历史化"(Historizing)分析与读解,从"古今之争"的贯通性考察中,由以系谱性刻画出西方经济哲学内在嬗变的理论特质,也即对现时代经济政治所内蕴的

---

① [美]弗里德里西·奥古斯特·冯·哈耶克:《致命的自负》,冯克利、胡晋华等译,中国社会科学出版社2000年版,第164页。
② 相关讨论,具体可参见 Ellen Paul、Fred Miller、Jeffrey Paul:*Natural Law and Modern Moral Philosophy*, Cambridge: Cambridge University Press, 2001.
③ [德]西美尔:《货币哲学》,陈戎女、耿开君、文聘元译,华夏出版社2007年版,第8页。

"心理状态"(Mental State)[①]进行融贯的理论描述。

从"金钱现象学"(Phenomenology of Money)的角度,"货币使我们从束缚关系中购买自身的自由成为可能,不仅有他人对我们的束缚,还有从我们的占有物而来的束缚。无论是付钱的还是赚钱的,我们都得到了自由。故而,这一点上,货币经济与自由主义倾向之间更为深刻的关联也被揭示了出来,说明了自由主义式的自由是产生了如此这般的不稳定、秩序混乱、令人不满的原因之一"[②]。无所不在的"货币—经济关系"建构了卢梭《社会契约论》中所谓"无往不在枷锁之中"的新境遇,"金钱从词源意义上指明了与献祭和狂热崇拜的关系。金钱本就是人们用来获取祭祀品的交换手段。谁拥有的钱多,谁就等于有了无比强大的杀戮暴力"[③]。无所不在的交易之网,连同柏拉图、亚里士多德以

[①] 对这一"现代"问题,西美尔给出了他独到的观察:"自从货币面世以来,每个人基本上都是卖东西多,买东西少。随着货币经济的扩展,这一趋势越来越强烈,越来越影响了某些物体,这些物体本就不是要卖出而是永久性财产,它们似乎注定了要和个体紧密地拴连在一起,而不是在草率的交易中轻易地挣脱了这种维系:各式各样的生意与工厂、艺术品与收藏、权利与地位。当所有这些东西留在某人手里成为其财产的时间越来越短时,他就愈发迅速频繁地改变财产的具体状态,从而实现了一种格外大的自由。然而,既然带有不确定性、无内在方面的货币使这些自由解放过程的另一面,因此这些过程停止了连根拔除以求解放的做法,往往不会全部转移到新的根源里去。实际上,由于在瞬息万变的货币交易中不再根据具体的生活内容的范畴来划分财产类别,就绝不可能再发展内存于具体财产中的那种约束、融合、献身,为什么我们这个时代尽管总体而言诚然比过往任何时代都有更大的自由,却无法好好地享受自由。"[德]西美尔:《货币哲学》,陈戎女、耿开君、文聘元译,华夏出版社2007年版,第321页。

[②] [德]西美尔:《货币哲学》,陈戎女、耿开君、文聘元译,华夏出版社2007年版,第321页。

[③] [德]韩炳哲:《资本主义与死亡驱力》,李明瑶译,中信出版社集团2023年版,第8页。

降西方经济哲人的思考与辩护方式一起陷入一种无止尽的"强力意志"(Will to Power):"意愿总是意愿着超出自身。"正如卢梭所说:

> 从人们知道黄金的用途之时起,就拼命积攒黄金。每个人积攒的多寡,那就要看个人的本事和贪心的大小了。这就是说,人们积攒的黄金的数量是有多有少的,是不一样的。这是人与人之间的不平等的第一个原因,再加上个人的贪欲和才能的不同,所以人与人之间的不平等便愈来愈明显。人类社会的弊端之一是:挣钱之难,是随着对金钱的需要的增加而增加的。正是由于富人们不必要地积攒了多余的钱财,才使得他们有可能剥夺穷人为维持生活而必需的金钱。正如物理学上说的:没有任何东西,就不可能产生任何东西;在金钱的积攒上也是如此。金钱是生长金钱的真正的种子。①

在此,"金钱语义学"成为现代资本社会仅有的"公共话语"(Public Discourse)标本,而"自恋的自我指涉性构成了绩效的内容。自我力比多支配着绩效主体。他取得的业绩越多,获得的自我就越多"②。不断被资本敉平的世界,意味着生命潜能的崩溃与

---

① [法]卢梭:《卢梭全集》(第5卷),李平沤译,商务印书馆2012年版,第590页。
② [德]韩炳哲:《仪式的消失:当下的世界》,安尼译,中信出版集团2023年版,第16页。

破灭:"自我"成为订造。"由于诸多事物被货币不断地拆离,失去了给我们指明方向的意义,因此在我们与事物关系的这一变动中就出现了一种实际的反作用。倘若货币经济带来的不安全感和不忠感——与具体财产的情况针锋相对——不得不造成十足的现代情绪的恶果:人民满心期望占有某件东西得到满足,一瞬间马上又有了超出这件东西的欲望,即生命的内核与意义总是从人们手中滑落。"① 不停地寻求又不停地失落,现代主体性的这种"被连根拔起"② 标识了"资本—虚无主义"(Capital-Nihilism)的本质特征,而这一点也将在我们对于西方古今经济哲学话语的对照性回溯中,直面这一"哲学的虚无"亦即"拟像的虚无"根本境遇之所在:正是"这场实验使这个星球上的一切传统与信仰、意识形态与宗教、身份与共同体全部发生错位并被掏空"③。而在趋向"逆向度"(Counter-Intentionality)的思辨语境下,"哲学的特有本质往往转向它自身,而且,一种哲学越是具有原始性,它就越纯粹地在这种转向中萦绕于自身,而且这样一来,它的这个圆圈的范围也就推向更远处,直抵虚无的边缘"④。

---

① [德]西美尔:《货币哲学》,陈戎女、耿开君、文聘元译,华夏出版社2007年版,第321—322页。
② [德]西美尔:《货币哲学》,陈戎女、耿开君、文聘元译,华夏出版社2007年版,第322页。
③ [意]吉奥乔·阿甘本:《无目的的手段:政治学笔记》,赵文译,河南大学出版社2015年版,第116页。
④ [德]马丁·海德格尔:《尼采》,孙周兴译,商务印书馆2004年版,第16页。

一

在古希腊的经济哲学论说①中已经有清晰的在宏观层面关于满足"货币作为交换媒介、便利交易、促进城邦的构建与发展"的相关论述。在那个"似乎"距离当代的商贸世界非常遥远的时代,"土地私有制、劳动力的高度分工、贸易（尤其是海上贸易）以及货币的使用都已经建立起来了"②。并且,在思想的领域中,"无疑,那些古希腊最卓越的历史学家和哲学家注意到公共生活与国际关系中物质利益的重要性。修昔底德将过去的殖民活动和诸多改革与农业、贸易和航海的条件联系在一起,同时也和社会阶级之间的冲突联系在一起。公元前5世纪的政治学说通过确保大多数人命运安全的愿望解释了雅典民主制和帝国主义的胜利。柏拉图醉心于研究由土地和动产分配引起的问题,亚里士多德则致力于寻求外部战争、国内斗争和政制变革的动因"③。作为其中最突出的代表,苏格拉底最显赫的门徒,柏拉图（Plato,前427—前347）在其著名的哲学论著《理想国》（*The Republic*）第二卷

---

① 对这一部分的论述,请参考 B. B. Price：*Ancient Economic Thought*，Routldge Press，1997。
② ［英］埃里克·罗尔：《经济思想史》，包玉香译，商务印书馆2021年版，第22页。
③ ［法］G. 格洛兹：《古希腊的劳作》，解光云译，格致出版社、上海人民出版社2010年版，第1—2页。

中论述"城邦的建构"的部分,借转述苏格拉底和阿德曼托斯的对话①明确提出了"标准"(Exemplar)意义上"城邦的成长"所需要的"合目的的交换",作为"媒介"的货币与市场经济的思想,在其中阶级架构与劳动分工的现实模式已经隐然有序地展开,也从而构造了整个古典世界贸易经济的基本架构。

> 苏:在城邦内部,我们是如何彼此交换各人所制造的东西呢?须知这种交换产品正是我们合作建立城邦的本来目的呀。
>
> 阿:交换显然是用买和卖的办法。
>
> 苏:于是我们就会有市场,有货币作为货物交换的媒介。
>
> 阿:当然。
>
> 苏:如果一个农夫或者随便哪个匠人拿着他的产品上市场去,可是想换取他产品的人还没到,那么他不是就得闲坐在市场上耽误他自己的工作吗?
>
> 阿:不会的。市场那里有人看到这种情况,就会出来专门为他服务的。在管理有方的城邦里,这是一些身体最弱不能干其他工作的人干的。他们就等在市场上,拿钱来跟愿意卖的人换货,再拿货来跟愿意买的人换钱。
>
> 苏:在我们的城邦里,这种需要产生了一批店老板。

---

① [古希腊]柏拉图:《理想国》,郭斌和、张竹明译,商务印书馆1986年版,第61—63页。

那些常住在市场上做买卖的人，我们叫他店老板，或者小商人。那些往来于城邦之间做买卖的人，我们称之为大商人。是不是？

阿：是的。

苏：此外我认为还有别的为我们服务的人，这种人有足够的力气可以干体力劳动，但在智力方面就没有什么长处值得当我们的伙伴。这些人按一定的价格出卖劳力，这个价格就叫工资。因此毫无疑问，他们是靠工资为生的人。不知你意下如何？

阿：我同意。

苏：那么靠工资为生的人，似乎也补充到我们城邦里来了。

阿：是的。

亚里士多德在其后续的经济哲学发展中接受了其老师柏拉图的理论前提，并发展出了与后世自由主义经济政治观完全不同的"强调共同体人格，取消个人独立意志"的理念与规训体系，成为古代西方世界主导的经济思想领域构造"古今之变"境遇的重要契机。这样的对峙与扭结，在《理想国》开篇处提出的苏格拉底一行人"下到佩莱坞港"[①]的寓意描写中就已得到充分的体现。

---

① 关于这一著名的开篇的意向解读，可参见：刘小枫：《柏拉图笔下的佩莱坞港》，见《王有所成——习读柏拉图札记》，上海人民出版社 2015 年版，第 33—63 页。

作为对世俗的、以货币贸易和商品交换为媒介建立起来的泛化港口，"城邦"政治之外的新建制，佩莱坞港的混合本地城邦人与忒腊克人的生活方式、神性崇拜，货币——商品经济的繁盛带来了新的（"地府"中的）"自由"。而柏拉图"看到这种自由是没有实质内容的空洞的自由，在它深处隐藏着不幸与痛苦，灵魂醒悟了：向上的每一步，必定是寻找一位帮助者。单个灵魂之间的平等，以及它们无实质内容的自由，把我们从神话的地府中带回到佩莱坞港这个地府中。苏格拉底就是那个能帮助别人的人，他能让人明辨生活模式是正确还是错误，他能增加众人心中的智慧，从而为美德——他们现在拥有的只是其中的自由——增添上实质的内容"[①]。而在另一篇著名的谈论"欲爱—需求"与真正智慧之间关系的著名对话录《会饮篇》（184a—184c）[②]则郑重地讨论了因耽于欲求的自然性而造成的"奴役"："所以，对于这些爱欲者，我们的法律很好而且很高贵地要人们审查，要对这些有益的爱欲者献殷勤，躲开那些无益的爱欲者。由于这些，我们的法律既鼓励爱欲者追逐，又鼓励被爱欲者逃避，既组织竞争，又安排审察：这个爱着的人属于哪类，这被爱欲者又属于哪类。正因为这样的原因，第一，太快委身于被征服通常被视为可耻，以便经历一段时间，对许多事情来说，经历时间被看作很好的审察；第二，由

---

① 刘小枫编：《沃格林〈王制〉义证》，见《〈王制〉要义》，张映伟译，华夏出版社2006年版，第179页。
② 在此，关于《会饮篇》的文本，主要参照［美］罗森：《论柏拉图的〈会饮〉》，杨俊杰译，华东师范大学出版社2011年版。

于金钱或城邦权力而委身可耻,不管是如果遇到伤害软弱和承受不了,还是面对献上的金钱或城邦势利抵挡不了诱惑。毕竟,这些被看作要么是靠不住的东西,要么是过眼烟云,何况,高贵的友谊从来不是由这些东西滋养出来的。所以,我们的法律只留下了一条道路,如果孩伴们想要以高贵的方式对爱欲者献殷勤的话。……毕竟,这种奴役本身涉及德性。"而这也就导致了柏拉图终于借苏格拉底之口,说出他的基本的针对"护卫者"的阶级分析的"禁绝"教义:

> 他们要是在任何时候获得一些土地、房屋或金钱,他们就要去搞农业、做买卖,就不能再搞政治做护卫者了。他们就从人民的盟友蜕变为人民的敌人和暴君了;他们恨人民,人民恨他们;他们就会算计人民,人民就要谋图打倒他们;他们终身在恐惧之中,他们就会惧怕人民超过惧怕国外的敌人。结果就会是,他们和国家一起走上灭亡之路,同归于尽。①

接续色诺芬(Xenophon,约前 430—约前 354)在《经济论》②(*Oeconomicus*)开篇处以苏格拉底与克利托布勒斯的讨论而

---

① [古希腊]柏拉图:《理想国》,郭斌和、张竹明译,商务印书馆 1986 年版,第 131 页。
② 对于《经济论》的更为细致的探讨,请参见[美]布鲁尔:《施特劳斯论色诺芬笔下的苏格拉底》,见[法]亚历山大·科耶夫等:《驯服欲望——施特劳斯笔下的色诺芬撰述》,贺志刚、程志敏等译,华夏出版社 2002 年版,第 187—242 页。

得出的"除非一个人懂得怎样用钱,否则就要让他对钱敬而远之,也不能把它列入财富之中"①的"正当财富"说②,并会通柏拉图的"黄金论述"③,亚里士多德(Aristotle,前384—前322)定性了古代世界的经济话语界分。在《政治学》(Politeia)第一卷中,亚里士多德将一个社会的生产与分配活动区分为经济(economia)与货殖(chrematistike)两种方式,"就这两种方式说,前者顺乎自然地由动物和植物取得财富,事属必需,这是可以称道的;后者在交易中损害他人的财货以牟取自己的利益,这不合自然因而是应该受到指责的"④。这一点也呼应了《经济论》第一章的"欲望之役使"的论述。

> 这些欲望冷酷地支配着每一个落入它们掌握之中的人,只要它们知道他们还正当壮年,能够工作,就迫使他们拿出辛苦工作得来的所有收入,为自己的欲望千金散尽;但是,当他们的主人发觉他们由于逐渐年迈而不能工作的时候,就离开抛弃他们,让他们凄凉地渐入晚境,再又设法去奴役别的人。⑤

---

① [美]施特劳斯:《色诺芬的苏格拉底言辞》,杜佳译,华东师范大学出版社2010年版,第6页。
② [美]施特劳斯:《色诺芬的苏格拉底言辞》,杜佳译,华东师范大学出版社2010年版,第107页。
③ [古希腊]柏拉图:《理想国》,郭斌和、张竹明译,商务印书馆1986年版,第128页。
④ [古希腊]亚里士多德:《政治学》,吴寿彭译,商务印书馆1965年版,第31页。
⑤ [美]施特劳斯:《色诺芬的苏格拉底言辞》,杜佳译,华东师范大学出版社2010年版,第8页。

正如卢梭所指出的，在古希腊语中，"经济"一词来自家庭（oikos）与习俗（nomos）两个词根，因此也相当程度上具有"家政"的意蕴。^① 在古希腊的经济哲学语境中，个人与家庭都要服从于城邦共同体（polis）的要求，而这也就是亚里士多德所谓的城邦的"至善"的意旨所在。^② 由此可见，以上对"顺乎自然"与"不合自然"的划分隐含着个人或小共同体同城邦共同体在"惯习"层面的利益互构。这同时引申出亚里士多德意义上的"自然"（physis）与人为（poesis）的区分。与现代的"自然"观念不同，亚里士多德的"自然"不是指涉外部世界，不是牛顿、笛卡尔概念体系下的可改造的外部世界，而是本然的、世界应有的秩序（cosmos），不应被人为干扰与损害。在亚里士多德的视野里，经济行为中"同家务管理有关的部分（农、牧、渔、猎）"，也即与维持生存相关联的行为属于"自然"，也就是合理的、合宜的、合于整个城邦的善（good）的；而那些与货币增值相关联的"有关贩卖的技术（经商）"则属于"人为"，是对自然本性的僭越，也因而对善构成威胁，是必须加以限制的。进而，亚里士多德认为放贷行为"更加可憎，人们都厌恶放债是有理由的，这种行业不再从交易过程中牟利，而是从作为交易的中介的钱币身上取得私利……我们可以由此认识到，在致富的各种方式中，钱货

---

① 这一点在某些中文版本将其译为《齐家篇》而可以清楚看出来。如施特劳斯的《色诺芬的苏格拉底言辞》的副标题就是明证。
② ［古希腊］亚里士多德：《尼各马可伦理学》，廖申白译注，商务印书馆2003年版，第5页。

确实是最不合乎自然的"①。亚里士多德正是以批判性的哲学方式在否定的向度上界定了货币经济关系：在"事属必需"的生活方式与"从钱币身上取得私利"的牟利方式两种行为之间划下清晰的界线，即前者是基于共同体（从家庭到城邦）利益的考量，后者则是完全从私己的利益出发；前者"安于性分"、易于治理，而后者则因利驱动、倾向于逾越权力的规限。②这也就展现了《政治学》的论述主体，即奴隶主、家长、城邦政治家和君主的视野：亚里士多德站在整个城邦共同体的角度，对货币、贸易和金融活动提出批判，进而在城邦伦理的意义上否定了"贩卖"与"钱贷"这样的货殖学范畴的内容。

但是，这并不意味着亚里士多德简单地对货币经济体系持否定态度。事实上，在亚里士多德的论述中，货币仍然是属于"自然秩序"之中的，而这也就要在货币关系如何替代物物交换关系的分析中去考察。

> "从前的人们各自所存的各种物品，或者太少或者太多：因此以有余换不足，'交易'（物物交换以适应相互的需要）原来是自然地发展起来的……这样的物物交换，在野蛮部落（民族）中，迄今仍然流行着……这样的交易既

---

① ［古希腊］亚里士多德：《政治学》，吴寿彭译，商务印书馆1965年版，第31—32页。
② 这一点正呼应了《理想国》中关于"护卫者的教育"（417B）的论说。［古希腊］柏拉图：《理想国》，郭斌和、张竹明译，商务印书馆1986年版，第131页。

然不是获得金钱的致富方法,那就不是违反自然的。"①

在这样的论述中,"物物交换"显然属于"经济"的范畴,是"获得财产的技术",其"交易"的事实由于物与物在时空性上的一致而获得"自然秩序"的认肯。与之相对,"钱贷"或更一般的"贩卖"的"不合自然",是由于其超空间的时间性(物物交换的异延属性),而在原初的意义上,货币则只是作为"某种本身既属有用而又便于携带的货物作为交售余物及购取所缺货物的中介货物"②而存在的,这也就意味着在最初的限面(亚里士多德对"空间"概念的引申)中所实现的"现在"(亚里士多德通过对"时间"概念的分解得出的始点观念)的意义上理解货币,则货币本身具有某种中立性。亚里士多德认为,"物物交换"是基本的、自然的交换形式,"其他形式的交换都是从这种交换中演化出来,就如我们可以猜测到的那样"③,各种进一步发展的交换/交易,在其始点都具有"自然"的意谓,但是由于交易的日趋复杂,"财富观念从物品转向钱币,人们因此想到致富的途径就是聚敛钱币,大家由此竟然认为钱币作中介的贸易会产生钱币,而积储这些钱币正是财富了"④。

---

① [古希腊]亚里士多德:《政治学》,吴寿彭译,商务印书馆1965年版,第25—26页。
② [古希腊]亚里士多德:《政治学》,吴寿彭译,商务印书馆1965年版,第26—27页。
③ [古希腊]亚里士多德:《政治学》,吴寿彭译,商务印书馆1965年版,第17页。
④ [古希腊]亚里士多德:《政治学》,吴寿彭译,商务印书馆1965年版,第27页。

亚里士多德提出了改变这种错误的财富经济观的德性（virtue）原则，即在《尼各马可伦理学》①中对"节制"与"明智"的论述。在《尼各马可伦理学》第三卷中，在讨论了"节制"（moderation）与快乐（或肉体快乐）的关系之后，亚里士多德指出，"节制"并不意味着绝对的禁止，而是基于明智的适度与自制，一个节制的人，"对那些既令人愉悦又有益健康并且适合的事物，他将适度地期望获得之。对其他那些令人愉悦的事物，如果它们不妨碍这些目的，不有悖于高尚或超出他的能力，他也是这样。因为，如果不遵守这些限制，对这类快乐的享用就会超过配得。而节制的人在这些事物上则遵循逻各斯的指引"②。亚里士多德认为，逻各斯（logos）是"自然秩序"在人性中的体现，"遵循逻各斯的指引"，就意味着拥有不会使"快乐的享用"有可能"超过配得"的"明智"。"明智是一种同人的善相关的、合乎逻各斯的、求真的实践品质。"③进而，"明智的人的特点就是善于考虑对于他自身是善的和有益的事情"④。亚里士多德所谓的"对于他自身是善的和有益的事情"绝非后世自由主义者所强调的基于私人占有权的个人主义物相逻辑，而是基于城邦统治的目的逻辑。从而，"这也

---

① 在这一理论侧面更多的细节讨论，请参见［美］伯格：《尼各马可伦理学义疏——亚里士多德与苏格拉底的对话》，柯小刚译，华夏出版社2011年版。
② ［古希腊］亚里士多德：《尼各马可伦理学》，廖申白译，商务印书馆2003年版，第93页。
③ ［古希腊］亚里士多德：《尼各马可伦理学》，廖申白译，商务印书馆2003年版，第173页。
④ ［古希腊］亚里士多德：《尼各马可伦理学》，廖申白译，商务印书馆2003年版，第172页。

就是我们用节制来称呼那种品质的原因,节制这个词的意思就是保持明智。节制所保持的是明智的意见。因为快乐与痛苦并不毁灭和扭曲所有意见……但是,一旦一个人被快乐和痛苦所毁灭,他就完全不能辨别始点,就不会明白他的选择和行为都应当向着或为着那个目的,因为恶会毁灭对始点的理解"①。亚里士多德所提出的"目的"无疑指向城邦共同体,由此他认为,"在总体上明智的人是善于考虑总体的善的人"②。将每个人的行为统一于城邦共同体的逻辑或"自然"的秩序,意味着"在当时那个时代条件,除了在没有战争的情况下使现存的贸易和生产技能尽可能得到繁荣之外,没有别的可以用来提高经济产值的有效之策"③。这也就是亚里士多德将"节制"与"明智"作为人类认知框架的基础来建构的原因。虽然亚里士多德承认货币是使易货贸易有效的一种手段,尤其是在对外贸易活动中非常有效,但是,在他眼中,货币经济的正当性也仅仅在于作为使易货贸易变得更加有效的一种手段。④ 当货币的运用被认为有损于城邦的共同善的时候,这种"货殖"行为就理应受到限制。这也就赋予了古典时代的货币以某种本质上的"消极性",即只有在其使用不会逾越城邦利益限度

---

① [古希腊]亚里士多德:《尼各马可伦理学》,廖申白译,商务印书馆2003年版,第173页。
② [古希腊]亚里士多德:《尼各马可伦理学》,廖申白译,商务印书馆2003年版,第173页。
③ [英]约翰·米尔斯:《一种批判的经济学史》,高湘泽译,商务印书馆2005年版,第84页。
④ [英]约翰·米尔斯:《一种批判的经济学史》,高湘泽译,商务印书馆2005年版,第83页。

（但这界限的设定者的设定行为本身却没有办法有效制衡）的情况下才可以"适度"地流转（合于"节制"与"明智"），对于这种"限度"的态度也正构成古代世界与现代世界对于资本主义的"可发展性"的分野所在。①

二

中世纪基督教世界②的经济观念以拉丁教父③奥古斯丁（Augustine，354—430）的教导④为根本旨归。秉持普罗提诺的"新柏拉图主义"（Neo-Platonism）教诲，奥古斯丁作出了（类比于柏拉图的"知识"界分）基于信仰（"真信者"与"不信者"的区分）的"上帝之城"与"地上之城"的划分，为货币—经济

---

① 参见《资本主义在古典世界的失败》，见《韦伯文集：文明的历史脚步》，黄宪起、张晓玲译，上海三联书店 1988 年版，第 15—58 页。
② 对于中世纪经济哲学的讨论，可参考：Diana Wood：*Medieval Economic Thought*，Cambridge University Press，2004.
③ 专论教父哲学对柏拉图思想的接纳与发挥，参见席古拉：《柏拉图：希腊的摩西？——教父对柏拉图哲学的回应》，李睿译，见娄林主编：《柏拉图与古典乐教》，华夏出版社 2015 年版，第 183—196 页。
④ 在理论界的反思之下，"教父们的作品展示了一种不同凡响的智识活动，这体现在他们努力反对抹杀基督教从古希腊哲学获得的恩惠的护教活动中。基督教的反对者逼迫教父们辩答如下的控诉：基督教从希腊哲人（尤其是苏格拉底和柏拉图）那里借用了大量的信条。然而，教父文献对异教的答辩却全然缺乏统一性。这既煽动起视希腊哲学为基督教四地的战争，又激发了视希腊哲人为基督教先驱的赞美"。席古拉：《柏拉图：希腊的摩西？——教父对柏拉图哲学的回应》，李睿译，见娄林主编：《柏拉图与古典乐教》，华夏出版社 2015 年版，第 183 页。

关系的中世纪判准确定范式。"我将人类分为两支：一支构成了照着人的标准生活的，一支构成了照着上帝的意志生活的。我还称这两类人为两个城，这是形象的说法。我用'两个城'来指两个人类社会，一个被预定了要与上帝一同统治，直到永远；一个注定了要与恶魔在一起，历经永远惩罚。"①由此，借助"城"的形象，奥古斯丁将恩典与惩罚的规训典律加诸人类的心灵之上，那些仅仅照着"人的"标准和规范来生活的人们（参校自由主义经济哲学所强调的"利益论"前提下的原子个体的"自我决定"与"自发秩序"）就因其甘愿"与恶魔在一起"，不听从、追随上帝的意志与意旨，而只堪"历经永远惩罚"，无法洗脱罪责。"尘世之城不会长久，因为当它被定为受最终的惩罚时，它就不再是一座城。在此世，它有它的好，带着可从这类事物中得到的欢乐，高兴地加入它。既然这种好对那些迷恋它的人并非毫无阻碍就可获得，尘世之城于是就由于诉讼、战争、打斗，以及带来死亡或注定死亡的对胜利的追求，而变得四分五裂了。"②而且，更为关键的是"尘世之城"的"与恶魔在一起"就意味着更为本质性的分裂的危险，这种"危险"，甚至是一种"诱惑"。

那时候，魔鬼诱惑了这些国家，使他们参加战争。

在做这些之前，魔鬼也用各种可能的坏事诱惑。这里说

---

① ［美］沙伦·M.凯、保罗·汤姆森：《伟大的思想家：奥古斯丁》，周伟驰译，中华书局2014年版，第93页。
② ［美］沙伦·M.凯、保罗·汤姆森：《伟大的思想家：奥古斯丁》，周伟驰译，中华书局2014年版，第94页。

"出来",指的是他把本来潜藏着的仇恨爆发为公开的迫害。这是最后的迫害,临近最后的审判,整个大地上的圣教会都要遭受,即,整个基督之城要遭到整个魔鬼之城的挑战,无论二者存在于大地上的什么地方。①

在这样的被奥古斯丁所描述的"地上之城"的"自然"瓦解状态之中,"一切人对一切人的战争"是"城"之解体、秩序崩溃后的必然状态——地上之城遭到魔鬼之城的诱惑与迫害——这就与霍布斯、普芬道夫、洛克的"自然状态"学说构成了历史性的前置对话,在这种对话关系中,被"两座城"②所割裂出的"自然"态度,正意味着美好生活的"至福"将作为永远的"缺省函项"而成为人世与天国的根本区分之所在。"我知道,上帝的自然是从未欠缺、无处欠缺,也不可能欠缺的;而无中生有的事物却可能变得欠缺。无中生有的事物有越高的存在,完成越多的好事(因为它们会做一些好事),就越有动力因;而它们越是欠缺,因而做了坏事(它们所作的不都是虚妄的吗),它们就有了欠缺的原因。"③而也正是在非完满性的意义上,人如果不爱上帝,而爱

---

① [古罗马]奥古斯丁:《上帝之城(下)》,吴飞译,上海三联书店2009年版,第191页。
② "正是在这个意义上,奥古斯丁会强调人的内在分裂:'哪怕在一个人身上,我们都能体会使徒说的道理:属灵的不在先,灵魂性的在先。以后才有属灵的'。在人类中,两座城的对立在根本上是每个人心灵中的自我对立。"吴飞:《心灵秩序与世界历史》,生活·读书·新知三联书店2013年版,第246—247页。
③ [古罗马]奥古斯丁:《上帝之城(中)》,吴飞译,上海三联书店2009年版,第125页。

身体的享乐或金钱,哪怕爱世间的德性,就都是犯罪。①

根据奥古斯丁的"神圣"—政治论断,建基于"两座城"的根本性界分,以及由此而产生的截然分立的两种"生存"状态,对于"从未欠缺、无处欠缺,也不可能欠缺"的至上秩序的"服从"也得到了定义。"上帝最先创造的人,按照自然,没有人是人的奴仆,也没有人是罪的奴仆。神法命令自然秩序得到保护,避免受到干扰。奴役正是神法发布的惩罚。因为,如果没有违背神法的事发生,也就不会施加奴役这种惩罚。因此,使徒告诫奴仆们服从他们的主人,并且处于心灵的良好意志,心甘情愿地服从。"② 而基于"服从"的逻辑,神的意志佑护"自然秩序"的永恒安宁,也就造就了"上帝之城"中的至福平安。"上帝之城中的至善就是永恒和完美的和平,不是必朽者在生死之间经历的转瞬即逝的和平,而是不朽者栖居期间,不必遭受任何灾难的和平。谁能否认那个生活是最幸福的?与那个生活相比,谁能认为,这个心灵与身体享受外部事物之好的生活不是最悲惨的?然而,如果谁能利用此生,一心朝向那个目的,以无比的热诚与信仰热爱和盼望,说他现在幸福也并不荒唐,虽然这是根据他的希望,而不是就现实说的。现实若无希望,其中的幸福就是虚假的,有巨大的悲惨,因为那就无法利用灵魂中真正的好,那就不是真正的智慧,如果仅在此世明智地看,勇敢地生活,节制地交往,正

---

① 吴飞:《心灵秩序与世界历史》,生活·读书·新知三联书店2013年版,第86—87页。
② [古罗马]奥古斯丁:《上帝之城(下)》,吴飞译,上海三联书店2009年版,第151页。

义地分配,而不是指向那个目的,'上帝就在万物之上,为万物之王'的地方,那确定的永恒和完美的和平,就不是智慧。"① 秉持终极的目的论言说"上帝就在万物之上,为万物之王",强调"真正的智慧"之所在,并贬抑古典(异教)价值中奉为圭臬的"智、勇、节、义"德目,即"明智地看,勇敢地生活,节制地交往,正义地分配",并强调这种亚里士多德式的幸福"是虚假的",对于这一幸福观念的践行,才是"巨大的悲惨",呈现了奥古斯丁式"双城记"的批判的现实性。但是,也正是在这种种反常识的揭穿与透析,才显证了义人与恶人、规罚与恩典的极端吊诡。"在这尘世之中,好人不会因好事而膨胀,也不会被坏事打倒;坏人在幸福中会被腐化,遭受不幸就是一种惩罚。上帝在分配现在的命运时,还是经常表明他在起作用。一方面,如果他现在就给所有的罪施加明显的惩罚,人们就会认为,没有什么留给末日审判了;另一方面,如果神不公开惩罚现在的任何罪过,那神意就无人相信了。在好事上也是这样,如果上帝不赐给那些向他祈祷的人以很明显的慷慨,我们就会认为那些赏赐不归他管;但如果他不加分别地赐予所有祈祷者,我们岂不是会认为侍奉他就是为了得到这些奖赏,那么这侍奉就不会把我们变得虔敬,反而变得充满欲望和贪婪。"②

---

① [古罗马] 奥古斯丁:《上帝之城(下)》,吴飞译,上海三联书店 2009 年版,第 156 页。
② [古罗马] 奥古斯丁:《上帝之城(上)》,吴飞译,上海三联书店 2009 年版,第 14 页。

以上帝作为至高权力的中心，却实际上重新设定了"最高权欲"的中心①，尘世的德行一旦变得无足轻重，"外部事物之好"反倒成为地上之城的臣民的唯一可以追偿的生活方式。"一旦财富开始受到人们的尊敬，并且当光荣、军事统帅和政权随之也受到尊敬的时候，德行便开始失去其光彩，贫困被认成一种耻辱，廉洁反而被说成一种恶意的表现。因此，由于财富的缘故，同狂妄自大结合在一起的奢侈和贪婪便沾染上了我们的年轻一代。他们干着掠夺的勾当，毫无节制地浪费；他们毫不珍视自己的财产，却又觊觎别人的财产；对于节制、贞节，人的和神的一切事物，他们无不采取蔑视的态度；简言之，他们既极为胆大妄为又毫无顾忌。"②从"人性永恒的冲突"出发，"毫无节制地浪费"与"觊觎别人的财产"的"得其一思其二""死而后已"的霍布斯人性刻画，在古罗马历史的悲观世界中预先上演，奥古斯丁的"现实政治"规训也因此更加极端化："没有了正义，王国岂不就是一大群强盗（Remota itaque iustitia quid sunt regna nisi magna latrocinia）？而强盗就是一个小王国。团伙是人组成的，听首领的号令，通过盟约组织起来，根据共同认定的规则分赃。它如果不断招降纳叛，坏事日益增多，划定地盘、建立据点、攻占城池、约束人民，就越来越可以公然有王国之名。这个名字不是在

---

① 对这一问题的建构论路向，另可参考倪梁康：《聆听"灵异"还是聆听"上帝"——以苏格拉底与亚伯拉罕案例为文本的经典解释》，见《心的秩序——一种现象学心学研究的可能性》，江苏人民出版社 2010 年版，第 111—124 页。
② ［古罗马］撒路斯提乌斯：《喀提林阴谋 朱古达战争》，王以铸、崔妙因译，商务印书馆 1994 年版，第 102 页。

去掉贪欲后才能获得,而是只要不受惩处,就能得到。"① "上帝之城"与"地上之城"的扭结与悖反,在"强盗联盟"的社会契约论的基础上,更加悖谬地呈现出来,强力地压制金钱、财货之欲,成为上帝统治的题中应有之义,但是恰恰是由于否定了从前古典时代的"尘世德行"的规约有效性,神与人的统治秩序,都受到了根本性的质疑,这也就为后来的"世俗化"跃迁预制了变革的前提。

> 现在的教会也是基督的王国。他的圣徒即使现在也和基督一同为王,但是为王的方式和那时候不同;稗子虽然和好种子一同成长,但是并不和好种子一同为王。与基督一同为王的,都按照使徒的话做:"所以你们若真与基督一同复活,就当求在上面的事。那里有基督坐在神的右边。你们要思念上面的事,不要思念地上的事。"使徒还谈道,"他们却是天上的国民"。他们能和基督以这样的方式一同为王,即,他们就是基督的王国。我且不说别的,如果他们直到尘世的末日,直到一切诱惑都被收集的时候,他们只"都求自己的事,不求耶稣基督的事",那他们怎么成为基督的王国呢?②

---

① [古罗马]奥古斯丁:《上帝之城(上)》,吴飞译,上海三联书店2009年版,第137页。
② [古罗马]奥古斯丁:《上帝之城(下)》,吴飞译,上海三联书店2009年版,第187页。

在奥古斯丁的新柏拉图主义经济哲学思辨之后，中世纪典范性的经院哲学家托马斯·阿奎那①（St. Thomas Aquinas，1225—1274）将"存在巨链"（The Chain of Being）的等级论说和奥古斯丁的"双城"区分，以及亚里士多德的货币－德性观继承、发扬直至成为在中世纪具有主导意义的经济哲学观念（奥古斯丁意义上的"上面的事"对"下面的事"的拒斥和宰制）。作为中世纪"最著名的基督教亚里士多德主义者"②，阿奎那谨慎地保守亚里士多德对于"经济"的正统观念，认为"经济学意味着一种法律实体，但并非科学意义上的法律实体，而是作为一套设计出来旨在确保经济领域中恰当行为的道德戒律。贪婪和奢欲受到谴责，个人在物质方面的发达被认为应当服从于超度来世的需要"③。进而，阿奎那按照亚里士多德的货殖批判原则提出"基督徒不应当参与贸易活动"（nullus christanus debet esse mercator）的信条，这一信条的大行其道更使货币经济在"黑暗的中世纪"遭受严重限制。沿着奥古斯丁"上帝之城"与"地上之城"的思路，阿奎那将其货币思想架构于世俗权力与宗教权力的对立之上，而上述"信条"中的"基督徒"就正身陷这种境遇之中。

---

① 对于阿奎那的经济伦理思想，尤其是对于 Human Nature 的阐述，另可参见 Rebacca DeYoung、Colleen McCluskey、Christina Van Dyke：*Aquinas's Ethics: Metaphysical Foundations、Moral Theory and Theological Context*，University of Notre Dame Press，2009，p13—66.
② ［美］列奥·施特劳斯、约瑟夫·克罗波西：《政治哲学史》，李天然译，河北人民出版社1993年版，第269页。
③ ［英］约翰·米尔斯：《一种批判的经济学史》，高湘泽译，商务印书馆2005年版，第90页。

基督徒的虔敬是内在的、向上的、"服从于超度来世的需要"，而货币经济（"贸易活动"）所代表的"外在善"，则是非恒定的、世俗的、易变的："基督徒不应当参与贸易活动"的说教，实际上是出于对贸易活动会使人失去对上帝的虔敬的一种恐惧。而《马太福音》中的教诲："谁要是买进物品是为了牟取渔利而非全然不变地照原样售出，那他就是那个被逐出上帝圣殿的商人。"（《马太福音》21:12）就正是使得神圣权力得以克制世俗货币关系的过分扩张的有效戒律。再联系到阿奎那关于世俗权力与宗教权力的经典表述"世俗权力之服从宗教权力犹肉体之服从灵魂"①就可以看出，阿奎那对"货殖学"的否定，不是像亚里士多德基于"城邦"的"自然秩序"，而是基于对"上帝的威权"的维护，即强调宗教权威（"上帝之城"的启示）对世俗权力的绝对的控制。（正是这一紧张关系构成了后来霍布斯、洛克的自然权利和人民主权说的理论根源）同时，也正是由于基督教世界相对于古希腊城邦（主要指雅典）的政治经济形态的差异，阿奎那的货币观念呈现出不同于古代世界的"积极自由"或"整全规训"的理论意涵，即基督教世界"首先表现为信仰或宗教教义，它要求人们坚持一套基本的信念，而在其他方面允许其信徒按照并非宗教特有的原则或标准来自由地组织他们的社会政治生活。"② 在

---

① ［意］托马斯·阿奎那：《阿奎那政治著作选》，马清槐译，商务印书馆1963年版，第140页。
② ［美］列奥·施特劳斯、约瑟夫·克罗波西：《政治哲学史》，李天然译，河北人民出版社1993年版，第272页。

遵守"基本的信念"(如"基督徒不应当参与贸易活动")的前提下"组织"自己的生活的"自由",可以被视为古典自由主义所提出的"消极自由"的类型的中世纪版本,只是这一"自由"的"消极性"是相对于宗教权力而不是世俗权力而言的。

阿奎那强调人的非自足性,并认为只有在从属于更大的整体性的意义上,人才可以"消极"的自立①。在《亚里士多德〈尼各马可伦理学〉评注》中,他指出,"人天生是个过社会生活的动物。这是因为由于他有许多需要不能单靠自己的力量求得满足,他就不得不过社会生活。这一事实必然导致另一个事实,这就是:人天生注定要构成一个使得他得以享受完满生活的社会的一部分。"②这种中世纪意义下的"消极自由"的正当性("人总是社会的一部分,每个人,就其所是和所有的一切而言,都属于社会;一如每个部分,就其所是的一切而言都属于整体一样。"③)就突出地表现为阿奎那对"财产权"的重视。"人具有对有形的东

---

① 对于托马斯·阿奎那的"自然法"思想的专题研究,另可参见刘素民:《托马斯·阿奎那自然法思想研究》,人民出版社 2007 年版,第 202—283 页;李猛:《自然社会:自然法与现代道德世界的形成》,生活·读书·新知三联书店 2015 年版,第 255—263 页。
② [意]托马斯·阿奎那:《阿奎那政治著作选》,马清槐译,商务印书馆 1963 年版,第 155 页。
③ 段德智:《中世纪哲学研究》,人民出版社 2014 年版,第 139 页。而这一论点,无疑会遭到后来的自由至上主义者如安·兰德的严厉批评:"集体主义意味着个人对集体——种族、阶级或国家——的服从。集体主义认为,人应该为了所谓的'公共利益'而受制于集体行动和集体思想。"而"不幸的是,在集体主义社会里,主动者已经灭绝了"。参见[美]安·兰德:《通往明天的唯一道路》,章艳译,广西师范大学出版社 2004 年版,第 164—167 页。

西的自然支配权。这是因为,他可以依靠他的理性和意志,为了他自己的利益而利用有形的东西,仿佛它们是为此创造出来似的;同时这也是因为,有如我们已经看到的,不完善的事物是为了有利于比较完善的事物而存在的。根据这一原则,亚里士多德证明(《政治学》,第一篇):占有有形的东西,对人来说是很自然的。"① 通过将新柏拉图主义的"存在之链"(由"不完善的事物"到"比较完善的事物"的有序排列)与亚里士多德的对"有形的东西"("由植物和动物取得财富")的占有的论证相结合,阿奎那建构了前述"自由"的"自然"性,也即正当性。"根据神意确立的自然条理来说,物质财富是为了满足人类的需要而准备的。因此,由人法产生的划分财产并据为己有的行为,不应当妨碍人们对这种财富的需要的满足。"② 由"自由"的正当性到"财富"和"私有权"的正当性论证,托马斯·阿奎那实际上已经在自然法的名义下跨出了迈向自由主义经济哲学观念的重要一步。进而,阿奎那提出,"私有权并不违背自然法,它只是由人类的理性所提出的对于自然法的一项补充而已。"③ 由此,这位经院学者将"人类的理性"带入"神法"的领域,使其具有书写"修正案"的"权利",这也就为洛克的自由主义"权利变革"创造了思想前提。

---

① [意]托马斯·阿奎那:《阿奎那政治著作选》,马清槐译,商务印书馆1963年版,第141页。
② [意]托马斯·阿奎那:《阿奎那政治著作选》,马清槐译,商务印书馆1963年版,第142页。
③ [意]托马斯·阿奎那:《阿奎那政治著作选》,马清槐译,商务印书馆1963年版,第142页。

在《神学大全》(Summa Theologiae)中,阿奎那论述道:

> 如果有人买了一件东西,不是为了出售而是为了持有,但是后来,由于某种原因,却希望出售,在这种情况下,即使他卖了高价,那也算不上在从事贸易活动。他这样做就可以说是合法的,其所以如此,或者是因为他在某些方面对物品进行了加工,或者是因为随着时间地点的变化而物品的价格也相应发生了变化,或者是因为他冒险将物品从一个地方运到另一个地方,或者是他让人帮他运送物品。从这个意义上看,无论是买进还是售出就不能说是不公平的。[①]

由于在中世纪,"教会从来都没有对社会改革真正感兴趣过,它的眼睛盯在来世上面。"这也就成为后世以洛克为代表的自由主义者重构"尘世的权威"的重要出发点。

三

以"自由主义"为思想特征的现代经济哲学是在欧洲"市民社会"和商品经济发展中形成的资产经济意识的理论概括,个人

---

① 段德智:《中世纪哲学研究》,人民出版社2014年版,第148页。

的觉醒与独立为资产阶级经济学说创造了历史条件,"拥有自我的自由主义"(或"自我占有")在中世纪的封建经济条件下"坚定地扩展着它对君主的神圣权利、对来自封建时代的贵族特权以及对所有形式的压迫的反抗"①,从而在宗教改革、启蒙运动的激进形式中兴发了个人主义的思想力量。而"自由主义的形而上和本体论的内核是个人主义。从这个前提出发,自由主义对自由、宽容和个人权利的类似承诺才得以推演出来"②。一批代表资产阶级利益的自由主义思想家专注于经济研究,从而形成了现代意义上的经济哲学。

在 16、17 世纪由马丁·路德(Martin Luther, 1483—1546)、约翰·加尔文(John Calvin, 1509—1564)发起的席卷欧洲的宗教改革运动,作为"发生在西方心灵和精神中一种更大的文化转型的突出表现形式"③,被认为是现代世界观的重要肇因,其对罗马教廷的专制神权的反抗(及随后延展出的更为复杂的反神权运动)开启了西方世界在"上帝之城"与"地上之城"之间的新的矛盾。宗教改革"是人类的心灵对思想领域内专制的反抗"④,通过对作为诱因的多明我会与赎罪券问题的奥古斯丁式回应,改教

---

① [美]约翰·凯克斯:《反对自由主义》,应奇译,江苏人民出版社 2008 年版,第 2 页。
② [英]安东尼·阿巴拉斯特:《西方自由主义的兴衰》,曹海军等译,吉林人民出版社 2004 年版,第 18 页。
③ [美]塔纳斯:《西方思想史》,吴象婴、晏可佳、张广勇译,上海社会科学院出版社 2007 年版,第 268 页。
④ [法]基佐:《欧洲文明史》,程洪逵、沅芷译,商务印书馆 2005 年版,第 4 页。

家以"回到经典"为名发出了实际上基于个人意识之觉醒的批判之声,在其中蕴含的自我决定的个人主义精神和对理性的高度强调,无疑标示了自由主义的未来图景。

正像当代自由主义学者约翰·罗尔斯(John Rawls,1921—2002)在《政治自由主义》一书中所宣称的,自由主义(罗尔斯所谓的"更一般意义上的自由主义"①)的"历史起源,乃是宗教改革及其后果,其间伴随着16、17世纪围绕着宗教宽容所展开的漫长争论。类似对良心自由和思想自由的现代理解正始于那个时期"②。由改教和宽容延展开的信仰讨论,使得每一个信徒重新寻求自我人格的确认,由此基督新教所呈现的启示世界(Grace)与自然世界(Natural)之间的分立,在世俗化的背景下获得了新的理解。"新教的这两种对立特征,亦即人类独立的自我和全能的神,两者复杂地交织在一起。因此,宗教改革标志着个人在两个方面的进步——在教堂之外,在上帝面前。"③ 人人面对上帝的"因信称义"以及"教堂之外"的世俗权力的发展,都为进一步的变革提供力量。"宗教改革运动直接导向了一些主要的自由主义原则和自由主义的成功。新教确实是个人的宗教信仰,因此逻辑地和历史地导出了宽容和良心的自由。这些观念的非宗教形式正是

---

① 在罗尔斯后期作品《政治自由主义》的语境之下。参见[美]约翰·罗尔斯:《政治自由主义》,万俊人译,译林出版社2000年版。
② [美]约翰·罗尔斯:《政治自由主义》,万俊人译,译林出版社2000年版,第12页。
③ [美]塔纳斯:《西方思想史》,吴象婴、晏可佳、张广勇译,上海社会科学院出版社2007年版,第268页。

自由主义。"①

西方世界日益强大的理性和独立精神构造了冲击中世纪经院范式的文化变革运动，马丁·路德（Martin Luther，1483—1546）的"因信称义"学说具有首创的意义。路德将"两个王国"亦即"上帝之国"与"世俗之国"相区分，在这个意义上，"山上布道的道德规范仅仅适用于基督教徒之间的关系：它们不能成为世俗权力的指导方针。'世俗世界不能通过念经来统治'"②。这也就预设了作为前提的宗教权威从世俗领域的退出，并且进一步形成了与中世纪经院范式截然不同的世俗观念："凡国家社会合法的制度都是上帝美好的工作；基督徒从政，司法，照宪法及现行有效的法律治理政事，按律科罪，开正义之战，从军，订合法的契约合同，置产，官府吩咐起誓……均无不可行。"③ 在这样的"宽容"言说中，"上帝"被重置出后设的意义，即只是为"合法的制度"做出认证的表面的"权威"，尽管仍然可以说"国家社会"的制度框架是依照上帝订立的法则演化而来，但事实上这样的言说已经为大卫·休谟提出的"事实与价值二分法的崩溃"预制了前提。此外，这样的说法中也强烈地反映出当时的思想状况下理性对于信仰在"世俗域"的绝对的排斥，"大一统"的教权与"分

---

① ［英］安东尼·阿巴拉斯特：《西方自由主义的兴衰》，曹海军等译，吉林人民出版社2004年版，第136页。
② ［美］安东尼·阿巴拉斯特：《西方自由主义的兴衰》，曹海军等译，吉林人民出版社2004年版，第138页。
③ ［德］马丁·路德：《马丁·路德文选》，马丁·路德著作翻译小组译，中国社会科学出版社2003年版，第58页。

立"的君权之间的力量对比已发生变化,随时有可能发生价值的颠覆。而这种危机也其实是宗教的律令本身所固有的。"福音并不否认政府与家庭,反倒切切要我们保存、维持,当作上帝自己的律例,并在这些律例上行之以爱。"① "行之以爱"的宣传换来了"其命维新"的变革,"宗教与世俗的分离、精神与物质的分离可以看成是预示了其后作为自由主义特征的价值与事实的分离——并不是因为路德拒绝了对堕落的自然世界的价值判断,而是他认为在那一世界里是不可能发现善或者引入善的"②。

在这一视野下,另一位宗教改革的思想大家约翰·加尔文(John Calvin,1509—1564)沿着路德的路线,将对"两个王国"的思考键入基督教的宗教改革运动之中,同时重建了人的"主体"与"世界"之间的意义模式。加尔文断言,"因败坏而距上帝无限遥远的世界毫无意义,但世界又因为得到上帝的照看并且可以成为通往天国之路而获得巨大的意义。基督徒必须通过自己的信仰来理解和发现世界的意义,甚至是赋予世界以意义。"③ 以一种近乎绝对主义的决绝手段,"加尔文在解除律法、事功、教会与传统机制对人的约束的同时,也无情地抽空了人性的自然与超自然内容。只有坚持虚无人性论,使人变成没有内在内容的空无个体,

---

① [德]马丁·路德:《马丁·路德文选》,马丁·路德著作翻译小组译,中国社会科学出版社2003年版,第59页。
② [英]安东尼·阿巴拉斯特:《西方自由主义的兴衰》,曹海军等译,吉林人民出版社2004年版,第139页。
③ 崇明:《启蒙、革命与自由:法国近代政治与思想论集》,上海三联书店2018年版,第93页。

变成自我否定的自我,加尔文才能真正构造出一套全新的拯救模式"①。面对前所未有的"独异性"(Singularity)个体,加尔文由以肯定世俗权力之无可置疑的决定性(Determination):"目前我们只要使人知道,若想废弃政权,乃是野蛮不近人情的;它对人类是如面包和水,阳光和空气一样重要,而且更为优越。因为它不仅供应这些东西,使人得以呼吸,饮食,存活(政府使人群共处,确是包括这一切的事在内),而且使偶像崇拜,对神之名的亵渎,对神之真理的侮辱,以及别种冒犯圣教的事,都不敢公然地发生或传播在人民中间;使治安不受骚扰;使每人能享受他的产业,而不受侵犯;使众人共同交易,而可免于欺诈不义;使正直与谦恭可以培植于人间;总之,使共同的宗教能以维持于信徒中间,且使人道能以维持于人间。"②加尔文对世俗权力的颂扬,将之与阳光、空气和水相比拟的做法,强烈地表明了宗教改革的视野下对于"教堂之外"力量的关注,而由于其对于政府的"理想政体"式的描述,使得这一"理想"的载体与神的意旨相结合而更加有力。"我们当极其谨慎,不得轻视或干犯长官的权威,这权威既是神以最庄严的命令设定的,就是该受最大尊重的,即令它为最不配的人所掌有,且被他们的不义所败坏了。"③"神"之名再次成为被"权威"命名之"名",宗教权威(或"创世权威")

---

① 孙帅:《抽空:加尔文与现代秩序的兴起》,商务印书馆2021年版,第346页。
② [法]加尔文:《基督教要义》,徐庆誉、谢秉德译,宗教文化出版社2010年版,第772页。
③ [德]马丁·路德、[法]约翰·加尔文:《论政府》,吴玲玲译,贵州人民出版社2004年版,第117页。

再次被世俗权威所僭越，而这正是历史发展（特别是资本主义的发展）所必将导向的境遇。"精神权威的控制，那种系统的可怕的思想的统治，已被废除或解除了武装，这就是宗教改革在各种不同情况下获得的结果。"① 由宗教改革运动解放了的思想（"理性"对"信仰"的胜利），从根本上为西方世界树立了新的价值观，也就是对信仰一元论的超越。而根据卡尔文的模式，"将上帝提升到理性之外的信仰领域的证明效应就是把自然的世界留给了理性来统治，使其从宗教的干预中解脱出来，上帝不再存在"②。

在路德、加尔文及其信徒的思想与信仰风暴之下，中世纪所禁锢的商品经济和市民社会逐步获得发展，进而为思想领域自由主义形成提供了契机，在他们看来，"重要的不是我们要做什么，而是指引我们所作所为的心灵构造……无论是那些坚持转向内心还是倾听上帝声音的人，在他们的意识中道德是私人化的，这也是由于座位适用于所有人的一系列原则的道德概念被削弱了……正是这种唯一的方式，宗教改革运动者的教义展示了一种个人主义的倾向"③。在这里，"指引我们所作所为的心灵构造"，无疑是指向"独立自主"的现代人格的确立，这也为"私人化"的道德提供了运化的基础，并且也只有在独立自主的人格意涵下，才有

---

① ［法］基佐：《欧洲文明史》，程洪逵、沅芷译，商务印书馆2005年版，第221—222页。
② ［英］安东尼·阿巴拉斯特：《西方自由主义的兴衰》，曹海军等译，吉林人民出版社2004年版，第139页。
③ ［英］安东尼·阿巴拉斯特：《西方自由主义的兴衰》，曹海军等译，吉林人民出版社2004年版，第141页。

可能出现休谟式的"私利"最大化图式与斯密的(人为的而非神创的)分工体系。宗教改革者对私己化的道德的强调也成为一种教义,而以"称义"的名义,"凡诚恳敬畏上帝的人,由于对这个教义的认识,将体验到无比的利益"①。在加尔文主义者的言说中,这种"无比的利益"仍是指向内心的、倾向于启示的,但是,在现代性世界观的发展中,这种对垄断权威的批判,终于找到了可以依托的(也是最终造成了无可挽回的"铁笼"困境的)物质力量的发展。在此,"预定论之下的生活筹划为资本主义经济秩序的形成提供了强劲的'心理驱动力'"②。资本主义经济的发展和资产阶级的历史性生成,以其为基础所建构的价值观念体系就正是这一新的"权威性的和救赎主义的宗教",而这"又一种"的宗教的"权威性"在其发展中甚至大大超出了绵延整个中世纪千年的基督教威权,这一新的"救赎"也即现代性统辖下的经济哲学之思。

四

启蒙运动在"个人觉醒"的路向上继承宗教改革的思想路线。

---

① [法]加尔文:《基督教要义》,徐庆誉、谢秉德译,宗教文化出版社2010年版,第495页。
② 孙帅:《抽空:加尔文与现代秩序的兴起》,商务印书馆2021年版,第354页。

康德在其著名的关于"什么是启蒙运动"的文章①中将"启蒙"定义为:"启蒙就是人类脱离自己所加之于自己的不成熟状态。"②很明显,这种"不成熟状态"指中世纪基督教的思想压制,启蒙运动则"是一次人类心灵争取自治权的尝试,是对精神领域内的绝对权力发起的名副其实的反抗"③。正如康德所说:"不成熟状态就是不经别人的引导,就对运用自己的理智无能为力。当其原因不在于缺乏理智,而在于不经别人的引导就缺乏勇气与决心去加以运用时,那么这种不成熟状态就是自己加之于自己的了。"④简言之,启蒙就是回到人自身,回到主体性意义上的积极状态,在超越教会与君主的威权统治的前提下"运用自己的理智",挣脱教会与君主对"个人"的各种层面的束缚。

启蒙运动的思想后果在"理性的公共使用"和"普遍历史"两个维度为自由主义经济哲学开辟道路。"理性的公共使用"超越了宗教改革中的"两个王国"是理性与信仰的悖谬,从根本上突破了"恩典世界"绝对权威,建构了一种具有"可商谈性"的"公共领域"及与之相应的公共理性。公共理性是指公民通过恰切的公共推理寻求共享的公共理解,以期在愈加多元的(而非专制的)社会中获得政治共识,并解决政治合法性与社会正义的原则

---

① 指康德1784年发表于《柏林月刊》的《答复这个问题:"什么是启蒙运动?"》。同时可参见[法]米歇尔·福科:《什么是启蒙?》,见汪晖、陈燕谷主编:《文化与公共性》,生活·读书·新知三联书店2005年版,第422—442页。
② [德]康德:《历史理性批判文集》,何兆武译,商务印书馆1990年版,第22页。
③ [法]基佐:《欧洲文明史》,程洪逵、沅芷译,商务印书馆2005年版,第219页。
④ [德]康德:《历史理性批判文集》,何兆武译,商务印书馆1990年版,第22页。

问题,即私利与公益的调和问题。以这样的原则,康德宣称:"必须永远有公开运用自己理性的自由,并且唯有它才能带来人类的启蒙。"① 将"自由"与"启蒙"并称,使启蒙运动成为自由主义经济哲学的思想根源,启蒙运动所批判的"黑暗"场域是为获取公民自由权所必须破除的,中世纪封建经济条件下的思想与信仰状态成为启蒙运动必将肃清的理性迷障,也因此将公民自主的(而非神意前定的)分工条件下的自由市场、自由贸易作为其思想追求的必然结果。"公众要启蒙自己,却是可能的;只要允许他们自由,这还确实几乎是无可避免的。"② 公众得以面对"自己"、启蒙"自己",就正是资本及其(新的)奴役逻辑得以运作的前提,这同样也是基督新教"因信称义"即"人人皆可直面上帝"的完美翻转,即构成人人皆可面对自己的欲望、人人皆可面对自己的利益的话语系统。进一步,则是将这种"公众要启蒙自己"的欲求原理,论证为使对私利的追求在某种力量的驱使之下(比如"看不见的手")可以达成整个社会的分配正义和福利最大化,也就使得自由主义经济哲学的思想理路真正得以展开。资本主义在启蒙运动的唯理性主义之下获得了"进步"的认证。"这些进步所将得到的真正好处——我们对此可以表示一种几乎是确凿无疑的希望——其归宿就只能是人类自身的完善化这一好处,因为随着各种各样的平等将会为人类确立更广泛的维持生活需要的手段、

---

① [德]康德:《历史理性批判文集》,何兆武译,商务印书馆1990年版,第24页。
② [德]康德:《历史理性批判文集》,何兆武译,商务印书馆1990年版,第23页。

更普及的教育、更完整的自由,那种平等也将越发真确,它将越多接近于囊括真正关系到人类幸福的一切东西都在内。"① 启蒙运动使得资本主义以"自由"的名义(这同样是自由主义经济哲学理论的要害所在)重新界定"真正关系到人类幸福的一切东西",从而形成了对非资本体制的"自然"的排斥,同时预设了资本主义的无限扩张性。"所有这些使人类得以完善化的原因、所有保证这一点的办法,由于它们的本性,就应该是永远在发挥着一种积极的作用,并且是在获得一种永远在扩大着的领域。"② 资本的逻辑在西方世界的普遍扩张,同时构造了极具排他性和侵略性的"世界普遍历史观",即对"人类得以完善化"的终极向度与"关系到人类幸福的一切东西"的西方资本主义重审。

启蒙主义思想家借"自然"(或"本然")之名论证人类历史的"可普遍性"。"把普遍的世界历史按照一场以人类物种的完美的公民结合状态为其宗旨的大自然计划来加以处理……必须看作可能的,并且甚至还是这一大自然的目标所需要的。"③ 在此,康德所说的"完善的公民结合状态"就是资本主义制度下的市民社会,而"大自然计划"的实行也就为"资本逻辑"的合法性奠定了基础,所有其他民族的、非西方的、非资本主义的经济—政治体制,都将因其"非普遍性"而受到"普遍历史"的无情抛弃。

---

① [法]孔多塞:《人类精神进步史表纲要》,何兆武、何冰译,生活·读书·新知三联书店1998年版,第187页。
② [法]孔多塞:《人类精神进步史表纲要》,何兆武、何冰译,生活·读书·新知三联书店1998年版,第202页。
③ [德]康德:《历史理性批判文集》,何兆武译,商务印书馆1990年版,第18页。

"唯有从其一开始就延续不断直迄我们今天的那个有知识的公众，才能征信古代的历史。超出此外，一切便都是未知的领域了；凡是生活在此之外的各个民族，其历史便只能从他们加入这里面的那个时代开始算起……从这里出发（当这一开端首先已经恰当地被确定了之后），我们才可以向上追溯他们的故事。所有其他的民族也都是如此。"[1]非资本主义的民族或国家在"加入这里面的那个时代"之前，是不存在于人类历史之中的，因为他们采取的经济—政治体制必然不利于人的"完善化"，也同样不具备有关"人类幸福的一切东西"，这也就成为现代世界的新的原罪与威权。相对于"恩典世界"的"世俗世界"的堕落，这些旧的经济—政治体制被说成相对于资本主义的非资本的、非"自由化"的堕落，也即将中世纪的信仰对于理性的压迫转换为现代资本世界的"自由"对"非自由"的压迫（新的权威主义的显现）。他们将自己命名为"自由主义"，认为只有按其理念才可以昭示人类整体的"上升"。"人类物种从长远看来，就在其中表现为他们怎样使自己终于上升到这样一种状态，那时候大自然所布置在他们身上的全部萌芽都可以充分地发展出来，而他们的使命也就可以在大地之上得到实现。"[2]黑格尔继承康德的思想将"自然"作为资本主义普遍历史观念的核心原则。"历史是精神的形态，它采取事件的形式，即自然的直接现实性的形式。因此，它的发展阶

---

[1] ［德］康德：《历史理性批判文集》，何兆武译，商务印书馆1990年版，第19页注释1。
[2] ［德］康德：《历史理性批判文集》，何兆武译，商务印书馆1990年版，第20页。

段是作为直接的自然原则而存在的。"①

随着资本主义经济与社会的发展,自由主义及其经济哲学与政治理论取得了在世界范围内的统治与主导地位,古代世界的对(相对于"人为"的)"自然"的界定已相应转换为对"自由"及各种"自由权"的"自然"认证,这种"人为"与"自然"的转换也就最终为资产阶级精神内核的重构开启了视域。

> 世界历史的每一个阶段,都保持着世界精神观念的那个必然环节,而那个环节就在它的那个阶段获得它的绝对权利,至于生活在那个环节中的民族则获得幸运与光荣,其事业则获得成功……这种环节作为自然原则所归属的那个民族,在世界精神的自我意识的自我发展中,有执行这种环节的使命。②

信仰自我意识的自我实现(可参校自发秩序的自动均衡)的黑格尔,在对绝对精神的论说中将外在的客观的"自然"与内在的自我意识生硬地拼接,为自由主义经济哲学提供了合法性证明,他的唯心主义思想同时昭示了自由主义"世界精神"的现代呈现,个人主义也由此兴起。

---

① [德]黑格尔:《法哲学原理》,范扬、张企泰译,商务印书馆1961年版,第353页。
② [德]黑格尔:《法哲学原理》,范扬、张企泰译,商务印书馆1961年版,第353—354页。

回顾历史，"个人主义"（Individualism）是近代西方思想家倡导"启蒙"时形成的，是新兴市民阶级，特别是其中资产阶级意识的理性表述。而自12、13世纪以来商品经济的发展，成为个人主义坚实的社会经济基础。以资本主义普遍历史观为理论基底的"世界精神的自我意识"，即资本逻辑下的"理性"个人主义，在"人人皆可直面上帝"到"公众勇于启蒙自己"的理论路向上进一步发展，达至"私人的恶德—公众的利益"意义上的新境遇。马克斯·韦伯在界定现代资本主义的特征时，就正以"理性"的原则为现代西方资本主义进行论证："对利润的贪得无厌根本就不能等同于资本主义，更不是资本主义的精神。倒不如说，资本主义更多地是对这种非理性冲动的一种抑制，至少也是一种理性的缓解。"① 作为"西方"所特有的理性，在同样为西方所特有的个人主义及其经济表象的推动下而成为独一无二的存在。"就我们在经济方面的文献所能延的遥远的过去而论，'资本主义'和'资本主义的'企业（有时仅仅具有有限的资本核算的理性化程度）在所有的世界文明地区都已存在。换言之，'资本主义'和'资本主义的'企业一直存在于中国、印度、巴比伦、埃及、古代地中海地区、中世纪欧洲，就像它们存在于现代西方一样……然而，西方赋予资本主义的那种重要性程度在其他地方是不存在的，西方并发展出实现这种重要性的、在其他地方不存在的资本主义的

---

① ［德］马克斯·韦伯：《新教伦理与资本主义精神》，阎克文译，上海人民出版社2010年版，第160页。

类型、形式及趋势。"①

"理性的"、利己的个人主义思想在17世纪的英国学者伯纳德·曼德维尔（Bernard Mandeville，1670—1733）的理论中得到了充分的体现。曼德维尔是最早试图将"私利"与"公益"进行悖论性调和的西方学者，他的"理性"原则是不能仅仅让大众知道"应当做怎样的人"（宗教改革与启蒙运动的进路），更重要的是要让大众知道自己"实际上是什么样的人"。②这也就是将启蒙观念下的"大众的自我启蒙"又推进一步，成为自由主义经济哲学的理论前守。"曼德维尔关于人'充满邪恶'（或自我利益）但却促进公共利益的信条是一种对自由主义的明确预言。人本质上是自私自利的动物，因为他们'不会把快乐让给那些不对他们的利己之心给予回报的其他人，人最终是以取得快乐为中心的，他们热衷于它并按照他们的意愿来改变它。'"③自利的"公益信条"与"以快乐为中心"的功利原则，在自由主义经济哲学发展中分别由亚当·斯密和杰罗米·边沁所继承、发展，并在不断的论争与辩难中形成了现代自由主义的经济政治学理念。曼德维尔鲜明地提出，"若不彻底了解一个人的行为所依据的原则及动机，我便不可能对其表现做出判断。"④相应地，曼德维尔将个人行为

---

① ［德］马克斯·韦伯：《新教伦理与资本主义精神》（罗克斯伯里第三版），苏国勋等译，社会科学文献出版社2010年版，第6页。
② 晏智杰：《亚当·斯密以前的经济学》，商务印书馆2021年版，第248页。
③ ［美］小罗伯特·B.埃克伦德、罗伯特·F.赫伯特：《经济理论和方法史》，中国人民大学出版社2001年版，第51—52页。
④ ［荷］伯纳德·曼德维尔：《蜜蜂的寓言》，肖聿译，中国社会科学出版社2002年版，第40—41页。

的原则与依据界定为出于私利或"自爱"（self-love）的考量，认为正是这一原则构成了人类行为的"普遍驱动力"（universal mover）。从而，在这一"驱动力"的作用之下，人们的行为成为促进"社会利益"的重要因素。"他们愈效力于寻求自身利益，不顾他人利益，他们就愈会时时刻刻地相信：挡住他们道路的，并不是任何其他人，而最可能正是他们自己。所以说，正是他们当中的最恶劣者对提倡公众精神的兴趣，比其他任何东西都更能使他既获得来自他人的劳动与他人的克己的成果，又在放纵自己种种欲望时最少受到干扰。"① 曼德维尔的这种（在言说上）基于"公众精神"的描述是亚当·斯密的被神话化了的"看不见的手"的早期版本，其对个人（经济的抑或政治的）欲望的坦然承认，甚至被认为是对宗教改革和启蒙运动的思想解放的过度诠释。这种过度的自我确认随着自由主义经济哲学的兴起而成为西方资本主义普遍历史观念下的"新宗教"。"上帝为社会所设计的人，不仅会被其自身的弱点及缺憾引向短暂幸福之路，而且同样会出于种种似乎是自然原因的必然性，多少了解自身的弱点及缺憾，而凭借这种知识，人将在以后为那种真正的宗教所完善，被引向他的永恒幸福。"② 通过这一道德性的论证，"这种思想继续指出，如果个体的人在道德上是根本的，那么个人自由在社会、经济与政

---

① ［荷］伯纳德·曼德维尔：《蜜蜂的寓言》，肖聿译，中国社会科学出版社 2002 年版，第 35—36 页。
② ［荷兰］伯纳德·曼德维尔：《蜜蜂的寓言》，肖聿译，中国社会科学出版社 2002 年版，第 42 页。

治意义上就是至高无上的。不同的人有着不同的利益、需求或意见;不能由他人——尤其是不能由'社会'或国家——来决定什么使他们幸福,或者在关于美好生活的不同概念之间做出裁断。用自由主义的概念来说,国家和社会必须是价值中立的。经济领域亦然:个人自由应得到尊重,国家应尽可能少地施加关于国内税、补贴、关税或市场干预之类的经济限制措施"[1]。

"天赋权利"观念是个人主义思想发展的另一个重要内容。这一观念"承认存在着个人活动的无形的范围,个人的自然自由由此形成,这同时也是个人权利的范围。"[2]个人在"自然"上的"自由"观念的提出,标志着现代自由主义与古典世界的决裂,因为对于古代西方世界来说,并不存在超越城邦共同体之外的个体的"自由",而只会承认存在超脱于个人之上的"总体权力",在这个意义上,"天赋人权是对特权的全面否定"[3]。毫无疑问,天赋人权观念与资本主义雇佣劳动制有着非常微妙的联系,资本的关系要求所有的可雇佣者作为独立的经济个体而存在,而这种"可资本化"的状态就正是使资本主义得以不断发展的、因而必须被命名为"天赋"(仍必须从最高的创造者那里寻求佑护)的有利条件。由此可见,"随着社会与国家在新的个人主义基础上的进一

---

[1] [英]杰西·诺曼:《埃德蒙·柏克:现代保守政治教父》,田飞龙译,北京大学出版社2015年版,第274页。
[2] [意]圭多·德·拉吉罗:《欧洲自由主义史》,杨军译,吉林人民出版社2001年版,第22页。
[3] [意]圭多·德·拉吉罗:《欧洲自由主义史》,杨军译,吉林人民出版社2001年版,第22页。

步重组,这种有利条件将逐渐发展壮大,成为各种权利的保障,相对于自然状态带给受骗狂们动荡不安的生活,它获得的威望越来越高"①。超越"特权"的观念,却塑造了新的特权,个人主义、自由主义的发展终于使资本主义成为人类最新的、并常常被宣称为最终的"奴役"(治理)形式,"在这里,所有的中介活动与功能都被抛弃,不论其属于国家,属于教会,抑或属于任何其他经过认可的权威"②。

在这样的思想背景之下,自由主义者提出了"真正的"个人主义的思想原则:"一、真个人主义肯定家庭的价值及小群体之共同努力的价值;二、真个人主义信奉地方自治和自愿结社;三、真个人主义的理据在很大程度上乃是以这样一种主张为基础的,即人们通常诉诸国家强制性活动的许多事情,实际上可以经由自愿合作的方式而做得更好。"③ 在此,"经由自愿合作的方式而做得更好"的观念就成为自由主义(特别是新自由主义)所据以抵抗"政府干预"的重要依据。同时,个人主义强调世俗权力的个人化,也使得建立在(亚当·斯密的"同情"观前提下的)分工系统之上的市场经济理论,以及相应的政治修辞术成为可能,而国家权威与被认为可以"做得更好"的"自愿合作",就成为

---

① [意]圭多·德·拉吉罗:《欧洲自由主义史》,杨军译,吉林人民出版社2001年版,第30页。
② [意]圭多·德·拉吉罗:《欧洲自由主义史》,杨军译,吉林人民出版社2001年版,第22页。
③ [英]F.A.冯·哈耶克:《个人主义与经济秩序》,邓正来译,生活·读书·新知三联书店2003年版,第31页。

自由主义经济哲学内部不断争辩（自由放任主义与国家干预主义）的议题，是自由主义思想发展的重要动力。个人主义所坚持的"改变个人状况的愿望本身就表明个人试图获得利益和避免代价"的原则，成为由斯密和边沁所开启的西方现代经济哲学论述的关键因素。

五

从思想史的角度考察，英国经验论者、思想家、自由主义"革命政治"[①]的奠基者约翰·洛克（John Locke，1632—1704）无疑为经济哲学观念的现代转折创制了具体而微的理论条件[②]。一方面，他在继承托马斯·阿奎那以来的中世纪自然法观念并努力以自己的方式调和永恒法（神法）与民约法（人法）之间的深刻矛盾，亦即根据中世纪的律法观念以上帝的外在的力量置换亚里士多德伦理学的"自然本性"（Nature）而成为"秩序"的决定者，另一方面又强调作为绝对者的上帝赋予人类平等的私有财产权，同时也赋予人理性，使人可以在服从（虔信）的模式下通过运用理性而获得土地和动物（"有形的东西"）的所有权。一旦大

[①] 这一理论面向的专门探讨，请参见李猛：《革命政治——洛克的政治哲学与现代自然法的危机》，见吴飞主编：《洛克与自由社会》，上海三联书店2012年版，第1—97页。

[②] Tatsuya Sakamoto & Hideo Tanaka: *The Rise of Political Economy in the Scottish Enlightenment*, Routldge Press, 2003.

自然中的公共财产与个人的劳动相结合，这种公共财产便成为个人的财产。

> 上帝既将世界给予人类共有，亦给予他们以理性，让他们为了生活和便利的最大好处而加以利用。土地和其中的一切，都是给人们用来维持他们的生存和舒适生活的。土地上所有自然生产的果实和它所养活的兽类，既是自然自发地生产的，就都归人类所共有，而没有人对于这种处在自然状态中的东西原来就具有排斥其余人类的私人所有权；但是，这些既是给人类使用的，那就必然要通过某种拨归私用的方式，然后才能对于某一个人有用处或者有好处……劳动使它们同公共的东西有所区别，劳动在万物之母的自然所已完成的作业上面加上一些东西，这样它们就成为他的私有的权利了。①

在此，洛克所提出的作为"拨归私用"的方式的"劳动"仍具有明显的宗教规训色彩，亚里士多德意义上的"货殖"也就仍被排斥在"劳动"的概念之外，或者可以说"劳动"概念的提出正是展开其"对神的恭敬与侍奉"的内在意涵，也即是在"启示"的一端而进行的合德性的行为，而通过这种遵从上帝的"劳动"

---

① ［英］洛克：《政府论（下篇）》，叶启芳、瞿菊农译，商务印书馆1964年版，第17—18页。

确立了主体与客观对象之间的意向关系:"我的劳动使它们脱离原来所处的共同状态,确立了我对于它们的财产权。"① 但是,作为财产而存在的"自然生产的果实和它所养活的兽类"都不可能是永恒存在的,"对人类生活实在有用的东西的最大部分,以及诸如世界的最初处于公有状态的人们所追求的生存必需品,如现在的美洲人所追求的那样,一般说来都是不能耐久的东西,如果不因有人利用而被消费掉,就会自行腐烂毁坏……超过他的正当财产的范围与否,不在于他占有多少,而在于有什么东西在他手里一无用处地毁坏掉"②。

洛克认为,由于任何意义上的财产都是上帝赐予的,因此不论出于什么原因(即使是出于人的自然本性)造成的"一无用处地毁坏"都不是正当的,他提出了与色诺芬"正当财产说"完全不同的标准:财产的正当与否不在于其合德性的意谓,而在于其消费属性的完成(资本主义消费社会的肇始)。这也就意味着,如果有一种(或几种)"物"可以使财产免于或至少延迟腐坏,那么,这一"物"就获得了在先的正当性("上帝的意旨"替代了"内在的德性"),并由于其承担的庄严使命而可以是美德与至善的化身或至少是不相悖逆。由此,洛克通过对财产正当性的界定重新定义了货币("财产的败坏"意义上的"物")的正当性。在

---

① [英]洛克:《政府论(下篇)》,叶启芳、瞿菊农译,商务印书馆1964年版,第19页。
② [英]洛克:《政府论(下篇)》,叶启芳、瞿菊农译,商务印书馆1964年版,第29—30页。

洛克看来，货币的出现使人类有机会扩充财产，实现福祉的最大化：金银不会腐坏，并且可以不断利用。"他们通过默许和自愿的同意找到一种方法，使一个人完全可以占有其产量超过他个人消费量的更多的土地，那个方法就是把剩余产品去交换可以窖藏而不致损害任何人的金银；这些金属在占有人手中不会损毁或败坏。人们之所以能够超出社会的范围，不必通过社会契约，而这样地把物品分成不平等的私有财产，只是由于他们赋予金银以一种价值并默许货币的使用。"① 货币因其易收藏、不腐坏以及"不致损害任何人"的特性而获得正当性，这实际上是奠基在"私财产"的"神义论"立场上的，即在不追问"不平等"的来源的前提下（或者在抽象的、"属神"的、"劳动"的名义下）对"不平等的财产"的界定。进而，依据对于"财产权"与货币经济的正当性的论证，洛克做出了现代性意义上的自由主义观念："一切强力和强制应予禁止。做什么事都不得强迫命令——除了自己被说服而确信以外，谁都没有义务按照那种方式服从另一个人的劝诫和指令。在这一点上，每个人都享有至高无上和绝对的自我判断的权威。"② 自由主义的货币观念从此真正成形，而在以上帝为名的论证之下，"财货量度"所应受到的限制不再清晰，上帝作为他者的强力形象取代了"自然本性"（城邦意义上的至善）的内在的节制与反省，从而为宗教改革与启蒙运动所造就的"神的覆亡"之后

---

① ［英］洛克：《政府论（下篇）》，叶启芳、瞿菊农译，商务印书馆1964年版，第31页。
② ［英］洛克：《论宗教宽容》，吴云贵译，商务印书馆1982年版，第36页。

的本于人类欲求的经济社会指明了异化之途。

将洛克的"自我判断的权威"引向深入的是大卫·休谟（David Hume，1711—1776）关于"自利"与"正义"的论述。作为经济学家的休谟[①]，其对"私利"与"公益"的辩证同曼德维尔的"寓言"一起为苏格兰启蒙运动与古典政治经济学的天真观念奠基，他关于"痛苦和快乐是善恶的标准"[②]的论述直接构成了效用主义（utilitarianism，又译为"功利主义"）原则的理论起点，他对"人类行为的结果与人类设计的结果"的反思成为哈耶克的反凯恩斯的经济自由主义的重要思想资源，而他"保持货币供应量持续增长才是最好的政策"的主张甚至已经为货币主义预制了论域。休谟的思想之所以同现代经济学的发展如此息息相关，是由于他对人性中"自利"原则的阐发构成了现代性世界图景下货币经济学发展的重要基础。在休谟看来，对人性的研究必然采取一种不同于自然科学研究的方式，因为"我们总是发现，理性和想象力的生气蓬勃的发挥必然由于人类心灵的狭小容量而摧毁感情的全部活力"[③]。而这种"理性和想象力的生气蓬勃的发挥"更是"完全发端于那种是极端虚妄的哲学推理之源的对简单性的热爱"[④]。而"理性与想象力"的"对简单性的热爱"就成为休谟

[①] 相关讨论参见 Carl Wennerlind & Magaret Schabas：*David Hume's Political Economy*, Routledge, 2008.
[②] [英] 列奥·施特劳斯、约瑟夫·克罗波西：《政治哲学史》，李天然等译，河北人民出版社1993年版，第629页。
[③] [英] 休谟：《道德原则研究》，曾晓平译，商务印书馆2001年版，第151页。
[④] [英] 休谟：《道德原则研究》，曾晓平译，商务印书馆2001年版，第150页。

批判的对象:"一种哲学如果不允许人道和友谊获得敌意和怨恨这些阴暗的激情所不争地享有的那一些特权,必定是多么恶毒的一种哲学……它可以构成自相矛盾式的机趣和嘲弄的一个良好基础,然而却是任何严肃的论证或推理的一个很坏的基础。"① 休谟在这里批判的观念("多么恶毒的一种哲学")正是那种以公益("仁爱")为口号的社会经济观,它实际上是亚里士多德与阿奎那思想在现代早期的(正在不断失去生命力的)延传,无论是"城邦的正义"还是"至上的谕令",休谟认为,由于这种观念"摧毁感情的全部活力",即使人失去"私己"的主体性和主动性而必须予以彻底否定,否则就会成为沦为"自相矛盾式的机趣和嘲弄"。在此基础上,休谟提出真正开启现代货币经济学说理路的"自爱"原则:"这条原则就是,整个仁爱是纯粹的伪善,友谊是一种欺骗,公共精神是一种滑稽,忠实是一种获取信任和信赖的圈套;当我们全都心底里只追求我们自己的私人利益时,我们就披上这些漂亮的伪装,以解除他人的防备,使他人更暴露于我们的诡计和阴谋面前。"② 而同时,"不论一个人可能感受到或者想象自己同情到什么感情,没有一种激情是或能够是无私的;最慷慨的友谊,不论多么真诚,都是自爱的一种变体;甚至我们自己也不知道,在我们看来全心全意从事为人类谋划自由和幸福时,我们只是在寻求我们自己的满足"③。

---

① [英]休谟:《道德原则研究》,曾晓平译,商务印书馆2001年版,第154页。
② [英]休谟:《道德原则研究》,曾晓平译,商务印书馆2001年版,第147页。
③ [英]休谟:《道德原则研究》,曾晓平译,商务印书馆2001年版,第148页。

休谟的观察痛彻而决绝,或者说至少在他看来,将人类的一切行为归于"自爱的一种变体"不是出于另一种"对简单性的热爱",而将"寻求我们自己的满足"同"为人类谋划自由和幸福"画上等号,则似乎过于轻率与独断:"根据我们性情的原始结构,我们可以感受我们自己内心对他人的幸福或利益的欲望,他人的幸福或利益通过这种感情而变成我们自己的利益,而后我们出于仁爱和自我享受的双重动机而加以追求。"① 将"他人的幸福或利益"有效地"变成我们自己的利益",就需要与休谟的正义观相联系而考察。

我们知道,在亚里士多德—阿奎那传统的经济哲学视野中,"自利"因其对"私益"的强调而无法与"正义"建立连接,相对应地,在休谟看来,亚里士多德的城邦共同体和阿奎那的宗教共同体的理想不过是"每一个人都是另一个人的另一个自我,他将把他的所有利益信托给每一个人去自行处理,没有猜忌、没有隔阂、无分彼此。而整个人类将形成单纯一个家庭,在其中一切都属公有,大家自由地使用、无须考虑所有权,但是亦像最密切关怀自己的利益一样留心完全尊重每一个人的必需"②。休谟这样的人类的"单纯一个家庭"的"无须考虑所有权"的情形,是对"正义"的破坏。"尽管人类的必需将如目前这样持续下去,而人类的心灵却被如此扩展并如此充满友谊和慷慨,以致人人都极端

---

① [英]休谟:《道德原则研究》,曾晓平译,商务印书馆2001年版,第154页。
② [英]休谟:《道德原则研究》,曾晓平译,商务印书馆2001年版,第37页。

温情地对待每一个人,像关心自己的利益一样关心同胞的利益;则看来很显然,在这种情况下,正义的用途将被这样一种广博的仁爱所中止,所有权和责任的划分和界线也将决不被想到。"① 在休谟的正义图式(Justice Schematic)中,亚里士多德式的"广博的仁爱"(城邦的"至善"与同胞之爱)是与现代的"正义"相排斥的,对于休谟来说,"公共的效用是正义的唯一起源,对这一德性的有益后果的反思是其价值的唯一基础"②。休谟所说的"公共效用"是以"自爱"原则对"仁爱"规训的否定为前提的,这也是他为了进行"严肃的论证或推理"而自行建构的基础。正是在这样的基础上,休谟提出了立基于人性本然状态的悲观论点:"通过想象力的倾向,通过反思的提炼,通过激情的热忱,我们似乎加入了他人的利益,并想象我们自己排除了一切自私的考虑;但实际上,最慷慨的爱国者和最悭吝的守财奴,最勇敢的英雄和最怯弱的懦夫,在每一个行动中都是同等地关注他自己的幸福和福利。"③ 通过对每个人"排除了一切自私的考虑"的伪善的揭露,休谟完成了他独特的怀疑论论证,"休谟的哲学给了自然权力以致命的一击并且取消了对'价值'进行理性判断的可能性"④。在此,休谟对私利的强调与对正义的重构成为由斯密肇始的现代经济观念的内在原则,同时将现代性世界图景下的经济学虚无主义(它的极

---

① [英]休谟:《道德原则研究》,曾晓平译,商务印书馆2001年版,第36页。
② [英]休谟:《道德原则研究》,曾晓平译,商务印书馆2001年版,第35页。
③ [英]休谟:《道德原则研究》,曾晓平译,商务印书馆2001年版,第148页。
④ [英]列奥·施特劳斯、约瑟夫·克罗波西:《政治哲学史》,李天然等译,河北人民出版社1993年版,第617页。

端表现就是"唯发展主义")注入了经济哲学的建构逻辑之中。

承接洛克、休谟的思想路线,亚当·斯密(Adam Smith,1723—1790)完成了经济哲学的自由主义定向[①],由以系统论证了现代经济哲学的结构性内容,这也构成了西方现代经济哲学的主导范式。在批判重商主义的以金银的可用储备为共同体利益的标准的基础上,斯密展开他的货币本质学说。以洛克的劳动财产学说为前提,斯密这个苏格兰启蒙主义者直接讨论通过人类劳动而划定的经济场域,他的理论言说因此不再需要回应上帝(以及作为"上帝的肢体"的教会)的种种权威与框限,而是在现代意义上的个人本位来展开论述,也正是在这样的意义上我们可以发现,亚里士多德的二分结构正在瓦解,"货殖学"在现代性对内在节制("自然本性")与外在强力("上帝的威权")的双重解构的境况中获得了"经济学"的正当性,这也就是为什么在斯密的经济学理论中不再需要一个更为根本的本原和原因(比如亚里士多德的"第一因"),不需要作为根据和基础的决定者意志的显现(基督教路向上的"启示之光"),只有作为行为主体的境遇化的个人。在亚当·斯密论述中的"个人",不再需要至高的德性,也不必辗转于思辨和反思之中,"他们"只需要面对自身最直接的需要,因而"他们"与货币的关系也变得简单。"自分工确立以来,各时代各社会中,有思虑的人,为了避免不便,除自己劳

[①] 参见 Tony Aspromourgos: *The Science of Wealth: Adam Smith and the Framing of Political Economy*, Routldge Press, 2009; Harold Kincaid & Don Ross: *The Oxford Handbook of Philosophy of Economics*, Oxford University Press, 2009.

动生产物外，随时身边带有一定数量的某种物品，这种物品，在他想来，会去和任何人的生产物相交换，都不会被拒绝。"① 这是一个处在抽象状态中的（斯密的所谓"各时代各社会中"显然是对历史有意识的误读和简化）"有思虑的"理性人（货殖学还是经济学意义上的"理性"？）的技艺性选择（techne）以及约定俗成（nomos）构成货币关系的内在动因，而基督教和亚里士多德加诸于经济生活之上的道德的、涉神的判断都被有效地排斥了。

对德性观的否定与对原子化的、可雇佣的个人的"陌生人的伦理"的建构，是斯密"翻转"亚里士多德经济哲学思想的"启蒙"努力的宗旨所在（斯密甚至借后来的自由主义政治经济学的大行其道而僭越了"古典"之名，仿佛西方货币思想真的肇始于斯密式的"自然状态"假设）。据此，斯密提出了他对于休谟的私利—正义观的修正："把资本用来支持产业的人，既以牟取利润为唯一目的，他自然总会努力使他用其资本所支持的产业的生产物能具有最大价值……确实，他通常既不打算促进公共的利益，也不知道他自己是在什么程度上促进那种利益……由于他管理产业的方式目的在于使其生产物能达到最大程度，他所盘算的也只是他自己的利益。在这场合，像在其他许多场合一样，他受着一只看不见的手的指导，去尽力达到一个并非他本意想要达到的目的。也并不因为事非出于本意，就对社会有害。他追求自己的利

---

① [英]亚当·斯密：《国民财富的性质和原因的研究》（上卷），郭大力、王亚南译，商务印书馆1972年版，第21页。

益，往往使他能比在真正出于本意的情况下更有效地促进社会的利益。"①"看不见的手"假设的提出，就是斯密在并不巧妙地为资产者牟利行为寻求辩护，在这一由假设构造的假象中，资产者的利润追逐（资本逻辑的外化）被伪饰为人人皆有的趋利避害之心，而那些价值的真正创造者却因其"被决定"的地位而无法质疑资产者如何去"达到一个并非他本意想要达到的目的"，以及最终又是否的确是"更有效地促进社会的利益"。在斯密看来，资本主义经济中，"每个人都不断地努力为他自己所能支配的资本找到最有利的用途。固然，他所考虑的不是社会的利益，而是他自身的利益，但他对自身利益的研究自然会或毋宁说必然会引导他选定最有利于社会的用途"②。

就这样，在斯密的"演绎"之下，西方传统观念所认为的需要限制/节制、非"自然"的"货殖"被合理化为"经济"（以被改造了的"理性"为媒介），进而私利的最大化和人类共同福利实现了"自然"的调和（以被改造了的"自然"为结果），一个以资产者为主体的秩序由此建立，而货币"就在这情况下，成为一切文明国商业上的通用媒介。通过这媒介，一切货物都能进行买卖，都能相互交换"③。在此，交换的意义高于共同体的"最高

---

① ［英］亚当·斯密：《国民财富的性质和原因的研究》（下卷），郭大力、王亚南译，商务印书馆1974年版，第27页。
② ［英］亚当·斯密：《国民财富的性质和原因的研究》（下卷），郭大力、王亚南译，商务印书馆1974年版，第25页。
③ ［英］亚当·斯密：《国民财富的性质和原因的研究》（上卷），郭大力、王亚南译，商务印书馆1972年版，第25页。

善",或者这正是现代政治共同体的"最高善":每个人的逐利行为的可能性持存。因此,"自由个人主义错置了个人与社会之间的真正的优先性顺序。社会并不只是一种加总式的附属物,一种纯粹的附带现象,只是在一群个人决定如何彼此相处之后伴随而来;社会从人类原初发端之时就在那里。更进一步地,社会正是使那些个体成为人的力量。在一个给定的社会中成长并不仅仅是一个人的文明化过程;而是一个成为人的过程。"① 因此,原子个人的理论预设阻滞了"继善成性"的"成人"进程,转而采取一种利益化、技术化的"承认"契约来替代之前的"德性"之"具身化"的运行机制,而且,更为悖谬的是"每个人"的"独立自主"的追求虽然表面上是"自由"的实现(经济自由化的全球性),却无非是在资本主义制度下向作为"共相"的"资产者意识"的皈依,亦即遭致主体性的丧失,从而形成了广域性的"去主体化"(Desubjectivication)的状况。

作为哲学激进主义(Philosophical Radicalism)的代表人物,杰里米·边沁(Jeremy Bentham,1748—1832)提出以"幸福微积分"来进行总量计算的效用伦理,这一思想"在很多方面为'边际革命'开辟了道路"。② 边沁认为,"在对构成整体的部分进行调查和分类之前,人类思想没有能力领会复杂的整体;抽象并

---

① [英]杰西·诺曼:《埃德蒙·柏克:现代保守政治教父》,田飞龙译,北京大学出版社2015年版,第279页。
② [意]阿列桑德洛·荣卡格利亚:《西方经济思想史》,罗汉、耿筱兰、郑梨莎、姚炜堤译,上海社会科学院出版社2009年版,第149页。

不是现实本身，而是表达事实的简化方式，对抽象唯一实用的方式就是追溯到抽象所表达的事实。"① 对于边沁而言，这一潜藏的"事实"无疑意味着"理性经济人"观念下的"最大多数人的最大幸福就是判断是非的标准"②。边沁的功利主义为自由主义经济哲学提供了个人主义（Individualism）理念原则以对抗亚里士多德的"人是政治的动物""人是城邦的动物"的逻辑后承论题，从而与以色诺芬、柏拉图、亚里士多德所代表的古代世界经济哲学观划清了界线，也与奥古斯丁和托马斯主义所代表的中世纪经济哲学构成了根本上的断裂。

正是在这个意义上，西方现代经济哲学③可以说是与"资产阶级"在西方世界的发展与统治相配合的意识形态，与"资本主义"（Capitalism）突破西方"封建"制度体系而革命性构造的现实"景观"密切相连。在这个层面上，"意识形态事实从来就不是简单的空想，而是对众多现实的变形的意识，充当着这般的真实因素，这些因素反过来又施行一种真正变形的行动；尤其是意识形态的物质化，是这种物质化自动化经济生产的具体成功带来的，在景观形式中，它几乎将社会现实和某种意识形态混为一体，

---

① ［英］穆勒：《论边沁与柯勒律治》，白利兵译，上海人民出版社 2009 年版，第 13 页。
② ［意］阿列桑德洛·荣卡格利亚：《西方经济思想史》，罗汉、耿筱兰、郑梨莎、姚炜堤译，上海社会科学院出版社 2009 年版，第 150 页。
③ 对于这一专题的深入讨论，另可参见 Subroto Roy：*Philosophy of Economics: On the Scope of Reason in Economic Inquries*，Routledge，1991；Daniel Hausman：*Philosophy of Economics: An Anthropology*，Cambridge University Press，2008；Julian Reiss：*Philosophy of Economics: A Contemporary Introduction*，Routledge，2013.

这种意识形态能按其模式雕凿整个现实"①。在既有的模塑揉搓之下,"现代性"意义上的经济—政治言说(Economical-Political Discourse)这一由霍布斯、普芬道夫、洛克所开启的资产阶级意识的理论谱系,"作为对宗教正统性的一种反映发轫于文艺复兴时期,在宗教改革时期得到强化,并在启蒙时期成为一种主要的政治力量"②。以私己"所有"的自然权属关系为根基,寻求建立免于政府强制与干预的自由市场经济(也即对边际革命后的瓦尔拉斯意义上的"纯粹经济学"的基本诉求),并将"自由竞争""自由贸易"等资本主义"自由权"③视为其所必须获取的核心价值,并且这些权利在"自然"上就具有排他性:"既然是由他来使这件东西脱离自然所安排给它的一般状态,那么在这上面就由他的劳动加上了一些东西,从而排斥了其他人的共同权利。因为,既然劳动是劳动者的无可争议的所有物,那么对于这一有所增益的东西,除他以外就没有人能够享有权利。"④ 在这个意义上,自由主

---

① [法]居伊·德波:《景观社会》,张新木译,南京大学出版社2017年版,第135页。
② [美]约翰·凯克斯:《反对自由主义》,应奇译,江苏人民出版社2008年版,第2页。
③ 此处的"自由权"与"自然权利"学说的关系请参照美国政治哲学家弗里德里希的论述:"由17世纪传入18世纪,并被洛克在其'生命、自由和财产'(广义上包括追求幸福)的公式中加以概括的自然权利……主要是用来保护个人以对抗政府的权力。每个人都被视为有权拥有个人(私人)的自治领域,特别是在宗教信仰和财产方面;有权在人之精神与外表两方面获得其基本的自我实现和自我满足。"[美]弗里德里希:《超验正义》,周勇、王丽芝译,生活·读书·新知三联书店1997年版,第91页。
④ [美]洛克:《政府论(下篇)》,叶启芳、瞿菊农译,商务印书馆1964年版,第19页。

义经济哲学建构了新的经济观、社会观和价值系统:"无数个人为了追求自身的利益而相互协作,这种协作的无意识的结果,便是在人类生活中建立起错综复杂的结构。"① 而与这一个人主义式的观念相对应的,就是对各种"强制"(或阻碍资本主义发展)的制度因素的破除,"一切特惠或限制的制度,一经完全废除,最明白最单纯的自然自由制度就会树立起来"②。

自由主义经济哲学是(Liberal Economic Philosophy)以资本主义的证成者和辩护者的"处身情态"(Befindlich keit)登上人类历史舞台的,而"资本主义言论万变不离其宗的那个理论硬核,就是不仅要证明资本主义能够运转(它有效地运转着),而且要指出这种合理的运转符合人们的普遍需要"③。自由主义经济哲学通过对封建主义制度下的特权的反抗以追求资本主义"集权"下的经济自由和政治自由,并构造"自由市场—自由竞争—自发秩序—自动均衡"的逻辑链条,通过市场与均衡的"神话"(Myth)向大众许诺了正义的多元图景。"自由主义的胜利其原因之一就是它吸引了曾经受着和正受着压迫性政权之苦的总是太多的人们中的许多人的忠诚。"④ 自由主义经济哲学的兴起意味着个

---

① [美]米尔顿·弗里德曼、罗丝·弗里德曼:《自由选择》,张琦译,机械工业出版社2008年版,第24页。
② [英]亚当·斯密:《国民财富的性质和原因的研究》(下卷),郭大力、王亚南译,商务印书馆1974年版,第253页。
③ [埃及]萨米尔·阿明:《资本主义的危机》,彭姝祎、贾瑞坤译,社会科学文献出版社2003年版,第22页。
④ [美]约翰·凯克斯:《反对自由主义》,应奇译,江苏人民出版社2008年版,第4页。

人意识的觉醒、对压迫的反抗和对新秩序的维护,但同时也导致了"自由权"对"自由"的僭越("自由的败坏")与对"本真"(Authentic)意义上的"自由"的遗忘,并最终归结为资本之作为"最终"(Ultimate)奴役形式的世界历史意义上的确立。①

由此可见,对堪于古代与中世纪经济哲学,现代性世界图景下的经济哲学思辨是在取消了"共同善"(Common Good)这一"目的因"(Teleological Cause)前提下对主体性权利观念的重塑,也是在经济—政治领域的"有朽者的不朽"式建构。"不朽的"资本帝国取消了主体的独异性存有,塑造永恒轮回的"资本主义式虚无"。从而,"资产阶级,由于一切生产工具的迅速改进,由于交通的极其便利,把一切民族甚至最野蛮的民族都卷到文明中来了。它的商品的低廉价格,是它用来摧毁一切万里长城、征服野蛮人最顽强的仇外心理的重炮。它迫使一切民族——如果它们不想灭亡的话——采用资产阶级的生产方式;它迫使它们在自己那里推行所谓的文明,即变成资产者。"②"拟像"的逻辑借助"财富"的至上性格("因此,一切情欲和一切活动都必然淹没在贪财欲之中"③)而实现统治,在极致的"总体性"之下,"危机、停

---

① 萨米尔·阿明对此做出了如下的评论:"……因此资本主义也是合理的,甚至应该是'永恒'的,它是历史的'终结'。这样进行推导,就必然会重新确立经济理论和社会及政治哲学之间的联系。就这样,一个推导过程中使用的经济学观点不断得到丰富,最终演化为资本主义的普遍理论。"[埃及]萨米尔·阿明:《资本主义的危机》,彭姝祎、贾瑞坤译,社会科学文献出版社2003年版,第22页。
② [德]马克思、恩格斯:《共产党宣言》,人民出版社2014年版,第31—32页。
③ 《马克思恩格斯全集》第三卷,人民出版社2002年版,第343页。

滞、自然环境的破坏（事实上，所有纯粹的经济运动）都不会超越资本。"①

在"资产者"的共同"人格面具"（Persona）规制秩序中，被资本"虚无化"了的人类行动者以现代性的名义调节"公与私"、整合"群与己"，在"权界"与"性分"的资产者之"共同体意识"宰驭下达成无可回避的"扼杀景观"，"自然"与"人为"的存在论颠倒，"一句话，它按照自己的面貌为自己创造出一个世界。"② 资本"拟像"的界域也因此而发生了决定性的翻转，"共同体与权力严丝合缝地相互对等，因为共同体原则同一切权力的结合乃是所有共同体必然潜在的特性的一种功能。"③ 这一"功能性"的理论意图从而开启了马克思在《1844年经济学哲学手稿》中所给出的"内在批判"④（Internal Criticism）：资产者之为宰制者，"仅仅作为短暂的、恣意放纵的个人而行动，所以他把人本身，因而也把自己本身看作可牺牲的无价值的存在物。在这里，对人的蔑视，表现为狂妄放肆，表现为对那可以勉强维持成百人

---

① ［加］莱博维茨：《〈资本论〉与马克思的工人阶级政治经济学》，张鋆译，上海财经大学出版社2024年版，第170页。
② ［德］马克思、恩格斯：《共产党宣言》，人民出版社2014年版，第32页。
③ 阿甘本：《无目的的手段：政治学笔记》，赵文译，河南大学出版社2015年版，第13页。
④ 在此，"内在性"意味着："自在自为地存在的意志是真正无限的，因为它本身就是它的对象，因而这个对象对它来说既不是一个他物也不是界限；相反，这种意志毋宁只是从他物种返回到自身而已。其次，这种意志不单是一种可能性、素质、潜能，而是现实的无限东西（infinitum actu），因为概念的定在，或它的对象化的外在性，就是内在的东西本身。"［德］黑格尔：《法哲学原理》，邓安庆译，人民出版社2016年版，第63页。

生活的洞穴的任意糟蹋，又表现为一种卑鄙的幻觉，即仿佛他的无节制的挥霍浪费和放纵无度的非生产性消费决定着别人的劳动，从而决定着别人的生存；他把人的本质力量的实现，仅仅看作自己无度的要求、自己突发的怪想和任意的奇想的实现。"① 而正如黑格尔式"主奴辩证法"自身所遭致的致命颠覆一样，资产者系谱的这种完全无视、僭越人的"本质力量"的任意与放肆也必然招致日益严峻的本质性"危机"，"在危机期间，发生一种在过去一切时代看来都好像是荒唐现象的社会瘟疫，即生产过剩的瘟疫。社会突然发现自己回到了一时的野蛮状态；仿佛是一次饥荒、一场普遍的毁灭性战争。"②

正是在马克思、恩格斯的科学洞见的深刻驳难之下，亚当·斯密、李嘉图、萨伊等"古典自由主义者"所构造的"古典政治经济学"（Classical Political Economy）之作为资本主义思想—制度附庸的"异化"（Alienation）理路昭然若揭："国民经济学这门关于财富的科学，同时又是关于克制、穷困和节约的科学，而实际上它甚至要人们节约对新鲜空气或身体运动的需要。这门关于惊人的勤劳的科学，同时也是关于禁欲的科学，而它的真正理想是禁欲的却又进行重利盘剥的吝啬鬼和禁欲的却又进行生产的奴隶。它的道德理想就是把自己的一部分工资存入储蓄所的工人，而且它甚至为了它喜爱的这个想法发明了一种奴才的艺

---

① 《马克思恩格斯全集》第三卷，人民出版社 2002 年版，第 349 页。
② ［德］马克思、恩格斯：《共产党宣言》，人民出版社 2014 年版，第 33 页。

术。"① 自由主义经济哲学所造设的"伟大的说服"切实地成就了"奴才的艺术",由以在"拟像"之"能指链"上循环传递"卑劣的谎言"(对峙于柏拉图《理想国》中事关"存在序列"的"高贵的谎言"),同时也使得《浮士德》(Faust)中的理性训诫深切可鉴:

> 只要蔑视理性和科学
> 人的至高无上的才能——
> 就算他还没有委身于魔鬼
> 却必定走向了沉沦!②

"资产者"意识形态的全面宰制带来了奴役与沉沦,在不可逆的时空架构下,"人变成对自己来说是对象性的,同时,确切地说,变成异己的和非人的对象;他的生命表现就是他的生命的外化,他的现实化就是他的非现实化,就是异己的现实。"③ 在极度荒谬的境遇下,势所必然的,"资产阶级用来推翻封建制度的武器,现在却对准资产阶级自己了。"④ "异己的现实"并未带来现实中恒久远的"繁荣与富强",恰恰相反,在日益滋长、交互往复,

---

① 《马克思恩格斯全集》第三卷,人民出版社 2002 年版,第 342 页。
② 本段译文转引自邓安庆的黑格尔《法哲学原理》译本,《浮士德》的这一文段也同样出现在《精神现象学》中,亦可见其对文中相关思想的重视和认同。[德] 黑格尔:《法哲学原理》,邓安庆译,人民出版社 2016 年版,第 7 页。
③ 《马克思恩格斯全集》第三卷,人民出版社 2002 年版,第 302—303 页。
④ [德] 马克思、恩格斯:《共产党宣言》,人民出版社 2014 年版,第 34 页。

一直延烧至今的全球资本主义"自我"危机化的冲击下,"这个曾经仿佛用法术创造了如此庞大的生产资料和交换手段的现代资产阶级社会,现在像一个魔法师一样不能再支配自己用法术呼唤出来的魔鬼了。"①

---

① [德]马克思、恩格斯:《共产党宣言》,人民出版社2014年版,第33页。在此,马克思主义经典作家通过为未来的革命者昭示"二元化"的现实图景而展开理性启蒙的路径,即"或者是从危机到危机,循环往复,以至无穷;或者是在危机的背景之下,参与反抗的工人们完成了从工人向无产阶级的跨越,无产阶级将带来对整个资本主义体系的彻底变革。"张双利:《论〈共产党宣言〉对资本主义的批判》,《探索与争鸣》2018年第5期。

第一部分　延异：危机之思

资本主义经济危机典范性的"拟像"规制形态是普遍性、周期性的商品生产过剩。历史地看,危机伴随着资本统治(Dominant)的产生而产生,并在资本逻辑(作为意识形态的"资本主义")达成其宰制的现实性,即资本主义国家的建立和自由—市场主义的全面胜利之后,固化为自由—市场体制不可根除的顽疾。资本统治的现实性,从根本上说,就是资本对劳动的统治("资本雇佣劳动"),正如马克思所指出的,在资本主义时代,劳动不仅在形式上从属于资本,而且在实际上也从属于资本。因此,以产业革命和资本主义世界市场体系建构的物质性力量为契机,以资本对劳动的统治的整全性(totality)为结果的现代资本主义(在某一理论视角下被"强制"地描述为"通往自由之路"①)的机器大生产的形成和发展,就成为资本主义—自由市场的危机产生的条件;而相应地,经济危机"这种现象并不是像地震或其他天灾所造成的后果那样罕见的意外事件。这种现象经常发生,发生的频率也是有规律的,每十年预期就会发生一次,或者一次以上。显然,以这种弊害为特征的制度,一定会遭到反对者的严重非难。社会主义者声称,这种弊害是实行利润经

---

① 对于市场自由主义的"道德论证"路线,请参见[美]亚瑟·C.布鲁克斯:《通往自由之路:为自由企业制度而辩》,高菲菲译,上海人民出版社2013年版。

济的必然结果；只要资本主义继续存在一天，就无法消灭，虽然可能暂时减轻；但是，一旦实行了社会主义集中计划，就可以根除了"①。

针对资本主义经济危机的产生和发展的历史定位，马克思在《资本论》第一卷中给出了明确的界分："大工业只是从1825年的危机才开始它的现代生活的周期循环。"②自1825年起到马克思出版《资本论》的19世纪60年代，普遍性、周期性的经济危机在1837年、1847年、1857年、1866年分别爆发，针对这一情形，恩格斯在《反杜林论》中指出："社会化生产和资本主义占有之间的矛盾达到剧烈爆发的地步……经济的冲突达到了顶点：生产方式起来反对交换方式，生产力起来反对已经被它超过的生产关系。"③而在1825年之前，虽然全面的、主导性的资本主义大工业建制远没有完全其统治的架构，但是，基于资本—市场的"交易正义"观念而爆发的（并非通常所认为的"失控"的）商业、货币、信用危机也时有发生，并给当时的经济社会生活带来了显著的冲击。但是，"在机器大工业出现以前的十八世纪上半叶和八十年代以前，尽管地方性的商业危机和货币危机已经不断地发生，但还不存在生产甚至局部性生产过剩危机的条件。当时的经济学家只能以商业的投机，信用和货币制度的失调等等属于流通领域

---

① ［英］阿瑟·塞西尔·庇古：《社会主义和资本主义的比较》，谨斋译，商务印书馆2014年版，第32页。
② ［德］马克思：《资本论》（第一卷），人民出版社1975年版，第16—17页。
③ 《马克思恩格斯全集》（第二十卷），人民出版社1971年版，第301页。

的错误为这类危机作解释。在十八世纪八十年代后的产业革命过程中,生产过剩危机的条件逐渐成熟了,某些经济部门的局部生产过剩的现象再也不能予以否认了。但当时一部分的资产阶级经济学家仍企图以外在的因素作为引起危机的基本原因。到了1825年前后,危机的范围扩大的可能性显露了,危机的威胁增加到严重震撼整个经济的程度。于是理论的发展才集中于是否存在着一个普遍的、有规律性的经济危机的问题。"①

建基于对于西方世界的资本主义("非理性")体系的危机发生史②与古典自由主义的危机辩护史的总体性把握(以应对在相关问题上的"支离"的"只见树木,不见森林"),本书将这一部分的考察聚焦于在工业革命引导下的"旧制度与大革命"之时代命题下的前1825年经济危机的"自然权利"③(Natural Rights)

---

① 陈岱孙:《从古典经济学派到马克思——若干主要学说发展论略》,商务印书馆2014年版,第225—226页。
② "虽然说生产过剩是周期性危机爆发的根本原因,但就历次经济危机而言,又呈现出其他一些共同的特点。比如在经济高涨的时候投机猖狂,金融系统总是成为危机爆发的导火索等,这些相似的现象,几乎在每次经济危机中都有所体现。"张廷伟:《经济的坏脾气:全球经济危机史(1637—2008)》,金城出版社2009年版,第1—2页。
③ 在这一论域中,"自然权利的来源是十分明显的。一个人有权利保护他的身体不受损害,而且在没有正当理由剥夺自由的情况下有权利保护他的自由不受侵犯,这是毫无疑问的"。见[英]坎南编著:《亚当·斯密关于法律、警察、岁入及军备的演讲》,陈福生、陈振骅译,商务印书馆1962年版,第35页。并且,在现代性的视域下,"完全的自然权利——生命、自由、个人判断——或身体上、行为上和精神上的完整性——和它们后天或人为地将人身扩展到财产和契约关系,足以要求得到法律的管理,而且得通过法律强制力来保护它们,人们把这一点看得非常重要,以至于把它看成是政府制度的主要辩护"。见[丹]努德·哈孔森:《自然法与道德哲学:从格老秀斯到苏格兰启蒙运动》,马庆、刘科译,浙江大学出版社2010年版。

的经济——政治特征及其在理论上的反应,以现实经济史的认识为立论基础,深入揭示当时的古典自由主义者不能(或"不希望""不接受")认识到危机之否定性、必然性与灾难性的思想根源,并以之为切入点,细致考察"现代世界体系"(Modern World-System)问题域之下"中庸的自由主义的胜利"[1](Centrist Liberalism Triumphant)图景中亚当·斯密—萨伊—李嘉图—詹姆斯·穆勒—巴斯夏—约翰·穆勒谱系的"合目的"的危机理论辩护术的最初展开(以"看不见的手"和"萨伊定律"为中心),并以此来进一步理解那被马克思所严正批评的"不偏不倚的研究让位于豢养的文丐的争斗,公正无私的科学探讨让位于辩护士的坏心恶意"[2]的真正意涵。

---

[1] 此即沃勒斯坦所著《现代世界体系》第四卷的标题。参见[美]伊曼纽尔·沃勒斯坦:《现代世界体系》(第四卷),吴英译,社会科学文献出版社2013年版。
[2] [德]马克思:《资本论》(第一卷),人民出版社1975年版,第17页。

第一章　危机的史前史：临在的模拟与拣选的意志

"危机"证史

资本主义并非从来就有的，资本主义"市场"（及附着于其上的"适应性情感"）的统治性的"君临"模式亦如是。在现时代被奉为圭臬的市场金律（也是不可以"政府"之力去触碰的市场"禁律"）在整个中世纪都是被打压和挞伐的对象，意图冲破禁欲宗教的严苛管控而逐步成为西方世界的"普适"价值，非经历一番卓绝的意识形态上的"开创"之举不可。这其中，如何将无可忽视的"经济危机"[①]

[①] 根据大卫·科茨，"马克思主义分析家普遍赞同资本主义制度下存在两种截然不同的经济危机。一种是定期性的经济衰退。这种危机一般在资本主义的正常机制下经过一个短时期就会解决，虽然第二次世界大战后，政府通过实施货币政策和财政政策来加快结束经济衰退。另一种是旷日持久的经济危机，如果想要在资本主义内部解决并恢复资本积累，那就必须进行重大重构"。[美]大卫·科茨：《马克思危机论与当前经济危机：经济衰退或严重积累结构型危机？》，童珊译，见江洋主编：《资本主义的危机与矛盾》，中国人民大学出版社2021年版，第325页。

无害化、常态化、科学化、可控化进而"周期"化、"意识形态"化,就是这些工业革命与欲望扩张的信仰者们所需要完成的"伟大的说服"①(Great Persuasion)了。

由此可见,对于自由放任(Laissez Faire)之理想性的信仰,是资本主义制度下"因信称义"的"秘教"典仪,也是以自由主义为名的"信仰寻求理解"的社会历史性建构行为,并作为现代世界之思想与政治的核心议题而始终发挥着重要的影响:"致命的自负"招致"自负的后果"。在这个过程中,自 16 世纪发端,"不断扩大产品销路的需要,驱使资产阶级奔走于全球各地。它必须到处落户,到处开发,到处建立联系。资产阶级,由于开拓了世界市场,使一切国家的生产和消费都成为世界性的了"②。在资本主义条件下,一切经济活动都必须以牟取最大限度的利润为转移,而重大创新和经济结构转换则耗费大量资金,流转周期长,风险大,且在一定时期内盈利少,所以,资本家往往不仅对重大创新和经济结构转换不感兴趣,而且千方百计加以阻挠,力图在尽可能长的时期内,以旧的工艺流程、旧的技术和设备、旧的产品获得最大的利润,这就从方向、速度和数量等方面制约着正常投资,尤其是遏制了资本在不同部门间的流动,拖延了重大创新

---

① 在这一视角下,"危机并不是资本主义制度的结束,但却为它开辟了一个新前景。通过将某些资本家逐出商界,使其他资本家恢复利润。生产资料以低价成交,原材料价格暴跌,失业迫使工人接受低工资。生产一旦重新变得有利可图,积累就会再次开始"。[英]克里斯·哈曼:《利润率和当前世界经济危机》,丁为民、崔丽娟译,见江洋主编:《资本主义的危机与矛盾》,中国人民大学出版社 2021 年版,第 120 页。
② [德]马克思、恩格斯:《共产党宣言》,人民出版社 1997 年版,第 31 页。

和经济结构转换，使旧的部门内资本积累长期过剩，而新兴部门资本积累不足，各部门之间的比例长期失衡，也就是结构转换不畅。当这种结构矛盾积累到一定程度的时候，就会使旧的部门的过剩资本出现贬值和毁坏，并对整个社会经济造成破坏，即发生结构性危机。因为资本主义生产关系只能在一定时期、一定限度内拖延重大创新和结构转换的进程，而不能排除这一进程。生产力终将冲破资本主义生产关系的羁绊而向前发展，即实现重大创新和结构转换，并迫使资本主义生产关系通过自我扬弃来适应这种发展。但生产力的这种发展，不是一蹴而就的，而是需要一个过程的，这便构成了经济的长期波动。因而长波的降波便形成了结构性危机的表现，长波的升波则反映着生产力的迅速发展。

无可辩驳的事实使人们难以否认资本主义发展中这些长波的存在。所有能够得到的统计资料都清楚地表明：如果我们把工业产量的增长和（世界市场的）世界出口增长作为关键指标的话，那么就会发现在 1826—1847 年、1848—1873 年、1874—1893 年、1894—1913 年、1914—1939 年、1940—1967 年的这几个时期中这些指标的平均增长率发生显著的波动，各个相继出现的长波之间上下波动幅度为 50%—100%。[1]

---

[1] [比] 欧内斯特·曼德尔：《资本主义发展的长波——马克思主义的解释》，南开大学国际经济研究所译，商务印书馆 1998 年版，第 3 页。

由此可见，长波的降波便形成了结构性危机的表现，长波的升波则反映着生产力的迅速发展。

"西方中心论"的世界历史思考，在"革命"的名义下获得证成。"在这个时期所发生的革命，除了资产阶级自由资本主义的胜利之外，我们无法想象还有其他任何形式的革命。"① 也正是在"自由资本主义"的世界"想象"之中，"西方"作为一种"普适性"与"普世性"而展开其（卢梭所阐述的）全球性"侵蚀"，这也就在贸易的发展、市场的扩展与工业革命的高歌猛进中，开始了其"不可抗拒"的历程。

也正是在这一时期，出现了资本主义发展中的第一次长波，其中，长波的升波阶段发生在 1790—1825 年，由首次结构性危机和失衡引起的降波阶段出现在 1825—1845 年。这一次长波标志着人类历史上第一次重大经济变革的发生和以此为基础的经济结构转换：由农业社会逐步向工业社会过渡，即实现工业化，逐步由大机器工业代替手工业；由内向型经济转化为外向型、扩张性经济；资本主义私有制（其基本形式是以家族血缘关系为纽带形成的独资企业和合伙企业）和自由竞争机制开始形成；以英国为中心的资本主义国际经济秩序得以确立；产业革命期间资本主义积累矛盾的尖锐化与广大劳动人民的贫困化。

从中世纪末期的 15 世纪以来，通过地理大发现和欧洲对海外

---

① ［英］艾瑞克·霍布斯鲍姆：《革命的年代（1789—1848）》，王章辉等译，中信出版社 2014 年版，第 2 页。

的殖民贸易，以及以英国的圈地运动为基本标志的对农民土地的剥夺和工场手工业的长期发展，新兴资本家阶层不仅积累了雄厚的资本，获得了丰富而廉价的生产原料、广阔的市场和大批自由劳动者，而且使劳动工具不断改进，劳动者的技术水平和熟练程度逐步提高，分工日益精细，从而使生产效率逐步提高，再加上以牛顿力学为代表的近代重大科学发现，这一切，都为资本主义生产方式的确立奠定了强大的现实和理论的基础。而由于地理大发现造成的世界商业航线由地中海流域向大西洋流域转移，英国开始成为重要的商业中心之一，通过圈地运动实现了对农民生产资料的有力剥夺，加上宗教、政治和社会改革的彻底性和海外大量人才移居英国，为英国成为第一次长波升波的发源地和中心开辟了道路。

在资本尚未获得整体性建制（"现代世界体系"的建立）的历史时期，"危机"的发生具有双重意涵。一方面，在这一问题的"质料/物质"（Matter）层面上，"征服的资产阶级"（霍布斯鲍姆语）在不断扩大其私欲的势力（马克思、恩格斯所刻画的"到处建立联系"）以求建立斯密、李嘉图和边沁等所期许的最大化"西方"之效用的过程，就是通过建构"繁荣"的经济神话而在政治上不断推进个人主义、世俗主义与启蒙理性主义的"普世"进步理念的传播，并在不断地增长中强化、提高自己的实力，不断巩固"以往几个世纪逐渐取得的侵蚀性和破坏性成就"[①]的一个

---

① ［英］艾瑞克·霍布斯鲍姆：《革命的年代（1789—1848）》，王章辉等译，中信出版社2014年版，第4页。

"特殊"时期（资本的扩张之下的意识形态的敏感期）。在这一历史进程中发生的"危机"，不仅会实际影响到经济运行的稳定性，更加会"危及"世俗世界对于"资本新天国"的盲目确信；也正因为早期危机的偶然性和不可测度、难于回溯性，"危机的幽灵"以"类比"（Analogy）的形式在资本主义"生产"之外徘徊，并最终在工业化的成长中逐渐成长为资本主义世界的"双元革命"（霍布斯鲍姆所指涉的英国工业—经济革命与法国民主—政治革命①）之革命后果的"掘墓人"。另一方面，也就是现实经济—政治之上的"形式/精神"（Form）面，在市场伦理与相应的法律体系尚未建立的情形下，私益且自足的个人主义的"任意"并没有带来斯密与萨伊所许诺的"均衡"景状，恰恰相反，财富的膨胀与"异化"积累，使得一种新的"战争状态"在"市民社会"上演，而"危机"就是这一状况的极端化呈现。② 对此，卢梭给出了独到的观察："新生的社会让位于战争状态：被败坏劳动可怜的人类，既无法返回原先的道路，又舍不得放弃已经到手的不义之财，于是，愈拼命干，便愈使自己蒙羞，不但滥用了本该使他获得荣誉的才能，反而把自己推到了毁灭的边缘。"③ 而在这一现实性的

---

① ［英］艾瑞克·霍布斯鲍姆：《革命的年代（1789—1848）》，王章辉等译，中信出版社 2014 年版，第 2 页。
② "根据马克思主义理论，危机的本源来自资本主义的内部机制，该机制反映出了资本主义进程中的矛盾。"江洋主编：《马克思危机论与当前经济危机：经济衰退或严重积累结构型危机？》，《资本主义的危机与矛盾》，中国人民大学出版社 2021 年版，第 326 页。
③ ［法］卢梭：《论人与人之间不平等的起因和基础》，李平沤译，商务印书馆 2007 年版，第 99 页。

层面上，机器大工业制度借助自由资本主义的力量获得强势发展，从而使得本质性的"危机"最终无所遁形，因为"包含在简单商品经济的各种矛盾中的生产过剩危机的可能性，在历史上变成了爆发生产过剩危机的必然性。资本主义工厂的发展程度，以及其生产在各个部门和各个国家中的比重和作用，决定了早期工业危机的最重要特点"①。

失序的轨迹

以"如蒙天选"的神恩之"伟大故事"（Great Narratives），在从 16 世纪开始的资本主义在西欧各国萌芽、发展的漫长历史时期中，"危机"的早期形态其实也一直在影响着经济社会发展的进程，并在不同程度上塑造了现代商业社会的基本规则。当时的危机（在产业革命以前）主要以商业和货币、信用危机为主，还不是完备意义上的"普遍生产过剩危机"。这一长时段的著名危机包括：1637 年郁金香的疯狂投机造成的尼德兰的商业、货币危机；1719—1720 年约翰·劳货币骗局引发的法国的货币和投资市场的危机；1720 年英国的"南海骗局"投机危机。这些危机也是由资本关系引起的，由于商业和信用领域中的资本主义大量积

---

① ［苏］列·阿·门德尔逊：《经济危机和周期的理论与历史》（第一卷），斯竹等译，生活·读书·新知三联书店 1975 年版，第 269 页。

累在历史上先于工业领域的积累,偶然的危机的矛盾的形式和发展也出现得较早。但这些危机区别于后来的资本主义经济危机的最重要特点,在于它们是由"生产以外的因素引起的"。[①]

郁金香投机泡沫的爆发与荷兰通过发展资本主义而在西方世界取得的主导地位密切相关。1566—1609年,荷兰爆发了反抗西班牙殖民的独立战争。在摆脱殖民统治后,荷兰的经济取得了飞速的发展。在当时,荷兰的经济发展主要依靠三大支柱,即东印度公司的组建、阿姆斯特丹银行的成立和强大的商船舰队。凭借这三大支柱,荷兰成为当时西方贸易的霸主、欧洲金融的中心和世界性的"海上马车夫"。在这样的情况下,世界上第一家证券交易所于1609年在阿姆斯特丹成立。到17世纪中叶,阿姆斯特丹已经成长为欧洲的股票交易中心。在这一时期,"金融业成为荷兰经济的主要部门。经过这种转型,荷兰资本主义在世界上的地位没有降低,相反,却有所加强。阿姆斯特丹的股票市场被称为'17世纪的华尔街'。荷兰经济的转型反映了世界资本主义经济的基本转向。"[②] 随着投机而带来的巨大财富,当时的阿姆斯特丹成为整个欧洲投机者的集聚中心,而对于当时上流社会消费品位的追逐,使得郁金香成为继白兰地之后的投机投资的新标的。但是,投机"游戏"所塑造的高价值"产品",本身并不能完成对自身价值的证成,事后证明,以郁金香这样一种植物作为投机

[①] 陈岱孙:《从古典经济学派到马克思——若干主要学说发展论略》,商务印书馆2014年版,第222—223页。
[②] 沈汉:《资本主义史》第2卷,人民出版社2015年版,第137—138页。

对象，本身就是一件不可思议的事情。这样的"狂热"（Fever）虽然是与经济景气密切相关，是经济整体上扬的表现，但毕竟不能长久，特别是在那些以纯金融模式运作的个案之中。在1636年，郁金香价格已经涨到了骇人听闻的程度，并且，关于郁金香球茎的期货市场也开始建立，竞相攀比所拥有的名贵郁金香品质也成为当时贵族群体中的一种时尚。但是，这样的投资狂热局面却因为一次偶然的"过失"而急转直下。1637年，一位海外水手漫不经心地吞食掉一颗价值数千荷兰盾的名为"永远的奥古斯都"的郁金香球茎却没有得到法官的重罚的情形，使得之前累积的投资狂热迅速转换为恐慌性的抛售狂潮。郁金香狂热终结，市场突然崩溃，政府已无力进行调控。案件发生后仅一个星期，郁金香的平均价格已经下跌近90%，这导致富有的商人沦为乞丐，大贵族也无法挽回破产的境地，世界投机狂潮的始作俑者为自己的狂热付出高昂的代价，荷兰的经济也从此开始走向衰落。在这场郁金香狂热之中，没有人不是受害者，尤其是那些在1636—1637年以高价买进郁金香球茎的人因投机泡沫的崩坏而面临灾难，即使那些提前抛售离市的人也遭受了之后经济萧条的冲击。质言之，"这是金钱在一种无政府状态下作乱，在此氛围下，所有用来规范人们采取道德和冷静的商业行为的规章制度，均被抛到九霄云外。"[1] 因此，在历史上：

---

[1] ［美］彼得·加伯：《泡沫的鼻祖：早期金融狂热的基本面》，陈小兰译，北京大学出版2018年版，第39—40页。

所有对这次郁金香狂热的公开讨论或者批评，都谈及购买太过积极，或者批评那些在当前未曾拥有所出售的商品的情况下用于期货交割的卖出，或者批评影响交割的意愿。他们抨击期货市场变成了制造人为风险的工具，根本不考虑在市场存在的风险中该何去何从。①

与"郁金香狂热"相比，稍后发生的"密西西比泡沫"（The Mississippi Bubble）有着更强的个人色彩和偶然性特征。这一给欧洲投资市场带来巨大负面影响的危机是与约翰·劳（John Law，1671—1729）的"传奇"性的货币银行理论相联系的。生于苏格兰的一个银行家家庭的"逃狱者"②约翰·劳于1705年出版了他影响深远的经济论著《论货币与贸易：兼向国家供应货币的建议》（Money and Trade Considered with a Proposal for Supplying the Nation with Money），在其中，他申述了他在欧洲大陆游历期间形成的思想：一个国家想要获得繁荣，就必须发行纸币，因为相比传统的金币或银币，用纸币进行交易带来了极大的便利，也同时使得国家的繁荣更容易实现。在这个意义上，"大多数人认为，缺少货币完全是贸易逆差造成的结果，其实缺少货币既是结果又是原因，扭转逆差的有效方法是增加货币。"③由此，他首次提出

---

① ［美］彼得·加伯：《泡沫的鼻祖：早期金融狂热的基本面》，陈小兰译，北京大学出版 2018 年版，第 50 页。
② 关于约翰·劳在决斗中杀人并设法越狱逃亡的具体情形的描述，参见：［美］托马斯·利文森：《南海泡沫与现代金融的诞生》，李新宽译，中国人民大学出版社 2023 年版，第 256—257 页。
③ ［英］约翰·罗：《论货币和贸易》，朱泱译，商务印书馆 2009 年版，第 84 页。

了"货币需求"概念以刻画经济景气与货币数量之间的关系,以此向读者说明,货币利率过高的原因在于货币供应量过低,因此解决方案就是要增加货币的供应量。进而,约翰·劳声称,扩大货币供应量将有利无害,只要国家的经济生产正常运行,就不会导致通货膨胀危机的出现,因为"无人确切知道,多少货币可以满足国家的需要,因为随着制造业和贸易的发展,对货币的需求也将增加;不过,既然我国总有许许多多穷人,我国的货币就永远不够用。"①

约翰·劳扩张性的经济哲学(包括现实的建立一家苏格兰"土地银行"的设想)在苏格兰本土并未受到重视,但是却在路易十四离世后的法国找到了属于自己的"目标市场"。当时陷入财政困境的法国政府刚好需要一个短期内就可以见效的景气解决方案,因此,在以雄辩说服了当时的摄政王奥尔良公爵之后,1716年,在法国政府的特许之下,约翰·劳在巴黎建立了属于自己的私人银行,亦称"劳氏银行"。这家银行拥有发行货币的特权,其货币可以用来兑换硬币和赋税。劳氏银行用其发行的纸币来支付国债,并根据特权可以随意购进和兑换,发行后价值也保持不变,这便使"劳氏纸币"被认为比当时经常因政府干预而贬值的金银贵金属货币更能保值。1717年,约翰·劳又取得了在密西西比河流域和路易斯安那州的贸易特许权,凭借这样的"特权模式",劳氏的"密西西比公司"开始走上正轨,并开始大肆发行

---

① [英]约翰·罗:《论货币和贸易》,朱泱译,商务印书馆2009年版,第85页。

股票。在约翰·劳对于密西西比河流域的黄金蕴藏的宣传鼓动之下，公众被丰厚的利润前景所诱惑，申购新股的人日夜排队。收购国债的款项流入股市，股价的暴涨又刺激了新股的发行，雪球越滚越大，整个法国陷入了财富带来的狂热之中。1718年，奥尔良公爵将劳氏银行变为皇家银行，劳也就趁势将密西西比公司与原来的东印度公司合并，并在其"货币致富论"的背景下向法国人民展现了异常辉煌的前景。这样一来，疯狂的投机，即抢购股票的风潮，就掀动了起来。"实际上，在约翰·劳的计划掩蔽下，法国人只关心这些公债与自己直接利益有关的事情，等待着由约翰·劳那套理论所承诺的商业活动全面扩张的实现，并以此来支持该公司股价。"① 而随着新的印度公司取得包税权、铸币权以及烟草专营权，到1720年1月，约翰·劳被任命为法国的主计长和监督长，掌管政府财政和皇家银行的货币发行，并控制了法国的海外贸易与殖民地拓展。"约翰·劳支配了法国几乎所有的国际贸易、其官方银行体系、全国的货币供给和全部税收设施。……这是任何人曾经实现的上升到权力层的最不可能的方式之一的巅峰：就经济层面来说，约翰·劳——这位决斗者、冒险家和苏格兰人——统治了法国。"但是，好景不长，约翰·劳并没有在他的"顶峰体验"中维持多久。随着流通中货币量的减少，贵金属不断流向英格兰和荷兰，公众开始意识到问题的严重性，纷纷选择将

---

① [美]彼得·加伯：《泡沫的鼻祖：早期金融狂热的基本面》，陈小兰译，北京大学出版2018年版，第97页。

硬币持留在自己的手中。最终，国内的货币量到了极度匮乏的程度，使得正常的贸易也无法维持。到 1720 年 5 月，约翰·劳发现无法支持，他发布了股票贬值令，同时也不得不降低了纸币的面值。约翰·劳和他的巨型金融公司的"繁荣"神话突然破灭，约翰·劳本人也一下由国民英雄变成了历史罪人，他的指令马上导致民众的恐慌，人们为了保住自己的资产，争先恐后地抛售股票。"公众现在意识到，纸质货币印制出来可以毫无价值。"①

1720 年 10 月，政府剥夺了印度公司的铸币权等一系列特权，使印度公司重新成为一家没有特权佑护的私人公司，约翰·劳也失去了对于法国议会的任何影响力，并被剥夺了豁免权，再也无力回天。最终约翰·劳不得不逃往比利时避祸，当时的他已身无分文。这就是后来被称为"密西西比泡沫"的信用危机。与"郁金香狂热"这样标准的民间炒作相比，"密西西比泡沫"本身有着明显的官方背景；而与以郁金香这一特殊商品标的炒作不同，约翰·劳带动的危机发生在股票和债券市场，涉及了更大的领域和更广的人群，从这些情形来看，密西西比泡沫更具备现代特征。

所谓的"南海泡沫"（South Sea Bubble）与约翰·劳的私人游说所带来的金融局面几乎同时出现，有力地说明了当时的资本主义市场在规范性和严格性等方面存在严重问题。并且：

---

① ［美］托马斯·利文森：《南海泡沫与现代金融的诞生》，李新宽译，中国人民大学出版社 2023 年版，《南海泡沫与现代金融的诞生》，266—267 页。

像当时任何人认识的一样深刻，约翰·劳验证和展示了：货币不需要是实在的。他的体系展示了源自这一洞见的纯粹逻辑形式：金和银并未拥有赋予其意义的某些独特性能，没有超越市场所言所具有的价值。这种抽象物能够让一种信用数学来构建一种对货币的理解，如同它随着时间的变化而不断演进。劳相信，这样的知识能使国家的繁荣成为一项理性计算的事务。然而，在法国和几个月之后在英国的双双崩溃，让这一点未能成为事实。[①]

由于参与了 17 世纪末的欧洲殖民争霸战争，"光荣革命"后的英国政府面临巨大的财政压力，在试图通过重新铸造货币以稳定金融市场的计划没能收到预期效果的情况下，英国当时存在的巨大国债困境反而促成了新的金融解决方案的出台，即由私人机构以认购政府债券的方式成为国家的债权人，并通过投资盈利转移国家风险。1711 年，奥克斯福特伯爵注册了南海公司，公司以认购政府债券的方式成为当时英国国债最大的债权人，并由此拉开了"政府主导的圈钱活动"的序幕。政府永久性地把酒类、烟草、鱼翅等一系列产品的税收交由南海公司控制，南海公司还获得英国政府所授予的专营当时为西班牙殖民地的南美洲地区的勘探和开发（这也是公司名称中"南海"的具体所指）。为了加强

---

① ［美］托马斯·利文森：《南海泡沫与现代金融的诞生》，李新宽译，中国人民大学出版社 2023 年版，第 267 页。

融资能力，受到约翰·劳的"密西西比计划"激励的南海公司游说英国议会通过了"南海法案"，并以此大大提高了其在公众层面的影响力。也正是在这种情形下，当南海公司于1720年4月开始其第一次股票募集的时候，本来预计募集的100万英镑的目标很快被超过，最终以250万英镑收尾，而股票市值则在几天内达到300%以上，这在股票仍属特权产品的18世纪，根本是无法想象的。而到了1720年6月，伦敦的投机热潮不断高涨，各种社会阶层都被卷入这个"运动"中来。在这一时期，南海公司股票价格的一路狂涨，也必然地带动了其他各股票价格的上扬，投机活动的巨大利得，甚至在资本主义商业社会尚未规范化的当时，造成了滥设公司的热潮，并纷纷开始向大众推销他们的股票。

  实际上，英国国会和政府是如此热心地支持南海公司提出的清偿计划，这一现象就已经表明，南海投机事件中官方的合作必定是一种被收买的行为。议员们持有的股票数额太大，以至于他们对南海公司此后提出的任何商业计划都没有半点反对的兴趣。在约翰·劳的商业扩展理论影响下，南海公司的资产当时已经通过融资手段去推行那些商业计划，后者将驱动经济实现更高层次的就业均衡。①

---

① ［美］彼得·加伯：《泡沫的鼻祖：早期金融狂热的基本面》，陈小兰译，北京大学出版2018年版，第113页。

被预期利益驱使的民众此时已失去了理智,他们不在乎这些公司的实际经营状况和发展前景,而只是相信发起人所许诺的利润前景。而那些没能更早买到南海公司股票的民众,又把这一状况当作迅速补仓的信号,将自己仅有的存款纷纷投入这些"泡沫"公司之中。也正是在这一情况下,南海公司为了消除股票市场上泡沫公司的"不正当"竞争,鼓动议会颁布了排斥性的《泡沫公司取缔法》。谁知这一举措并没有带来预计中的垄断与集中,反倒在民众中造成了紧张与恐慌的情绪,导致股市跌落。首先是外国投资者开始抛售南海公司的股票,紧接着国内投资者也纷纷跟进,南海公司的股价一落千丈,精心策划的"繁荣"景象一去不复返。"与此同时,在国际上,随着密西西比计划崩盘引发了连锁反应。这些国际事件耗尽了英国市场的流动资本。"[1] 到 1720 年底,政府对南海公司的资产进行清理,发现其实际资本已所剩无几。南海泡沫事件令股民猝不及防,危机在几星期之内就把银行券和期票的流通破坏殆尽,引起极大的金融灾难,工商业在很长一段时间内陷于瘫痪。1721 年初,英国议会宣布将南海公司 33 个理事的财产予以没收。

南海泡沫事件与 1720 年的法国密西西比泡沫及 1637 年的荷兰郁金香狂热,是西方历史早期爆发的三大泡沫经济事件。其中南海泡沫事件中的南海股价如泡沫般激涨激落的情况,更被后人

---

[1] [美]彼得·加伯:《泡沫的鼻祖:早期金融狂热的基本面》,陈小兰译,北京大学出版 2018 年版,第 118 页。

发展出"泡沫经济"(Bubble Economy)一词,用来形容经济过热而收缩的现象。南海泡沫事件给英国带来很大震荡,英国人甚至对股份公司留有阴影,而在事件中制定的《泡沫公司取缔》一直到1825年才予废除,反映国民经过长时间才慢慢对股份公司重拾信心。南海泡沫的破灭,使成千上万的股民破产,支付危机几乎蔓延全国,挤兑和停止支付事件频频发生,英国经济陷入萧条。这场大危机给英国人留下了对新兴股份企业和股票投机的恐惧心理。南海泡沫破灭了,神圣而至高的政府信用也随之崩溃,这给当时的经济、社会、政治都带来了严重的负面影响,沉重地打击了刚刚建立起来的股份制度和近代金融业。"南海泡沫"导致英国社会资源的配置出现了严重的扭曲,使得资本集中于投机活动,造成人为—虚拟经济的病态扩张,而实体经济发展滞后:由于投机活动的高获利预期,诱使资金盲目流动,真正的生产性投资反而减少。比较而言,"南海泡沫和密西西比泡沫提供了历史鉴戒:对治国理政才能实验的真正掌控。其中,两个国家面对的是类似的债务危机,以类似的甚至部分是模仿的尝试性解决方案来应对危机。"[①] 长期以来,"泡沫""崩盘""投机事件"等等"这些词语一直被用来争论在反复无常的特殊时期金融市场中的非理性。这些术语中有许多词是从特别的投机事件中产生的,而这些事件多年来频频发生,以至于它们支撑着这样一种强有力的流行信念,

---

[①] [美]托马斯·利文森:《南海泡沫与现代金融的诞生》,李新宽译,中国人民大学出版社2023年版,第308页。

即关键的资本市场会产生非理性、无效率的定价和配置结果。"[①]直到（金钱拟像造作的）"泡沫"最终破灭，人们才重新恢复谨慎的投资活动，资本逐渐流向工业领域，正向促进了资本主义实体经济奴役形态的发展。

差异与重复

随着机器工业的发展，危机发生的领域逐渐从货币、信用层面转向了生产领域，这也是资本主义的经济发展的必然指向。生产领域中的危机——它是产业革命的过程中的一种新的现象。不同于上述单纯的商业危机和独立的货币、信用危机，它表现为工业商品生产的过剩。英国1788年的危机在历史上第一次清楚地暴露了这个新现象。1788年的危机只袭击了当时处于英国工厂工业前列地位的棉纺织工业，但在1788年到1825年的近40年中，随着工厂工业的发展和它在英国经济所占比重的增长，危机发生作用的范围和触及国家经济的程度逐步扩大。1793年，英国棉纺织工业成为受危机损害最重的部门，但危机的影响已经波及毛纺织工业等部门并带来了尖锐的货币、信用危机。而在19世纪初期的几次危机中，危机的影响几乎波及英国所有主要的工业部门；货币、信

[①] [美]彼得·加伯：《泡沫的鼻祖：早期金融狂热的基本面》，陈小兰译，北京大学出版2018年版，第122页。

用危机也非常严重。同时，这几次的英国危机已带有一定的国际性；它们给其他一些国家的工商业带来了轻重不一的危机震撼。[①] 这一阶段的危机同 1825 年之后的周期性危机之间既有区别又有联系。"十八世纪末和十九世纪初的各次危机，同十九世纪第二个二十五年内发生的各次危机有着重大区别。但这种区别仅是资本主义的同一现象、同一运动规律处于两个不同历史阶段的区别。"[②]

对此，恩格斯指出："在工业发展的初期，这种停滞现象只限于个别的工业部门或个别的市场。但是，由于竞争的集中作用，在一个工业部门中失去了工作的工人就投入另一些最容易学会工作的部门中去，而在一个市场上卖不出去的商品就转运到其他市场去；结果，个别的小危机一天天地汇合起来，逐渐形成一连串的定期重演的危机。"[③] 1788 年英国发生的危机就正是在这样一种情境下产生的，也极具特色地表明了工业革命在给经济注入活力的同时，也造成了"生产过剩"的隐忧。1783—1787 年，由于技术创新的推动，棉纺织工业的劳动生产率得到极大的提高，并且在英国异常迅速地扩张，成百上千的大小棉纺织企业在各地涌现。但是，也正因此，棉纺织业的巨大膨胀使得棉纺织品的生产过快发展，很快它们所生产出来的产品就大大超过了消费者所能消费的数量，从而造成了市场上商品的恶性积压；为回收资金，

---

① 陈岱孙：《从古典经济学派到马克思——若干主要学说发展论略》，商务印书馆 2014 年版，第 223—224 页。
② ［苏］列·阿·门德尔逊：《经济危机和周期的理论与历史》（第一卷），斯竹等译，生活·读书·新知三联书店 1975 年版，第 268 页。
③ 《马克思恩格斯全集》（第二卷），人民出版社 1957 年版，第 367 页。

商家开始抛售商品，导致物价急剧下跌。"危机使生产大大缩减。1788年，棉花进口额下降12%。棉纱价格开始跌落，到1790年降低了20%以上。1789年棉纺织品出口额也略有减少。1788年破产事件几乎增加了50%。"① 由此可见，以1788年危机的偶然性甚至"自然性"为分析前提，"这些危机同以后的危机还有重大区别，甚至它们的共同点，在当时也是以那种和大机器工业的初期相适应的不成熟的形态表现出来的。这些危机带有地方性和局部性，它们只震撼最大的工商业中心，只袭击个别的、起初为数极少的生产部门"②。

在1788年危机发生之后，英国政府为应对企业破产、工人失业等问题，1789—1792年大量发放了开凿运河和改善内河航道的许可证，以短时间内促动内河航运失业发展的方式转移了危机问题，大量吸纳工人，并不同程度地扩大了相关市场。（这一做法与后来的凯恩斯思路有着极大的相似性）这样，工业在进一步应用机器、增凿运河和迅速扩大对外贸易的基础上得到了发展。但是，这种情况没有能够有效持续，由于纺织工业的投资和生产能力的增长又一次超过了其他部门的吸纳能力，新的经济危机来临了。1792年末，物价开始下降，破产的情形日趋严重。再加上英国对法国的宣战，英国对法国及欧洲其他国家的出口严重萎缩，

---

① ［苏］列·阿·门德尔逊：《经济危机和周期的理论与历史》（第一卷），斯竹等译，生活·读书·新知三联书店1975年版，第310页。
② ［苏］列·阿·门德尔逊：《经济危机和周期的理论与历史》（第一卷），斯竹等译，生活·读书·新知三联书店1975年版，第361页。

使得危机雪上加霜、衰败局势愈演愈烈。

英国 1793 年的危机见表 1-1。

表 1-1 英国 1793 年的危机

项目	1787 年	1788 年	1792 年	1793 年	1793 年下降率（%）
棉花进口净量（百万英镑）	22.2	19.6	33.5	17.8	47
棉纺织品出口值（百万英镑）	1.1	1.3	2.0	1.7	15
约克郡西区毛织品产量（百万码）	8.8	8.4	12.1	10.8	11
苏格兰亚麻织品产量（百万码）	19.4	20.5	21.1	20.7	2
不列颠商品出口值（百万英镑）	—	12.7	18.3	13.9	24
破产件数	509	707	636	1302	+105
经济活动指数（1821—1825 年=100）	—	—	61.9	46.9	24.3

资料来源：[苏]列·阿·门德尔逊：《经济危机和周期的理论与历史》（第一卷），斯竹等译，生活·读书·新知三联书店 1975 年版，第 313 页。

在这次危机当中，毛纺织行业与棉纺织行业一样也受到了严重的影响，同时也存在相当严重的货币危机，而战争则加剧了金融崩溃的规模，对社会造成了严重的负面影响，恶化了社会生产环境。"400 家地方银行停止支付的就超过 100 家。破产的企业，1792 年 10 月有 32 家，11 月有 105 家，1793 年 3 月也有 105 家，4 月有 188 家，5 月有 209 家，等等。破产的企业有负债达 100 万英镑以上的最大企业。"① 不过，总体而言，1793 年的危机持续时间较短。由于破产减少了供给，价格的急剧下降刺激了需求，两者的结合使得棉纺织工业的非均衡性竞争得以缓解。战争虽然使英国对欧洲大陆出口锐减，但大量的军事订货又推动了工业的复苏，扩大了国内需求。价格下跌增加了外国对英国纺织品的需求，对美洲的出口弥补了其对欧洲出口的缺失。与此同时，失业者或被招募进入军队，或到美洲谋求发展，使工资止跌回稳，这一切都使纺织品市场得以恢复。到 1794 年，英国的工商业状况开始明显好转。

不过，好景不长，之前的两次经济危机所带来的负面影响还未完全消除，新的危机（在战争的背景下）又开始酝酿。1794—1795 年，英国的农业严重歉收，大地主、资本主义农场主和投机者趁机哄抬物价，这使得"群众的急剧贫困化过程和战争后果所造成的矛盾"② 显著爆发。在广大人民群众生活水平极端低下的情况下，物价的急剧上升限制了他们对于工业品的需求。战争也实质上限制和阻碍了运河等基础建设事业的进展。"在这些条件下，工业高涨好景不长。1797 年已经出现了生产下降和贸易萎缩现象以及严重的货币危机。货币危机的表现是：英国有价证券的行市一落千丈，大量黄金流出国外，贴现率提高了，大批企业破产，

---

① ［苏］列·阿·门德尔逊：《经济危机和周期的理论与历史》（第一卷），斯竹等译，生活·读书·新知三联书店 1975 年版，第 312 页。
② ［苏］列·阿·门德尔逊：《经济危机和周期的理论与历史》（第一卷），斯竹等译，生活·读书·新知三联书店 1975 年版，第 317 页。

英格兰银行停止兑现（1797年2月26日），存户涌到银行提取存款，居民争购黄金储藏起来。"① 这样，黄金的危机又进一步加剧了棉纺织业的萧条。此后的经济也都在战争的阴影下，无法得到真正的恢复。

英国1797年的危机见表1-2。

表1-2 英国1797年的危机

项目	1796年	1797年	1797年的下降率（%）
棉纺织品出口值（百万英镑）	3.2	2.6	19
棉花进口净量（百万磅）	31.4	22.7	28
约克郡西区毛织品产量（百万码）	13.0	12.3	5.4
苏格兰亚麻织品产量（百万码）	23.1	19.5	16
破产件数	760	869	+14
经济活动指数（1821—1825年=100）	57.5	51.5	10.4

资料来源：[苏]列·阿·门德尔逊：《经济危机和周期的理论与历史》（第一卷），斯竹等译，生活·读书·新知三联书店1975年版，第318页。

1800年，拿破仑发动"雾月政变"夺取政权后很快击溃了第二次反法同盟的进攻。在这一时期，英国迫于国际上的外交压力，同意与法国议和，并于1801年签订了《亚眠条约》，反法战争告一段落。新的国际环境（短暂的和平之后战争又起，但英国取得了拿破仑战争最后十年中的制海权）使得在19世纪的第一个十年

---

① [苏]列·阿·门德尔逊：《经济危机和周期的理论与历史》（第一卷），斯竹等译，生活·读书·新知三联书店1975年版，第317页。

中，英国的工业获得了迅速发展，但也使得工业生产过剩的现象不断出现，造成了经济长波上升波中的不断波动。1810年的危机开始于商业和信用领域，信用膨胀也对投机活动和生产过剩起到变本加厉的推动作用。拿破仑对于英国的经济封锁也更进一步地使得危机恶化。当这次危机因南美市场的恢复而于4年后助力复苏后，英国迎来了重要的转机。随着拿破仑帝国的覆灭，欧洲的市场又重新向英国开放，而在建立全球性殖民帝国的道路上，英国再也没有任何对手，使得未来的大英帝国只需要通过"自由贸易"就可以获得长效发展，而不再需要以战争为前提来考量经济的运作。

尽管如此，战后过度的投机浪潮所明示的市场的非理性与盲目性因素作用的发挥，使得英国很快在1815年就又陷入危机状态，并在1816年达到顶峰。"这次危机具有一些重大特点。生产过剩第一次波及英国重工业的主要部门——冶金业和煤炭工业，而且来势猛烈。工业危机刚好遇上农业状况的极端恶化。整体来说，这次危机比以往各次危机都深刻和严重。从战争转向和平时因英国商品销售和竞争条件而产生的特殊矛盾，在这次危机中清楚地表现出来。欧洲大陆已被持续25年的战争弄得民穷财尽，不能销纳源源涌入的大批英国制品和殖民地商品。美国的情况也是如此。"①

---

① [苏]列·阿·门德尔逊：《经济危机和周期的理论与历史》（第一卷），斯竹等译，生活·读书·新知三联书店1975年版，第331—332页。

1819 年的危机爆发于 1815 年开始的危机衰退仍未复原的时期，工业领域的危机与货币危机同时出现，"首先反应了英国资本主义在拿破仑战争时代结束后扩大市场的斗争遇到巨大困难。资本充斥，从而大量输出，是同工业发展速度略为放慢有关的。国际收支逆差，在相当大的程度上是由于出口仍然大大低于 1815 年的水平"①。

英国 1819 年的危机见表 1-3。

表 1-3　英国 1819 年的危机

项目	1815 年	1818 年	1819 年	1819 年与 1818 年相比的下降率（%）
棉纺织品（百万英镑）	21	19	15	21
毛纺织品（百万英镑）	10.2	9	6.9	23
棉花进口净量（百万磅）	89	161	128	21
羊毛进口量（百万磅）	15.5	24.7	9.8	60
进口总值（百万英镑）	33	36.9	30.8	17
用黄金表示的批发价格指数（1813 年=100）	154.2	186.8	158.4	15
破产件数	1759	1012	1582	+56
经济活动指数（1821—1825 年=100）	72.9	91.1	79.8	12

资料来源：[苏]列·阿·门德尔逊：《经济危机和周期的理论与历史》（第一卷），斯竹等译，生活·读书·新知三联书店 1975 年版，第 342 页。

---

① [苏]列·阿·门德尔逊：《经济危机和周期的理论与历史》（第一卷），斯竹等译，生活·读书·新知三联书店 1975 年版，第 343 页。

对于这次危机带来的经济窘境，西斯蒙第在《政治经济学新原理》一书中给予了详尽的描述："1818年8月，人们抱怨在好望角所有仓库都堆满了欧洲货物，虽然标价远比欧洲为低，货物却依然销售不出去……今天英国的产品在印度比在英国本身还要便宜。布宜诺斯艾利斯、哥伦比亚、墨西哥、智利的英国货物也同样充斥市场。在美国，没有一个城市、没有一个小村镇不堆积大量准备抛售的货物，货物储存量远远超过居民的购买力。"① 这样看来，虽然这一时期的经济危机主要发生在英国，但也对欧洲大陆各国的经济带来了相当大的影响。"其之所以如此，至少是因为生产过剩首先表现为英国商品充斥国外市场。各国经济受到这次危机影响的大小，同遭到英国竞争打击的工商业部门所占的比重成正比例。英国工业企图把危机的灾难转嫁给其他国家。它猛烈削价，极力扩大国外市场，破坏竞争对手的还未成长壮大起来的工业。"② 这一点在法国所受的危机影响上深刻地体现了出来，而且，英国的恶性竞争是同长期战争和军事失败的严重后果结合在一起的。1819年的危机在法国首先表现在对外贸易的缩减和物价的下跌上。毛织品、亚麻制品和丝织品的输出以及羊毛的输入大大减少，工业也面临困境。从1817年开始，法国的各主要工业部门就一直处于危机和萧条状态。1819年，棉纺织业遭遇了真

---

① ［瑞士］西斯蒙第：《政治经济学新原理》，何钦译，商务印书馆1997年版，第219—220页。
② ［苏］列·阿·门德尔逊：《经济危机和周期的理论与历史》（第一卷），斯竹等译，生活·读书·新知三联书店1975年版，第336—337页。

正的困难,"生产过剩危机的影响,同粗呢、亚麻布等等的手工生产的衰落(这些手工产品抵不住机器工业产品的竞争)交织在一起了"①。

法国 1819 年的危机见表 1-4。

表 1-4 法国 1819 年的危机

项目	1818 年	1819 年	1819 年与 1818 年相比的下降率(%)
毛纺织品(百万法郎)	45	41	9
亚麻纺织品(百万法郎)	53	43	19
丝纺织品(百万法郎)	148	112	24
棉花进口量(千吨)	17	17	0
羊毛进口量(千吨)	9.8	3.4	65
生丝价格(法郎/公斤)	78	57.2	27
铁产量(千吨)	80	74.2	7

资料来源:[苏]列·阿·门德尔逊:《经济危机和周期的理论与历史》(第一卷),斯竹等译,生活·读书·新知三联书店 1975 年版,第 351 页。

综上所述,在工业革命开始之后到 1825 年大危机之前的这一时期内,"危机的重演相当频繁,但它们的更替毫无规律性,而且还不可能有任何规律性。危机的爆发时间和演变形式往往取决于非经济性的因素,取决于战争、战争的影响以及诸如此类的因素。其之所以如此,不仅是因为这个时代是充满战争的时代,而且是

---

① [苏]列·阿·门德尔逊:《经济危机和周期的理论与历史》(第一卷),斯竹等译,生活·读书·新知三联书店 1975 年版,第 352 页。

因为资本主义大工业不发达"[1]。而在另一方面，西方自由主义世界的经济危机，又表现为各个国家经济力量和政治力量的博弈，甚至呈现为赤裸裸的国与国之间的较量和竞争。这一切，在危机之前只是暗流涌动，在经济危机的情境之下它们就浮出水面，激荡冲突。这也使得宣称普世性的自由主义思想，在重新诠释这一阶段的经济大发展中，面临了不断"创新"的理论困难，并由此开启了新境遇下的"拟像"图景。

---

[1] ［苏］列·阿·门德尔逊：《经济危机和周期的理论与历史》（第一卷），斯竹等译，生活·读书·新知三联书店1975年版，第362页。

第二章 语境中的危机：以亚当·斯密为中心的探究

问题与脉络

古典自由主义的经济危机理论奠基于资本主义赖以建立与存续的个人主义（Individualism）和效用主义（Utilitarianism），旨在为资本主义市场经济的合理性与合法性提供终极辩护。这一理论阵营，以反对"乌托邦主义"的激进革命论为显著特征，虽然其理论社群（Society）中仍有西斯蒙第、马尔萨斯等认为资本主义存在偶发的、非本源性的、暂时性的生产过剩的情形，但是仍在总体上认为人类社会的真正意义上的发展归根结底只可能被呈现在市场经济的全球性统治的实现之中（所谓的"唯一自然的"经济形式[①]），而在这个意义下，"市场没

---

① "市场太重要了，我们不能只把它留给理论家。"[美]约翰·麦克米兰：《重新发现市场：一部市场的自然史》，余江译，中信出版社2014年版，第14页。

有失败"("不可错"的)。"建立并维持一个自由市场的政治/经济体系,以自由放任的资本主义著称,这是唯一与人类生活需要相一致的社会体系,因此也是唯一道德的社会体系。"①而作为古典自由主义经济理论的奠基者与创新之源,亚当·斯密(Adam Smith,1723—1790)学说体系的复杂性在晚近的研究中得以展现②,在所谓"亚当·斯密问题"③的理论框架之下,斯密的研究者("斯密学者")试图以斯密的人性理论(如同其各方面的同路人休谟的思想那样)来重新思考他的市场经济观念④,而在这其中,斯密所曾经许诺但并未真正完成写作的"关于法律和政府的理论和历史"的著作⑤中所居于核心地位的"自然法"(Natural Law)观念系统下的"自然权利"(Natural Rights)理论就成为衔接其道德学说与市场思辨的重要中介。⑥"自然权利的来源是十分明显的。一个人有权利保护他的身体不受损害,而且在没有正当理由的情

---

① [美]辛普森:《市场没有失败》,齐安儒译,中央编译出版社2012年版,第3页。
② 这一方面的代表性的研究成果参见 Istvan Hont、Michael Ignatieff: *Wealth and Virtue: The Shaping of Political Economy in Scottish Enlightenment*, Cambridge University Press, 1983.
③ 参见 Istvan Hont、Michael Ignatieff: *Wealth and Virtue: The Shaping of Political Economy in Scottish Enlightenment*, Cambridge University Press, 1983,253—269.
④ 相关讨论可参见[法]埃利·哈列维:《哲学激进主义的兴起——从苏格兰启蒙运动到功利主义》,曹海军、周晓、田玉才、赵闯译,吉林人民出版社2006年版,第113—115页。
⑤ [英]伊安·罗斯:《亚当·斯密传》,张亚萍译,浙江大学出版社2013年版,第24页。
⑥ 有关斯密在18世纪60年代格拉斯哥大学的《法理学讲义》(*Lectures on Jurisprudence*)的文献情况,参见 Knud Haakonssen: *The Science of A Legislator: The Natural Jurisprudence of David Hume &Adam Smith*, Cambridge University Press, 1989, 2-3.

况下有权利保护他的自由不受侵犯，这是毫无疑问的。"① 而斯密的这一明显承继自约翰·洛克（John Locke）的"权利自由主义"传统的理论主张就更为清晰地为我们厘清了其奠基于私利之"公益性"设定的交换正义的"自由主义性"所在：通过限制权力之作用的发挥而达成资产阶级的经济自由与政治自由的共构②，亦即是市场的最大化发展，而这正是在对于（包括"危机"情形下的）政府行为与市场行为之有效性（Efficiency）的深刻区分的前提下而得以提出的，自由主义的危机理论也由此获得了关键性的理论前设。

在这个意义上，由亚当·斯密的关键性批判洞见所建立起来的"重商主义"（Mercantilism）论式话语，有着被斯密所论述的典型的理论主张，即"财富在于金银，以及无金银矿山的国家只有通过贸易差额，即使得输出价值超过输入价值才能输入金银"③，这一基于绝对主义权威而施行的贸易顺差策略，更进一步地，这种政策主张所落实的管制策略，将从根本上限制社会资本依据价格信号在自由市场中进行有效的资源配置，从而给经济发

---

① ［英］坎南编著：《亚当·斯密关于法律、警察、岁入及军备的演讲》，商务印书馆1962年版，第35页。
② 在这一点上，"亚当·斯密认为，在这样一个自然而且自由的系统中，政府只有三项责任：第一，保护社会不遭受其他社会的侵略和暴力侵犯；第二，保护每个社会成员不受到其他人的压迫和不公正待遇，建立公正的行政管理系统来达到此目的；第三，建设和维护一些市政工程和公共机构。"［美］斯蒂夫·G. 梅德玛：《捆住市场的手》，启蒙编译所译，中央编译出版社2014年版，第26页。
③ ［英］亚当·斯密：《国民财富的性质和原因的研究》（下卷），郭大力、王亚南译，商务印书馆2009年版，第25页。

展带来负面效应,而这一切,则正是对于当时的某些"特定"领域进行规划和调控的后果。"诚然,由于有了这种管制,特定制造业有时能比没有此种管制时更迅速地确立起来,而且过了一段时间,能在国内以同样低廉或更低廉的费用制造这特定商品。不过,社会的劳动,由于有了此种管制,虽可更迅速地流入有利的特定用途,但劳动和收入总额,却都不能因此而增加。社会的劳动,只能随社会资本的增加而比例增加;社会资本增加多少,又只看社会能在社会收入中逐渐节省多少。而那种管制的直接结果,是减少社会的收入,凡是减少社会收入的措施,一定不会迅速地增加社会的资本;要是听任资本和劳动寻找自然的用途,社会的资本自会迅速地增加。"① 亚当·斯密的这种对于由国家主导的、预先设定的对于"特定领域""特定效应""特定用途"的计划、调控的反感,构成其著名的"看不见的手"的提出的理论动机,他所要论证的,恰恰就是"听任资本和劳动寻找自然的用途"情形下,"社会的资本自然增加"的"先验"观念。而对于斯密这样的自由主义者而言,"计划"条件下的"重商主义体系"是根本无法容忍的:"我国自夸爱护自由。无须说明,此等规定和此等夸大的自由精神是多么矛盾。十分明显,这种自由,在这场合,为了商人和制造业者琐细的利益而被牺牲了。"②

---

① [英]亚当·斯密:《国民财富的性质和原因的研究》(下卷),郭大力、王亚南译,商务印书馆 2009 年版,第 32 页。
② [英]亚当·斯密:《国民财富的性质和原因的研究》(下卷),郭大力、王亚南译,商务印书馆 2009 年版,第 231 页。

显而易见，在理论观点上与重商主义策士们势不两立的斯密，认定社会资本本身发展所面临的可能困境，恰恰在于过度管制带来的动力问题。失去了经济上的自由，被特别政策所激励的制造业之外的生产者，将无法有效调节自身的生产运作，从而只能面临进一步的"牺牲"，社会经济发展的微观基础得不到保障，也即是说，这样的威权"秩序"，正是经济社会"危机"概念之潜在的根源，而只有通过实施古典自由主义的贸易自由政策，才能够真正促进资本主义经济的良性发展。"谁是这重商学说体系的设计者，不难于确定，我相信，那绝不是消费者，因为消费者的利益全被忽视了。那一定是生产者，因为生产者的利益受到那么周到的注意。但在生产者中，特定的商人和制造业者，又要算是主要的设计者。消费者或不如说其他生产者的利益，就为着制造业者的利益而被牺牲了。"①

与亚当·斯密的标准版本的批判言论不同，凯恩斯（John Maynard Keynes，1883—1946）在其《通论》的关于重商主义的附录中，强调了他所掀起的所谓经济学的"凯恩斯革命"，在根本的理论洞见上，与前亚当·斯密的重商主义经济学家之间的呼应之处，也由此指出了不同于自由主义所指责的重商主义的管制视角下，经济危机的可能性条件。凯恩斯首先历史性地厘清了关于贸易顺差问题的历史语境，"大致在 200 年以来，经济理论家和

---

① [英]亚当·斯密：《国民财富的性质和原因的研究》（下卷），郭大力、王亚南译，商务印书馆 2009 年版，第 234 页。

现实主义者都不怀疑，外贸顺差具有一种奇特的好处，而外贸逆差则代表严重危险的信号；特别是，如果外贸逆差引起贵金属的外流，那么，更是如此。但在过去的100年中，却存在着显而易见的意见分歧……几乎所有的经济理论家都继续坚持，除了照顾到短暂的事态以外，害怕外贸逆差是完全没有理由的，其原因在于：外贸机制可以自行调节，而任何对自我调节机制进行干扰的企图不仅是无用的，而且，会使干扰国受到经济损失；因为，干扰国会失去国际分工所带来的利益"①。以国际贸易领域的"自动调节"的理性设想，凯恩斯将经济政策的评价者区分为实际决策的施行人（"现实主义者"）和作为亚当·斯密信徒的"几乎所有的经济理论家"，而且，这种严格的"区分"（Distinction）就是在1929年大萧条之前的主要的"分歧"方面。"一般来说，目前的经济学者坚持认为，普遍存在的从国际分工带来的利益会大于重商主义者所声称的实行该主义所应得到的那些有利之处。不仅如此，他们还认为，重商主义的论点来自彻头彻尾的思维上的混乱不清。"②

但是，凯恩斯本人并没有重复当时的经济学主流意见，而是坚决地认肯了危机的不可掩盖的事实，同时站在政策的现实执行者一边，如实地还原了重商主义的对于"繁荣与萧条"的特殊判

---

① ［英］约翰·梅纳德·凯恩斯：《就业、利息和货币通论》，高鸿业译，商务印书馆1999年版，第346页。
② ［英］约翰·梅纳德·凯恩斯：《就业、利息和货币通论》，高鸿业译，商务印书馆1999年版，第347页。

断。"我的批评意见的重点是针对我所师承和在许多年中我也讲授的自由放任学说的不充分的理论基础——反对这种说法,即利息率和投资量可以在最优的数值上自行调节,从而没有必要去关心外贸是否平衡。在我看来,经济学界的同行们犯了一个想当然的错误,把数千年来管理国家的一个有现实意义的主要目标当作无聊的盲目信念。"① 也正是从这一立场出发,凯恩斯揭示了他本人与重商主义经济学的共同的管制旨趣的理论直觉:"重商主义的思想从来都不认为存在着自行调节的倾向来使利息率处于合适的水平。恰恰相反,他们强调指出,过高的利息率是财富增长的主要障碍。他们甚至知道,利息率取决于流动性偏好和货币数量。他们所关心的一方面是减少流动性偏好,另一方面是增加货币数量,而他们中的几个人清楚地说明,他们之所以致力于增加货币数量,其原因就是他们想降低利息率。"② 由此,不难看出,凯恩斯对于重商主义政策的理论内涵的重构,实际上就是在重述他在《通论》中提出的经济观点,也正是由此,凯恩斯在论题中,非常有效地将历史上的金银偏好问题,转化为当代的危机语境下的萧条发生机制问题,也由此把亚当·斯密的理论偏见,完全抛在一边:"如果我们所考虑的社会具有稳定的工资单位,具有稳定的消费倾向和流动性偏好赖之以决定的国民素质以及具有能把贵金属的存量

---

① [英]约翰·梅纳德·凯恩斯:《就业、利息和货币通论》,高鸿业译,商务印书馆1999年版,第351页。
② [英]约翰·梅纳德·凯恩斯:《就业、利息和货币通论》,高鸿业译,商务印书馆1999年版,第353页。

和货币数量紧密联系在一起的货币制度,那么,为了维持充分就业,该社会的行政当局必须密切注意对外贸易平衡的状态。其原因在于:外贸顺差(如果不太大的话)非常有利于刺激经济增长,而外贸逆差则会很快造成持久性的萧条状态。"① 这可以说是凯恩斯对重商主义的经济危机理论,做出的非常出色的总结。

而如果回到重商主义者的论述自身,则会发现区别于斯密和凯恩斯这两位重要的后世经济思想家的、基于当时的思想现实和历史语境的、更为复杂的思考与讨论。在这一时期的代表性文献,托马斯·孟(Thomas Mun,1571—1641)的《英国得自对外贸易的财富》(*England's Treasure by Foreign Trade*)之中,孟采取了后来为重农主义、斯密学派甚至直到哈耶克相继秉持经济行为的"自然"与"人为"的区分,而这不同时期经济理论的对于这一区分的关键性转换,正可说明经济思想的关键性转折。在孟这里,"一个国家用以抵偿一切外国货物的收入或财物,可以分为两种:一种是自然的,一种是人为的。自然的财富,只不过是限于我们能够从自用品和必需品中节省下来而输出到国外去的东西。人为的财富,就是我们的工业品和我们勤勤恳恳地用外国商品经营贸易而来的"②。而基于这样的区分,孟所向我们展示的,则是一个绝非斯密所描述的少数特权制造商独占发展空间的图景,恰

---

① [英]约翰·梅纳德·凯恩斯:《就业、利息和货币通论》,高鸿业译,商务印书馆1999年版,第350页。
② [美]A.E.门罗编:《早期经济思想》,蔡受百等译,商务印书馆2011年版,第107页。

恰相反，孟在这里提出的，几乎是一种可以作为"功利主义"的前驱的"最大多数人的最大利益原则"。"对于一切的事物，不论是自然的或人为的，我们都必须竭尽所能以求获得最大的效果。并且因为靠技艺生活的人，是远比种果实的能手多得多了，所以我们应该更加小心谨慎地使这大多数的人民群众能够努力工作，盖国王和王国的最大力量和财源，就是从他们的身上来的。"①

从这样的视角出发，孟的典型的危机观念得以呈现，这种思路有明显的凯恩斯所谓现实主义的特质。在题为《一个国王每年适于积累多少财富》的文章中，孟的论述得到集中表现，而其申论方式甚至与马基雅维利在《君主论》中对君主国的存续的方略取舍如出一辙，而与亚当·斯密的个人主义视角和乐观的调节自发性的信仰背道而驰。"一个国王的收入虽然是很多的，可是如果国家所得的利益很小，那么国王每年适于积存的财富的准则和比例也就应依后者而定；因为倘使他积聚的金钱对对外贸易的顺差数值的话，那么他对于人民就好比是在羊身上吸血而不是剪毛了，那么，由于以后羊死而无毛可剪之故，他也必将与他的羊同归于尽。"② 国家与臣民的互相依赖关系，是重商主义深入理论的关键，对他们来说，真正的秩序，在于以"统治"的方式，使理想的经济前景确切地落实。"一个想要积存大量货币的国王，必须

---

① ［美］A.E.门罗编：《早期经济思想》，蔡受百等译，商务印书馆2011年版，第177页。
② ［美］A.E.门罗编：《早期经济思想》，蔡受百等译，商务印书馆2011年版，第192页。

想尽一切良好的办法,来维护和发展他的对外贸易;因为这是唯一的方法,可以使他达到他的目的,而且还可以使他的属民更有利于他地富裕起来。要知道,一个国王之所以被人视为强大过人,与其说是在于他的钱柜里存着的大量财富,还不如说是在于他有许多既富裕而又心悦诚服的臣民。"[①] 而非常有趣的是,孟所设想的理想治理的图景中,那些富裕的属民,并没有因其得自国王的恩禄而"心悦诚服",相反,却以更大规模的实现经济自由为诉求,开启了对于"旧秩序"的革命议程,这也是如托马斯·孟这样的经济学者所不能设想的,因为在这些重商主义者看来,王国的"秩序与危机"完全系于国王一人的行为与操守,重商主义视野下的危机,既不是斯密式的更广大生产者群体的"被牺牲",也不是凯恩斯式的贸易问题导致的萧条,而根本上是国王自身的意志自律的成效问题,关乎仁爱与荣誉。"这一切将使他们令外人生畏,而为国人所爱,尤其是倘使所有这些东西(尽可能)都是出之于担负每年献纳的本国属民的材料和工业品,则更是如此;因为一个国王(在这种场合之下)正像人身体里边的胃一样,倘使它一旦不能起消化作用,也不能将养分送到身体的各部分去的话,那么它立即就要破坏那些部分,而同时也毁灭了它自身。"[②]

与重商主义的时时处处以君主的利益立场考量经济行为的

---

① [美]A.E.门罗编:《早期经济思想》,蔡受百等译,商务印书馆2011年版,第193页。
② [美]A.E.门罗编:《早期经济思想》,蔡受百等译,商务印书馆2011年版,第194页。

"权贵"思路不同,重农学派一开始就把自己放在所谓"属民"的立场,并同时对高高在上的威权,表现出明显的抗争态度,亦即自由竞争对于宏观调控的拒斥与反驳。"重农主义"(Physiocracy)的原意,就是"来自自然秩序的治理",在此,以弗朗斯瓦·魁奈(Francois Quesnay,1694—1774)为代表的重农学派经济学家,延续了托马斯·孟的自然与人为的区分,但是却只将财富之"自然"的部分视作合理的、可欲求的、可接受的,从而从"自然秩序"(Natural Order)出发,推论基于"自然权利"(Natural Right)的建制与伦理,而这也成为亚当·斯密等古典自由主义经济学家建立市场之"自然自由"观念的重要智识资源。

在作为重农学派的规范性宣言、与《经济表》同时发表的《农业国经济统治的一般准则》中,魁奈在其著名的"准则第二十五"提出:"必须维持商业的完全自由。因为最完全、最确实,对于国民和国家最有利的国内商业和对外贸易的政策,在于保持竞争的完全自由。"[①] 这样的观念,几乎已经是后世的经济自由主义对"完全竞争"模型的最大倡导的模板,也可以说是18世纪中叶在经济学领域的革命式宣言,因为在这样的思维模式下,任何对于自由竞争的干预和管制,都会被认为是带来危机之危险的根源,特别是在这里对"完全"的全称性强调的前提下。而能得出这样的坚决的论断,则是要奠基于"准则第二"的对于"自

---

① [法]弗朗斯瓦·魁奈:《魁奈经济著作选集》,吴斐丹、张草纫选译,商务印书馆1979年版,第338页。

然秩序"的强调,即人们可以诉诸自然秩序设定的"自然法"来调整、改变现实权力的"实定法"的指向。"国民明显的应该接受构成最完善的管理的自然秩序一般规律的指导。对于一个大政治家应该具备的学识来说,只研究人法是很不够的。有志于行政职务的人,必须对于构成社会的人们最有利的自然秩序进行研究。更加重要的是把由国民的体验和总结所获得的实际而有益的知识,和管理的一般科学结合起来,由被证明是开明的政权,为一切人的安全和达到社会的最大限度的繁荣。"①

超越于"人法/实定法"的"自然秩序"之法,所规定的人的权利,就是自然权利,"因此,很明白的,每个人的自然权利是与结合成社会的人,对于构成最有利的秩序的可能最好的法的确实遵守程度而成比例地伸展的。这种法,对于构成人的自然权利的一部分的人的自由,丝毫没有限制。因为对自由所进行的最好选择的目的,明显地就在于这些最高规律所产生的利益"②。在这个意义上,依循于"最高规律"的自然法,就成为人世的秩序的根据:那些"对于自然法的过程有一定程度明确认识的、知识渊博的、发展完成的理性,是可能的最好统治所必不可缺的条件;由于遵守最高规律,可以使维持人类生存和监护权威所必要的财富充分地增加,而且由于监护权威的庇护,可以使结合成社

---

① [法] 弗朗斯瓦·魁奈:《魁奈经济著作选集》,吴斐丹、张草纫选译,商务印书馆1979年版,第332—333页。
② [法] 弗朗斯瓦·魁奈:《魁奈经济著作选集》,吴斐丹、张草纫选译,商务印书馆1979年版,第306—307页。

会的人的财富所有权和人身安全受到保证"①。这样,对于"自然法"的援引,就构成律则性的社会行动之秩序基础,而且,这种"秩序"从根本上讲,是超越性的。"社会秩序的自然规律,同时也就是实际规则,为人们的饮食、继续生存和安适所必需的财富的再生产,就是按照这种规则进行的。因此,人根本不是能以调节自然现象和人类劳动的这些规则的创造者。这整个秩序是实际制度的一个组成部分;而这种制度形成一种实际的秩序,迫使组成社会的人们服从自己的规则;只有依靠自己的智慧和相互联合,同时遵守这些自然规律,人们才能获得他们所必需的丰富的财富。"②

在这里,魁奈大胆地提出他的"理性启蒙"方案,即那些欲求"丰富的财富"的人民,在具体的行动当中,不必因循世俗权力的规导,也不必等待重商主义的仁慈"国王"的圣恩浩荡,而是要使用自己的理智,以相互结合的方式,"遵守这些自然规律",而且,更进一步地,作为现实秩序的最高权威的统治者,也仍旧必须以这些规律为根本的原则来指导行动。"认识这些最初的规律,以及这些规律的不容置疑的威力,是对政治体的最有力的保卫,因为一个懂得上帝的意志和它的不可抗拒的规律的国家、一个以理性之光作为指导的国家,是不会去破坏这种一切人类政

---

① [法] 弗朗斯瓦·魁奈:《魁奈经济著作选集》,吴斐丹、张草纫选译,商务印书馆1979年版,第306页。
② [法] 弗朗斯瓦·魁奈:《魁奈经济著作选集》,吴斐丹、张草纫选译,商务印书馆1979年版,第401—402页。

权都必须服从的上帝的规律的。而且这些规律一经宣布，本身就是真正非常强大和有力的，以其明确性和优越性成为国家的支柱。"① 在魁奈看来，他最重要的使命，也就是要将这"规律"公之于众（而绝非简单地提出恳请重视农业发展的陈述），特别是："君主不能忽视这一点：他的权力的确立，是为了认识和遵守这些规律，不管是为了他本身的利益还是为了人民的利益，必须使自觉地遵守这些规律成为社会的不可分割的联系。"② 从这样的服从原则出发，人类理智所赖以成就的自然秩序，就是最为可欲的"完全"自由的前提，"实际规律确立对人类最有利的自然秩序，确切地规定一切人们的自然权利，这是永久不变的、最好的规律。这些规律的明确性使一切人类的理智无条件地服从于它们，并且在一切细节中都表现得非常精确，不容许发生任何的误解、迷惑或不合法的要求"③。而之所以可以建立这样的认知/服从关系，且如是的"规范性"原则对人类的行为的规约是强制性的，对魁奈来说，其规范性的来源则无疑是作为至高权威的上帝。"对于确立社会最初的根本法规的立法权，是不可能有争论的；它不可能属于任何人，只能属于上帝，上帝在世界的整个体系中建立了一切，并且预先做出了规定；人只会在这里制造混乱。只有切实地

---

① ［法］弗朗斯瓦·魁奈：《魁奈经济著作选集》，吴斐丹、张草纫选译，商务印书馆1979年版，第405页。
② ［法］弗朗斯瓦·魁奈：《魁奈经济著作选集》，吴斐丹、张草纫选译，商务印书馆1979年版，第405页。
③ ［法］弗朗斯瓦·魁奈：《魁奈经济著作选集》，吴斐丹、张草纫选译，商务印书馆1979年版，第405页。

遵守自然规律,才能把他们应当避免的这种混乱现象消除掉。"①很显然,与重商主义的言必称"国王"的现世观念相区隔,魁奈的论述里建立了由上帝的无限权威限制、规训现实君主的"超越"(transcendence)标准,这无疑是经济学者妄图借助神法的论证,重构绝对主义国家的经济政策的理论策略,在这个意义下,魁奈的"自然"秩序的经济学指向,就是指出当时政策中商业、制造业与农业的比例失当,而符合"自然"的经济体系,又必然是以农业为基础的,一旦政策出现偏差,由国家行为"在这里制造混乱",那便必然会出现"失序"意义上的危机。

如上观点的具体论述,首先体现在《经济表》的编制。魁奈的将制造业工人、商人排除出"生产性劳动"的概念之外,列为"不生产阶级",也即是附属性、依附性的阶级,"他们的支出,是从生产阶级和从生产阶级取得收入的土地所有者阶级取得的"②。而更为明确的观点呈现,则是"准则第三"中无可辩驳的基于自然秩序论而提出的断言:"君主和人民绝不能忘记土地是财富的唯一源泉,只有农业能够增加财富。因为财富的增加能保证人口的增加,有了人和财富,就能使农业繁荣,商业扩大,工业活跃,财富永久持续地增加。国家行政所有部门的成功,都依靠这个丰富的源泉。"③魁奈自己通过呈现这种近似于因果关系的

---

① [法]弗朗斯瓦·魁奈:《魁奈经济著作选集》,吴斐丹、张草纫选译,商务印书馆1979年版,第402页。
② [法]弗朗斯瓦·魁奈:《魁奈经济著作选集》,吴斐丹、张草纫选译,商务印书馆1979年版,第311页。
③ [法]弗朗斯瓦·魁奈:《魁奈经济著作选集》,吴斐丹、张草纫选译,商务印书馆1979年版,第333页。

"还原论"(Reductionism)的财富溯源方式,也就规定了他所认定的"危机"形式,必然是由于君主的任意胡为,而干扰到了农业的健康持续发展,即正如他在给启蒙运动的标志性著作《百科全书》撰稿时,所描述的"谷物交易的不自由、输出的禁止、人口的减退、农村中财富的缺乏、任意的课税、民兵的征集、赋役的滥用"①。由此,我们可以恰切地把握魁奈所批判的重商主义的体系性政策之下的产业推动比重失当、经济行为严重失序的"危机"图景:"农业是最丰富的,占我国贸易最贵重的部分,是王国收入的源泉,但却没有把它看作我国一切财富的基础。只把农业看作与租地农场主及农民有利害关系,只把农民的劳动,看作限于由出售农产品,支付耕作费用,提供国民以生活资料;但深信只有以工业为基础的商业交易,能使王国取得金银。这样就阻碍了葡萄的种植,奖励了桑树的栽培,并且妨碍了农产品贩卖,使土地的收入减少了。这一切都是为了庇护制造业,然而制造业的贸易,对我们是没有好处的。"②而正是基于这样的"危机"观察,提倡贸易领域的"完全竞争""完全自由"的魁奈,就于其所代笔的《农业哲学》一书中,阐述了可以作为斯密"看不见的手"的启示性范本的基于自然法之权威的"非管制—繁荣"论述:

---

① [法]弗朗斯瓦·魁奈:《魁奈经济著作选集》,吴斐丹、张草纫选译,商务印书馆1979年版,第54页。
② [法]弗朗斯瓦·魁奈:《魁奈经济著作选集》,吴斐丹、张草纫选译,商务印书馆1979年版,第39—40页。

一切的事物，只有由种种关系的相互联结而在自然中活动。有人说种种的要素都处在相互斗争的状态中，但同时相反地，它们相互支持、相互促进。每一个要素都想取得优越的地位，并且给它的对立物以抗衡与活泼的反应力量。凝聚力量和活动是斗争与对立的结果，自然的作用的再生和持续，是自然的伟大力量的凝聚和集中的结果。这种令人惊叹的机构的秩序和经过，是由造物主所最后决定的。对于规定着一切事物的伟大规律，是贯穿各个部分，并且统辖着全体。[1]

值得注意的是，魁奈的自然秩序—自然权利宰制论，被作为启蒙运动和革命叙事的反对者的"保守主义"的代表人物埃德蒙·柏克（Edmund Burke，1729—1797）所根本反对，在《反思法国大革命》(Reflections on the Revolution in France)一书中，柏克就明确地开辟专章以声言："政府统治的基础不可能是自然权利"[2]。柏克认为，在现实世界，"政府并非在自然权利的精神上建立起来的。自然权利可以也确实独立存在，它存在于更加清澈的环境下，存在于更抽象的完美情境里；然而它们在抽象意义上的完美也正是它们在实际上的弱点"[3]。完美的理论设定无法在复杂

---

[1] ［法］弗朗斯瓦·魁奈：《魁奈经济著作选集》，吴斐丹、张草纫选译，商务印书馆1979年版，第244页。
[2] ［英］埃德蒙·柏克：《反思法国大革命》，张雅楠译，上海社会科学院出版社2014年版，第67页。
[3] ［英］埃德蒙·柏克：《反思法国大革命》，张雅楠译，上海社会科学院出版社2014年版，第69页。

的现实之中真正的实现，自然权利的革命企图也就泥足于人类本性的复杂多样的泥沼，使得所有貌似可以证成的理论设想，都只能流于空幻。"这些形而上的权利走入了普通生活，就如同光线刺进一种高密度的介质，根据物理法则，经过折射后偏离了自己本来的方向。事实上，在人类繁多而复杂的激情和焦虑中，最原始的人的权利已经经历了各类折射与反射，因此如果再将他们当作最初的那条直线来讨论，便会显得奇怪了。"[1] 在这里，柏克的"保守"就完整地呈现为对于人性之复杂的整全体认之后的怀疑态度，即对于人类理性的种种现代许诺保持基本的否定态度，并认为理性的过度狂妄，一定会遭际新的危机（这事实上也预估了凯恩斯在大萧条后对经济理论做出的革命性翻转，但却同样是以"理性"的名义来进行的）。"人类本性复杂，社会的目标也有着最大可能的复杂性；因而没有任何一种简单的权力性质或方向可以适合人类的天性，或是人类事务的本质。当我听到有人意欲在任何新的政治体制内轻而易举地做出如是发明时，我都会十分确定这些能工巧匠显然对自己眼前的任务一无所知，或者完全忽视了自己的责任。"[2]

尽管自其诞生之时，就有着如柏克这样的保守之士的质疑声音，但自魁奈而斯密而穆勒的古典自由主义的高歌猛进，仍与广

---

[1] ［英］埃德蒙·柏克：《反思法国大革命》，张雅楠译，上海社会科学院出版社2014年版，第71页。
[2] ［英］埃德蒙·柏克：《反思法国大革命》，张雅楠译，上海社会科学院出版社2014年版，第71页。

泛开展的资产阶级革命一起,将经济思想领域的"启蒙运动"推向深入;这一过程,也是古典自由主义的政治经济学主张得到典范化的过程,那些各式各样的保守言论,则很难进入经济学说的主流。而这其中起承转合的关键人物,就是虽然视财富的"农业根源说"为无稽之谈,但是在自由竞争的理念上完全服膺于魁奈的斯密,其《国富论》中的相应论述,可以视作自身"自然自由"思想之全面阐述前的理论准备。"这一学说虽有许多缺点,但在政治经济学这个题目下发表的许多学说中,要以这一学说最接近于真理。因此,凡愿细心研讨这个极重要科学的原理的人,都得对它十分留意。这一学说把投在土地上的劳动,看做唯一的生产性劳动,这方面的见解,未免失之偏狭;但这一学说认为,国民财富非由不可消费的货币财富构成,而由社会劳动每年所再生产的可消费的货物构成,并认为,完全自由是使这种每年再生产能以最大限度增进的唯一有效方策,这种说法无论从哪一点说,都是公正而又毫无偏见的。"[①] 在同样的坚持"准则第二十五"的"完全自由"律则,并认定只有遵循一个"自然"的社会运行规律的前提下,斯密与魁奈们一样,认定一个能带来繁荣与幸福生活的人类秩序,就是对任何意义的政府干预的戒除。"任何一种学说,如要特别鼓励特定产业,违反自然趋势,把社会上过大一部分的资本拉入这种产业,或要特别限制特定产业,违反自然趋势,强

---

① [英]亚当·斯密:《国民财富的性质和原因的研究》(下卷),郭大力、王亚南译,商务印书馆 2009 年版,第 250—251 页。

迫一部分原来要投在这种产业上的资本离开这种产业，那实际上都和它所要促进的大目的背道而驰。那只能阻碍，而不能促进社会走向富强的发展；只能减少，而不能增加其土地和劳动的年产物的价值。"① 因此，一个社会的"富强之路"，在斯密看来，只有在完全竞争的状态下进入自由资本主义的设置才能实现。虽然这种"神秘"的力量，不过是魁奈所笃信的"造物主"的变体。"一切特惠或限制的制度，一经完全废除，最明白最单纯的自然自由制度就会树立起来。每一个人，在他不违反正义的法律时，都应听其完全自由，让他采用自己的方法，追求自己的利益，以其劳动与资本和任何其他人或其他阶级相竞争。"② 就是这样，尽管怀疑者如柏克，仍然会以"最自由最单纯的自然自由制度"虽然有其"绝对的"好处，但是却无法在人性的复杂折射下构成统治秩序的基础为理由，提出对立性的抗辩，但斯密所开启的对于重商主义与重农主义的秩序/危机观念的反思，并由以形成的资本主义发展的辩护术，仍旧成为贯穿整个经济危机理论史的"典范"论述，而被以各种方式改写和传播，即使凯恩斯的"革命"企图，依然无法撼动其对于"市场"之至高性的自由意志主义（Libertarianism）辩护。

---

① ［英］亚当·斯密：《国民财富的性质和原因的研究》（下卷），郭大力、王亚南译，商务印书馆2009年版，第258页。
② ［英］亚当·斯密：《国民财富的性质和原因的研究》（下卷），郭大力、王亚南译，商务印书馆2009年版，第258页。

拟像主体

在自证其理的意义上,自由至上主义(Libertarianism)的拟像论意图通过对经济自由的追求确证其政治自由。"经济安排在促进自由社会方面起着双重作用。一方面,经济安排中的自由本身在广泛的意义上可以被理解是自由的一个组成部分,所以经济自由本身是一个目的。其次,经济自由也是达到政治自由的一个不可缺少的手段。"① 18、19 世纪自由主义政治经济学所导致的世界性的"自由化"趋势("殖民主义"的扩张表象)也正是在这个先以"自由—市场"模式作为前导,再希图进行"自由—民主"模式演变的"不可缺少的手段"。而其理论基底,则正如威廉·冯·洪堡(Wilhelm von Humboldt,1767—1835)在 1792 年所声言的:"人真正的目的——不是变换无定的喜好,而是永恒不变的理智为他规定的目的——是把他的力量最充分地和最均匀地培养为一个整体。为进行这种培养,自由是首要的和不可或缺的条件。"② 经济自由的发展在同"法律"与"国家"这两个维度的对话中得以论证。在由罗马法传统所构造的"人法"系统

---

① [美]米尔顿·弗里德曼:《资本主义与自由》,张瑞玉译,商务印书馆 2004 年版,第 11 页。
② [德]威廉·冯·洪堡:《论国家的作用》,林荣远、冯兴元译,中国社会科学出版社 1998 年版,第 30 页。这一思想后来为约翰·穆勒进一步引申使用。

中,"人将自己置于保护性权力制定的成文法的保护之下,这便扩展了他们拥有财产的能力;通过这种方式,他们扩大了而不是束缚了自己的天赋人权。这意味着法律若是良法,就不会限制人的自由,而且明显地是自由人的最好选择;个人没有理由拒绝服从它"[1]。在"天赋人权"的意义上,现代法律增强了人们"拥有财产的能力",也因此是"自由人的最好选择",这也就意味着"良法"前提下的资本主义市场体系是经济自由的"最好选择"。对于"国家"而言,"让人判断他自己的经济利益,就如同他对自己的宗教良心完全自主。国家不能以人的力量带来对活动的协调分配,增加唯自然能创造的东西。既然国家不是自然的敌人,而是遵循自然的途径去工作,则国家能做的唯一有用的事情,就是通过除去因误解个人利益而在历史过程中布下的障碍,来促进自由发展"[2]。这也就是17世纪英国思想家托马斯·霍布斯(Thomas Hobbes,1588—1679)在"自然法"议题下提出"消极自由"的意旨所在:外在的强制权力退出,"让人判断他自己的经济利益",使得各经济主体相对于政治当局保持其独立的、"消极"的"经济自由"。

正是基于对于人的整全性(Human Integrity)的理性诉求,自由主义的政治经济学(市场自由主义)在英国典范性地发展起

---

[1] [意]圭多·德·拉吉罗:《欧洲自由主义史》,杨军译,吉林人民出版社2001年版,第32—33页。
[2] [意]圭多·德·拉吉罗:《欧洲自由主义史》,杨军译,吉林人民出版社2001年版,第34页。

来。"大英帝国国内政策的两个支柱，是古典自由主义的自由放任政策与单边自由贸易政策。对古典自由主义者亚当·斯密和大卫·休谟来说，这两个政策的目标都是维护国家利益；同时，通过自由贸易，也有助于促进政府间的相互理解。"[1] 作为亚当·斯密之理论前驱的大卫·休谟，其对"私利"与"公益"的辩证同曼德维尔的"寓言"一起为苏格兰启蒙运动与古典政治经济学的天真观念奠基，他对人性中"自利"原则的阐发构成了现代性世界图景下市场经济学发展之正当性论证的重要基础。在休谟看来，对人性的研究必然采取一种不同于自然科学研究的方式，因为"我们总是发现，理性和想象力的生气蓬勃的发挥必然由于人类心灵的狭小容量而摧毁感情的全部活力"[2]。而这种"理性和想象力的生气蓬勃的发挥"更是"完全发端于那种是极端虚妄的哲学推理之源的对简单性的热爱"[3]。而"理性与想象力"的"对简单性的热爱"就成为休谟批判的对象："一种哲学如果不允许人道和友谊获得敌意和怨恨这些阴暗的激情所不争地享有的那一些特权，必定是多么恶毒的一种哲学……它可以构成自相矛盾式的机趣和嘲弄的一个良好基础，然而却是任何严肃的论证或推理的一个很坏的基础。"[4] 休谟在这里批判的观念（"多么恶毒的一种哲学"）正是那种以公益（"仁爱"）为口号的社会经济观，它实

---

[1] [美]迪帕克·拉尔:《复活"看不见的手"：为古典自由主义辩护》，史军译，译林出版社2012年版，第54页。
[2] [英]休谟:《道德原则研究》，曾晓平译，商务印书馆2001年版，第151页。
[3] [英]休谟:《道德原则研究》，曾晓平译，商务印书馆2001年版，第150页。
[4] [英]休谟:《道德原则研究》，曾晓平译，商务印书馆2001年版，第154页。

际上是亚里士多德与阿奎那思想在现代早期的（正在不断失去生命力的）延传，无论是"城邦的正义"还是"至上的谕令"，休谟认为，由于这种观念"摧毁感情的全部活力"，即是使人失去"私己"的主体性和主动性而必须予以彻底否定，否则就会成为沦为"自相矛盾式的机趣和嘲弄"。在此基础上，休谟提出真正开启现代经济哲学说理路的"自爱"原则："这条原则就是，整个仁爱是纯粹的伪善，友谊是一种欺骗，公共精神是一种滑稽，忠实是一种获取信任和信赖的圈套；当我们全都心底里只追求我们自己的私人利益时，我们就披上这些漂亮的伪装，以解除他人的防备，使他人更暴露于我们的诡计和阴谋面前。"① 而同时，"不论一个人可能感受到或者想象自己同情到什么感情，没有一种激情是或能够是无私的；最慷慨的友谊，不论多么真诚，都是自爱的一种变体；甚至我们自己也不知道，在我们看来全心全意从事为人类谋划自由和幸福时，我们只是在寻求我们自己的满足"②。

因此，借助休谟的极端的"怀疑论"（Skepticism）的批判性建构，亚当·斯密得以在其"自然法"佑护下的自然—自由的市场经济观念下奠立良序稳定的自由主义经济思想体系。"亚当·斯密政治经济学的心理学前提是：自身利益乃是人类经济活动的主要动机。"③ 同时，斯密也在其"人性假设"中加入了得以使"自

---

① ［英］休谟：《道德原则研究》，曾晓平译，商务印书馆2001年版，第147页。
② ［英］休谟：《道德原则研究》，曾晓平译，商务印书馆2001年版，第148页。
③ ［英］亚·沃尔夫：《十八世纪科学、技术和哲学史》（下），周昌忠、苗以顺、毛荣运译，商务印书馆1991年版，第950页。

我利益"（Self-Interest）观念普世/普适化的"社会性"界定：在现代社会，每个人都必须是作为建议的主体而出现的"商人"，于是，"商业社会"就成为"现代性"的经济面向的本质性刻画。"商业有助于自由的实现，不过也只是在存在政治与法律秩序的环境之中才可以。这种环境能够自觉地调整并扩展，把社会关系日益增加的复杂性以及因一个'每个人在某种程度上都是商人'的社会的出现所引发的变迁过程纳入考虑。"[①]由此，斯密通过"自然权利"界定下的"自我利益"，建立了"商业—自由"与自由主义的"政治与法律秩序"的诉求，并进而构造了现代意义的道德前设。"斯密的社会道德观是其商业社会观及其优越性的内在部分。他对商业社会的正当信心十足，就意味着他必定也深信在人人为商的社会中，普遍规则一定会得到遵守。斯密的信心建立在对人际关系的新评价之上。在一个文明（市场）社会中，个人'随时都需要与他人合作以及得到他们的帮助，而他的一生却只获得少数几个人的友谊'。这意味着市场社会中的个人主要是和陌生人打交道。"[②]而基于对"普遍规则"的虔信，斯密就给出了他的"自利"意识的宣言："人类几乎随时随地都需要同胞的协助，要想仅仅依赖他人的恩惠，那是一定不行的。他如果能够刺激他们的利己心，使有利于他们，并告诉他们，给他做事，是对他们

---

① [匈]伊什特万·洪特、[加]米凯尔·伊格那季耶夫编：《财富与德性——苏格兰启蒙运动中政治经济学的发展》，李大军、范良聪、庄佳玥译，浙江大学出版社2013年版，第288页。
② [美]克里斯托弗·贝里：《奢侈的概念：概念及历史的探究》，江红译，上海世纪出版集团2005年版，第163页。

自己有利的，他要达到目的就容易多了。不论是谁，如果他要与旁人作买卖，他首先就要这样提议……我们所需要的相互帮忙，大部分是依照这个方法取得的。我们每天所需的食料和饮料，不是出自屠户、酿酒师或烙面师的恩惠，而是出于他们自利的打算。我们不说唤起他们利他心的话，而说唤起他们利己心的话。我们不说自己有需要，而说对他们有利。"①

从亚当·斯密的自利（"有利"）的正当性论说出发，当自由主义政治经济学观念下的"经济自由"最终指向消除国家管控的"自由的私有企业交换经济"，则在根本上以这种"自由"为"不可缺少的手段"的"政治自由"，就必然指向在"良法"的"保护性权力"的佑护之下，免于政府强力的阻滞，同时又实行"竞争的资本主义"的国家建构。"随着政治进入我们现在所称的自由主义模式，即制定普遍规则，为个人的经济活动提供一个中立的框架的阶段，道德观也同样成为个人选择的问题，而揭示人的本性的则是这些选择背后的物质动机。"② 而对于动机的"物质性"界定，就为斯密的"看不见的手"的"神秘"论证开辟了至上的意识形态前提。

---

① ［英］亚当·斯密：《国民财富的性质和原因的研究》（下卷），郭大力、王亚南译，商务印书馆 2009 年版，第 13—14 页。另：关于"恩惠"的说法请参校基督教世界对上帝的"恩典"（Grace）的相关讨论。
② ［美］克里斯托弗·贝里：《奢侈的概念：概念及历史的探究》，江红译，上海世纪出版集团 2005 年版，第 162 页。

"看不见的手"悖谬

在对于西方自由主义经济学的经典解释中,"理性的经济人"作为超阶级的、绝对均质的行为主体(Individual Agent)而出现,他们能够充分计算得失,从事经济活动,而虽然人们都是从利己的动机出发来考虑事情,但是却会导致每个人都选择有利于社会的行为,分散的经济活动可以自然地形成秩序,这都是由于一切行为背后的"看不见的手"的作用使然①:在"看不见的手"的宰制之下,公益"自然"可以实现,均衡"自然"可以达成。

自由主义经济学的这种经典的普遍主义、基础主义论述先不论其论域的可普遍性、基础要素的可确定性成立与否(如对共同普遍人性的假设),仅就这一论述本身而言,其实也是通过对亚当·斯密的思想的(合于"理"的)误读或过度诠释得以实现的。这种诠释理路认为,"斯密道德哲学的核心是一种关于自我的社会理论。人的认同意识是一种意识之自我,它脱离了却立足于各

---

① 这一社会"目的论"辩护在但丁的《论世界帝国》中从上帝创造自然的"永恒之手"的角度来考察以"认清整个人类文明的目的"的论述里即有其"存在论"式的呼应:"为了给我们这一探索提供证据,我们应该注意到,正如大自然创造大拇指有一目的,创造手掌则有另一目的,创造手臂又有一目的,而创造整个人体又有与以上部分不同的目的;同样,一个人有一目的,一个家庭、一个地区、一个城市、一个国家,也各有其目的;最后还有一个适合于全人类的目的,那是出自永恒的上帝之手,亦即是由大自然所创立。"[意]但丁:《论世界帝国》,朱虹译,商务印书馆1985年版。

种与他人的关系中,它既不是由上帝灌溉的灵魂,也不是一种诸如理性或道德感那样的具体的自然能力。根据斯密的看法,自我是在我们与他人的互动中形成的"①。而正是基于捍卫"主体间性"(Intersubjectivity)视角②,斯密在《国富论》中以"看不见的手"的鲜明拟像来构筑论说:

> 把资本用来支持产业的人,既以牟取利润为唯一目的,他自然总会努力使他用其资本所支持的产业的生产物能具有最大价值……确实,他通常既不打算促进公共的利益,也不知道他自己是在什么程度上促进那种利益……由于他管理产业的方式目的在于使其生产物能达到最大程度,他所盘算的也只是他自己的利益。在这场合,像在其他许多场合一样,他受着一只"看不见的手"的指导,去尽力达到一个并非他本意想要达到的目的。也并不因为事非出于本意,就对社会有害。他追求自己的利益,往往使他能比在真正出于本意的情况下更有效地促进社会的利益。③

---

① [丹]努德·哈孔森:《自然法与道德哲学:从格老秀斯到苏格兰启蒙运动》,马庆、刘科译,浙江大学出版社2010年版,第134页。
② 这也就意味着:"(1)人们在经济活动中,怀有理性的动机,他们不会太多受到禁忌或迷信的影响;(2)作为经济主体,他们绝大多数几乎很少或完全不关心其他经济主体。"[美]塞缪尔·弗莱施哈克尔:《论亚当·斯密的〈国富论〉:哲学指南》,张亚萍、王涛译,华东师范大学出版社2023年版,第163页。
③ [英]亚当·斯密:《国民财富的性质和原因的研究》(下卷),郭大力、王亚南译,商务印书馆1974年版,第27页。

在这里，亚当·斯密的论述其实有着明确的指向，那些"把资本用来支持产业的人"一定不是超阶级的经济行为人，而"管理产业的方式目的在于使其生产物能达到最大程度"也真实地说明了这位苏格兰启蒙运动思想家真正的"服务"对象是资产阶级，而其所要"说服"的对象，正是那些未来将要受困于"看不见的手"拟像的困苦之人。在这里，斯密殚精竭虑地雄辩"说服"所希望塑造的"信念"（Belief）是希望人们拥有"称义"的渴望，认定：

> 在商业交换中，人们自愿认识了双方的交易立场，也承认其支配自身财产的自由。彼此的讨价还价的可信也得到了确证（因此，在此背景中，类似一种可依赖的法治契约体系的东西就呈现出来）。我们可以补充说，每一方都对可信颇有兴趣，而不只希望自己看起来可信。不仅如此，每个人都能够从自身的自利立场出发，自由言说。并且，每个人必须——或至少能够——根据其他人的观点理解他人的处境。[1]

"看不见的手"的提出，显然正是斯密（并不巧妙地）为资产者基于"自爱"的牟利行为寻求辩护的努力，在这一由假设

---

[1] ［美］查尔斯·L.格瑞斯沃德：《让-雅克·卢梭与亚当·斯密：一场哲学的相遇》，康子兴译，生活·读书·新知三联书店2023年版，第252页。

构造的假象中，资产者的利润追逐（资本逻辑的外化）被伪饰为人人皆有的趋利避害本性，甚至这正是人们得以相互交往的心灵基础，而那些价值的真正的创造者却因其"被决定"的地位而使其无法质疑资产者如何去"达到一个并非他本意想要达到的目的"，以及最终又是否真的"更有效地促进社会的利益"。然而，亚当·斯密作为自由主义经济哲学的开创者，还不会像他后来的追随者那样仅仅满足于通过排他性的权份划分来完成一个粗糙的"自然法"假设，而事实上从这一段落在整体论证结构中的功能位置及其论证有效性的指向上[①]，就可以清楚地发现斯密的目的所在。"每个人都不断地努力为他自己所能支配的资本找到最有利的用途。固然，他所考虑的不是社会的利益，而是他自身的利益，但他对自身利益的研究自然会或毋宁说必然会引导他选定最有利于社会的用途。"[②]在这样一个总论性质的段落里，我们可以确信，斯密论证的"每个人"所指的就是"资本家"（商人），是"努力为他自己所能支配的资本找到最有利的用途"的"理性者"，是自我膨胀自我扩张为根本特性的资本的逻辑，虽然就其内在而言

---

① 从亚当·斯密对"看不见的手"的表述在《国民财富的性质和原因的研究》下卷的论证关系来看，它是在第四篇"论政治经济学体系"中的讨论"重商主义"的第二章"论限制从外国输入国内能生产的货物"中的对第二个分论点"每个人把资本用以支持国内产业，必然会努力指导那种产业，使其生产物尽可能有最大的价值"而进行的论证。本文稍后征引的就是作为这一章的中心论点的论述。而值得注意的是，从这样一个论证结构来看，其论述的行为主体绝不可能是如通常经济学教科书所声称的所有的"经济人"，又或者成为普遍均质的"经济人"也需要英国下院一般的资产最小值限定。

② [英]亚当·斯密：《道德情操论》，蒋自强等译，商务印书馆1997年版，第229—230页。

蕴涵着达成社会公益的可能性，但构成这一所谓的"论证"的真正的困难却是：这种"公益"的达成似乎是不证自明的，因为在实际的质疑者缺席的情况下答案只能根据强力而被给予，真正的证明不可能也无法有效进行。当我们回顾传统的将"看不见的手"视为市场的万能规约的体现时，就会发现这种以外在力量促成的对资本逻辑的佑护并非根本。也正是在这个意义上，资本的欲望机制成为自由主义根本的理论前提，"市场"的客观性不过是"资本的逻辑"的设定或外化，它本质上服从于资本的强力，也为资本的扩张效劳，而关于"秩序的实现"与"均衡的达成"的理论证明，当然是站在资本的立场上提出的更多的"看不见的手"式的"片面的正确"，或将实际的混乱描述为秩序。

更进一步地，当我们关注到《道德情操论》(*The Moral Sentiments*) 中的另一处"看不见的手"的论证的时候，就可以更为清楚地认识到这种"片面的"偏见的根源之所在："在任何时候，土地产品供养的人数都接近于它们所能供养的居民人数。富人只是从这大量的产品中选用了最贵重和最中意的东西。他们的消费量比穷人少；尽管他们的天性是自私和贪婪的，虽然他们只图自己方便，苏安然他们雇用千百人来为自己劳动的唯一目的是满足自己无聊而贪得无厌的欲望，但是他们还是同穷人一样分享他们所作一切改良的成果。一只看不见的手引导他们对生活必需品作出几乎同土地在平均分配给全体居民的情况下所能作出的一样的分配，从而不知不觉地增进了社会利益，并为不断增多的人口提供生活资料。"① 在这一次的"证明"之中，看不见的秩序力量被明确地区分为看得见的两极："富人"和"穷人"。在这个实际上体现了"目的论"意义的序列中，"富人"是绝对的宰制者、威权者（这正体现了斯密所代表的古典自由主义的经济—政治立场），他们可以随意择取"最贵重和最中意的东西"，而这些东西无疑是由"穷人"阶层制造出来的。紧接着，斯密为他自己都认为不够充分的论证性"描述"提出了"至高性"（Ultimate）辩护："当神把土地分给少数地主时，他既没有忘记也没有遗弃那些在这种分配中似乎被忽略了的人。后者也享用着他们在全部土地产品中所占有的份额。在构成人类生活的真正幸福之中，他们无论在哪方面都不比似乎大大超过他们的那些人逊色。"② 至此，"看不见的手"的证明的真正合法性源泉终于发现，全知全能全善的"神性"原则成了"人类生活的真正幸福"的唯一裁断者，在这样的神性视野下，富人和穷人的阶级界分和对立不再存在，因为"在肉体的舒适和心灵的平衡上，所有不同阶层的人几乎处于同一水平"③。这里的"同一水平"无疑是极其含混的，但确定的却是亚当·斯密的论证正指向了一种以"自由"为名的市场"神话"：每个人都是资本宰制下的被奴役者，每个人都是逐利者，每个人

---

① ［英］亚当·斯密:《道德情操论》，蒋自强等译，商务印书馆1997年版，第229—230页。
② ［英］亚当·斯密:《道德情操论》，蒋自强等译，商务印书馆1997年版，第230页。
③ ［英］亚当·斯密:《道德情操论》，蒋自强等译，商务印书馆1997年版，第230页。

都自以为快乐，每个人也都以为自己是意识形态灾难中的唯一幸存者。在资本这最终的"神"的规导之下，"社会可以在人们相互之间缺乏爱或感情的情况下，像它存在于不同的商人中间那样存在于不同的人中间；并且，虽然在这一社会中，没有人负有任何义务，或者一定要对别人表示感激，但是社会仍然可以根据一种一致的估价，通过完全着眼于实利的互惠行为而被维持下去"①。

在这个论域之下，哈耶克通过其对斯密理论的阐述进一步展示了这样的企图："亚当·斯密及其同时代之人的所作所为，就是把归因于建设性制度的一切东西都分析成某些明确原则之自发而不可抗拒的发展——并解释出：即使是人工痕迹明显的最为复杂的政策体系，其产生也很少是出于人工设计或政治智慧。"② 在哈耶克的论述中，"自发而不可抗拒的发展"的"原则"便是"资本的逻辑"，而在对笛卡尔式的理性主义进行批判③的前提下，哈耶克从根本上认为任何"人工设计或政治智慧"对资本及其外化的"市场"的政策性规约都是不适用的，因而也是必须放弃的。

---

① ［英］亚当·斯密：《道德情操论》，蒋自强等译，商务印书馆1997年版，第106页。
② ［英］弗雷德里希·奥古斯特·哈耶克：《自由宪章》，杨玉生等译，中国社会科学出版社1999年版，第86页。
③ 在此哈耶克借米塞斯的话提出对作为经验主义的对立面的理性主义的批判："旧信仰认为应将社会制度归诸于神，或者至少应追溯到神灵启示下的启蒙，但理性主义在摒弃了这种旧信仰后，也没有找到其他解释。由于理性主义造成了现在的条件，人们也就把社会生活的发展视为完全有目的与理性的；然而，除了通过在承认其是有目的的和理性的这一事实的前提下进行有意识的选择，还能如何实现社会生活的发展呢？"［英］弗雷德里希·奥古斯特·哈耶克：《自由宪章》，杨玉生等译，中国社会科学出版社1999年版，第86页。

这样一种"唯资本"的论调在新自由主义的另一核心人物米尔顿·弗里德曼那里更发挥到了极致。弗里德曼提出:"迄今为止,亚当·斯密提出的看不见的手仍然是强有力的,其强大足以消除政治领域那只看不见的手所起到的削弱作用,克服其带来的恶果。"进而,弗里德曼认为,资本是一种内在的、包容性的力量,总是"可以突破一切难关,恢复原来的健康"①。而从后世所发展出的对"看不见的手"的理念的延伸性阐释之中,我们得以敞开斯密文本的内核性构造,即市场(资本)行为与政府(管制)行为之间的几乎不可调和的紧张关系(Tension),也正是这种"紧张"规划了整个西方自由主义经济危机理论的关键性指向和论证旨趣。

视角主义的独断

在现代经济社会,资本主义—自由主义的意识形态以构造人的"商业—交易动机"的首要性(Primacy),从而使穆勒意义上的"经济人"的理性意涵得以确立为其理论标的,展示出完整的内在化市场逻辑。"即使是被认为不可异化(被分享而非被交换)的事物——美德、仁爱、知识、意识——都一一落入交换价值的

---

① [美]米尔顿·弗里德曼、罗丝·弗里德曼:《自由选择》,张琦译,机械工业出版社 2008 年版,第 6 页。

范围。这是'全体腐化'的纪元,'普遍图利'的纪元,是'每件物品都被带入市场的时代,不管是物质的或精神的物品,都被视作具有商业价值,以便能准确地估计物品的价值'。"① 而在这一"非物质"形态的"异化"进程("美德、仁爱、知识、意识")中最具有"生产性"的典范力量,就是斯密的古典自由主义"目的论",在其中"普遍意志'以一般法则来治理全部事物,指引向整体的维护及繁荣兴旺',又'作为一个连贯的系统,这个宇宙是受它的普遍目标来管治的,即促进它本身以及所有在这系统内的物种的维护与兴旺繁荣'"②。

斯密的市场自由主义希图确立的使得"物种的维护与兴旺繁荣"得以可能的"普遍目标",就是通过"看不见的手"的论证所建立的"自然—自由"的"市场行为"系统("全体腐化")。"在几个世纪的瞬间里,国家被认为是一个用来挽回利己主义带来的负面影响的工具。而亚当·斯密的论点刚好相反。个体追求私利的行为不仅有它的作用,而且还能发挥比政府行为更好的作用。事实上,亚当·斯密认为,个人追求私利的行为是一种有力而且正面的力量,甚至可以抵消政客们管理不善带来的负面影响。"③ 从而,"简单地说,亚当·斯密的观点是,市场对于增加国家的

---

① [法]让·波德里亚:《游戏与警察》,张新木、孟婕译,南京大学出版社2013年版,第179页。
② [美]约瑟夫·克罗普西:《国体与经体:对亚当·斯密原理的进一步思考》,邓文正译,上海人民出版社2005年版,第31页。
③ [美]斯蒂夫·G.梅德玛:《捆住市场的手》,启蒙编译所译,中央编译出版社2014年版,第25页。

财富非常有用，而国家对于市场运作的干预，害处必然大于益处。"① 亚当·斯密式的"独断论"（Dogmatism）标示了自由"贸易"论（扩大的人性论的意义上的）的"自由"奥义，出于《道德情操论》的"同情—共感"性、合于《法理学讲义》的具身性"权利"，并且恰切地体现了"物理科学反思"② 的"市场行为"本身，就是"自由"的意涵在现代商业社会中的充分体现，而"使国内产业中任何特定的工艺或制造业的生产物独占国内市场，就是在某种程度上指导私人应如何运用他们的资本，而这种管制几乎毫无例外地必定是无用的或有害的"③。而对于亚当·斯密来说，真正可以取代这一系列"无用或有害"的管制—政府行为的，就是根源于"权利"观念（"私有产权"）的自利—互益模型下的经济学推演，也即是理想性的"自由竞争经济学"。"任何人，只要他的言行并没有违反法律，他就应当有绝对的自由以他自己的方式追求个人的利益，使用自己的资本去和他人自由竞争。"④

亚当·斯密的商业—市场观念（当时的"异端"与当下的标准版本的"市场经济"意识形态）依赖一种特殊的"德性"（Virtue）理解，特别值得关注的是，这种理解不仅与古典世界

---

① ［美］斯蒂夫·G.梅德玛：《捆住市场的手》，启蒙编译所译，中央编译出版社2014年版，第25页。
② ［英］亚当·斯密：《亚当·斯密哲学文集》，石小竹、孙明丽译，商务印书馆2012年版，第105—121页。
③ ［英］亚当·斯密：《国民财富的性质和原因的研究》（下卷），郭大力、王亚南译，商务印书馆1974年版，第26页。
④ ［美］斯蒂夫·G.梅德玛：《捆住市场的手》，启蒙编译所译，中央编译出版社2014年版，第26页。

(作为典范的希腊—罗马谱系)的思想意旨大相径庭,更加同文艺复兴以降的强调政治参与、公民文化的"市民人文主义"(Civic Humanism)格格不入。斯密"尊崇的是独立的精神与商人自我的意识,而非古典共和主义者们的自由主义市民德性"①。斯密所面对的两种不同意义上的"古典性"前设,其共同点是以拒斥自利的市场行为的"放任性"而强调城邦—国家的政治共同体的在先性与首要性("人是城邦的动物"/"人是政治的动物")。在这些古典经济哲学的视野下,"如果没有道德活动的稳固基础,失去了引导其合理公共福利的社会,会盲目地漂游在变幻莫测的海洋上,这海洋就是以商业和信用为基础的经济"②。作为"莫测的海洋"的拒斥者,这些实际上迥异于当代自由主义管制经济论者的亚里士多德传统(Aristotelian Tradition)的思想家从根本上不承认的存在独立于政治共同体之外的、独立于政治行为之外的私己的行为,并且他们认为,"用个人的财产积累私利或沉湎于个人的奢侈,就是腐败"③。进而,在更为根本的意义上,亚里士多德在他成熟时期的道德哲学作品《尼各马可伦理学》(*Nicomachean Ethics*)中将那些只按本性的欲望(私利)去行事的人描述为"孩

---

① [匈]伊什特万·洪特、[加]米凯尔·伊格那季耶夫编:《财富与德性——苏格兰启蒙运动中政治经济学的发展》,李大军、范良聪、庄佳玥译,浙江大学出版社2013年版,第198页。
② [美]克里斯托弗·贝里:《奢侈的概念:概念及历史的探究》,江红译,上海世纪出版集团2005年版,第152页。
③ [美]克里斯托弗·贝里:《奢侈的概念:概念及历史的探究》,江红译,上海世纪出版集团2005年版,第152页。

子",并认为他们只有在更成熟个体的道理（Logos）的管制之下,才能够正当地采取行动,也才能更好地为自己的行为负责。亚里士多德认为,在城邦共同体中,"我们的欲望应当是适度的和少量的,并且不违背于逻各斯。我们所说的服从的、受过管制的品质也就是指这种状态。因为,正如一个儿童应当按照他的教师的指导去生活,我们身上的欲望的部分也应当服从逻各斯的指导"①。

亚当·斯密作为一个坚定的自由—市场论者,当然对这种"理智不成熟"论极端拒斥,在这个意义上,他的市场至上主义就是在经济领域的"反亚里士多德主义"（Anti-Aristotelian）。因而,在相反的意义上,他强调个人利益行为的合理性（Rationality）与规范性（Normativity）。"关于可以把资本用在什么种类的国内产业上面,其生产物能有最大价值这一问题,每一个人处在他当地的地位,显然能判断得比政治家或立法家好得多。如果政治家企图指导私人应如何运用他们的资本,那不仅是自寻烦恼地去注意最不需要注意的问题,而是僭取一种不能放心地委托给任何个人、也不能放心地委之于任何委员会或参议院的权利。把这种权利交给一个大言不惭的、荒唐的自认为有资格行使的人,是再危险也没有了。"② 在此,我们清晰地看到,斯密使用了极其

---

① ［古希腊］亚里士多德:《尼各马可伦理学》,廖申白译,商务印书馆 2003 年版,第 94 页。
② ［英］亚当·斯密:《国民财富的性质和原因的研究》（下卷）,郭大力、王亚南译,商务印书馆 1974 年版,第 25—26 页。

近似于古典主义反市场论证的言说策略，并且将"危险"的指斥安插在前者所认为的将带来安稳与和谐的政府的"教导性"的行为上，也就根本上造成了对古典语境的颠转。而结合前面的对于"看不见的手"的论述，我们知道，对于斯密来说，真正"安全"的便只有"放任"个人，以自由（经济自由，但更加是政治自由）为市场正名。在这个意义上，斯密的市场和谐—均衡论也就展现了最为核心的、排他性的"主观"意蕴。"我从来没有听说过，那些假装为公众幸福而经营贸易的人做了多少好事。事实上，这种装模作样的神态在商人中间并不普遍，用不着多费唇舌去劝阻他们"。[①]叙事恢宏的"自然规律"、言辞庄重的"神性论证"最终还原为极端"视角主义"（Perspectivism）的"我从来没有听说"和"用不着"的经验性（非"论证性"）说服[②]（Persuade），就恰如还原了中世纪告解实践中神父的解经与开示，也正是这种借助于自由主义市场信仰的"论证"与"解释"，进一步发展出"萨伊定律"中更为主观臆断性的对资本主义经济危机的否定性辩护。

---

① ［英］亚当·斯密：《国民财富的性质和原因的研究》（下卷），郭大力、王亚南译，商务印书馆 1974 年版，第 27—28 页。
② 自由主义经济学者的这种"说服"理念有着"良好"的延传，这一点在后来的巴斯夏和穆勒，以及新自由主义的米塞斯、哈耶克、罗斯巴德身上都有非常好的体现。

第三章 危机的意识形态化：构化、显现与虚无

"自然的自由"

1825年的危机开启了西方资本主义周期性危机的序幕，也使得众多的自由主义经济学家面临着为资本主义之"可完善性"（Perfectibility）进行持久辩护的重大历史使命。"随着机器工业的成长，地方性的、局部性的生产过剩危机，逐步转变为波及所有主要生产部门、严重震撼整个经济的普遍生产过剩危机。1825年第一次周期性普遍生产过剩危机的爆发，完成了这种从量变转变为质变的过渡。"① 也正是以此为转折，造成了第一轮长波降波的出现，

---

① ［苏］列·阿·门德尔逊：《经济危机和周期的理论与历史》（第一卷），斯竹等译，生活·读书·新知三联书店1975年版，第364页。

这次长波的降波一直延续到 1945 年。① 而这次危机也就对思想领域的辩护工作提出了新的要求。西方资产阶级经济学家以其本质上的"特异"于世界文明多样性的斗争性"阶级意识"（Klassen Bewusstsein）而"特立"于（特别是 19 世纪中期以降的）世界性的"普遍历史"之中。"从'纯'资本主义社会的这种经济结构（它自然是作为趋势，然而却是作为一种决定一切理论的决定性趋势而产生的）里产生出以下情况：社会结构的不同方面能够而且必然相互独立，并能够而且必然意识到这样一些方面。18 世纪末和 19 世纪初理论科学的巨大发展，英国的古典经济学和德国的古典哲学，标志着这些局部体系有独立的意识，标志着资产阶级社会的结构和发展的这些方面有独立的意识。经济、法律和国家在这里都表现为一些自我封闭的体系，这些体系由于有自己完全的权力，以自己固有的规律而统治着整个社会。"② 封闭的权力"体系"，是阶级意识的动因与"完型"（Configuration），也是系统性的意识形态运作的背后的"生产"的逻辑，它取消了作为"个体"的人的单独行动，又以"权利"之名织造幻象之网，在其中

---

① "在从拿破仑战争结束到这次危机爆发的十年内，大机器生产有了进一步的发展。在英国，随着资本主义的迅速成长，作为危机和周期的基础的资本主义的矛盾和规律性也日益发展起来。二十年代英国的经济生活，没有受到以往各次危机时期曾起过那么重要作用的战争和战争影响的干扰。1825 年的危机是最早的一次生产普遍过剩和周期性表现得比较明显的危机。"[苏]列·阿·门德尔逊：《经济危机和周期的理论与历史》（第一卷），斯竹等译，生活·读书·新知三联书店 1975 年版，第 364—365 页。
② [匈]卢卡奇：《历史与阶级意识》，杜章智、任立、燕宏远译，商务印书馆 1992 年版，第 324 页。

所有的理论表述都将陷于"主观"和"单向"。"工业——只要它是制定了目标的——从根本的意义上，在辩证的和历史的意义上，仅仅是社会的自然规律的客体，而不是其主体。马克思曾反复强调要把资本家（如果我们谈论过去或者现在的'工业'，我们就只能是指资本家）看做只是一个特殊的戴假面具的人……因此，工业，即资本家作为经济、技术进步的化身不是主动的，而是被动的，它的'主动性'仅仅在于正确地观察和估计社会的自然规律的客观作用，这一点对马克思主义来说是不言而喻的（恩格斯在别的地方也是这样理解的）。"[①] 阶级意识与危机理论的双重构建关系，也正是从这个层面来理解的。本章正是从"阶级意识"的面对危机而生成的"生产关系"出发，在探讨经济危机理论的向"经济周期"理论的"自然"（去威胁）化与意识形态化之"时序演化"（Temporal Evolution）的过程中，以西斯蒙第、巴斯夏、约翰·穆勒的代表性理论为主要研究对象，探讨 19 世纪这一"自由主义的时代"的社会历史条件下的"分裂的新来源、对抗的新模式"[②]，并试图揭示资产阶级理论家如何如《共产党宣言》中所讽刺的："像一个魔法师一样不能再支配自己用法术呼唤出来的魔鬼了。"[③]

作为斯密经济哲学的重要追随者和阐释者，让·巴蒂斯特·萨伊（Jean-Baptist Say，1767—1832）所论证与论争的"市

[①] [匈]卢卡奇：《历史与阶级意识》，杜章智、任立、燕宏远译，商务印书馆 1992 年版，第 213—214 页。
[②] [美]卡尔·博格斯：《知识分子与现代性的危机》，李俊、蔡海榕译，江苏人民出版社 2006 年版，第 200 页。
[③] [德]马克思、恩格斯：《共产党宣言》，人民出版社 1997 年版，第 33 页。

场定律"正是西方自由主义思想系谱下对"看不见的手"的（谬误）论证的关键性沿袭，也由以使得因斯密的"自利"（Selfish）教育而开启的资本主义市场的非政府操控论之下的"自然的自由"（"自然权利"的体系化发展）得到进一步的延伸，并构成自由意志主义经济危机—经济周期思想"建构"（Construction）的核心性构件。在"范式"传播的意义上，萨伊的这一思想理路通过詹姆斯·穆勒（James Mill，1773—1836）的宣传推广而深刻地影响了英伦经济学的大卫·李嘉图（David Ricardo，1772—1823）及李嘉图学派的相关理论；在欧陆的范围内，则发展出神意—经济学的维度的极端"护教"版，也即巴斯夏的"神意和谐"经济论。古典自由主义危机理论的萨伊定律化倾向，也成为后来凯恩斯的批判的危机理论（"《通论》范式"）所"批判"的中心论点，并以之成为被新自由主义所严重诟病的新"强制"论的思想源头。历史地看，萨伊的思想在被广泛讨论的同时，也有被简化（如穆勒）甚或被扭曲（如凯恩斯）的倾向，但是，如果回到"萨伊市场定律"的内容本身，我们也许可以说：至少在这个意义上，"萨伊定律"的"供给"，有效地寻找到了其所相因应的"需求"。

正如法国经济史学者皮埃尔·罗桑瓦隆（Pierre Rosanvallon）在其"市场观念史"著作《乌托邦资本主义》中所提出的："亚当·斯密把政府的行为看做建立一个市民社会即一个市场社会的时刻。他所拒绝的是国家作为一个寄生体，他所期望的是建立健全的市场体系。一旦这个任务完成，政府退出的问题就应提到议事日程上来，由市场独自统治社会。从这个意义上讲，亚当·斯密既是市场经济理论家，也是向这种经济过渡的经济理论家。然而，朝这个方向演进的迫切性和根本性，掩盖了市场社会是个乌托邦的问题。"① 与社会主义的变革理想一样，沃勒斯坦意义上的"历史资本主义"也是"变革"性的"乌托邦"思辨的产物，资本建制的辩护士与智术师也正是在这个意义上具有了"生产性"；而萨伊就是这样一位资产阶级阶级意识的"生产能手"，他要以"观念"中的（贝克莱式唯心主义的）无危机运行的市场体制替代掉"经验"现实中不停"试错"的"自利"永动机，并把维持这一"人为"（Artificial）系统的"无障碍"（作为"障碍"的政府与"制度"）运转视为对"自然"（Nature）秩序的终极服从，而由此得来的繁荣与丰裕，则是仰赖这一至高权威的"恩典"（Grace）所赐。萨伊的这种基本教义派的"说服者"的形象，被弗里德里希·李斯特（Friedrich List，1789—1846）形象地描述为："从来不曾有一个学者会像萨伊那样，所具有的真材实料是那样少，而在学术上造成的威胁却是那样大——对于他的学说稍有质疑，就会被蒙上恶名，被视为离经叛道。"②

而进一步地，在《就业、利息和货币通论》中，凯恩斯曾借用约翰·穆勒的话批评他认为萨伊和李嘉图"并没有很清楚地加

---

① ［法］皮埃尔·罗桑瓦隆：《乌托邦资本主义》，杨祖功、晓宾、杨齐译，中央编译出版社 2004 年版，第 102 页。
② ［德］弗里德里希·李斯特：《政治经济学的国民体系》，邱伟立译，华夏出版社 2009 年版，第 260 页。

以说明"①的"萨伊定律",实际是由约翰·穆勒本人在《政治经济学原理》中首先给出了"标准"表述:"商品的支付手段仍然是商品。每个人购买他人产品的手段,是由他们自己所拥有的产品构成的。根据词义,所有的销售者不可避免地也是购买者。如果我们能够使一国的生产能力突然增加一倍,那么,我们也将使每个市场商品的供给增加一倍。不过,我们同时也将人们的购买能力增加一倍。"②

穆勒站在行为功利主义(Act Utilitarianism)的角度对萨伊的理论的善意释解(相对于凯恩斯及其追随者的归谬分析而言),可以被视为对后来的那些显然"并不是萨伊本人在阐述与他的名字如此密切联系在一起的那个命题的时候本来使用的表达方式"③的一种校正:萨伊所讨论的是在一个实现了充分分工的经济体中,每个人获得其他商品的手段是生产相等价值的商品,从而,"生产增加的不仅是商品的供给,而且,根据对生产要素所支付的必需的成本,还产生购买这些商品的需求"④。这也就是萨伊所说的"单单一种产品的生产,就给其他产品开辟了销路"⑤。

---

① [英]约翰·梅纳德·凯恩斯:《就业、利息和货币通论》,高鸿业译,商务印书馆1999年版,第23页。
② [英]约翰·穆勒:《政治经济学原理》(下卷),胡企林、朱泱译,华夏出版社2013年版,第516—517页。
③ [英]约翰·米尔斯:《一种批判的经济学史》,高湘译,商务印书馆2005年版,第127页。
④ [英]马克·布劳格:《经济理论的回顾》,姚开建译,中国人民大学出版社2009年版,第113页。
⑤ [法]萨伊:《政治经济学概论》,陈福生、陈振骅译,商务印书馆1963年版,第144页。

"萨伊市场定律"首先作为对生产过剩的"不可能性"的证明而出现。在萨伊看来,任何商品的"供给"的出现,就一定意味着它可以在"价值"的意义上找到相应的"需求",因此,"除非存在某些激烈手段,除非发生某些特殊事件,如政治变动或自然灾害等,或除非政府当局愚昧无知或贪婪无厌"①的情况,所有商品的相对生产过剩是不可能出现的。②"一个人通过劳动创造效用,从而把价值授予某些东西。但除非别人掌握购买这价值的手段,便不会有赏鉴,有人出价购买这价值。上述手段由什么东西组成呢?由其他价值组成,即由同样是劳动、资本和土地的果实的其他产品组成。这个事实使我们得到一个乍看起来似乎是很离奇的结论,就是生产给产品创造需求。"③而在这样的一种"商品的支付手段就是商品"的市场模式下,"某一种货物之所以过剩,是由于它的供给超过需求。他的供给之所以超过需求,则因为它的生产过多,或因为别的产品生产过少。正由于某些货物生产过少,别的货物才形成过剩"④。也就是说,从总体供求的角度来说,某一特殊产品的供给过剩必然意味着另一商品的需求过剩,也因此不可能影响对于资本主义所有生产部门的"均衡"增长的判断,

---

① [法]萨伊:《政治经济学概论》,陈福生、陈振骅译,商务印书馆1963年版,第145页。
② 弗里德曼后来在《美国货币史》中对于"大萧条"的成因的分析实际上就是从这一角度出发来反驳凯恩斯的"有效需求不足"论的。而这一思路也受到了巴斯夏的启发。具体讨论见后文相关部分。
③ [法]萨伊:《政治经济学概论》,陈福生、陈振骅译,商务印书馆1963年版,第142页。
④ [法]萨伊:《政治经济学概论》,陈福生、陈振骅译,商务印书馆1963年版,第145页。

更进一步推论，就是所谓生产过剩的危机是根本不可能发生的。而这也就成为熊彼特对这一理论的批评的关节点所在："它只表现了工业的胜利向前推进，除了局部性的失调和限制性的政府政策以外，没有什么东西阻碍工业在充分就业条件下的持续发展。人民呻吟其下的所有其他的罪恶，在'供给'创造'需求'这个口号下都消失了，赋予这个口号的意义比它在严格解释的可能具有的意义要大得多。"①

同时，萨伊在"工业在充分就业条件下的持续发展"的理论前提下提出了无危机版本的货币理论（这也成为后来凯恩斯受启发于马歇尔而展开深入批判的理论标的）。萨伊认为"货币的干预对于他的规律不会造成任何原则上的差异。不论有无货币，产品归根结底还是同产品交换，因为货币只不过是一种交换媒介，由于让他呆滞就会丧失满足或商业上的利得，所以每一个人都将在收入和商业支付两者的习惯所许可的范围内，尽快地花掉它"②。货币只是一种"交换媒介"，而绝非交换的目的，"钱毕竟只是移转价值的手段。钱的全部效用，在于把你的顾客想买你的货物而卖出点货物的价值移到你手中……你是使用只暂时变成银钱形式的他的产品的价值购买他所需要或所喜欢的东西"③。因此，

---

① ［美］约瑟夫·熊彼特：《经济分析史》（第二卷），杨敬年译，商务印书馆1992年版，第369页。
② ［美］约瑟夫·熊彼特：《经济分析史》（第二卷），杨敬年译，商务印书馆1992年版，第371页。
③ ［法］萨伊：《政治经济学概论》，陈福生、陈振骅译，商务印书馆1963年版，第143页。

只要一个商品的供给出现，就自然会"给价值与它相等的其他商品开辟了销路"，进而，只要这种"用商品购买商品"的模式持续，根据货币作为有效流通手段这一性质而言，也就不会出现货币经济条件下的商品的一般供给过剩。① "把销路疲滞归因于缺乏货币的说法，是错误地把手段看作原因……如果其他产品存在，我们不怕得不到充分数量的货币以处理这些价值的流转和互换。如果交易扩大，需要更多货币以便利它的进行，这需要不难得到满足……货币不久自必涌至，因为无论什么产品，什么地方最需要它，它自然就涌到什么地方。"② 从萨伊对货币的相对于实体经济的绝对服务性、"辅助性"作用的论述中，已经可以看出实体与货币的二分法的图示，而根据萨伊"在以产品换钱、钱换产品的两道交换过程中，货币只一瞬间起作用"③ 的说法，而这一点也正为大卫·李嘉图所承继和发展。

失灵的"定律"

与德国历史学派的否定性批评（"沿袭"论）不同，奥地利

---

① ［英］约翰·穆勒：《政治经济学原理》（下卷），胡企林、朱泱译，商务印书馆1991年版，第96页。
② ［法］萨伊：《政治经济学概论》，陈福生、陈振骅译，商务印书馆1963年版，第143页。
③ ［法］萨伊：《政治经济学概论》，陈福生、陈振骅译，商务印书馆1963年版，第144页。

经济学派的当代代表人物默瑞·罗斯巴德（Murray Rothbard，1926—1995）在其两卷本经济学说史研究中，对于萨伊所提出的"市场"论证给予了极高的肯定："J.B.萨伊的《政治经济学概论》特别显著的特点就是，他是第一个深入思考自己学科的适当的方法论的经济学家，并且尽可能使自己的著作以这种方法论为基础。根据以前的经济学家和他本人的研究，萨伊得出了研究经济理论的独特方法。一个多世纪以后，路德维希·冯·米塞斯将这种方法称为'人类行为学'。"[①]萨伊的这种从个人／私人（Private）行为的"一般事实"（General Facts）出发来推导经济运行的"特殊事实"的方法论原则，使得萨伊的"自由主义"具有了在罗斯巴德看来（或奥地利学派新自由主义的视角下）不同于斯密—李嘉图传统的"另类"特征："尽管萨伊没有能够称自己为重农主义者，而是称自己为斯密的信徒，但他基本上仅仅是斯密名义上的信徒而已……他的观点实际上是后坎替隆和前奥地利学派的思想，而不是经典的斯密学说。"[②]萨伊这一思想上的"非经典"性，在罗斯巴德的视野之中，也正好开示了其危机理论的特质，也即其"危机意识"的结构性特征。"本质上，萨伊定律是对各种经济学上的不学无知者以及利己主义者所做出的严厉而适当的回应。这些不学无术的人和利己主义者在每次经济衰退或危机时就开始大

---

① ［美］默瑞·N.罗斯巴德：《古典经济学：奥地利学派视角下的经济思想史》，张凤林等译，商务印书馆2012年版，第20页。
② ［美］默瑞·N.罗斯巴德：《古典经济学：奥地利学派视角下的经济思想史》，张凤林等译，商务印书馆2012年版，第18页。

声地抱怨普遍'生产过剩'的严重问题，或者用萨伊时代常用的语言，市场上商品的'普遍饱和'问题。'生产过剩'意味着生产超出了消费：即产量从总体上与消费相比太大了，因此产品无法在市场上售出。如果产量相对于消费量而言太大了，那么很显然这就是现在所说的'市场失灵'问题，这种失灵必须通过政府干预来平衡。"①

以论证普遍性"生产过剩"的不可能性为己任的"市场定律"，在结构上申明了资产阶级的、自由主义的政府—市场观念。首先，对于萨伊——作为"前奥地利学派"的、同时也是作为斯密的传承者的——理论意识而言，现实的"危机"本身的存在及其造成的危害性并非"直接性"的视而不见（当然，在萨伊的思想方法中对的将"统计方法"排斥出"经济学"的做法也已经使得"直接性"的承认成为不可能），而是在于其论证地位的次要性：自由主义的市场—危机理论并非如那些"不学无知的人"那样，将全部的学术兴趣投向危机之"根源"的寻找，或论证（或者"抱怨"）"市场"之失灵及"失灵"条件下的"干预"的正当性；甚至可以说，这正是萨伊流派的危机论说所要尽力消解的理论倾向：首先要"界定"好"干预"的非正当性，之后才可以讨论"市场"本身所存在的问题，而且"市场"本身存在的问题，也应当通过市场本身的"发展"来获得"自足"与"和谐"。其

---

① ［美］默瑞・N. 罗斯巴德：《古典经济学：奥地利学派视角下的经济思想史》，张凤林等译，商务印书馆 2012 年版，第 44 页。

次，对于萨伊定律的信仰者而言，萨伊的"斯密性"至少提示了"市场"观念中的"均衡"要旨，完全价格机制下的"市场出清""市场均衡"作为本身应当捍卫的"价值"，所对应的就正是"政府"与诸多"制度"因素所构造的影响市场机制有效发挥作用的"障碍"，由此，自由主义危机理论也得以将危机之危害性的治理模式，成功还原为"群己权界"议题下的私人领域与公共领域的区分，从而公共权力的干预行为（即使有"宏观调控"的正义之名）并不能"侵入"私人性的市场领域（约翰·穆勒对此有不同意见），在"权界"的范围之内，只能等待价格机制引导下的市场"自然"（Natural）出清。"法律和政府必须严格地限于保卫个人、自由以及人民的财产不受侵犯。任何超出这一角色的行为，都是对自由和繁荣的破坏。"① 也正是在这个意义上，"J.B. 萨伊通过提出自己的积极的（Activist）方案：削减税收的自由主义计划。反驳了认为消费不足的马尔萨斯和西斯蒙第所提出的经济统制论（Statist）的主张"②。

萨伊的"重构"的危机意识与其"观念"中的"均衡"意识（"自由主义的计划"）相呼应，使得其"市场定律"成为"唯市场领域"论的先见，这一点在其对于"定律"本身的应用中可以清楚地看到："产品的性质，总是决定于社会的需要。我们已在销

---

① ［美］默瑞·N. 罗斯巴德：《古典经济学：奥地利学派视角下的经济思想史》，张凤林等译，商务印书馆2012年版，第725页。
② ［美］默瑞·N. 罗斯巴德：《古典经济学：奥地利学派视角下的经济思想史》，张凤林等译，商务印书馆2012年版，第51页。

售章看到：产品的总产量越多，社会的需要就越大；整个社会所控制的购买手段就越多，它所能购买的数量就越多。如果政府当局出来干涉，阻碍事态的自然趋势，指导生产者的行为。政府的这种行动显然将把国家的一部分生产力引到次要东西的生产，使人们更迫切需要的东西的生产大吃其亏。"① 在萨伊的理论体系中，政府的指导或干预只能带来更坏的"可见的"后果（在这一点上，萨伊比后来的法国通向巴斯夏更加"激进"）。在当时的历史条件下，"萨伊仇视那些发展以奢侈消费为基础的商业大贵族，因为他们为私利而操纵市场。在重商主义对贸易的控制的背景下，区区的部分自由根本就称不上自由。萨伊认为英国和波拿巴帝国一样，只是名义上的现代共和国，领导者以人民的名义来统治，但实际上却与人民的利益背道而驰。英国和法国人民都缺乏自己的政治代言人"②。显而易见，萨伊的经济—危机意识奠基于其"激进的"（Radical）政治（"自由"）意识，也因此他在"私人行为"的绝对价值的意义下提出的"研究目标、方法和成果被严格界定的能够被观察和实验所确立的实验科学"的"经济学"定义，也实际上成为他在学术领域（"私人行为"）反对政治强力的必然"显现"，这一点，也成为大卫·李嘉图对他的承袭与延传的重要理论意图之所在。

---

① ［法］萨伊：《政治经济学概论》，陈福生、陈振骅译，商务印书馆1963年版，第164页。
② ［英］马克·贝维尔、［美］弗兰克·特伦特曼编：《历史语境中的市场：现代世界的思想与政治》，杨芳、卢少鹏译，人民出版社2014年版，第64页。

在资本—虚无主义的谱系下,李嘉图的经济危机思想导源与萨伊的《政治经济学概论》对他的影响,同时特的理论也拓展了"萨伊定律"的论述范围。"活跃而积极进取的因果李嘉图学说的追随者从萨伊的思想中挖掘出的唯一一点就是'萨伊定律'。詹姆斯·穆勒,这位李嘉图主义运动中的'列宁',在自己的著作《为商业辩护》(Commerce Defended)中攫取了这个定律,而李嘉图则从其发现者和导师那里接受了这个定律。"① 这一点("挖掘"的指向性)也体现在李嘉图本人在《政治经济学及赋税原理》的"序言"中对萨伊学术功绩的颂扬上。"萨伊先生是大陆学者中首先或者前几位之一正确了解和运用了斯密原理的人,将这一具有启迪意义并大有益处的理论体系介绍给欧洲各国,他的功绩大大超过了其他所有大陆学者的全部功绩。除此之外,他成功地使这门科学的逻辑性更强,更具有指导意义,并通过几次独创的、正确的和深刻的讨论使其更为丰富。"②

从"意识形态"的恰切性出发,"看不见的手"——"萨伊定律"的"斯密原理"的"深刻"的传播的过程中,李嘉图采用了"货币面纱观"的分析范式:"产品总是要用产品或劳务购买的,货币只是实际交换的媒介。某一种商品可能生产过多,在市场上过剩的程度可以使其不能偿还所用资本;但就全部商品来说,这

---

① [美]默瑞·N.罗斯巴德:《古典经济学:奥地利学派视角下的经济思想史》,张凤林等译,商务印书馆2012年版,第43页。
② [英]大卫·李嘉图:《政治经济学及赋税原理》,郭大力、王亚南译,译林出版社2011年版,第2页。

种情形是不可能有的。"① 于是，这种基于"总量"之"和谐"（巴斯夏会作出更进一步的论证）的信仰，就构成了李嘉图对于萨伊思想的拓展的关键性论述。否定普遍生产过剩危机的可能性，使得李嘉图同萨伊一样将资本主义/自由主义的无危机论建构在人类行为的"需求"的无限性指向的基础之上。"需求是无限的——资本的运用只要还能产生一些利润，便也是没有限制的。"② 而根据萨伊的思想，"在一切社会，生产者越众多，产品越多样化，产品便销得越快、越多和越广泛，而生产者所得的利润也越大，因为价格总是跟着需求增长。但是，这种利益只能得自实际生产，强迫产品的流转并不能产生这种利益"③。

李嘉图也正是根据萨伊的上述论断而提出了自己的拒斥"强迫"、强调无拘束自我的"经济性"自由的"个人主义"观念。"任何人从事生产都是为了消费或销售；销售则都是为了购买对于他直接有用或是有益于未来生产的某种其他商品。所以一个人从事生产时，他要不就是成为自己商品的消费者，就必然会成为他人商品的购买者和消费者。"④ 也正是在这样的论述的基础之上，李嘉图丰富了"萨伊市场定律"的教条性。他由生产不可能过剩

---

① ［英］大卫·李嘉图：《政治经济学及赋税原理》，郭大力、王亚南译，译林出版社2011年版，第248页。
② ［英］大卫·李嘉图：《政治经济学及赋税原理》，郭大力、王亚南译，译林出版社2011年版，第252页。
③ ［法］萨伊：《政治经济学概论》，陈福生、陈振骅译，商务印书馆1963年版，第157页。
④ ［英］大卫·李嘉图：《政治经济学及赋税原理》，郭大力、王亚南译，译林出版社2011年版，第247页。

的基础性"原理"外推,认为既然全部的生产性支出都一定会用于(直接地或间接地)购买产品以不同程度上地"实现"自己的需求,则资本主义私有产权制度之下的储蓄与投资必然保持一致。这也就是他所谓的"积累的资本无论多少,都不会得不到有利的运用"①。由此可见,李嘉图版本的"守成乐观主义"要较萨伊更为"热烈"。

对于李嘉图对于萨伊的无危机论证的发展,马克思给出了明确的评价:"李嘉图自己对于危机,对于普遍的、由生产过程本身产生的世界市场危机,确实一无所知。"②在《政治经济学批判》之中,马克思则更具针对性地指出,萨伊定律的"建立平衡的方法是把流通过程变成直接的物物交换,又把从流通过程中搬来的货物买者和卖者偷偷地塞到直接的物物交换中去……买和卖之间的形而上学的平衡,不过是说每次买就是卖,每次卖就是买,这对那些不能卖出,因而也不能买进的商品监护人,并不是什么特别的安慰"③。虽然有马克思深刻的批评性评述在前,但是在自由主义的理论视域之下,本质意义上的"资产者"(马克斯·舍勒语)仍旧将萨伊—李嘉图的思想范式采纳为一种"特别的安慰",并最终由穆勒理论化为"无害的静止状态"。从根本上讲,萨伊—李嘉图系谱的资本主义观是积极而乐观的,"资本主义经济对他来

---

① [英]大卫·李嘉图:《政治经济学及赋税原理》,郭大力、王亚南译,译林出版社2011年版,第247页。
② [德]马克思:《剩余价值理论》(第二册),人民出版社,第572页。
③ 《马克思恩格斯全集》(第十三卷),人民出版社1962年版,第87—88页。

说是一架理想的可调整的机器,销售方面的一切困难很容易得到解决:哪个生产者的商品过多,他就会从市场上得到信息,于是转而生产别的商品"①。但是,历史的发展有其不可更动的律则性,这架运转良好的"机器"的"可调整"性在 1825 年的大危机之后就受到了根本性的质疑和挑战,其猛烈程度并不是休谟、斯密或李嘉图与萨伊所能够想见的。

"政治经济学新原理"

与托马斯·罗伯特·马尔萨斯(Thomas Robert Malthus,1766—1834)一道,西斯蒙第(Jean Charles Sismondi,1773—1842)以其直面危机现象的"消费不足论"而开展反对自由放任市场主义的思想努力。列宁在《评经济浪漫主义》一文中指出,"如果我们一贯把'生产'看作生产中的社会关系,那么无论'分配'或'消费'都会丧失任何独立的意义。如果生产中的关系阐明了,各个阶级获得的产品份额也就清楚了,因而,'分配'和'消费'也就清楚了。相反地,如果生产关系没有阐明(例如,不了解整个社会总资本的生产过程),关于消费和分配的任何论断都会变成废话,或者变成天真的浪漫主义的愿望。西斯蒙第是这

---

① [俄]阿尼金:《改变历史的经济学家》,晏智杰译,华夏出版社 2007 年版,第 203 页。

种论调的创始人"①。与列宁的"浪漫主义"定名（这一点在后面会展开论述）相呼应的是马克思、恩格斯在《共产党宣言》中的"阶级"评断："在农民阶级远远超过人口半数的国家，例如在法国，那些站在无产阶级方面反对资产阶级的著作家，自然是用小资产阶级和小农的尺度去批判资产阶级制度的，是从小资产阶级的立场出发替人说话的。这样就形成了小资产阶级的社会主义。西斯蒙第不仅对法国而且对英国来说都是这类著作家的首领。"②"站在无产阶级方面反对资产阶级"的西斯蒙第，以其对分配的"公正"性后果的强调而成为传统的市场自由主义者的重要批判家（也由此而成为巴斯夏—哈耶克系统的批评对象），而其理论重心，就落在危机问题上。"斯密—李嘉图学派认为积累是资本主义的关键问题，因而他们忽视了实现问题；与此相反，西斯蒙第则把生产与消费的矛盾以及与此相关的市场和实现问题提到了首位。对李嘉图及其门徒来说，经济过程是一个均衡状态的不中断的链条，从一个均衡过渡到另一个均衡是经由自动'适应'来实现的；相反地，西斯蒙第则集中注意到这种过渡，即经济危机。"③

在分析经济危机的成因时，西斯蒙第将消费与生产之间的平衡关系问题放在首位，并因此而将理论论战的矛头直接指向了"萨伊市场定律"（以及在理论承袭上相应的萨伊与李嘉图学派）。

---

① ［俄］列宁：《列宁全集》第二卷，人民出版社2013年版，第215页。
② ［德］马克思、恩格斯：《共产党宣言》，人民出版社1997年版，第53页。
③ ［俄］阿尼金：《改变历史的经济学家》，晏智杰译，华夏出版社2007年版，第243页。

"这里有李嘉图和让-巴蒂斯特·萨伊,他们是英国和法国所怀念的人,还有麦克库洛赫、西尼尔。今天,大家常常把他们当作活神仙,向他们请教,这些人一致说,经济学家只要管生产财富就行了,因为各国之所以达到兴旺的顶峰,正是不断生产更多的东西的缘故。他们说,在创造交换手段的同时,生产也创造了消费的原因。他们说,不管人类的劳动生产多么大量的财富,都永远不应害怕财富会充斥市场,因为人的需要和欲望是永无止境的,总是会把这些财富转化为享受的。"[1]而与这些乐观的生产(必然)创造消费的自由主义学者(同时也是"自由—市场"论的辩护士与智术师)的观点截然相反,西斯蒙第从祖述他的思想渊源(马尔萨斯)出发来讨论这一问题。"经济学家马尔萨斯先生,具有伟大的思维天赋,如果他最初不是太经常地把他的敌人卷进形而上学的深处和过分地把精密科学的计算方法应用到精神力量上,他本来是可以加速科学的步伐的,因为他已经隐约地看到必须在生产和消费之间保持差不多准确的平衡。他十分明白消费并不是生产的必然结果。他看到了市场可能发生壅塞,以致使生产活动成为生产者本身破产的一个原因。"[2]而在题为《关于萨伊先生的〈消费与生产的平衡〉一文的几点意见》的文章中,西斯蒙第在对萨伊主张的回应中进一步展开自己对于"生产者本身"的思考:

---

[1] [瑞士]西斯蒙第:《政治经济学研究》,胡尧步、李直、李玉民译,商务印书馆1989年版,第46页。
[2] [瑞士]西斯蒙第:《政治经济学研究》,胡尧步、李直、李玉民译,商务印书馆1989年版,第46—47页。

"我认为，需求、报酬、消费要求增加产品，提高生产就是一件好事；需求毫无增加，而生产者完全依靠剥夺竞争对手的产品的消费者，提高生产就是一件坏事。我指的是各国走向繁荣的自然发展过程，也就是要按本国对新产品的需求和购买力的提高而逐步提高生产。但是，我们的制度和法律，一方面剥夺劳动阶级的一切财产和保障，另一方面也把他们推到盲目生产中去，这种生产与需求、与购买力都毫不适应，以致使他们更加贫困。"① 在西斯蒙第的理论反思中，萨伊正是作为那导致"剥夺"与"贫困"的"制度和法律"的代言人而出现的，他所提出的那种基于生产与消费的平衡的前设的理论主张因而都对现实的不平等负有不可推卸的责任，西斯蒙第本人因此而在一个更为"反讽"（Irony）的意义上向萨伊提出了他的忠告："像他这样公正无私、毅力坚强的人，如果悉心研究几个强大国家所显示的新现象——物质财富越增加，群众的贫困越严重，生产各种财富的阶级越接近一无所有的穷苦境地，他将获得更显著的进步。"② 或者也可以说，上述说法正是西斯蒙第自己对自己提出的要求，也是他对于自己的相对于其他的资产阶级经济理论家的"更显著的进步"的期许所在。"西斯蒙第拒绝亚当·斯密的下述原理：如果每个社会成员都有可能最自由地追求个人的经济利益，则社会利益将会得到最好的保

---

① ［瑞士］西斯蒙第：《政治经济学新原理》，何钦译，商务印书馆1997年版，第530页。
② ［瑞士］西斯蒙第：《政治经济学新原理》，何钦译，商务印书馆1997年版，第531页。

障。他指出，自由竞争的社会经济后果是灾难性的，由于财富集中在少数人手中，使大多数居民贫困化，结果造成了严重的经济危机。"[1]

西斯蒙第就是这样以其不可动摇的学术洞见开启了他的所谓"政治经济学新原理"的"新"意所在："我坚决要求，我要求大家面对这些至今还使我们很多弟兄遭受极大痛苦的灾难来同意我的意见，因为旧的科学没有教导我们去了解和预期新的灾难。"[2]进而，西斯蒙第给出了他的对于"新灾难"的洞察所在："我对于最近几年欧洲遭受的商业危机感到触目惊心；我在意大利、瑞士和法国亲眼见到产业工人所遭受的极度痛苦，至少说在英国、德国和比利时，社会情况完全相似。我认为这些国家，这些民族都走错了路，他们虽然努力设法补救，但是灾难愈益严重。"[3]

对于西斯蒙第来说，真正"走错了路"的，当然首要的是"这些国家/这些民族"所秉持的政治经济思想，而这一点，又以英国的情形最为关键。"我特别为了使我的读者注意英国，我想通过英国所遭受的危机，根据全世界各种工业之间的联系，来说明我们目前的灾难的原因；我也指明，如果我们继续奉行它所遵

---

[1] ［俄］阿尼金：《改变历史的经济学家》，晏智杰译，华夏出版社 2007 年版，第 242 页。
[2] ［瑞士］西斯蒙第：《政治经济学新原理》，何钦译，商务印书馆 1997 年版，第 13 页。
[3] ［瑞士］西斯蒙第：《政治经济学新原理》，何钦译，商务印书馆 1997 年版，第 16 页。

循的原则,那我们自己未来的历史会是怎样的。"① 根据西斯蒙第的考察,"在相距只有几年的期间,就发生两次可怕的危机,它使一部分银行家垮台,使英国的全部工厂都受到灾难;同时,另一个危机摧毁了农场主,从而打击到零售商身上"②。但是,与通常所期待的状况相反,英国这样一个古典政治经济学的重要发源地,却没有能够切实有效地推出应对危机的关键性思考(这一点同后世凯恩斯对新古典经济学的批评如出一辙),这在另一个层面上也可以说是宣告了古典理论的破产。"如果英国下定决心,那么,它的生命力以及它那些政治家的天才,会帮助它比其他任何国家更容易回到正路上来的;但是,他们的政治经济学包含偏见,他们的人民有自己的一套习惯,现在呢,处在灾难之中的英国人,并没有采取任何防止灾难日益严重的措施。"③

受益于"看不见的手"的"不作为"的规范性与对"萨伊市场定律"的本质性信仰的资本主义经济,却在19世纪中叶遭际"生产与消费不平衡"的连续的危机现状,这一点在西斯蒙第看来,其实已经远远超出了简单的经济思想所能涵盖的范畴。"这种问题需要良心正如需要理智一样。明眼人应该认识那些不应有的灾难是人为的,而被害者还是人。他对于灾难不应漠然视之,置

---

① [瑞士]西斯蒙第:《政治经济学新原理》,何钦译,商务印书馆1997年版,第13页。
② [瑞士]西斯蒙第:《政治经济学新原理》,何钦译,商务印书馆1997年版,第8页。
③ [瑞士]西斯蒙第:《政治经济学新原理》,何钦译,商务印书馆1997年版,第10页。

之不理，而不想补救的办法。"① 对于西斯蒙第来说，他甚至有理由相信，导致灾难正可以是"旧"政治经济学的根本问题所在：那种限制政府行为的"有限"话语，其实正是招致"危机"的源头所在；他所谓的"新"式的政治经济学甚至在"道德"或"伦理"的意涵上都是全新的。而在批判旧势力的意义上，西斯蒙第宣称："我相信我给政治经济学奠定了一个新的基础，因为我确定了全民的收入和研究了收入的分配；收入既然给国家带来莫大的幸福，那么通过研究收入就能够最好的达到这门科学的目的。"②从资本主义国家的收入分配的现况出发，从劳动阶级的真实利益状况出发，西斯蒙第的反"斯密—萨伊—李嘉图"谱系的"新政治经济学"构想（或对政治经济学的重新奠基以及对"另一个开端"的历史性思考），就是以"消费不足"论为批判性、否定性的先导，从社会的不平等状况出发，最终试图重构整个政治经济学体系的理论尝试。在这样的理论图景下，西斯蒙第得以重启"政府行为"的合理性维度。"我再一次申请社会力量的干涉，以便使财富的进步正常化，而不使政治经济学遵循一个最简单的、在表面上好像最自由的所谓'自由放任和自由竞争'（laisser faire et laisses passer）的方针。"③

---

① ［瑞士］西斯蒙第：《政治经济学新原理》，何钦译，商务印书馆1997年版，第13页。
② ［瑞士］西斯蒙第：《政治经济学新原理》，何钦译，商务印书馆1997年版，第12页。
③ ［瑞士］西斯蒙第：《政治经济学新原理》，何钦译，商务印书馆1997年版，第5页。

"经济和谐"与无危机辩护

作为西斯蒙第危机论的坚决的对立者，巴斯夏是资本主义"市场决定论"的坚定捍卫者，并且是以哈耶克为代表的当代的新自由主义（Neo—Liberalism）的重要的思想前驱。在1825年危机之后，资产阶级的经济理论阵营发生了深刻的转化，马克思说："在这种情况下，资产阶级政治经济学的代表人物分成了两派。一派是精明的、贪利的实践家，他们聚集在庸俗经济学的辩护论的最浅薄的因而也是最成功的代表巴斯夏的旗帜下。另一派是以经济学教授资望自负的人，他们追随约翰·斯图尔特·穆勒，企图调和不可调和的东西。"[1] 正如马克思所正确揭示的，巴斯夏作为资本主义危机理论的"辩护"一派的卓越代表，他的关于"和谐与强制""政治经济学与社会主义思想""自然秩序与人为秩序""可见的与不可见的"的一系列的重要区分，不仅在当时成为自由贸易论与反社会主义论的重要理论武器（巴斯夏还是自由贸易的重要鼓吹者柯布登的好友兼策士），而且作为米塞斯、哈耶克、罗斯巴德、诺齐克等重量级"自由至上主义"（Libertarianism）思想家的"理论前件"，成为全球资本主义时代的"自发秩序与意图伦理"之造作的理论图景的关键性根基。而

---

[1] ［德］马克思：《资本论》第一卷，人民出版社1975年版，第18页。

这些理论和现实的思考，又都是以他的对资本主义经济之先在的"和谐性"的论说为立论基础的。

经济思想史学者阿尼金在其著作《改变历史的经济学家》一书中，在"回顾李嘉图以后的十九世纪经济科学的演进"的论域下，指出"这一过程表现为持续的'无波折'的庸俗化过程，在英国是李嘉图——麦克库洛赫——西尼尔；在法国是重农主义学者（和亚当·斯密的影响）——萨伊——巴斯夏"。① 而从"庸俗化"的发展性上考虑，则巴斯夏正可以被算作这一"演化"过程的集大成者，他深谙自由主义的辩护术，又是"萨伊市场定律"的坚定的守护者，也在这一立场前设下对自由主义危机理论的建构提出了极具创造性的理论"贡献"。

对于他自己的论述谋划（Projection），巴斯夏界定为要真正地揭示"一切正当的利益彼此和谐这个真理"②。巴斯夏的这种较萨伊定律更加保守和"规范性"的"前定和谐"论无疑回应并推进了斯密在《道德情操论》中所设定的"神学—经济学问题"（Theological-Economical Problem），也就是巴斯夏在《和谐经济论》中所论述的"上帝关于建立社会秩序的答案以及他赋予人类的用以实现人类进步的全部力量的机制"③。进而，这也成为巴斯夏这样的"自由至上主义的典范人物"（哈耶克语）在应用自

---

① ［俄］阿尼金：《改变历史的经济学家》，晏智杰译，华夏出版社 2007 年版，第 232 页。
② 秋风编：《市场二十讲》，天津人民出版社 2008 年版，第 83 页。
③ 秋风编：《市场二十讲》，天津人民出版社 2008 年版，第 83 页。

由主义的意识形态话语（"经济—和谐"）以抵消当时已有相当影响的（以西斯蒙第为代表的）对资本主义的长期稳定繁荣持悲观态度并寻求外在的（"社会的"以及"国家的"）"干预"的"有危机论"者的现实影响力，并特别要回击这样的"社会公正"经济学家的针对于生产与消费之间的不平衡状况而寻求社会财富的再分配结构的理论主张（甚至晚近的皮凯蒂也仍旧是在这样的思想脉络中跋涉，并其实仍旧受巴斯夏的门徒如哈耶克理论影响的钳制）。

巴斯夏的理论奠基于詹姆斯·穆勒式的"阶级聚落"性判准，强调对"和谐"本身的"信仰"的对于经济社会发展的"理解"中的核心位置，并将"干预"设定为绝对不可以接受的"工具性"选项。"凡是承认人的利益彼此和谐并以此为出发点的人，都会赞同用这样的方法来解决社会问题：对各种利益不横加干涉，不人为地进行分配。"① 巴斯夏的对于市场性行为的"先验条件"（Transcendental Condition）的刻画，是对后来哈耶克所遵循的自然（Physis）与人为（Poesis）的截然二分的"建构主义"批判的纲领性前设，在这样的视域之下，自由市场主义者甚至都不需要预设上位的（更高"位格"的）"看不见的手"的（永续均衡的）运作就可以论证"私益"与"共利"的必然统一：因为它们本来就被定义为统一的，从"统一性"并不能推论出"歧异性"（但当然这是在前提本身是可确证的意义上才可以成立的命题，而后一

---

① 秋风编：《市场二十讲》，天津人民出版社2008年版，第83页。

点则无疑是可质疑的)。进一步地,巴斯夏不仅仅是要持守其作为"对于一种完全无障碍的自由市场的倡导者"[①]的纯粹经济(瓦尔拉斯意义上的)层面的辩护士的作风,他的论证目标更是要在思想领域根除涉及"保护"与"干预"的任何"强制"话语,以实现经济政治的理想化的、自然化的运作("自生自发秩序")。这一点("资本"的辩护士)就在《和谐经济论》的《资本》章的论述中集中地体现了出来:"资本使我们的需要高尚了,使我们的努力减轻了,使我们的满足洁净了,使自然降服了,使道德变成了习惯,使社会性发展了,带来了平等和自由,它还通过最巧妙的方法使得公正无处、无时不在。因此,不管人们从什么角度来看待资本,只要将它与以上各点联系起来,只要它依照不脱离自然轨道的社会秩序去形成和活动,我们就能在它身上找到一切合乎上帝的伟大法则的特点:和谐。"[②] 无危机的"和谐经济",在巴斯夏的建构之下,不仅成就了理论设想上的"至善",也同时从根本上革除了制度性、体制性的反资本主义运动的合法性。

从"资本"的利益与立场出发,巴斯夏进而在《致法国青年》一文中展开了对于共产主义革命倾向的"伟大的说服"。"共产主义者们,你们希望人们情同手足,共享上帝赐予的财富。我力图阐明的是,现存社会只要争得自由,就能实现你们的心愿和希望。

---

① [美]默瑞·N.罗斯巴德:《古典经济学:奥地利学派视角下的经济思想史》,张凤林等译,商务印书馆 2012 年版,第 723 页。
② [法]弗雷德里克·巴斯夏:《和谐经济论》,许明龙等译,中国社会科学出版社 1995 年版,第 216 页。

因为，只要人人为领受上帝的赐予承受一些劳累，一切就可以为所有的人共享，这是非常自然的，当然也可以向为领受上帝的赐予承受了劳累的人自由地付给报酬，这是非常公正的。"①巴斯夏的这种"公正—和谐"观其实是建立在对于当时已经甚为发展的"共产"理想的重新诠释的前提之下，在他看来，只要将人类利益的源头与本质定义为"根本上一致"的，那么整个资本主义的生产—交换—分配—消费的过程也就不可能存在任何的"残酷性"，而干脆就是所谓的"上帝的赐予"的"恩典"的一部分了。这也就成为巴斯夏努力证成的"阶级"属性之所在："产业所有者们，不管你们有多少产业，如果我能证明，你们的权利仅限于你们自己的或先辈的实际劳务换取等量劳务，这同工人的权利没有两样，那么，你们的权利虽然如今遭到非议，今后却可以具有不可动摇的基础。"②为资本主义市场的无危机运行奠定"道德"基础，并以这种理论诉求（"如果我能证明"）而展开全面的公共策略，巴斯夏也因此而必然地与社会主义运动站在了对立面上："社会主义学派之所以力图探索一种人为的社会制度，原因在于他们认为自然的社会秩序有缺陷，而他们之所以认为自然的社会秩序有缺陷，则是因为认定人的利益是彼此激烈对抗的。否则，他们就不会求助于统制。不言而喻，对于原本就是和谐的事物，当然无须借助

---

① ［法］弗雷德里克·巴斯夏：《和谐经济论》，许明龙等译，中国社会科学出版社1995年版，第44页。
② ［法］弗雷德里克·巴斯夏：《和谐经济论》，许明龙等译，中国社会科学出版社1995年版，第44—45页。

强制使之和谐。"①

巴斯夏的对于"自由"资本主义的无危机—和谐论证,无疑正是站在拒斥社会主义运动的"社会"变革诉求的理论立场之上而谋划并造作的,这一"立场至上"的"信仰告白"(与卢梭在《爱弥儿》中给出的颠覆性论述不同,巴斯夏的讨论是极端保守和功利化的)从一开始就预先设定了"社会主义"思想者的对于人类利益的原初冲突的事实上属于"自然法"理论家的学术特质,并同时根据对这一(武断的)理论前设的否证性推演而将社会主义思想鉴别为本质上"反自然"的。而顺应自然,"无争"于世道人心的巴斯夏,也就意旨恢宏地将由他的理论所指导而规划出来的未来社会明晰地揭示了出来:"我们将看到,人们会抛弃通过国家代价高昂而危险的干预互相掠夺的普遍的狂热。政府将严守其职能和责任,一切从简,成本低廉,不把它们一环套一环的承重代价强加于被统治者,以获得公众的好感。这样的政府将具有凝聚力,而这种凝聚力是我们国家从来没有过的东西;我们也可以彻底解决一个大难题,也就是:终结革命。"②

---

① 秋风编:《市场二十讲》,天津人民出版社2008年版,第83页。
② [法]弗雷德里克·巴斯夏:《财产、法律与政府》,姚中秋译,商务印书馆2012年版,第298页。可以说,巴斯夏的这种理论向度,也充分地印证了法兰克福学派对于思想理论的资本主义属性的断言:"思想难免会成为商品,而语言则成了对商品的颂扬,那么,揭示这一堕落过程的尝试在被其世界历史成果彻底毁灭之前,就必须拒绝有关的语言要求和思想要求。"[德]马克斯·霍克海默、西奥多·阿道尔诺:《启蒙辩证法》,渠敬东、曹卫东译,上海世纪出版集团2006年版,第1页。

危机与意识形态

约翰·穆勒（John Stuart Mill）理论体系的丰富性（或曰复杂性）使得对他的危机理论的考察必须在《政治经济学原理》（*Principles of Political Economy*）、《论自由》（*On Liberty*）、《功利主义》（*Utilitarianism*）与《代议制政府》（*Considerations on Representative Government*）等文本所统构的文本脉络之间进行。约翰·穆勒无疑在马克思所标示的"科学的资产阶级经济学的丧钟"①的意义下展开工作，但他理论中"平淡无味的混合主义"则由包含了那个时代重要的对于"社会公正"的"精英"式的关注；他认定资产阶级民主制度（"代议制政府"）为政体的最佳选择，但又在重要的议题上放开了改革的空间；他看到"自由放任"的缺陷，但也指出了"政府干预"的限度；他是自由主义者，"个性"的发展即使带来"危机"也仍被奉为至高，但他又是功利主义者，认为在最大多数的福利计算之下，私人领域仍有被"改变"的需要。而且更重要的，他的"温和品格"②并非无理由的"中庸"，他的"自由主义的功利主义"也为资产阶级的对危机的"包容"性开辟新局；在容纳"停滞"的意识形态"周期"里，穆

---

① ［德］马克思：《资本论》第一卷，人民出版社1975年版，第17页。
② ［美］默瑞·N. 罗斯巴德：《古典经济学：奥地利学派视角下的经济思想史》，张凤林等译，商务印书馆2012年版，第446—452页。

勒的意图正在于通过"所有制"的定论划清"改良"的"界限",这样,在理论形态上,穆勒的思想就呈现为对西斯蒙第与巴斯夏的"功利主义"式的融合立场。

当代奥地利学派的代表人物罗斯巴德在其学说史溯源性著作《古典经济学》(Classical Economics)的相关章节中,展示了聚焦于约翰·穆勒的思想旨趣方面的思想史困境:那些关于"'究竟什么是穆勒真正的信仰'这一问题所展开的争论,变成了一种无尽无休的家庭手工业式的研究。"[①] 而这样的理论困难就从根本上说就正体现在穆勒自身经济思想的"光谱"意义的左右摇摆甚至左右混淆的情形之上。"穆勒是一个主张自由放任的自由主义者?还是一个社会主义者?一个浪漫主义者?一个古典主义者?一个主张公民自由的意志论者?一个国家强制道德规范的信仰者?对这些问题都会给出肯定的答案。因为在穆勒长寿且多产的一生中,导致这种争论的素材多如牛毛,他的学术立场既属于上述每个流派,又哪个都不属于,而是一个万花筒,充满变化、转型与矛盾。"[②] 显而易见,以罗斯巴德的极端自由主义(Libertarianism)立场来衡定穆勒的调和性的品格(Character),其实本身就是无法达成最优解的理论纷争;或者从更具方法论意义的面向上来探讨穆勒的思想(特别是他在古典政治经济学的框架下对危机理论

---

① [美]默瑞·N. 罗斯巴德:《古典经济学:奥地利学派视角下的经济思想史》,张凤林等译,商务印书馆2012年版,第443页。
② [美]默瑞·N. 罗斯巴德:《古典经济学:奥地利学派视角下的经济思想史》,张凤林等译,商务印书馆2012年版,第443页。

进行的重构），其实恰恰不能如哈耶克、罗斯巴德那样建构一个既定的观念模板，并以之来裁断一切理论思虑的真值（Truth-Value），而恰恰要在他对于多个理论标签下的理论内容的实质性推进之中，也即是在他本人的思想脉络之中来把握他的理论价值与思想史意义。

根据如上思路，我们的理论考察就将首先从穆勒所追随并发扬光大的以其父詹姆斯·穆勒为代表的"哲学激进派"（Philosophical Radicals）的整体思想旨趣与阶级意向开始。在詹姆斯·穆勒的代表性著作①《政治经济学要义》（Elements of Political Economy）之中，老穆勒描述了这样的"阶级愿景"："为社会改良做出了最大贡献的人，他们有可以自己安排的时间，没有必要去做体力劳动，不受任何人权力的支配，从事最愉快的职业，因而作为一个阶级，得到的享受最多。"②在将"社会改良"与"阶级结构"相勾连的理论设计之中，詹姆斯·穆勒以绝对的排他性视角来对待诸如"体力劳动"这样的区分性因素，仿佛只有充分地远离"劳动"这一阶级性要件，才有可能真正构成历史发展与"社会改良"的动力，也才能够"得到的享受最多"。"来自我们本性的恢宏与卓越特性的全部福祉，它的进步属性，它不断推动人类知识和掌握幸福手段一步步前进的力量，在很大程度上看来有赖于一群有时间供自己支配的那种人的存在；也就是，这些人有钱，是以免除

---

① 这部著作事实上就是由约翰·穆勒本人手录完成的。
② ［英］詹姆斯·穆勒：《政治经济学要义》，吴良健译，商务印书馆2010年版，第36页。

为获得过一定富裕生活的生活资料而担心。就是依靠这批人，知识才得以提高和扩大；也由于这批人，知识得以普及；就是这批人的孩子接受最好的教育，准备承担社会高等和困难的职责，如议员、法官、官员、教师、各种技艺的发明家、重要工程的指挥者，有了这些人才，人类支配大自然的力量才能扩展。"① 在这里，穆勒系谱的对于知识与道德之传播的近似决定论的区分，以及对于罗尔斯所谨慎处理的代际正义（Inter-Generational Justice）问题上，功利主义的穆勒表达（直陈对于"累积性"差异的无条件接受）都毫无疑义地呈现了基础信念（Basic Beliefs）意义上的"主义"倾向，同时，这也可以看作穆勒将亚当·斯密在《道德情操论》中"富人"与"穷人"的道德意涵上升到经济哲学的高度的一种回应。因而，"为了幸福，为了把我们的自然装点得更加美丽，让这样的阶级在每一个社会里占有尽可能大的比例，这是特别令人想望的"②。而这种"想望"的"幸福"的阶级意涵也就为《共产党宣言》中一针见血地剖析预留了理论前提："资产阶级抹去了一切向来受人尊敬和令人敬畏的职业的神圣光环。它把医生、律师、教士、诗人和学者变成了它出钱雇佣的雇佣劳动者。"③

作为被资本所"雇佣"的资产阶级化的"学者"，约翰·穆

---

① [英] 詹姆斯·穆勒：《政治经济学要义》，吴良健译，商务印书馆 2010 年版，第 36 页。
② [英] 詹姆斯·穆勒：《政治经济学要义》，吴良健译，商务印书馆 2010 年版，第 36 页。
③ [德] 马克思、恩格斯：《共产党宣言》，中央编译局译，人民出版社 1997 年版，第 30 页。

勒（这个有闲暇、有地位的经济哲学"人才"）所要构造的社会意识形态的另一个面向，就必然是要为"资本"及其制度性建制的最大发展开辟言论上的"自由"空间。在其代表性著作《论自由》(On Liberty)的"导论"之中，穆勒为作为资本主义发展之思想基础的个人主义作出"主权"(Sovereignty)的辩护。"任何人的行为，只有设计他人的那部分才须对社会负责。但仅只涉及本人的那部分，他的独立性在权利上则是绝对的。对于自己本人，对于他自己的身和心，个人乃是最高主权者"①。这样的断言性论述，结合到前面的"阶级"性分析，我们就可以发现，这里的"绝对性"个人，恰恰是托马斯·霍布斯（Thomas Hobbes，1588—1679）《利维坦》的"人造神"之拟像化以降的在公共领域与私人领域之间做出"群"/"己"划分的进一步深化，在这种"决定性"的区分之下，国家/政府（或其他的以"群"的名义来运作的总体性机构）除特殊情况之外是不能够以"共"或"公"的名义对私人领域进行干预或强制的。"没人所应不断努力以赴特别是志在影响同人的人应永远注视的目标，乃是能力和发展的个人性"②。而这也就是穆勒在《政治经济学原理》之最后的部分所处理的问题"自由放任原则或者不干预原则的依据与限度"实际指向所在，在穆勒看来，作为普世遵循的价值而存在的"自由放任原则"本身"应该是普遍原则，任何偏离这项原则的行为，

---

① ［英］约翰·密尔：《论自由》，许宝骙译，商务印书馆1959年版，第11页。
② ［英］约翰·密尔：《论自由》，许宝骙译，商务印书馆1959年版，第11页。

除非能证明有很大的益处,否则就一定是有害的"①。但是,与此同时,约翰·穆勒的"危机"观念中贯穿的功利主义要义,又决定了他并不会直接采取(或者也并不真正认同)萨伊—巴斯夏系谱的简单而粗糙的论证模式。穆勒虽然认为"无论我们信奉什么样的有关社会联合体的建设的理论,也无论我们生活在什么样的政治体制之下,每个人都拥有一定的活动范围,这一范围是政府(无论是一个人统治的政府、少数人组成的政府还是多数人组成的政府)不应该予以侵犯的"②,但他的立足于总体功利要求的基本立场又要求他修正并推进自由主义经济学的对于1825年以来的经济停滞现象的理解和阐释。"政治经济学家们总是或多或少地意识到,财富的增长并不是无限的,他们将前进中的终止状态称为停滞状态,所有财富的增长只不过是在延缓停滞状态的到来,财富增长的每一步,都是向停滞状态迫近的一步。"③

穆勒的将"停滞"或"危机"形态纳入其经济理论的探讨范围,虽然是对于古典自由主义传统的认识上的推进,但是事实上这样的理论让步也只是其意识形态计划的一个中间环节,这样的理论要素仍受制于他的整个论述的自由主义背景。"在所有较为发达的社会,受到政府干预的大多数事务,还是不如让对相关事

---

① [美]斯蒂夫·G.梅德玛:《捆住市场的手》,启蒙编译所译,中央编译出版社2014年版,第53页。
② [英]约翰·斯图亚特·穆勒:《政治经济学原理》(下),金镝、金熠译,华夏出版社2013年版,第699页。
③ [英]约翰·斯图亚特·穆勒:《政治经济学原理》(下),金镝、金熠译,华夏出版社2013年版,第697页。

务最感兴趣的个人去完成更好些，或者听人事态的发展使其自行得到解决更好些。产生这种情况的原因可以用人们惯于作出的某种陈述相当准确地表达出来，即人民要比政府更为了解他们自己的事务，并且比可以期望政府所能够做到的更加关心他们自己的利益。对于生活中的绝大部分事务来说，这种理论都是正确的，因而在适用的情况下，与其相冲突的各种类型的政府干预都应该受到谴责。"① 有了这样的认识基调，以及对于政府与人民的决然二分，穆勒的立论方式就显现为对于前辈自由主义思想家（当然包括其父亲詹姆斯·穆勒）的全面性超越。"对于最近两代的政治经济学家来说，最终也无法避免的停滞状态——人类产业的涓涓细流终将不可抗拒地汇入表面平静的大海之中——肯定是一种令人不快甚至沮丧的前景。因为他们在论述中所采用的语调或者姿态，总是把经济上美好的事物与前进状态，而且仅仅与前进状态紧密相连。"② 由此可见，在约翰·穆勒看来，传统政治经济学家们面临困境的根源，其实在于他们在自己的理论之中，对资本主义的整体发展态势做出了不必要的、过多的承诺：一种仅仅是前进/增长态的经济历程不仅是不可预设的，而且根本是不可欲求的。但是，穆勒的这种对于"真实"的虚拟"表象"（Representation），并没有导向西斯蒙第式的"干预"诉求，而

---

① [英]约翰·斯图亚特·穆勒：《政治经济学原理》（下），金镝、金熠译，华夏出版社 2013 年版，第 879 页。
② [英]约翰·斯图亚特·穆勒：《政治经济学原理》（下），金镝、金熠译，华夏出版社 2013 年版，第 697 页。

是运用其理论"洞见",以个人的利益"视角"(Perspective)为出发点,将停滞/危机的可怖意涵消弭于无形。"我更倾向于相信,从总体上看,资本和财富的停滞状态是对我们当前的状态所作出的重大改进……它也许是文明进程中的一个必要阶段,那些至今还幸运地没有经历这一阶段的欧洲国家,最终也可能无法幸免;它是增长的伴生物,而并非衰落的标志。"① 也正是在这个意义之上,认定即使在危机时刻仍旧"应该将公共权力对于社会事务的干预限制在最小的范围之内"② 的穆勒,就通过对于"危机"的无害化处理(事实上的"幻觉的秩序化"),将整个功利主义—自由主义的经济危机思想建立在《德意志意识形态》所批判的"错误/虚假意识"的基础之上,并为之后的杰文斯、瓦尔拉斯的数学化、规范化思考开辟了意识形态上的基本前提:为私有制而"祭献"思想。"在没有试图限制人类本性所决定的终极能力的前提下,我们可以断定,在未来相当长的一段时期内,政治经济学家们将以私有制和个人竞争为基础,去关注与一个社会的生存与发展的条件相关的问题;并且,当前人类的发展状况决定了我们所追求的主要的目标并不是废除私有制度,而是改进私有制度,并且使每一位社会成员都能够分享到它所带来的利益。"③

---

① [英]约翰·斯图亚特·穆勒:《政治经济学原理》(下),金镝、金熠译,华夏出版社 2013 年版,第 699 页。
② [英]约翰·斯图亚特·穆勒:《政治经济学原理》(下),金镝、金熠译,华夏出版社 2013 年版,第 882 页。
③ [英]约翰·斯图亚特·穆勒:《政治经济学原理》(上),金镝、金熠译,华夏出版社 2013 年版,第 183 页。

当穆勒所构造的危机意识形态"在现代社会中通过普遍的抽象和幻想的有效专政而合法化后，它就不再是碎片物的唯意志论的斗争，而是它的胜利"①。资本主义经济危机的现实性展开，呈现了"历史资本主义"的"历史性"和"现代世界体系"的"世界性"，并向我们呈示了斯密、萨伊、巴斯夏、穆勒等古典经济学家所许诺的由市场"决定"的通往自由之路实际上伴随着不间断的暴力与恐慌。而这种不可回避的残忍性（与资本主义世界的体系性危机的"现实性"）恰切地刻画了生存于"危机伦理"之下的资产阶级学者之理论"生产"的核心关切，即"中庸的自由主义是如何'驯服'其他意识形态，并使它们事实上持有某种类型的自由主义中间路线"。② 在这个意义上，通过对以亚当·斯密为代表的古典自由主义经济学家的思想发展的"谱系性"特征之把握，我们可以理解自由主义所宰制的资本主义经济发展史就是一个"合理化"的历史，那些无法被纳入"资本理性"或"市场理性"的"视野"之中的内容都将被无情地排除掉（当然也包括对危机的理性理解和分析），这也事实上成为对于"历史"的一种成功的"再赋魅"（Reenchantment）的权力，在此，"权力存在于对经济体制的控制，存在于对权力分散的否定结构的控制，存

---

① ［法］居伊·德波：《景观社会》，张新木译，南京大学出版社 2017 年版，第 135 页。
② ［美］伊曼纽尔·沃勒斯坦：《现代世界体系（第四卷）》，吴英译，社会科学文献出版社 2013 年版，第 343 页。

在于对文化制度的控制,存在于运动本身之中"①。在此,被"权力"所贯注的"运动",既意指外在的、制度变迁的历史形态,更关注思想和行动主体在历史的变动中所完成的"自我塑造"。因而,"从某种意义上或许可以说,亚当·斯密完成了一个自宗教改革以来的思想演化过程。宗教改革用君主取代教会成为规范社会行为的统治源泉。洛克和他的学派用议会取代君主,让其更好地满足社会的需求。亚当·斯密则向前更进了一步,他认为,排除极少数的例外情况,社会根本不需要议会的干预……社会各阶级之间的利益是一致的,对这一点人们认识得越充分,就越自由"②。

随着资本主义在世界范围的扩张、资本的输出和殖民化而不断得到完善的"世界市场体系",其"危机"的实在性意涵在 1825 年之后也得到了极大的扩展。因此,从一个发展的层面上看,当我们直面"经济危机"从而也是直面"权力话语"地进行经济史/学说史的研究时,无论在内在(Internal)或外在(External)的意义下都要求我们具有开启另一种"理性的逻辑空间"的能力,以抗拒自由主义的同化诉求,因为作为意识形态的自由主义"宣称自身是普适论者。对他们自身和对现代性这种新世界观的真理性充满自信,自由主义者竭力传播他们的观点,将

---

① [美]伊曼纽尔·沃勒斯坦:《否思社会科学——19 世纪范式的局限》,刘琦岩、叶萌芽译,生活·读书·新知三联书店 2008 年版,第 38 页。
② [英]哈罗德·J. 拉斯基:《欧洲自由主义的兴起》,林冈、郑忠义译,中国人民大学出版社 2012 年版,第 124—125 页。

他们观点的逻辑强加给所有社会结构，由此将过去'非理性'的残余从这个世界上清除掉"①。动态历史系统中资本与劳动的矛盾、资本家阶级之间的矛盾以及不同国家的资本主义之间的矛盾的结构性作用的结果（"危机"及其演化），不仅使资本主义的生产本身受到打击，同时更催生了另一种意义上的"生产"，即自由主义—资本主义意识形态下经济危机理论的"创造性"生产。这一理论言说的谱系具有极强的解释诉求，并极端地信仰"市场神话"（在稍后的章节中将逐步"赋型"并最终走向自我毁灭）。古典自由主义时期的危机理论的创造性"启动"，也同样可以被视为一个近代版本的中世纪神学化的"信仰寻求理解"（Fides Quaerens Intellectum），只是这里的（资本—市场）"信仰"之指向，已经由基督教传统中的"全能的上帝"（Infinite God）转变为市民社会意义上的"无尽的资本主义"（Endless Capitalism），并由此而开启无可回避的行动者主体"因信称义/因信成义"②（Rechtfertingung）的思想（堕落）历程。

---

① ［美］伊曼纽尔·沃勒斯坦：《现代世界体系（第四卷）》，吴英译，社会科学文献出版社 2013 年版，第 16 页。
② 在此，在信靠于"资本—上帝"秩序的前提下，"自由意志之赋予，肇端于草昧开辟之初、恩宠之醍醐灌顶重复于忏悔圣事之中，由此而不仅预许并保障了人的救赎，而且赋予人与上帝共同运作公义善行的可能性；当然，善行的必然性是显而易见的，人应当甚或必须行善，以使得救赎成为应得的并且也真正能够获得恩典"。徐龙飞：《法哲之路：论马丁·路德宗教改革作为法哲学》，商务印书馆 2019 年版，第 30 页。

第二部分　反诘：秩序之问

"拟像"造设意志的"考古学"（Archeology）上溯至柏拉图主义（Platonism）所昌明拓建的"理念世界"与"理想城邦"，在其"太阳喻"（Sun Metaphor）的光照与流溢之下，西方经济哲学以古希腊的对于的"良序生活的理念"（the Ideas of Well-Being）和"美好生活需要"（the Necessity of Good Life）的探讨开启其所构建的"秩序思维"大厦的关键性问题，并拓展为相关联的两个论域："合于人的秩序"与"合于秩序的人"。①

在这一思想方向上，马克思主义经济哲学在其根基处是对于人类社会秩序在历史发展中呈现的"悖论性"（Paradoxical）因素的深刻洞察，从主体性一侧出发，只有始终把握人作为"类存在物"的"类本质"，并充分拓展人类自由全面发展的实现条件，才可以真正实现一个"理想性"的、超越人为的剥削和压迫、将人类社会的历史性的"潜能"（Potentiality）充分实现出来。② 而

---

① 对这一问题语境的具体讨论可参见王博：《合乎人的秩序与合秩序的人》，《哲学研究》2023年第2期。
② 有论者指出，马克思主义的这种"未来"维度的理论建构，在思想史中只有柏拉图（以"苏格拉底对话录"的方式）及其所影响的诸种柏拉图主义的民生理论可以与之形成对照，本章后面即以从色诺芬向苏格拉底过渡的方式，逐步展现这一"理想社会"图景下"理想民生"的理论建构，并将继续考察这一民生思维模式在之后的亚里士多德政治哲学中得到了怎样的调适与发展。参见 Andrew Collier："Marx and Conservatism", in Andrew Chitty and Martin McIvor（eds.）, *Karl Marx and Contemporary Philosophy*, Palgrave Macmillan Publishers, 2009, p.95. 以及［美］托马斯·潘戈：《亚里士多德〈政治学〉中的教诲》，李小均译，华夏出版社2017年版，第92—104页。

从秩序理论的视角来看，这一思想论旨既是对经典政治经济学理论、德国观念论和理念构想型社会主义的混合而成的"十九世纪范式"（沃勒斯坦语）的强力超克，也同时是对以"苏格拉底式公民"①（Socrates）为代表的关心城邦公共生活，从而也是关心人类的政治与经济状态的古典时代"哲学家"（Philosopher）②所提出的"超越现世"的本体论反思的进一步省察。③

在这个意义上，"苏格拉底的言辞"的两位主要构造者，即其两位学生色诺芬和柏拉图分别主要在《经济论》（*Economia*）与

---

① 对于苏格拉底的这样一个可与马克思恩格斯相对比的"政治"哲人形象，列奥·施特劳斯有如下专门的论述："政治哲学的伟大传统源于苏格拉底。为了让自己完全致力于对伦理问题的研究，苏格拉底全然漠视'自然'整体。他的理由似乎是这样的：人们非一定需要了解万物的本性，但他必须得关心如何过个人和集体的生活。"[美]施特劳斯：《色诺芬的苏格拉底言辞——〈齐家〉义疏》，杜佳译，华东师范大学 2010 年版，第 97 页。而古典哲人的这种偏执，也从另一个侧面体现了马克思恩格斯思想的整体性、系统性与科学性。

② 在苏格拉底对话录（色诺芬与柏拉图的著作皆主要以苏格拉底为主要对话人，故这一类对话录又称为"苏格拉底言辞"）的语境下，注重客观规律、强调哲学思辨的"哲学家"，是与关注修辞诡辩术，为现实利益服务而肆意辩难的"智术师"（Sophist）相对立而存在的，后一类智者在马恩的时代就正可以用"国民经济学家"和自由主义"庸俗经济学家"来作对位的思考。相关论述参见 [美]施特劳斯：《色诺芬的苏格拉底言辞——〈齐家〉义疏》，杜佳译，华东师范大学 2010 年版，第 100—104 页。

③ 在这一方面展开的研究，尤以麦卡锡的《马克思与古人》（*Marx and Ancients*）最有代表性。这一论述的作者强烈地主张一种"古今互释"的视野，期望通过对比对照来达成马克思学研究方面的新进境。"本书的目的是通过对亚里士多德和伊壁鸠鲁哲学的特别关照，以此来检视马克思广泛兴趣的几个方面。本书将展示希腊人的价值和典范如何影响了马克思后来关于社会正义、共享民主的理念，以及他的经济学理论的发展。事实上，本书认为对马克思的价值理论、他的经济危机理论及其政治经济学批判的正确理解，最终都离不开其基于希腊城邦典范的关于社会公正的设想。"参见 [美]乔治·麦卡锡：《马克思与古人：古典伦理学、社会正义和 19 世纪政治经济学》，王文扬译，华东师范大学出版社 2011 年版，第 1 页。

《理想国》(Politiea)中展示了脱离现实政治的纷纭和技巧，直接通过思辨而进入对规律性、律则性的"生命理想"的构建，是古希腊时期最为典型的理论建构模式，并且成为启蒙运动和法国大革命的理性变革主义的重要源头和理论根基，在经济正义、价值信念、反对私有制与建立共产主义等多个方面，成为秩序思想的重要典范。柏拉图主义(Platonism)的以城邦共同体的"普遍意志"(General Will)[①]来塑造人类幸福愿景乌托邦(Utopia)的"建构性"工作，在亚里士多德的幸福主义伦理学(Eudemonism Ethics)中得到了进一步的发展，而亚里士多德的注重经验观察的理论特色，也对柏拉图过于空泛的现实批判进行了补充，其伦理学和政治学在对如何将"生命理想"通过"实践智慧"落实为现实的层面上提出了影响深远的论断，并且在这一点上给马克思的"实践"(Praxis)概念的提出创造了理论条件[②]。进一步地，柏拉图—亚里士多德谱系的超越论图示同基督宗教相结合，提出了在批判和否定世俗意义上"现存的社会制度"的"双城"论题，也

---

① 这一论断在共和主义(Republicism)方向的激进化推演，直接影响到卢梭在《社会契约论》中所提出的有重要思想史意义的"公意"论。这一点将在后文着重阐述。
② "'理论与实践'这一对术语对马克思的知识理论而言是极其核心的，其与亚里士多德关于政治智慧(Phronesis)与政治实践(Praxis)的观念之间的共同性可以说比任何人所猜想的都要多。就此方面而言，惯常的智慧和传统的解释往往认为马克思对'实践'一词的运用跟亚里士多德的运用相比，是做了一个一百八十度转弯。其实，此概念已经非常接近于亚里士多德的技艺(techne)与制作(Poiesis)概念，马克思将其运用于证明其后期在《政治经济学批判大纲》和《资本论》的经济学著作中所假定的实证论与科学的有效性。"[美]乔治·麦卡锡：《马克思与古人：古典伦理学、社会正义和19世纪政治经济学》，王文扬译，华东师范大学出版社2011年版，第76页。

就是奥古斯丁在《上帝之城》中所提出了以区分神圣的"上帝之城"与罪孽的"魔鬼之城"而进行的生命实践观的建构,并使之成为救赎前景趋向于"最终实现拯救"的历史叙事(共产主义历史性地必将代替资本主义)的思维源泉,同时也初步规划了达致人类幸福所必须规避的种种问题。

由亚里士多德所发端的古典经济理想的内在分裂,通过中世纪的恩典与启示理论,对整个世俗世界进行了长达千年的思想统治,一直到文艺复兴时期,作为原初意义上的"人"的觉醒,才通过"人文主义"(Humanism)而真正实现,并且,文艺复兴人文主义当中,占主导地位的正是"新柏拉图主义"(Neo-Platonism)的理想主义理论。但是随着文艺复兴人文主义的传播,在西方经济哲学思想的发展中,现代性的代表理论家如霍布斯、洛克、斯宾诺莎、曼德维尔、卢梭以及斯密、穆勒等人,逐步将自己的思想建基于资本主义发展的意识形态之上,以原子化的"自然状态"学说来思考生命问题,在生存困境的改善、人民自我保持能力的获取、良好生活状况的保障等方面,提出了截然区分于古典时代,又深受马克思主义理论批判的经济哲学论述,并最终在卢梭的批判性视野中,展现出资产阶级自我证成的内在悖谬。

第四章 秩序与意义:"苏格拉底言辞"中的理念结构

追寻秩序

在西方文明论的范型宰驭之下,现实的"秩序问题"(Problems of Order)具体落实为经济与政治的两个维度,而在一种辩证的视域之下,马克思主义经济哲学始终以人类的经济生活为首要出发点,对于理想性的"存在秩序"的构想,也首先是对现实世界中的恶劣的、不合乎人的全面发展要求的秩序性困境的明察,这也就意味着要对资本主义制度下,人们的痛苦的民生状况作出客观的刻画;与此同时,在对经济维度首要性的强调的前提之下,以经济生活为基础而构建的政治理念,也因其在社会发展历程中重要的反作用,而成为影响现实存在秩序的调整、稳定与改善的不可忽视的因素。

在马克思主义的早期经典著作《英国工人阶级

状况》(The Condition of Working Class England)一书中,面对工业化发展带来的民生恶果,恩格斯以批判的理性痛心疾首地描述了如下场景:

> 到处都是死水洼,高高地堆积在这些死水洼之间的一堆堆的垃圾、废弃物和令人作呕的脏东西不断地发散出臭味来污染四周的空气,而这里的空气由于成打的工厂烟囱冒着黑烟,本来就够污浊沉闷的了。妇女和孩子们到处走来走去,穿得破破烂烂,就像在这里的垃圾堆和烂泥坑里打滚的猪一样的肮脏。总之,这个地方看上去是这样讨厌,这样不顺眼,就是艾尔克沿岸最坏的大杂院也不至于如此。在这种半倒塌的小房子里,在蒙上一层油布的破窗后面,在门框已经半腐朽了的裂开的门后面或阴暗潮湿的地下室里,在这种难以想象的肮脏恶臭的环境中,在这种似乎是被故意毒化了的空气中,在这种条件下生活的人们,的确不能不下降到人类的最低阶段。①

在这部被马克思主义研究家戴维·麦克莱伦(David McLellan,1940—)称赞为足以使恩格斯跻身"一流的历史学家"② 行列的著作中,恩格斯诉诸身体性、感官性的客观描述来刻画资本主义的

---

① [德]马克思、恩格斯:《马克思恩格斯全集》(第二卷),人民出版社1957年版,第342页。
② [英]戴维·麦克莱伦:《恩格斯传》,臧峰宇译,中国人民大学出版社2017年版,第33页。

衰朽本性，巨大的财富增长与污染、腐臭相伴随，衣衫褴褛的母女儿童充分说明了以追求财富而建立起来的生存与生产规则，本质上矛盾重重，将生活水准拉至"人类的最低阶段"。恩格斯在此清晰地表明立场，认定对于人类的生存而言，任何"难以想象"的恶劣环境都是必须革除的，也进而是需要通过现实政治意义下的革命政治（Revolutionary Politics）来实现真正的革新，也即从"下降"（Descent）向"上升"（Ascent）的转变。在这个意义上，恩格斯与柏拉图、亚里士多德所秉持的等级性秩序的思想，也划清了界限。

也正是基于这样的论点，在随后的章节中，恩格斯不无悲观地看到，由于资本主义的现实逐利原则所带来的不可逆转的后果，在资产阶级所主导的"奴役性"社会结构（不同于奴隶制时代与农奴制时代的"奴役逻辑"）中，广大劳动群众的现实生存状况，无可避免地将会不断恶化下去，并以此形成对资本主义反抗的真正萌芽。"大城市里工人阶级的状况就表现为一个逐渐下降的阶梯：最好的情况是生活暂时还过得去，靠紧张的工作而挣得的工资也比较多，住的房子也不错，饮食一般还不算坏——说这一切是好的，过得去的，自然是从工人的眼光来看；最坏的情况是极端的贫穷，直到无家可归和饿死的地步；但是一般说来，是更多地接近于最坏的情况，而不是接近于最好的情况。"[①] 在以无产阶级为代表的凄惨存在境遇之内，恩格斯又细致地区分了不同的层

---

① 《马克思恩格斯全集》（第二卷），人民出版社1957年版，第357页。

次,并且明显地指出,所谓"过得去的"日常生活,是不足以当做某种可辩护的论据而被接受下来的,因而也一定仅仅是"暂时"的,那些"工资也比较多,住的房子也不错,饮食一般还不算坏"的类似福利社会的境况描述,一方面必然会因为资本主义制度本身的基本矛盾的作用,而被越来越差生活境遇所取代,"更多地接近于最坏的情况",无产者因被剥削的命运而导致可能的"无家可归和饿死",另一方面,则完全无法掩盖和抹杀无产阶级作为"资产阶级掘墓人"的历史使命,对于被损害和被压迫的工人阶级而言,真正的"财富"与真正的"价值",并不在于经济上的富足与苟且,而是要在政治上实现根本的解放。也正是在这个意义上,从经济生活的窘迫之中,对理想政治的追求也便以激进的方式得以展开,由此,"无产阶级和资产阶级的决战已经迫近了"①。

在《资本论》第一卷②中,马克思暗示了恩格斯此处对于阶级社会中经济行为所蕴含的不平等意涵的深刻辩证,恰切地对应

---

① 《马克思恩格斯全集》(第二卷),人民出版社1957年版,第512页。在此,恩格斯的革命论述所蕴含的对"妥协"与"和平夺取政权"的方案的拒斥,也正可以联系到古代斯多亚学派思想家塞涅卡对于追寻美好生活所应保持的冷静、不盲从态度的论述:对压迫者的妥协,即是一种误入歧途的尝试,"谁步入了歧途,害的都不只是他一个人,而是会将别人也带入歧途;依附于前面的人是有害的,而且,只要我们每个人都宁愿相信别人的判断而不信赖自己的判断,那么我们在生活中压根儿就没有进行过判断,而是一味地盲从,而一个人传一个人这么传下来的错误往往会把大家绕进去,给我们带来灭顶之灾"。[古罗马]塞涅卡:《论幸福生活》,覃学岚译,译林出版社2015年版,第101页。
② 准确地说是第一卷的第四篇第十二章,马克思通过对柏拉图与色诺芬的分析,开启他对经济合作行为的资本主义模式的批判性思考,其中对柏拉图思想的考察,将在后面的篇章内进行考察。

了色诺芬在《经济论》①中借苏格拉底之口而展开的关于"经济正义"的论辩。在《资本论》第一卷第四篇，也即"相对剩余价值的生产"中，马克思就将色诺芬的论述刻画为"有资产阶级特有的本能"②（characteristic bourgeois instinct），而与马克思《资本论》中作出的对《居鲁士的教育》的相关评论异曲同工的，则是《经济论》中苏格拉底借伊斯霍马霍斯之口陈述的治理财产的经济活动（在后面的篇章中也被类比为政治治理的行动）所可能展开的内在维度（internal dimension）："从忠善（Benevolence）中似乎并不一定产生正直（honesty），因为无论一个人对另一个人多么乐善好施，但他总是对自己更加慈善一些。苏格拉底并不想知道，一个监守自盗的管理人是不是值得要的问题；他确实想知道伊斯霍马霍斯是否自己也教这种正义，也就是区别于那种他通过奖励勤勉而驯服的工人、惩罚坏工人的方式来教的正义。伊斯霍马霍斯的确教这种正义，不过尽管他轻轻松松就教会了那些潜在的运营者其他应具备的能力，但是很显然，并非所有潜在的经营者都能轻易地学会正直。这不足为奇，因为据伊斯霍马霍斯说，一个可能成为营运者的人应该狂热地热爱钱财。伊斯霍马霍斯目前谈及的正义，部分采用了德拉古的法律，部分采用了梭伦的法律。就此而言，他同意苏格拉底的观点：在专制统治和对自由民

---

① 卢梭在1755年为百科全书撰写的"政治经济学"词条中，澄清了现代意义上的"政治"经济与古希腊意义上的"家户"经济的根本差异。
② ［德］马克思：《资本论》（上册），郭大力、王亚南译，北京联合出版公司2014年版，第365页。在同一段论述中，马克思也处理了柏拉图的相关思考，这一引述与批评，可以与此前段落中对亚里士多德思想的讨论相对照。

的统治之间，没有本质差别。"[1] 色诺芬的经济论述，在恩格斯开始他的民生考察之前 2000 多年，即对以家庭经济（卢梭将之定义为与"普遍经济"相对应的"个体/家户经济"）为主要特征的古希腊经济社会状况进行了本质性的刻画，在色诺芬看来，对钱财的狂热必将超越正直的德性，经济世界的正义问题也必然得不到解决，管理主人钱财、产业的人对上位者的"忠顺"，却只能意味着在对下进行统治时，"在专制统治和对自由民的统治之间，没有本质差别"。伊斯霍马霍斯这位在《经济论》第六章末尾被苏格拉底转引入话题的所谓"有德者"，其实正是现代社会的企业管理者的遥远先驱，只是他是在将以农业为基础而发展的财富增值运作不断向纵深处发展，"他将农田用作商品，因为事实证明，他的目的就是牟利。他的目的可以通过任何盈利的事业来得到满足。因此，伊斯霍马霍斯很接近于把经济学——对一个人财产的管理，转变为理财学（Chrematistics），一种不断增加某人财产的技艺或者能力。在先前对农业的选择或者对农业的限制的基础上，伊斯霍马霍斯才有可能最接近于纯粹的理财学。由于引导有德者的是对荣誉的渴望，而不是对利益的追求，所以伊斯霍马霍斯接近于放弃完美的贤人风范。他无疑是接近于采取一种和斯巴达人相反的生活方式（斯巴达是唯一一个把贤人风范作为公众关注的事情来实践的城邦）。因此，尽管在其他城邦里，所有

---

[1] ［美］施特劳斯：《色诺芬的苏格拉底言辞——〈齐家〉义疏》，杜佳译，华东师范大学 2010 年版，第 184 页。

的人都让自己尽可能低投入赚钱的事情当中，从事农业或者其他一些赚钱的事业，但是斯巴达禁止自由民做任何与赚钱有关的事情"①。

通过潜在的"经济—管理"与"货值—理财"的区分（这一区分在《资本论》第一卷中马克思所引用的亚里士多德段落里，将得到更为清晰的呈现），色诺芬将其所转述的"伊斯霍马霍斯之识"与柏拉图《理想国》中典型的"斯巴达模式"的理想城邦训诫，彻底地对立起来。这种"政治性"的"对立"体现了一种重要的"张力"，这一张力不仅是作为统治模式上的雅典与斯巴达之间的张力，也同时是"苏格拉底式思辨者"所思考的伦理政治与"伊斯霍马霍斯式逐利者"所属意的发财术之间的紧张关系，而最终，在无法消解欲念诅咒的"坦塔罗斯神话"的语境之下，经济与政治的焦灼关联得到了某种程度上的解决："在私人视野中是如此，有权的人——管家或经理——如果能够使工人敏捷、勤勉、坚韧不拔，他就是能够使业务兴旺，利润增多的人。但是，苏格拉底，如果主人——具有惩罚不良工人和奖励努力工人的绝对权力的人——来到田地里的时候，对于工作人手不能有显著的影响，那么，连我都不会羡慕他。可是，如果他们一看见他就振作起来，每个人心中都激起坚决的意志和争强好胜的精神，那么，

---

① ［美］施特劳斯：《色诺芬的苏格拉底言辞——〈齐家〉义疏》，杜佳译，华东师范大学2010年版，第210—211页。

我就要说：这个人身上有一点儿国王般的气质。"① 以政治形象的类比立论，《经济论》第二十一章中管理者—治军者—统治者的"三位一体公式"，充分体现了色诺芬的"苏格拉底言辞"的题中之义：最终要从经济活动的治理中，推至出政治秩序的建构，并以此作为城邦民生运作的规范性的来源。"与统治那些心甘情愿服从的臣民相比，对不情愿的臣民进行专制统治，同样也是一种神明的恩赐。但是，似乎就如伊斯霍马霍斯所认为的那样，诸神将后者赐给那些他们认为只配在地狱里过坦塔罗斯那种日子的人，据说坦塔罗斯无休无止地担心他会再死一次：这个神话设想，或者伊斯霍马霍斯设想，那种已经死去的人，比尚未死去的人更害怕死亡。僭主希耶罗断言，僭主夜以继日提心吊胆，仿佛他被所有人宣判，要他为自己的不正义而死去。"② 经济生活的无尽问题，就这样成为从古希腊一直延传至现代社会的根本顽疾，以欲念的、赚钱术理财术为根本法则而进行统治，必然使人处在"在世僭主"般不可安宁、周而复始的"恐惧"（Fear）之中（到 17 世纪，这一思想被霍布斯进一步发展为"自然状态"学说，这一点将在后文展开论述）。

---

① ［古希腊］色诺芬：《经济论 雅典的收入》，张伯建、陆大年译，商务印书馆 2011 年版，第 71 页。
② ［美］施特劳斯：《色诺芬的苏格拉底言辞——〈齐家〉义疏》，杜佳译，华东师范大学 2010 年版，第 216—217 页。施特劳斯同时进一步阐述："伊斯霍马霍斯没有谈到僭主的不正义，也没有谈到一个好的统治者的正义，这种统治者统治着心甘情愿服从的臣民。同样地，他也没有像《回忆苏格拉底》中的苏格拉底那样，说国王的特性是依据法律来统治，而僭主的特性是在没有法律的情况下统治。"

在此，经济与政治世界所潜藏的"坦塔罗斯诅咒"①重新将问题引导回在《经济论》的开篇处，苏格拉底对朋友克力同之子提出的"何谓真正的财富？"的根本问题上来（经济行为对政治理念的塑造）。如果一种现实的、追逐利益的活动终将经济活动的权威化，并由于这种统治秩序的确立（每一个受役使者认定自己是一个伊斯霍马霍斯式的可以通过为他人增值财产而收获良好生活的人②）而最终导向无可挽回的"非正义"状态，那么到底什么样的"财富"内涵是真正应该追求的，就是最需要追问的。也正是在这里，苏格拉底的结论成为对伊斯霍马霍斯的阐述的预制批判。"一个人的财富包括所有对他来说有用的或者他知道如何的东西；不必补充说，现在我们所说的东西必须是他以正义、合法的方式得到的……知道如何使用一个东西意味着知道如何很好地使用这个东西，而且最终知道如何对自己生活发挥好作用……所有好的东西都属于且仅仅属于智慧的人。"③从"美德即知识"的

---

① 这一著名的"诅咒"意味着，坦塔罗斯作为希腊神话中的宙斯之子，因为泄露了宙斯的秘密，被惩罚立于湖中，渴而欲饮，则湖水消退，饥而欲摘取头上的果实食用，则果实升高，备受痛苦。见色诺芬：《经济论 雅典的收入》，张伯建、陆大年译，商务印书馆2011年版，第72页。
② 马克思在《资本论》中就举了色诺芬所述的一个类似于《国富论》中著名例子的"共营"模式："在大都市上，每一种职业都有许多的需要。一个人只要从事一种手工业，就可以谋生了。甚至不必做一种手工业的全部。甲专做男鞋，乙可以专做女鞋。有时候，甲可以进把鞋钉好，乙接着把它切好，丙把鞋面做好，而由丁把各部分合起来。这样只做一种专门工作的人，当然能够把工作做得更好。"马克思：《资本论（上册）》，郭大力、王亚南译，北京联合出版公司2014年版，第365页。
③ ［美］施特劳斯：《色诺芬的苏格拉底言辞——〈齐家〉义疏》，杜佳译，华东师范大学2010年版，第110页。

重要命题出发，苏格拉底遏止了无止境地如"僭主"般的攫取模式，而通过将"智慧"引入财富的定义，色诺芬也通过自己的"苏格拉底言辞"而证明了"哲学"之于"经济生活"，尤其是经济生活所服膺的"政治秩序"之间的紧密关联。苏格拉底所展示的"知道蕴含能够"的财富观，其实正展现了一种希腊式的节制美德，而与伊斯霍马霍斯所推崇的低价收买、高价售出的货殖逻辑格格不入，并在其逻辑基底处，蕴含了"苏格拉底式城邦公民"（Socratic Citizenship）对于城邦整体趋向的彻底批判的可能，而这也成为后世的种种渴望"地上天国"的乌托邦理论的人格前提。

基于对"正当财富说"中"正义"与"合法"的要素的强调，那些在根本的意义上，"最终知道如何对自己生活发挥好作用"的城邦护卫者，也就必然是真正和彻底意义上的"自由民"（尽管能够符合苏格拉底标准的公民一定数量有限），而与之相对的，就是理财术所笼络的那种心智上的奴隶（这些人最终将苏格拉底判处死刑）："是的，他们也是奴隶，而且他们的主任是非常冷酷的：有些人是饕餮的奴隶，有些人是贪杯的奴隶，也有些是无聊而代价很高的奴隶。这些欲念冷酷地支配着每一个落入它们掌握之中的人，只要它们知道他还强壮，能够工作，它们就迫使他拿出辛苦得来的所有的收入，使他按照它们自己的意图花掉它；但是，刚一看到他老弱而不能工作的时候，它们就立刻离开他，使他度那凄凉的晚景，而另去设法把这副枷锁再套到别人的肩头上。我们一定要争取自由，坚决地反对这些暴君，就好像它们是想要奴役我们的武装的敌人一样。的确，公开的敌人还可能是高尚的人；当他们奴役我们的时候，由于锻炼了我们，可以去掉我们的毛病，使我们将来过更好的生活。可是这类主人，在它们支配着人们的时候，却无时无刻不在损害着人们的身体、精神和财产。"① 在这致命的控诉之中，我们知道了，最终奴役人的正是人自己，是人的无限增值的欲望，是对于攫取与遏制的反复扭结，终于又施加在人的身上。这种自我奴役构成了最大的奴隶主，"无时无刻不在损害"，而这也就清楚地回应了恩格斯在《英国工人阶级状况》中描述的惨景，有一个基于欲望心理学的苏格拉底解释，也正是这样的一种对克制私己欲念而"争取自由"的信念，催生了《理想国》中对理想秩序的构想，尤其是，这种"理想城邦"的理念，是与效用主义的快乐原则背道而驰的，因为那种以快乐为追求目标的幸福生活（在某种意义上亚里士多德恰恰是这样的生活目标的一个代表），恰恰是那些欲望所化身的至上奴隶主所赖以发挥影响的"政治性"的"假言命令"："她们归根到底实在是掩蔽在一层薄薄的快乐外衣下的痛苦，她们利用她们对他们的影响，阻挠他们去做有益的工作。"②

---

① ［古希腊］色诺芬：《经济论 雅典的收入》，张伯建、陆大年译，商务印书馆2011年版，第5—6页。
② ［古希腊］色诺芬：《经济论 雅典的收入》，张伯建、陆大年译，商务印书馆2011年版，第5页。关于色诺芬与伊斯霍马霍斯在"经济"教导上的区别与联系，请参照［法］纳尔茨、托尔德希拉斯编：《色诺芬与苏格拉底》，冬一、慈照译，华东师范大学出版社2014年版，第277—297页。

理念与城邦

以理念性（Ideal）的建构式制度逻辑，拒斥私己欲望不受理性约束而造成的生命困局，并提出"共产主义"的论证为最鲜明的立场，柏拉图在《申辩篇》《斐多篇》《会饮篇》《斐勒布》《理想国》等著名对话录中延续、并无疑是拓展了色诺芬的苏格拉底论述，并更加彻底地将苏格拉底的睿智思路与人格旨趣展现为同构于马克思、恩格斯的时代批判者形象，并且切实地影响了后世以莫尔《乌托邦》[①]为代表的理念构想性社会主义的致思理路。

立基于苏格拉底的审辨人格，"苏格拉底之死"与他的为希腊人民构想区别于所谓"猪的城邦"和"发烧的城邦"的第三座城[②]，也即"完美城邦"的努力，构成某种互为因果的论证关系。在《苏格拉底的申辩》一篇中，苏格拉底以挑衅城邦诸众的方式，宣示他眼中的城邦罪恶，并最终被叛死刑（可以联想到马克思、

---

① 《乌托邦》的第一部分就可以视为对柏拉图《理想国》的解读，而同时莫尔又在后面的篇章中实现了将柏拉图思想基督教化的尝试，以适应当时 16 世纪的政治意识和宗教话语，相关专门论述，可参见 Colin Starnes： *The New Republic: A Commentary on Book I of More's Utopia Showing Its Relation to Plato's Republic*，Wilfrid Laurier University Press，1990.
② 这一理念世界中完美城邦的意象，在奥古斯丁的基督教教思想中，就发展成为因信称义的教徒们服膺上帝而构成的"上帝之城"，与俗世生活的"地上之城"完全隔绝。有关论著请参见 James Wetzel：*Augustine's City of God: A Critical Guide*，Cambridge University Press，2012.

恩格斯多次的被迫流亡,同样是遭到"本邦人"的放逐与离弃):"'高贵的公民啊,你是雅典人,这里是最伟大的城邦,最以智慧和力量闻名,如果你只关心获取钱财,只斤斤计较于名声和尊荣,既不关心,也不想到智慧、真理和自己的灵魂,你不感到惭愧吗?'如果你们中间有人要辩论,说他关心,我是不会随便放他走的,我自己也不走,我要询问他,考问他,盘问他,如果发现他自称有德行而实际没有,就指责他轻视最重要的东西,看重没什么价值的东西。我要逢人就这样做,不管老幼,也不管是外乡人还是本邦人,尤其对本邦人,因为你们跟我关系近。因为,你们都知道,是神灵命令我这样做的。我相信这个城邦里发生的最大的好事无过于我执行神的命令了。因为我来来往往所做的无非是劝告各位,劝告青年人和老年人,不要只关心自己的身体和财产,轻视自己的灵魂;我跟你们说,美德并非来自钱财,钱财和一切公私福利都来自美德。"[①] 以二元论(Dualism)的方式,苏格拉底的哲理探问向雅典公民展示了"身体和钱财"与灵魂的"美德"之间的对峙关系,这也是苏格拉底—柏拉图式的理想秩序论的根本意涵,也同时是对色诺芬提出的对贪欲渴求的"奴隶主"的超越论的呼应。以雅典作为伟大城邦的名义,苏格拉底呼告一种建基于其上的"理想城邦"模式,在其中除了外在的力量性的"富起来"富强因素,更需要内在的时刻关心"智慧、真理和自己

---

① [古希腊]柏拉图:《柏拉图对话集》,王太庆译,商务印书馆2004年版,第47页。

的灵魂",只有内在外在的真正结合,才是真正达到了"神的命令"。苏格拉底在雅典被指控"毒害青年",而《经济论》中的对谈者克勒托布勒斯、《理想国》的对谈者柏拉图的兄长格劳孔、阿德曼托斯等都是这样的雅典青年,他们在对于真正"德行"的提问中惊醒,超出当时的社会习见,如同走出洞穴的受困者,在苏格拉底的指点之下认清"理念世界"的清明与广大,就正是马克思—恩格斯"政治经济学批判"所坚定指向的启蒙意旨。贯彻这一思路既需要坚定的信念,更诉求不竭的努力,而作为这一行动准则的观念基础的,就是灵魂(Soul)与身体(Body)的截然二分。

> 所以我到现在还在到处奔波,还在遵照神的旨意检验我认为智慧的每一个人,不管他是本邦公民还是外邦侨民。如果我发觉某人并不智慧,我就协助神指出他不是智慧的人。由于这项工作很忙,所以我没有余暇去参加政治活动,也没有工夫去料理自己的私事。如今我一贫如洗,两袖清风,这就是我一心侍奉神道的结果。①

在柏拉图笔下一向以清贫而智慧的"助产士"形象示人的苏格拉底,在追问城邦生活的理想境界的时候,更成为神意的助益者,"协助"神来检测城邦公民的内在问题。在法庭申辩的整个论

---

① [古希腊]柏拉图:《柏拉图对话集》,王太庆译,商务印书馆2004年版,第32页。

述中，苏格拉底充分表现了对于单向度的关注肉身之维的城邦政治生活的贬抑，认为那是充满了伪善和理性误判的领域，为了追寻最高的智慧，他根本戒除任何意义上的"公／私"论述，也即那些非智慧的事务，无非只是"地上之城"的庸庸碌碌、私有欲念的昭彰突进、不受管束的人际纠葛与自生自发的货币战争，而与德尔菲神庙中的神谕意向、古典哲人的灵性生活毫不相干。这也就呼应了《斐多篇》（描写苏格拉底被判死刑后受刑服毒之前的慷慨言辞）中，以哲学之名而对于身体与灵魂问题展开的截断论述："哲学家的灵魂和别人的不同，它自有一番道理。它靠哲学解放了自己，获得了自由，就不肯让自己承受欢乐和痛苦的束缚，像佩内洛普那样把自己织好的料子又拆掉，白费功夫了。哲学家的灵魂相信它应当摒绝欢乐和痛苦的情感，在平静中生存；应当追随理智，永远跟着理智走。它认识到什么是真实而神圣的，就单把这个作为自己的粮食。这是知识，不是什么意见或主张。它深信人活在世上的时候，它就该这样活着；到人死的时候，它就跑到和自己又亲切又合适的境界去，不受人间疾苦的困扰了。"[①]在这段著名的引文中，柏拉图首先区分了哲学家的灵魂与常人的灵魂，并以"逻各斯"（Logos）的名义，宣称其"自有一番道理"，而这种道理，本质上是一种自由（在后面的段落可以看出，这种自由是通过灵魂对肉体的超脱来完成的）。其次，柏拉图借用荷马史诗《奥德赛》中的故事，讲述一种犹如西西弗推石上山

---

① ［古希腊］柏拉图：《斐多》，杨绛译，辽宁人民出版社 2000 年版，第 49 页。

一般空洞而荒谬的境遇，以之来对应日常常人的受困于肉身感官（"地上之城"的象征）所不断传递的苦乐的烦扰，并认为真正的智慧，是在平静之中过"智性的生活"（对照亚里士多德伦理学中对至高幸福生活的论断）。最后，柏拉图提出了一种独特的"自我认知"（Self-Cognition）模式，即理智的自省，自觉地超脱于身体的框限，超越快乐痛苦所带来的纷繁"意见"（Doxa），在自足的自由中达致"真实而神圣"的境遇，在哲学的睿识之中"解放了自己"。[①] 由此，在《苏格拉底的申辩》中所一再强调的"关注自己的德性"就有了本体论上的支撑：灵魂的纯净高于身体的染污，而哲人的意义，正在于在人的本质的意义上进行言说。而在这个意义上，理想的"良好生活"（Well-Being）就奠基于这样的"知识"："灵魂很像那神圣的、不朽的、智慧的、一致的、不可分解的而且永不改变的。肉体呢，正相反，很像那凡人的、现世的、多种多样的、不明智的、可以分解的而且变化无定的。"[②] 对于一个超越于"凡人"的"变化无定"（将织锦完成又解离，根本无法构造既定的蓝图）而达致完善的"完美城邦"（Perfect Polis）而言，只有"属灵的意义"是可以追求的，即不朽、一致、不可分解并且不可改变，这些性质构成了苏格拉底—柏拉图之秩序理念的合理性内核。

---

① 这一段落可以说是历史上所有内在倾向的"解放理论"（theory of Liberation）的关键性源头，但同时也使柏拉图陷入"开放社会的敌人"的指控，因为其中所蕴含的对哲学作为"终极真理"的肯认，有可能成为某种类型的极权主义（Totalitarianism）的逻辑前件。
② ［古希腊］柏拉图：《斐多》，杨绛译，辽宁人民出版社2000年版，第42页。

接续色诺芬的思路，柏拉图的"苏格拉底言辞"以自由民的"自身治理"（Self-Government）和"自我立法"（Self-Legislation）为旨归，强调一种心灵哲学／灵魂论立场上的政治哲学与实践理论，即城邦奠基于城邦公民的智慧与德性，而个体心灵层面的染污则将会损害整个城邦的至高德性。"因为每一种快乐或痛苦就像钉子似的把灵魂和肉体钉上又铆上了，使灵魂带上来肉体。因此，凡是肉体认为真实的，灵魂也认为真实。灵魂和肉体有了相同的信念和喜好，就不由自主，也和肉体有同样的习惯、同样的生活方法了。这个灵魂到另一个世界上去的时候，绝不会纯洁。它永远带着肉体的污染。它马上又投胎转生，就像撒下的种子，生出来还是这么一个不干净的灵魂。所以这个灵魂没希望和神圣的、纯洁的、绝对的本质交往。"①

柏拉图认为，灵魂被肉身的质性所牵引，或者更准确地说是灵魂中易受动于肉体的部分，脱离了理智的管束与约制，"和肉体有了相同的信念和喜好"，在一种驱力之下，将自身归属于凡庸的、分裂的、转瞬即逝且变化无端的肉体之乐（请对照在资本主义世界体系下无法脱困于"消费社会"景观的诸生命此在）。在此意义上，一种城邦理想的建构，就正是在对于个人灵魂之完善的基础上来提出的，而这种意义上的完善，就必须在一种批判性的经济哲学的教导下，才可能实现。"热爱知识的人开始受哲学领导的时候，看到自己的灵魂完全是焊接在肉体上的。它要寻找真

---

① ［古希腊］柏拉图：《斐多》，杨绛译，辽宁人民出版社 2000 年版，第 48 页。

实,却不能自由观看,只能透过肉体来看,好比从监狱的栅栏里张望。他这个灵魂正沉溺在极端的愚昧里。哲学则让人明了,灵魂受监禁是为了肉欲,所以监禁它的主要帮手正是囚徒自己;这一点是最可怕的。热爱知识的人看到哲学怎样指导正处于这种境界的灵魂。哲学温和地鼓励这个灵魂,设法解放它,向它指出眼睛、耳朵等感觉都富有诱惑力,劝它除非迫不得已,尽量离弃感觉,宁静自守,一心依靠自己,只相信自己抽象思索的那个抽象的实体;其他一切感觉到的形形色色都不真实,因为种种色相都是看得见的,都是由感觉得到的;至于看不见而由理智去领会的呢,唯有灵魂自己能看见。真正的哲学家就从灵魂深处相信,这是哲学的救助,不该拒绝。"[①] 柏拉图在《斐多篇》中借苏格拉底之口所描述的灵魂图景,正呈现了《理想国》第七卷中著名的"洞穴寓言"开始处的场景:灵魂被缚于洞穴的底部,只能与肉身一道盲从与傀儡的视觉戏弄("种种色相都是看得见的")。在这样的论述场域下,"具身的主体"(Embodied Subject)所遭遇的状态就是非真实与不自由,"只能透过肉体"来完成的认知与实践,就必然是受制于肉体欲望、感官刺激的形同"囚禁"的盲目行为,而苏格拉底的对话则承担着一种"启蒙"(Enlightenment)的作用,让受困于身体性欲望的灵魂认清自己"正沉溺在极端的愚昧里",并经由哲学的批判性"救助",终结灵魂的这种"自我囚禁"("监禁它的主要帮手正是囚徒自己")。通过如《第一哲学

---

① [古希腊] 柏拉图:《斐多》,杨绛译,辽宁人民出版社 2000 年版,第 47 页。

沉思集》中的笛卡尔那般的要求人们"离弃感觉",反躬内省,临刑前的苏格拉底将他在答辩词中对雅典公民的攻讦的背后所预设的灵魂论图景展示了出来,对他来说,一个真正达到"善好"标准的城邦,也就是凭借哲学的力量,保证城邦公民的心灵之中较高的理智部分对较低的欲望部分保持节制,以对抽象实体的观审能力(Faculty)来控制、调适眼耳鼻舌身的五感之乐,而这也就构成了柏拉图经济哲学视域中"生命理想"与"理想城邦"落实在城邦构造者这一"内在"维度上的同构性。进而,在《斐多》篇的这一心灵维度上,也可以回应《经济论》中对"自制"(Enkrateia)的强调,因为"如果我们不能控制自己的欲望并限制自己的需求,尤其对肉体享乐的需求,那么金钱自然会因满足欲望而消失;而且,对快感的寻求妨碍一个不是自身主人的人从事赚钱活动,他就会总是缺少足够的收入来满足不给他任何余地的欲望"①。

在《资本论》第一卷中,马克思以不失反讽的方式来论断柏拉图的这种从"灵魂区分"出发构造理想社会的方式:"柏拉图的理想国,认为分工是国家的组织原理,但就这点说,他的见解不过是埃及世袭阶级制度在雅典的理想化。埃及在柏拉图那时候,被他当时人认为是模仿的工业国。"② 通过诉诸历史的方式,

---

① 多里安:《齐家者苏格拉底》,参见〔法〕纳尔茨、托尔德希拉斯编:《色诺芬与苏格拉底》,冬一、慈照译,华东师范大学出版社2014年版,第278页。在稍后的部分,多里安又将这种不知餍足的生活模式刻画为"僭主"式的:正是由于Akrasia,僭主才贫穷,因为他们拥有永不知足、无法控制的欲望,总是缺乏足够的钱财来满足他们无底的欲望。
② 〔德〕马克思:《资本论》(上册),郭大力、王亚南译,北京联合出版公司2014年版,第365页。

柏拉图的苏格拉底撰述被抛离了"理念型"的"完美"维度，转而成为一种"历史局限"的造物；在雅典被"理想化"的，也并非是基于一种对现实的超越性构架，而无非是一种当时的政体风尚的变体。但是在同一段文本中，马克思又在受限于历史语境的意义上承认了柏拉图思想中对于本性——分工论（"他认为分工是社会划分阶级的基础"①）的理想设定："柏拉图是从这个事实，说明社会内部的分工，即个人的欲望是复杂的，个人的才能却限于一方面，因此，应由工人适应于工作，不应由工作适应于工人。"②马克思所标举的"理智的事实"（他所提出的对这种僵化"区分"的批评将在后文中继续讨论），就是柏拉图基于"理性"（Reason）——"意气"③（Spirit）——"欲望"（Desire）的灵魂中的"三重区分"而确立的城邦中"哲人——王"（Philosopher-King）——护卫者（Guardians）——工匠（Craftsmen）的三重阶层结构④，这其中正如在个体灵魂中"意气"是辅助"理性"来实现对"欲望"的压制以实现生命存在的和谐，城邦"护卫者"的功能

---

① ［德］马克思:《资本论》（上册），郭大力、王亚南译，北京联合出版公司 2014 年版，第 354—365 页。
② ［德］马克思:《资本论》（上册），郭大力、王亚南译，北京联合出版公司 2014 年版，第 364 页。
③ 对柏拉图灵魂论中这一部分的专门讨论，参见 Rachana Kamtekar：*Plato's Moral Psychology: Intellectualism, the Divided Soul, and the Desire of Good*，Oxford University Press，2017，p.165-185.
④ 当前学界对"灵魂三分"意义下的"城邦—灵魂类比"这一论题的最新研究，可参见 Joshua Weinstein：*Plato's Threefold City and Soul*，Cambridge University Press，2018.Rachana Kamtekar：*Plato's Moral Psychology: Intellectualism, the Divided Soul, and the Desire of Good*，Oxford University Press，2017.

也是辅助哲学家王来完成对第三等级的统治，也就是马克思意义上"工人适应工作"的目的论（Teleology）图景下的"一人一事"（One man, one job）；反之，则正如前面强调的，灵魂中较低的部分有可能受到身体的欲求的干扰而失去自制力，成为肉欲的奴隶，城邦的败坏也可能源自对于上位者不能克制自身低下的欲望，成为货殖—理财术的奴隶，从而造成"政治的腐坏"①（Political Decay），而如上，就是柏拉图在论述"理想城邦与存在秩序"中辩证建构的"城邦与灵魂的类比"②（the Analogy of City and Soul）。

通过使用"城邦与灵魂"的类比，柏拉图指出，"灵魂和城邦拥有同样的组成部分，并将被同样的德性实现完美化"③。在完全贯彻灵魂区分与阶层划分、职志分工的意义上，"灵魂三分"又与古希腊城邦界域下的"四主德"（智慧、勇敢、节制、正义）一一对应，灵魂中的"理性"部分，对应最高的统治阶层，他们的德性是"智慧"（Wisdom），而"意气"所对应的护卫者阶层，则是以"勇敢"（Courage）为关键德性，最底层的工匠与商人，对应灵魂中"欲求"的部分，他们的德性也因此而必然是"节制"

---

① 《理想国》的第八卷正是以这个败坏的过程为主题而展开的，这同时也可以看成第二个"城邦"即"发烧的城邦"中所增加的元素的逆序否证。
② 对柏拉图的这一论证的典型批评，请参见［英］伯纳德·威廉姆斯：《〈理想国〉中城邦与灵魂的类比》，黄俊松译，见娄林主编：《〈理想国〉的内与外》，华夏出版社2013年版，第2—15页。
③ ［美］布鲁姆：《人应该如何生活——柏拉图〈王制〉释义》，刘晨光译，华夏出版社2015年版，第111页。

(Moderation),在这三种德性的结构之上,三个阶层的各以其应然而作为,便是"正义"(Justice)这一德性的体现。"我们当时建造起我们的城邦的时候,我们所一开始就肯定下来,并且确立必须在一切之中都要加以贯彻的那个原则,它,或者,它的某一形式,我认为,就是我们所说的正义。要知道,我们是这样肯定和确立下来的,并且我们又不断地说到它,这就是:每一个单个的个人应该只照管城邦事务中的单一的一件事,对于这一件事,这一个个人的天性是最为适宜的。而由之可知,从事属于自己本身的工作,而不去旁骛许许多多其他的事情,这就是正义。"① 在城邦中每个人自由发展个人的"适应性"天性的意义下,"当正义被定义为每个人都做他自己的工作或者管理他自己的事情时,正义并没有为尚未由其他三种德性完成的城邦添加任何东西。城邦需要智慧之人发布命令;它需要勇敢之人克服对智慧命令的抵制;它需要节制把城邦联结起来成为一个整体,并维持它各部分的适当等级制。但无须向公民要求什么争议的脾性或气质。正义,至少在城邦中,仅仅意味着其他三种德性的呈现。"② 一种严整的和谐秩序,也即柏拉图经济哲学视野中的(或者按马克思所指出的以埃及为模板的理想化雅典生活)"理想民生"的典型图景,就是如此体现:低欲望的、以智慧为最高追求的公民群体,对外敌奉行强悍的武力,而对内对己恪尽职守,躬行节制之风。更进一步

---

① [古希腊]柏拉图:《理想国》,顾寿观译,岳麓书社2010年版,第183页。
② [美]布鲁姆:《人应该如何生活——柏拉图〈王制〉释义》,刘晨光译,华夏出版社2015年版,第107页。

地,当我们把柏拉图的思路贯彻到底,就会发现,"与其说他是在设想一个与有节制个体对应的节制城邦,毋宁说,他是在设想一个根本就不需要节制的社会,因为,每一个社会成员都足够自制,因而就无须社会强制"①。借助柏拉图所谓的"理智之眼"的纯粹抽象,理想城邦的秩序模式,实际上就成为自制而智慧的各阶层人士相互协作、互利共赢的标准模板,"通过这种合作方式,每一团体都为集体所需,因而不是将个人看成需求的一种集合,也不问那些需求如何令相互之间满意,他可能仅仅将正义的个人描述成一个可为集体作出适当贡献的人。这可能是个人美德同城邦美德相类似的一个非常充分的要点:当城邦被组织起来为邦民提供需求时,便可以称之为正义城邦;当个人通过合作为他的同胞提供需求的时候,便可以称之为正义之人。在这个说明中,要成为正义者,就应该承认所有人的需求"②。

以"前定和谐"③般完善的方式而得到出来的个人利益与集体利益的相互融洽,在这种公民总体节制的理论场域内得以完成,

---

① [美]费拉里:《城邦与灵魂:诸种误解》,黄俊松译,见娄林主编:《〈理想国〉的内与外》,华夏出版社2013年版,第56页。
② [美]费拉里:《城邦与灵魂:诸种误解》,黄俊松译,见娄林主编:《〈理想国〉的内与外》,华夏出版社2013年版,第58—59页。
③ 阿兰·布鲁姆的相关研究,呈现了这一"三位一体"公式的内在紧张:"他和格劳孔试图确定灵魂是否像城邦一样拥有三个部分;如果它确实如此,'类比'将使他们倾向于相信:灵魂的三个部分跟城邦的各部分拥有一样的品格和秩序,并且灵魂的德性与城邦的德性相同。他们轻易地把欲望和理性区分为灵魂中各自独立的部分。随后,正如可能被期待的那样,至关紧要且最难以确定的部分是意气。意气是独立的抑或它属于别的两个种类之一?"[美]布鲁姆:《人应该如何生活——柏拉图〈王制〉释义》,刘晨光译,华夏出版社2015年版,第108页。

柏拉图的这种通过完美化秩序想象的"美好生活需要"视角而展示的现实"真理",完全昭示了苏格拉底在"申辩"之中籍以批评雅典诽谤者和定罪者的"理想蓝图",这一论说框架在《理想国》第五卷中更进一步通过"三次浪潮"的论证,展示和论证了关于"共产主义"与"反对私有制"的理论洞见,以其作为维护理想城邦之经济与政治"正义性"的"规范的来源"(Sources of Normativity)。

洞穴拟像

在《理想国》第七卷的开篇处,柏拉图给出了他对于"生存困局"的本质性描述,并试图证明只有通过哲学来认识"终极真理"(绝对知识),才有可能认知私有体制所可能对人的精神世界造成的奴役,也才有可能通过"共产"的方式,不断实现"生活理想"的现实化。这一论述,以"洞穴寓言"的方式被提出:

> 有很多人,他们就像是住在一个洞穴式的地下居处里,这个居处,沿着整个的洞穴,有一条长长的进入的通道,巷口敞开着对着光亮;在这个居处中,这些人,从孩提时起,腿脚和颈项就处于捆绑中,从而只能呆坐在同一个地方直视着前方,因为他们的头,处于捆绑中,是不能四处转动的;有一堆火,火光在他们的上方和远

处从他们身后照射过来，在火堆和这些囚人之间，有一条处于较高的水平面上的路，沿着这条路，有一道作为间隔而筑起来的小墙，就像对于演木偶戏的人那样，在观众前面横亘着一道屏障，而他们就在这道屏障之上演出他们的木偶戏。①

引入前述色诺芬所分析的贪婪欲念所构成的"奴隶主"形象以及《斐多篇》中（也同时可以包含《会饮篇》中"欲爱"论述）对于身体桎梏心灵的深刻描绘，并结合此前《理想国》第六卷中的"线段比喻"（Line Metaphor），我们有理由将这一以"洞穴寓言"（Cave Metaphor）命名的"外在"（External）论述，"内在化"（Internalize）为对于人类自我设想、在自我愚弄中无以自拔的哲学性反思，那洞穴中的火焰，正是以欲望之名而展开的对"缺失"之拟像造作的无止境追求，②"久而久之，他们就错把影子当作真实，画地为牢，以假当真，沉湎于感官的舒适与事物的影像，丧失了追求真理的信念与动力。殊不知，这些影子和这些回声只不过是拟像而已，也就是人造物的影像与洞穴自由人的声音的影像，与真理和实在相去甚远。"③而墙壁上的傀儡戏，则是对感官（知觉的"屏幕"）借助"再现"（Re-Presentation）来把握

---

① ［古希腊］柏拉图：《理想国》，顾寿观译，岳麓书社2010年版，第319页。
② 这一点后来成为弗洛伊德和拉康派精神分析（Psychoanalysis）的重要立论，并扩展为无所不在的"力比多"（Libido）图示。
③ 董树宝：《影像的叛逆——法国当代哲学的艺术之思》，北京大学出版社2023年版，第7页。

外在世界并将自己限制在这样的"视域"之中的精准刻画。① 这些被绑缚的"存在者","不论是关于他们自己或是相互之间,不能够看得到任何别的东西,除非是那些影子,那些被那一堆火照射过来,映出在他们正对面的洞穴的底部的墙上影子"。②

众所周知,在柏拉图《理想国》的存在论序列(Hierarchy of Being)之中,"影子"或"阴影"是存在等级最低的,也因此,在认知/生存的"洞穴"中受困之人所见识的,就只能是距离"善的理念"(在"太阳喻"中喻指太阳)最遥远的存在物,也就是第六卷的"线段比喻"中最底部的认识内容,或者说,这样的认知(Cognition)关涉物,根本还达不到"认识"的高度。"假设有一条线段被分割为不等的两段,然后,按照同一的比例,再分割其中的每一段,也就是说,那属于可见一类事物的一段和那属于可思维一类事物的一段,这样,按照彼此清楚和模糊的程度,在那属于被看见的事物的一段中,作为被分割出来的第一段,你得到的将是一些映像。所谓映像,我指的是,首先,种种影子,其次,水中的倒影,以及在一切密致的、光滑的、明亮的平面上的投影,以及诸如此类的一切。而那另一段,就可以把它当作被这一切映像所反映和模拟的原型,这是指我们周围的一切动物,全部植物,以及所有一切人造的东西。可以说,这一部分是由合乎或是不合乎真理或真实来区分的,做模拟的东西和它所模拟的

---

① 在这一层面,最为极端的哲学命题,就是18世纪经验论哲学家乔治·贝克莱(George Berkeley)主教著名的"存在就是被感知"(Esse is Percepi)。
② [古希腊]柏拉图:《理想国》,顾寿观译,岳麓书社2010年版,第320页。

原型之间的关系，就像是作为意见的对象和作为知识的对象之间的关系一样。"① 傀儡或囚徒，是人自陷与肉身欲望的桎梏而无法脱身的象征，与这种存在论境遇相对应的，就是只能采取无意义的"西西弗式的劳动"、终日面对作为真实世界的"投影"的知识论困境：恰恰是那些纷繁的"假象"与异变的"意见"加剧了盲目与苦难。而正是在这样一种无可回避（人人具有身体，并且"具身化"为"有意识的主体"）的现实，突出了苏格拉底在"申辩"中强调的"理想之问"的重要意义，正是像苏格拉底这样的充满疑问的雅典公民，将通过其关注现世的哲学辩证，最终唤醒那些手脚绑缚，又无意挣脱的受困之人，尽管这种"唤醒"，是有一些被动的。"如果什么时候有一个人，他被解除了捆绑，忽然被命令站立起来，而且，转动他的颈项，向前走去，并且抬起眼睛去直视那火光，那一些虚妄、欺骗的不足道的东西。并且接着，从那里，经过那条崎岖的、陡峭的向上的通道，强行把他拖拽出来，不把他一直拽到外面的那个大太阳的光亮中，绝不歇手和罢休，而到了最后，他就能观看那太阳了，不是在水中，也不是在任何其他处所的它的映像，而是他将能够去审视和观察就是作为它自身的，以及就是处于它的本身的位置上的它的真实所是。"② 苏格拉底对"洞穴寓言"中唤醒者或强迫者的描述，有十足的夫子自道的性质，而且在某种意义上，这也是柏拉图在通过对话录

---

① ［古希腊］柏拉图：《理想国》，顾寿观译，岳麓书社 2010 年版，第 315 页。
② ［古希腊］柏拉图：《理想国》，顾寿观译，岳麓书社 2010 年版，第 321—322 页。

的方式,向自己那位不断进行追问的先师的致敬。为超越"镜像"阶段①而必须遭受的焦虑、恐惧、"陷于不知所措",都是为了最终达致"绝对知识"(Absolute Knowing)而必要经历的"处身情态",是必要的准备与磨炼,而一旦超越"身体"低级部分的限制,终于理解了世界终极的"是其所是"(Being qua Being),就可以认识到:"正是它,它是那四季和年岁的提供者,它是那可见世界中的一切世界的主宰,并且,对于他和他的同伴们在洞穴中所相信的一切,它以某种方式,都是它们的原因。而这之后,如果他回忆起他的那个原先的居处,那里的所谓智慧,以及在那里他们那些同囚,他真的为了他的转变而庆幸自己,并且同时怜悯他们。"②"灵魂的转向"(奥古斯丁也有类似的表述,只是在基督教的背景下,灵魂所"皈依"的不是至上的灵光,而是人格化上帝)带来了认知上"向上的道路",一路的攀升,也就是对诸事物本质原因的探究,也即是在意志力的推动之下,理性的不断成长,并在对洞穴外事物的认识中,庆幸自己并悔恨陷落。囚禁的记忆也让这个被哲学所唤醒的人可以理解,如果缺失了"理念世界"的知识,而只保留"可见世界"的映像,那么连最基本的真实都无法保障,更不用说获得理想生活的幸福。

以对"理念世界"的三个比喻(太阳喻、线段喻和洞穴喻)

---

① 这一"影子"理论在拉康的主体理论"镜像阶段"说呈现了奇异的转向。见 Lorenzo Chiesa: *Subjectivity and Otherness: Philosophical Reading of Lacan*, Massachusetts Institute of Technology, 2009.
② [古希腊]柏拉图:《理想国》,顾寿观译,岳麓书社 2010 年版,第 322 页。

为架构，柏拉图奠立了"理想秩序"必须达致的人性维度：通过理性认知"善的理念"（Idea of Good），并以意气克服身体中的欲望，让一个城邦如同一个理智之人一般的达到内在和谐。"任何城邦，凡是在一切方面最接近于一个单一的个人的时候，就是一个从一切方面来说管理得最好的城邦。这就像是，在我们之中，如果有一个人，他的一个手指受伤了，那就是整个的共同体，通过肉体一直延伸到灵魂，并且在那里被那起统治作用的原则组成为一个单一的有机组织的共同体，就有所感觉了，然后在局部受损的同时，整个地一起感到疼痛了，并且正是这样，一个治理的最好的城邦，它的生活就是和那样的一个合成组织最相近似的。"①

在此，能够把持"起统治地位的原则"而将城邦各个部分（"灵魂三分"所对应的城邦中的三大结构性阶级）统合为一的那（合众为一的）"单个的个人"，无疑就是兼具"理智德性"与"实践智慧"的"哲人"。而且，"在我们对他们提出要求，迫使他们去照管和护卫他人的时候，我们将是能够对他们说出正义的、公平的理由的。因为我们将要说，'那些在别的城邦里成长为哲学家的人们，也许可以说，这是很自然的事，是可以不必去过问在这些城邦的患难和纷扰的；因为他们是，在得不到所在城邦政权的任何支持的情况下，自发地产生出来的，而自发地成长的事物，既不对任何人负欠着养育之恩，就有充分的理由可以不必孜

---

① ［古希腊］柏拉图：《理想国》，顾寿观译，岳麓书社2010年版，第230—231页。

孜地要去对谁偿还那养育他的费用。但是说到你们,我们,既为了你们自身也为了城邦里其他部分的利益,把你们就像蜂巢里的领袖和蜂皇一样培育起来,和那些其他城邦的哲学家相比,给了你们更加优越、更加充备的教育,并且使你们比他们更有能力把哲学与政治两者结合起来。因此,你们就有义务必须,每一个人,按着顺序,走下去,走到那其他人的居处去,必须习惯于能够去观看那些处于黑暗、阴影中的东西;因为你们,一旦习惯于这样做,就将能比在那里的人们千万倍地更加善于观看,你们就将能认识每一个映像,知道它们是什么东西以及它们是属于什么的映像,因为,你们已经看到关于美、正义和善,他们的真情实况。并且,这样,不论是我们还是你们,都将是在神志清明中建设和管理一个城邦,而不是在梦幻和昏黑中,就像现在,许许多多城邦都是被那些为了一些影子而互相争斗不已,为了权力和统治而拉帮结派、纷争不已的人所统治的那样,似乎统治就是那了不起的善了。而真理,我想毋宁是如下这样:在一个城邦里,在那里,本来是要去进行统治的人们却不热衷于去进行统治,这个城邦,必然地,它将是一个被治理得最好、最安定的城邦,而凡是与此相反的统治者们的城邦,就将正好是一种相反的情况。'"[①] 柏拉图将"理想城邦"中的哲学"治邦者"同生长于哈耶克式"自发秩序"(Spontaneous Order)中的"自发"哲学家相对比,提示了真正基于"真实"认识的治理,正是一个"理智城邦"之为"理想

[①] [古希腊]柏拉图:《理想国》,顾寿观译,岳麓书社2010年版,第328—329页。

城邦"的意义所在：与洞穴中的情形一样，真正的治国理政之术，也同样要面对阴暗中的投影和映像，但是要采取完全不同的理智态度，不是困陷其中，而是要从"实然"中看出"应然"，于"假象"中达致"本质"，在"事实"中发见"规范"之源。在这样的情境之下，为了达致真正始终从公共性（Publicity）出发来思考城邦事务，接受苏格拉底式哲学教育的治邦者，为了超越陷于"梦幻和昏黑"的盲目的统治状况，都必须"互相结伴，居住在一起，生活与纯洁和明净中"①。因此我们知道，苏格拉底—柏拉图的"理想"设计，恰恰不是因为他们缺乏对现实情境的认知，一味地异想天开，而正是因为他们对根植于人性内部的分裂力量有着充分的考察，知道任何一己私欲的掺杂，都会造成城邦内部的分裂（这个部分霍布斯以《利维坦》②的模型做出回应，只是得出的结论几乎刚好相反）。

通过提出"共产"的体制，以实现城邦共同体的团结一致，以此为最高意义上的"理想城邦"的范型（paradigm），柏拉图在《理想国》中也是从"猪的城邦""发烧的城邦""理想的城邦"正序的三阶段论与"理想政体""荣誉政体""寡头政体""民主政体"到"僭主政体"的逆序五阶段论，分别展开论述。其最终的论述目的，是经由阐述城邦整体的团结一致，不再有超出集体意

---

① ［古希腊］柏拉图：《理想国》，顾寿观译，岳麓书社 2010 年版，第 329 页。
② 进一步地，霍布斯的统治模式更可能被柏拉图视为所谓的"为了一些影子而互相斗争不已，为了权力和统治而结帮成派、纷争不已的人所统治的那样"。关于《利维坦》的相关讨论，参见［英］马丁·唐顿：《信任利维坦》，魏陆译，上海财经大学出版社 2019 年版。

志的"你的"/"我的"之别,从而达致对私有产权制度所造成的各种问题弊病的根本性医治。以共有的观念"制作"出城邦的佑护者,"促使他们成为真实的护卫者,并且防止他们,不使他们起分裂城邦的作用,如果他们不是把'我的'这个词来称呼同一的东西,而是不同的人指不同的东西,这一个人把凡是他离开了众人所能获取的一切往他自己的家里拖,那一个人又拖向另一个他自己的家,以及妻子和儿女也都各有各的,既然这一切都是私有的,个别的,于是,快乐和痛苦也成了私有的、各别的东西,而是相反,护卫者们对于何谓自己的在思想上是同一的,他们全体努力趋向于同一个目标,在快乐和痛苦上是尽可能地息息相关的。那么,互相诉讼与控告这一类事情,可以这样说,将在他们之中绝迹,因为除了躯体是个别的以外,他们就没有任何东西是私有的了,此外的一切全是公有的;并且,由此,他们就免除了党同伐异和明争暗斗,后者通常是在人们之中由于拥有财产、子女、亲属而引起的"①。超越于党同伐异与互相攻奸,"除了躯体是各别的以外"的公有制度,实际上完美呈现了"心灵秩序"(没有"你的/我的"的根本差别)对城邦秩序的主宰,快乐与痛苦的共同/同一,也成为前面所说的城邦全体亲如一人(亚里士多德在《尼各马可伦理学》的"友爱"章有相关的表述)的进一步论证。而柏拉图所指明的"全体努力趋向于同一个目标"的情形,就是一种将城邦的和谐比喻成音乐的构成的做法。而要达成城邦整体的

---

① [古希腊]柏拉图:《理想国》,顾寿观译,岳麓书社2010年版,第234—235页。

协同一致，则"不论是我们自己，也不论是我们说明了是要培养成为我们的护卫者的人，都不可能成为精通音乐的人，除非，对于克制、勇敢、慷慨、高尚和豁达大度的模式，以及一切与它们相关联、由它们诞生的事物，一切与它们正相反对的事物，不论它们交织散处在什么所在，我们对它们都有所认识；而且除非，无论在什么所在，只要它们出现，我们就对它们有所觉察，不论这是它们自身还是它们的映像，并且不论它们是在微不足道的还是在意义重大的事物中，都丝毫不予以忽略和轻视，而是深信，这些模式和映像都是同一种技艺和同一种努力的对象"①。柏拉图以"合众为一"的论证模式，将"城邦与人"（Polis and Man）的终极意象，最终总结为一种"共产"实存的本体论（Ontology）。

因"共产"之名，柏拉图将城邦的统一一致作为最高追求，而对由肉身性欲念的肆虐所造成的可能的城邦共同体的"分裂"（Spilt）做出了根本性的否决，这也就是他批判私有制度的关键所在。在《理想国》中，柏拉图以这样的模式论证："1. 对一个城邦最大的善是那种统一城邦的东西；最大的恶是分裂城邦的东西；2. 当所有的公民都分享同样的快乐和痛苦的时候，城邦就是统一的；当他们有个人的快乐和痛苦的时候，它就是分离的；3. 妇女和儿童及其他财产的公有的城邦享有在痛苦和快乐上的最大的一致；4. 因此，妇女和儿童在城邦护卫者中的共有带给城邦最大的

---

① ［古希腊］柏拉图：《理想国》，顾寿观译，岳麓书社2010年版，第133页。

善。"① 以人内心的秩序上的"分裂"(欲望脱离于理性的管辖而独立行事,一如经济的自由自发脱域而造成经济与政治的危机)强调政治共同体戒除经济中心主义的实践意涵,是柏拉图"理想秩序"论的根本特色,更进一步地,在将城邦置于为"一体"之人的"理性"统治之下后,他更将各个阶层的邦民,缔结为"兄弟"联盟,并以其作为城邦安全与发展的根基:所有的共同体成员"互相都是兄弟,但是,塑造他们的神,对于其中凡是能够做统治者的人,在创作他们的时候,就用金和他们掺和在一起,因此他们是最贵重的;对于助手或是卫士,就用银;而对于农人和其他手艺人,就用铁和铜。由于人们都是同胞,因此,虽然就大部分情形来说,固然,他们所生育的子嗣都是与他们相像的,但是也有的时候可以由金子的父亲生育出来银子的儿子,或由银子的父亲生育出金子的儿子,以及其他的一切,也都可以这样地互相产生。因此,神,对于这些统治者们,首先的和最重要的指示莫过于这一点:他们,作为最好的护卫者,应该最注意和最严加守护的就是他们的子嗣了。如果在他们自己的子嗣中有掺和着铜或是掺和着铁的,那他们就必须没有任何怜悯之心,而是相反,在对于他们的价值作出合乎他们天性的评价之后,必须把他们弃置到手艺人或是农人中去;而相反,如果从后者之中产生了一个掺和着金子或是掺和着银子的人,在作出评价之后,必须把前者提升

---

① [美] N. 帕帕斯:《柏拉图与〈理想国〉》,朱清华译,广西师范大学出版社 2007 年版,第 121 页。

到护卫者的职位上,把后者提升到助手或卫士的职位上来。因为,人们引证说,存在着这样一个神示:什么时候一个城邦是由铁或是铜来统治的,那时候,这个城邦就要灭亡。而在他们武装起来之后,让他们在他们的统治者的带领下开拔起来,向前行进,而在他们到达之后,就让他们环顾四周,选择一个在城邦中的最好的地点,在那里安营扎寨;从那里,向内即能最好地镇压那些不愿服从法律的人,对外能对抗外侮"①。

在秩序之"最大化"(Maximization)价值的意义上,柏拉图强力地捍卫着他的共产理想,并从中得出等级规范性的来源,而由于他所构想的城邦体系是完美比照灵魂中理智部分对欲望部分的压制来设计的,那么对于他所界定为错乱与分裂的来源的私有产权制度(Self-Ownership)的批判,就极为关键。在杜绝私产、妇女儿童公有的前提下,护卫者"首先,除了绝对的必需以外,他没有任何属于私有的财产;其次,他没有任何别人想进去却不能进去的居室或贮藏室;他们的食物和日用必需,凡是为一个战争的竞技者,为一个头脑清明而又勇敢健康的人所应有,所必需的,他们将按一定的规定,作为他们的护卫职务的薪金,从城邦的其他居民那里取得,其数量既不超过一年的所需而有余,也无所匮乏。他们集体用餐,习以为常,就像在军营中那样,他们的生活是共同的。金子和银子,我们要告诉他们,他们已经从诸神那里,在他们的灵魂中,得到了神圣的一份了,他们此外更无须

---

① [古希腊]柏拉图:《理想国》,顾寿观译,岳麓书社2010年版,第155—156页。

那人世间的一份了,并且,把获得那有死的金子和获得那神圣的金子混同起来并从而玷污了后者,这是神所不允许的;因为人世的金银元宝,已经是无数不敬神的亵渎之因,而唯有那在他们心中的才是不可玷污的。相反,在整个城堡居民中,唯有对于他们来说,抚摸和接触金银是不被允许的,也不允许走进和金银同在的屋子,在身上环戴金银,从金银器皿中饮酒。而这样,他们就将既拯救了他们自身,也拯救了整个的城邦"①。在这一经典段落中,柏拉图首先规定了城邦生活境遇中"匮乏的阙如"这一条件,以基本的丰裕来刻画理想城邦的秩序之基,也为恪行节制并规训勇敢预制了逻辑前件。其次,通过神圣与世俗的截然区分,将人的灵魂中神性部分应然的"所得",与世俗财富与快乐的实然积累截然区分开来,认为基于已有的"神圣的一份",就根本无须关注"人世间的一份",这也从根本上规定了基督教信仰中"上帝之城"与"魔鬼之城"的区分的哲学基础。再次,世俗与神圣的"金子"(意念中不同意义上的"财货")的混为一谈,也被认为是对灵魂中神圣部分,也即理智德性的根本败坏和玷污,必须在严格二分的情况下予以区隔,这也就完全断绝了承认"私有制"的世俗形式的可能性。最后,通过完全隔绝现实的"金银"的影响,对于城邦的真正"拯救"意味着,对全部身体性欲望的戒备与省察,始终认识到世俗财货将会造成城邦整体的分裂,而只有将自己的心灵秩序归属整全的神圣秩序,才是唯一正确的道路。

---

① [古希腊]柏拉图:《理想国》,顾寿观译,岳麓书社2010年版,第157—158页。

而"相反，什么时候他们自己去取得了私有的土地、房舍屋宇、金银财宝，那时候他将是聚敛家财的人，而不是护卫者；这样，他就将不是所有其他城邦居民的同伴，而是他们的敌对的暴君，憎恨别人和为别人所憎恨，伺机加害于人和为别人所伺机以加害，将以此而碌碌终生，更多的、更重的是在害怕他的内部的而不是他的外部的敌人，而这时候，一往不返，他和整个的城邦离覆亡和毁灭的道路也就不远了"[①]。

柏拉图的基于"批判私有制"而完成的"社会建构论"（Social Constructionist）理论设想，通过"净化的城邦"[②]建化理想城邦下的理想生命图景，正是基于对人类需要（Human Needs）的"内在革命"的方式，成为后世"理想社会"/"未来社会"理解的思辨源头。"我们在下面这一点上得出了一致意见，这就是：那些担当统治工作的人，当他们一旦被任命之后，就将带着军队住到我们在前面所说过的那样一些住所里去，这些住所不具备任何为个人所独享的设施，而是对于所有的人都是公有的；而除了这样的住所之外，关于他们的财产和收入，如果你还记得的话，我们也已经有过一致的意见，他们所将享有的应该是些什么样的财产和收入。"[③]正是在"不具备为任何人所独享"的意义上，"柏

---

① ［古希腊］柏拉图：《理想国》，顾寿观译，岳麓书社2010年版，第158页。文中对于"利益最大化"者的相互攻击，请对堪霍布斯《利维坦》中对于"自然状态"的生存境况的论述。
② "建城的革命"论题，参见［美］罗森：《哲学进入城邦——柏拉图〈理想国〉研究》，朱学平译，华东师范大学出版社2016年版，第133—168页。
③ ［古希腊］柏拉图：《理想国》，顾寿观译，岳麓书社2010年版，第367页。

拉图笔下的理想社会源于人类的需要，因为我们都无法做到自给自足，都有很多需要；而正是因我有了这些需要，才有了各行各业的从业者来满足我们的需要。当所有这些施助者、合伙人和合作者都聚集在城邦里，居民这一团体便被称为一个国家；国民为了彼此的利益而相互合作，互通有无"①。而当这种基于个人需求而建构的城邦完成之后，城邦的利益秩序就会绝对地高于个人利益与需求，同时可以最有效率地治理这一理想主义的"乌托邦"。"当我心头思考乌托邦人的非常贤明而神圣的制度时，想到他们中间法令极少而治理得宜，善必有赏，可是由于分配平均，人人一切物资充裕；于是和乌托邦人的政策相对照，我又想到许多国家不断制定法律，却全都不上轨道——在这些国家，个人不管取得了什么东西，就把它叫作自己的私产，然而那儿每天定出的法律却不够使一个人对于轮到可称为他自己的商品，给以保护防卫，或从别人的商品分辨出来。这种困难处境，容易从层出不穷的控诉得到证实。我重复一句，当我考虑到以上一切实际情况，我就更加赞同柏拉图，更不奇怪何以他不肯给拒绝财产均有法规的人们制定法律。这位哲人当然轻易地预见到，达到普遍幸福的唯一道路是一切平均享有。我怀疑当个人所有即是私人财产时，一切平均享有能否达到。如果人人对自己能取得的一切财物力图绝对占有，那就不管产品多么充斥，还是少数人分享，其余的人贫

---

① ［美］刘易斯·芒福德：《乌托邦的故事》，梁本彬、王社国译，北京大学出版社2019年版，第28页。

困。"① 当城邦之灵魂秩序的问题与每个人的实际需要的增长发生冲突的时候，正义之为"平等"（Equality）的价值就清晰地显现出来。正如托马斯·莫尔所言："在一般的情况下，穷人倒很应该享有富人的境遇，因为富人贪婪、肆无忌惮、毫无用处，而穷人则正派、直率，终日辛勤劳动，牺牲自己为国家做出贡献。我深信，如不彻底废除私有制，产品不可能公平分配，人类不可能获得幸福。私有制存在一天，人类中绝大的一部分也是最优秀的一部分将始终背上沉重而甩不掉的贫困灾难担子。"② 最终，以人类幸福（Human Flourishing）的名义苏格拉底—色诺芬—柏拉图意义上的"理想秩序"模式，在近代西方思想的发展中，以无可回避的方式导出了《共产党宣言》（The Communist Manifesto）中的庄严宣告："从这个意义上说，共产党人可以把自己的理论概括为一句话：消灭私有制。"③ 而且，在马克思、恩格斯的坚决而睿智的政治意识中，要全面实现"地上天国"意义上的"生活理想"，那么，毫无疑问地，"共产党人不屑于隐瞒自己的观点和意图。他们公开宣布：他们的目的只有用暴力推翻全部现存的社会制度才能达到"④。

---

① ［英］托马斯·莫尔：《乌托邦》，戴镏龄译，商务印书馆1982年版，第43页。
② ［英］托马斯·莫尔：《乌托邦》，戴镏龄译，商务印书馆1982年版，第43—44页。
③ ［德］马克思、恩格斯：《共产党宣言》，中央编译局编译，人民出版社1997年版，第41页。
④ ［德］马克思、恩格斯：《共产党宣言》，中央编译局编译，人民出版社1997年版，第62页。

第五章　实践性的悖论：从亚里士多德出发

两种"经济"概念

在《资本论》第一卷中，马克思如同他在早年的《博士论文》和《伊壁鸠鲁笔记》中那样，对亚里士多德在其所讨论的相关问题上的论述极为关注，并且以比对色诺芬和柏拉图高得多的热情而对亚氏的著作进行援引和分析。而在那些论述文本中，与秩序问题关系最为紧密的，首先，就是马克思对亚里士多德《政治学》(*Politiea*)第一卷中对于处理经济生活的两种不同态度，即"经济"的方式和"货殖"的方式的辨析、论说。

在总括的理论框架与思想范式上，亚里士多德在这里处理了与色诺芬《经济论》中类似的议题，并且可以有理由说，亚里士多德就是在某种程度上回应色诺芬所提示的苏格拉底与伊斯霍马霍斯的区分，在其中，后者被认为是善于经营家政，而使得"齐家"艺术演化而成为"发家"的良方，而前者则是一个不折不扣的思辨家和反省者，对智慧、节制与虔敬保存着最初的信念，更在一些特别的场合，提出了"共产主义"[①]和"反对私有产权"[②]的高昂论调。

马克思对亚里士多德《政治学》一书的引证直接而深刻，直指向一种"二元"的划分："货殖（Chrematistik）是二重的，一方面属于商业，他方面属于家计。后者是必要的，可以赞赏的；前者以流通为基础，很有被指责的理由（因为它不是以自然为基础，是以互相欺诈为基础）。在这种情形下，高利贷会被人憎厌，乃是当然的。在高利贷业上，货币本身成了盈利的源泉。不被用在原来的目的上了。货币是为便利商品交换而成立的，利息却是从货币造出更多的货币。它的名称利子与利息，就是这样产生的。所生者与生者相似，利息是货币生出来的货币。在一切营利方法

---

① 马克思、恩格斯在《共产党宣言》中以特定的方式回应了柏拉图式的"共产"议题："公妻制无须共产党人来实行，它差不多是一向就有的。我们的资产者不以他们的无产者的妻子和女儿受他们支配为满足，正式的卖淫更不必说了，他们还以互相诱奸妻子为最大的享乐。资产阶级的婚姻实际上是公妻制。人们至多只能责备共产党人，说他们用正式的、公开的公妻制来代替伪善的遮掩着的公妻制。"[德]马克思、恩格斯：《共产党宣言》，中央编译局编译，人民出版社1997年版，第46页。
② 在古希腊经济政治发展的进程中，经济性的欲求在城邦政治中始终在发挥着负面的影响，因为"贵族和商业阶级之间的斗争持续进行着，商业阶级强烈要求相应的参政权，这一要求得到了贫困农民们的支持。直到希腊文明解体崩溃，希腊各个城邦关于该同一主题的各式各样的内部冲突都没有消停：旧统治阶级和新兴的商业阶级之间的斗争由于大量的奴隶、贫苦的农民和手工业者的存在而变得更加复杂"。[英]埃里克·罗尔：《经济思想史》，包玉香译，商务印书馆2021年版，第23页。

中，高利贷是最与自然相反的。"① 在此，首先，亚里士多德（在马克思的征引的强调之下）提出以"自然"的标准来衡量与货币相关的人类活动的价值排序，凡是合于"自然"的，便是必要的，"可以赞赏的"，反之，则需要更进一步地严加拷问。亚里士多德在这里所强调的"自然"，当然并非现代物理学意义上的"大自然"（Nature），而是他在《政治学》中不断地强调的，"人在自然上是政治的动物"，也因此，这里的"自然"论证，就更可以对应柏拉图的"分裂"说，即合于人的自然，就是不能逾越城邦秩序的德性要求，造成分裂，而过度扩张的经济欲望，无疑正是这一类"精神分裂"②的核心源头。其次，与通常的刻板印象中不同，在马克思摘引的段落，亚里士多德明显已经对古希腊的商业文明有了相当程度的体察，而这也对应了《理想国》（这本书的希腊文原文与《政治学》相同，因此可以说是在同一类问题上不同体裁、不同视角的申论）对话者中，老年成功人士克法鲁斯作为一个雅典的商人典型，其所提出的"正义"问题，一定是与柏拉图—亚里士多德系谱的城邦正义论，背道而驰。最后，马克思显然接受了亚里士多德的将德性视角引入城邦论证的思路，对于基于"相互欺诈"而达成的货殖关系，马克思本身就充满了戒备，因为这构成了通过货币交换关系而实现"美好生活"的根本

---

① ［德］马克思：《资本论（上册）》，郭大力、王亚南译，北京联合出版公司 2014 年版，第 141 页。
② 到 20 世纪，左翼思想家德勒兹和瓜塔里就以经济欲望无限扩张的恶果为关切，提出"资本主义与精神分裂"的惊悚命题，并与其"逃逸线"理论并举。

阻碍。

我们知道，马克思对亚里士多德"经济"定义的引用隐含了"政治"的目的，这也更清楚地呈现了马克思本人的"经济—政治"思辨。在《资本论》第一卷的另一段文本中，马克思清晰地梳理了亚里士多德的经济哲学思路。"亚里士多德以 Oekionomik（家政）和 Chrematistik（货殖）相对照。他是由前者出发。在家计为一种谋生术的限度内，这种技术不过是要获取生活的必需品，或获取于国于家有用的东西。他说：'真的财富是由这样的使用价值构成的。因为，能使生活优裕的东西，其量并不是无限的。但还有第二种谋生术，宜称为货殖。在这个范围内，财富与所有物似乎是没有限制的。商业不是在本质上，就属于货殖的范围，因为在这种场合，交换就是以他们自己必要的物品为限。'所以，他又说，商业原来的形态，是物物交换，然而其扩大，却必引起货币。货币发明之后，物物交换就必然发展为商业了。这种商业会反于它原来的倾向，以至于变成货殖，变成赚钱术。"①

重新设想了"真正财富"的语境②，对于亚里士多德来说，货币的自我异化所带来的"不被用在原来的目的"，与货殖活动的无限膨胀造成的城邦分裂，就成为他的实践理论（practical wisdom）所指向的政治理念中必须摒除的非理性元素。亚里士多德一方面正视了货殖商业的合理性，认为货殖业的发展将会使人

---

① [德]马克思：《资本论》（上册），郭大力、王亚南译，北京联合出版公司2014年版，第127页。
② 亚里士多德实践哲学框架下的"苏格拉底与伊斯霍马霍斯之争"。

们摆脱依附于某个"大他者"(Acute)的低下地位,但同时也会对政治生活造成损害。"商业通过满足人的一些基本需求,取消了奴隶制的必要性,并且随之也取消了奴隶制的正当性。这样,商业就使政治生活得以可能;而政治生活的特征就在于政治统治,即自由人统治自由人。然而,政治的特征也在于,它使人从商业和财富提供的身体性快乐的统治中解脱出来,就此意义而言,商业也制约着政治生活。亚里士多德谴责商业,是因为商业虽然有助于把人从对自然的原初依赖中解放出来,但它也阻止人去实现自己独有的天赋——政治禀赋,或者共同谈论有益于正义的能力。于是,由于自然本身的复杂性,商业成就自然的解放,就既有好的一面,又有不好的一面。自然本身的复杂性使亚里士多德的政治选择得以可能,这种政治使生活从属于美好生活。亚里士多德发现了自然的开放性,这使他可以去构建这样一种政治学:其中人对自然的依赖不是奴性的,以及商业服务于政治生活。"[1] 亚里士多德表现出了与其老师柏拉图类似的旨趣,认为只有政治的思辨超越身体的享受,才能够真正构成人类的本真生活的可能,一旦货殖商业,特别是极端意义上的高利贷业将人们限制在局部利益对整体利息的超拔之上的境遇的时候,这种"私本"主义本身,就必须灭亡。

---

[1] [美]尼科尔斯:《美好生活、奴隶制与获得物——亚里士多德的〈政治学〉》,柯常咏译,见刘小枫编:《城邦与自然——亚里士多德与现代性》,华夏出版社2010年版,第135页。

哲人与律法

备受马克思重视的亚里士多德哲学,具有鲜明的"目的论"(Teleology)的理论特质,尤其在《政治学》对人类美好生活(Good Life)的论述中,亚里士多德就更加强调政治生活作为人类实践(Praxis)终极目的的理论意涵,以之作为人性之"合于自然"的重要特征。① 但是在《尼各马可伦理学》的收尾部分,亚里士多德最终还是赋予沉思的"智性生活"以高于"实践生活"更高的价值,从而体现了亚里士多德的秩序论中不可回避的认识论缺陷。

对于亚里士多德"美好生活"论证的理解,首先可以从马克思所引证的《政治学》第一卷(在这个意义上它也同时是对《理想国》第一卷的呼应)本身的布局谋篇来进行考察。"卷一第一部分讨论人的自然需要,这种需要从人类奴隶制度中揭示出来。卷一第二部分则讲述人通过不自然的获取方式,使自己与自然相分离。然后,亚里士多德以商业可做政治使用的建议结束了他关于获取物的讨论,从而过渡到卷一的最后部分。亚里士多德在此回到家庭,提醒人们注意他们的自然起源。他主张,家庭只有在政治生活的背景中才能得到适当的理解。家庭仍然是城邦的组成部

---

① 这一理论要点在后来霍布斯、洛克以降的近代政治哲学家的思想中,遭到了彻底的批判,奠基于现代自然科学的经验主义政治理论,从根本上否定机械论(Mechanism)世界观之外的对于世界之"目的性"的任何设想。

分,城邦的存在则是为了美好生活。因此,政治生活把人从残酷的自然的依赖中解放出来,而非把人从自然世界连根拔起。"①

在此,亚里士多德的论述至少在两点上是含混的(即使是有意含混):第一,如果我们将"美好生活"简单地定义为"活得好",而非柏拉图意义上的"理念世界"的和谐与正义的话,我们也仍然不能轻易地将"活得好"作为"活"(生活理想)的直接完善,或者作为"活"的目的。因为在人类行动(Human Action)的领域,可以作为行动动机的东西是复多而参差的,武断地将之笼统皈依为"好生活"的现实化(Actuality),就只能是无助于具体分析的空洞言说。而且同时,当我们说"活"指向某种单一确定目标的"活得好",则同样是一种实践决定论模式,使得马克思所谓的"每个人的自由"与"一切人的自由",都变成某种外在的上位者,神圣意志的推断了。第二,在城邦的维度来说,《政治学》第一卷中提出的命题"城邦为了生活而形成,但为了美好生活而存在",本身就存在一种张力,即对"生成"目的与"存在"目的的二分,这也同样是如同前面所讨论的,在整个论证中完全缺失对"美好生活"本身的论述,使得一般意义上的"生活"与作为最终目的的"美好生活"(在其伦理学著作中被暗示为"智性生活")相互割裂,让"美好生活"的发生发展成为一种"突现"(Emergence)。

---

① [美]尼科尔斯:《美好生活、奴隶制与获得物——亚里士多德的〈政治学〉》,柯常咏译,见刘小枫编:《城邦与自然——亚里士多德与现代性》,华夏出版社2010年版,第147页。其中关于将人从自然之中"连根拔起"的说法,可以考量格劳秀斯、霍布斯、普芬多夫在这个方面不同的说法。

要解析如上的含混，我们首先需要对亚里士多德的"城邦"（Polis）概念做一个基本的考察，特别是在其与现代意义上的市民社会与国家概念的对比之中，来理解其思想内容。"如果我们把'国家'理解为一个在武力合法使用上有专断领土要求的联合体，那我们就开始能区分国家和市民社会，后者由社会和家庭关系、经济事务和宗教组织的全方位的网络构成。我们最后可能像无政府主义者希望我们做的那样，组成无国家的市民社会。但与此不同的是，当亚里士多德说及城邦的时候，他想到的是这样的社会组织：用如上的术语说，它既是市民社会也是国家。因此，当我们说及亚里士多德的'国家'时，我们要注意他是在综合型地思考我们的政治和社会组织，完全不涉及韦伯方法所导致的那类区分。当然，询问是否会有一种整体性的国家概念为他的现代对手所喜，是一个有价值和启发性的问题；但对于理解他的政治自然主义来说，至关重要的是要认识到，城邦，他关注的基本的政治体制，除了涉及他考察过的政治权威的不同形式外，还包含能在市民社会中被发现的所有功能特性。"[1]

在厘清了城邦自体的"语境"（Context）问题之后，我们就可以更有效地理解亚里士多德的由"自然"[2]推出的"目的"概

---

[1] ［美］克里斯托弗·希尔兹：《亚里士多德》，余友辉译，华夏出版社2015年版，第341页。

[2] "亚里士多德认为，人就其自然而言是社会的，这一学说一直以来都是传统的学说，直到17世纪受到攻击，尤其是霍布斯的攻击。"［美］列奥·施特劳斯：《古典政治哲学引论——亚里士多德〈政治学〉讲疏》，娄林译，华东师范大学出版社2018年版，第48页。

念,及其与美好生活之间的关联。"当多个村落为了满足生活需要,以及为了生活得美好结合成一个完全的共同体,大到足以自足或近于自足时,城邦就产生了。如果早期的共同体形式是自然的,那么城邦也是自然的。因为这就是它们的目的,事物的本性就是目的;每一个事物是什么,只有当其完全生成时,我们才能说出它们每一个的本性,比如人的、马的以及家庭的本性。终极因和目的是至善,自足便是目的和至善。由此可见,城邦显然是自然的产物,人天生是一种政治动物。"① 在亚里士多德的意义上,事物的"目的"就是其内在本性的充分生发,也正是在这个层面上,家庭、村社这样的现代意义上的"市民社会"单位,在亚里士多德的"三阶段论"中,也就成为一个"通往完善之路"的历程中,不断趋向于"城邦"的阶段。也即是说,以实践目的论而言,"在每件事物中最好的东西是目的,真是由于目的,事物才生成。成为充足的就是成为最好的,成为充足的就具有目的属性。由于城邦这种联合自身对于人类生活而言是自足的,它自身就是前述联合的目的。"② 从"城邦作为目的"的命题,我们就可以推演出"目的高于手段"的存在论秩序,从而,城邦作为最终人类共同的"整全"形态,具有了绝对的"优先性"(Priority)。

亚里士多德对于共同体形态的"三阶段"论总结与实践目

---

① [古希腊]亚里士多德:《政治学》,颜一、秦典华译,中国人民大学出版社 2003 年版,第 3—4 页。
② [意]托马斯·阿奎那:《〈政治学〉疏证》,黄涛译,华夏出版社 2013 年版,第 14 页。

意义上的"城邦整体"观，也就是在城邦得以建成之后（类似于柏拉图的第二城邦的建构模式），之前的各种形态的（小）共同体，就必须服从于城邦这个整体，而不再具有独立的意义，人类幸福与美好生活也便是只有在作为"最终因"的城邦的层次上，才有可能谈论。"城邦在本性上先于家庭和个人。因为整体必然优先于部分；例如，如果整个身体被毁伤，那么脚或手就不复存在了，除非是在同音异义的意义上说，犹如我们说石头手（因为躯体被毁伤则手足也同样被毁伤），一切事物均从其功能与能力而得名，事物一旦不再具有自身特有的性质，我们就不能说它仍然是同一事物。城邦作为自然的产物，并且先于个人，其证据就在于，当个人被隔离开时他就不再是自足的；就像部分之于整体一样。不能在社会中生存的东西或因为自足而无此需要的东西，就不是城邦的一个部分，他要么是禽兽，要么是神，人类天生就注入了社会本能，最先缔造城邦的人乃是给人们最大恩泽的人。"①亚里士多德提出"人类天生的社会本能"与"城邦在自然上优先于个人"，将社会集体主义的"集体行动的逻辑"清楚地呈现，并进一步强调了属人的本真德性的重要意义。

> 人一旦趋于完善就是最优良的动物，而一旦脱离了法律和正义就会堕落成最恶劣的动物。不公正被武装起

---

① ［古希腊］亚里士多德：《政治学》，颜一、秦典华译，中国人民大学出版社2003年版，第4—5页。

来就会造成更大的危险,人一出生便装备有武器,这就是明智和德性,人们为达到最邪恶的目的有可能使用这些武器。所以,一旦他毫无德性,那么他就会成为最邪恶残暴的动物,就会充满无尽的淫欲和贪婪。正义是为政的准绳,因为实施公正可以确定是非曲直,而这就是一个政治共同体秩序的基础。①

以变形的方式,亚里士多德恢复了柏拉图对人性中较低部分将有可能转而控制灵魂中较高部分,从而造成人的动物性占据主动,充满"淫欲和贪婪",也就是欲望的部分会转而"为达到最邪恶的目的有可能使用这些武器",在这个情况下,理智将受到严酷的考验:政治秩序的基础,也正是人性内在的实际和谐,而人性中不同部分的"分离",事实上也隐含着美好生活议题中"分裂"的危险。

由此,在《尼各马可伦理学》的最后部分,也就是实际上的"政治学引论"章,亚里士多德就对"众意"的非理性问题展开了论述:"多数人都只知恐惧而不顾及荣誉,他们不去做坏事不是出于羞耻,而是因为惧怕惩罚。因为,他们凭感情生活,追求他们自己的快乐和产生这些快乐的东西,避免与之相反的痛苦。他们甚至不知道高尚、高贵和真正的快乐,因为他们从来没有经历过

---

① [古希腊]亚里士多德:《政治学》,颜一、秦典华译,中国人民大学出版社2003年版,第5页。

这类快乐。那么，何种逻各斯能够改变这些人的本性？用逻各斯来改变长期习惯所形成的东西是不可能的，至少是困难的。因此，当具备了做一个公道的人的那些条件时，如果我们能够有一部分德性，我们就应当感到满足。有些人认为一个人好是天生的，有些人认为人是通过习惯，另一些人认为是通过学习，而成为好人的。本性使然的东西显然非人力所及，是由神赋予那些真正幸运的人的。"① 对于亚里士多德来说，真正意义上的"多数人"，也正是远离"真正的快乐"的人，他们只追求眼前的利益，仅仅属于"自己的快乐和产生这些快乐的东西"，而根本无法与他所设想的属人的"美好生活"，建立真正意义上的联系。也正是因此，亚里士多德的理论展现出特有的张力，也即从实践目的论的预设出发，最终至高的生活形态，只是理智的生活，也即沉思的生活，而不是政治生活，也甚至是构成对政治生活价值的怀疑。"如果幸福在于合德性的活动，我们就说它合于最好的德性，即我们的最好部分的德性。我们身上的这个天然的主宰者，这个能思想高贵的、神性的事物的部分，无论它是努斯还是别的什么，也不论它自身也是神性的还是在我们身上是最具有神性的东西，正是它的合于它自身的德性的实现活动构成了完善的幸福。而这种实现活动，也就是沉思。"②

---

① ［古希腊］亚里士多德：《尼各马可伦理学》，廖申白译，商务印书馆2003年版，第342页。
② ［古希腊］亚里士多德：《尼各马可伦理学》，廖申白译，商务印书馆2003年版，第334页。

正是以"潜能"（Potentiality）与"现实"（Actuality）的对堪，亚里士多德得以用"完善的幸福"规训那些只追求私己快乐的人，并且，他的理论使得幸福生活的美好意义，就正好跟哲学之为"爱智慧"的意义，相互融洽。"努力于努斯的实现活动，关照它，使它处于最好状态的人，似乎是神所最爱的。因为，如果神像人们所认为的那样对人有所关照，它们似乎会喜爱那些最好、与它们自身（努斯）最相似的人。它们似乎会赐福于最崇拜努斯并且最使之荣耀的人们。因为，这些人所关照的是神所爱的东西，并且，他们在做着正确和高尚的事情。所有这些都在智慧的人那里最多，这毋庸置疑。所以，智慧的人是神所最爱的。而这样的人可能就是最幸福的。这便表明了，智慧的人是最幸福的。"[1]"神"的话题的提出，也就昭示了后世奥古斯丁提出"上帝之城"与"地上之城"的严格区分的存在论前设，在这里成为可能，亚里士多德的"民生实践"观，虽然建构了推进苏格拉底—色诺芬—柏拉图的理想图景的现实意向，但是其本质的倾向于"努斯"（Nous）的理论趋向，却也造成了古典主义民生理论的内部分裂。这一分裂体现在作为理智德性的努斯与作为实践德性的明智（Phronesis）的区分之中。"按照亚里士多德的看法，智慧与明智和政治学的不同，不仅在于智慧比明智更完全，比政治学更唯一，而且在于智慧不仅是属于人的。明智和政治学仅仅是属于

---

[1] ［古希腊］亚里士多德：《尼各马可伦理学》，廖申白译，商务印书馆2003年版，第341页。

人的。智慧则是人与更高的存在物共享的，是关于永恒的事物的。依照这种观点，智慧或哲学在最高意义上就是神学，是关于纯粹、超越、不变的存在的科学，即作为存在的科学。亚里士多德的这一偏离了其哲学主旨的思想开启了他之后的基督教神学。"①

"属神"与"属人"的界分，框定了亚里士多德民生实践观的历史性局限，仍旧不能看到人作为实践主体，本身的自足性，也同时在对劳动实践活动的贬低中，建立一种现世的"神学"。"爱智慧的（哲学的）生活及其幸福是最好的，这是依照人身上的神性的东西（努斯）的生活；明智的生活是第二位的，因为它是属于人的，是按照我们身上的属人的东西的生活。"② 只关注"Being qua Being"的首要性的亚里士多德体系，在忽视了社会实践的根本奠基地位的情况下，对人类的以"美好生活"为根本目标的民生实践诉求，造成了总体上的分裂，他认为，"合于其他德性的生活只是次好的。因为，这些德性的实现活动都是人的实现活动。正义的、勇敢的以及其他德性的行为，都是在与他人的相互关系中做出的，都是在遵守交易与需要方面的适合每一种场合的实践

---

① ［古希腊］亚里士多德:《尼各马可伦理学》，廖申白译，商务印书馆2003年版，第192页注1。对于这种神学意义上的变迁，马克思、恩格斯在《共产党宣言》中以"斗争论"的模式展开论述："思想的历史除了证明精神生产随着物质生产的改造而改造，还证明了什么呢？任何一个时代的统治思想始终不过是统治阶级的思想。当古代世界走向灭亡的时候，古代的各种宗教就被基督教战胜了。当基督教思想在十八世纪被启蒙思想击败的时候，封建社会正在同当时革命的资产阶级进行殊死的斗争。"［德］马克思、恩格斯:《共产党宣言》，中央编译局编译，人民出版社1997年版，第47页。
② ［古希腊］亚里士多德:《尼各马可伦理学》，廖申白译，商务印书馆2003年版，第337页注2。

与感情，而所有这些都是人的事务。有些实践与感情还产生于肉体，道德德性在许多方面都与情感相关。而且，明智似乎离不开道德德性，道德德性也似乎离不开明智。因为，道德德性是明智的始点，明智则使得道德德性正确。由于它们都涉及情感，它们必定都与混合的本性相关。而混合本性的德性完全是属人的。所以，合于这种德性的生活与幸福也完全是属人的。努斯的德性则是分离的。"① 这种亚里士多德式的灵魂分裂②，源于其对"人的事务"的存在论地位的贬低，这一思路的极端化发展，就是中世纪基督教政治哲学所塑造的，"属神的事务"与"属人的事务"的分离，其中最有代表性的，就是奥古斯丁的"上帝之城"与"魔鬼之城"以及进一步延伸的阿奎那对属上帝的"永恒法""自然法"与属人的"实定法"的严格区分。

绝对的敕令

奥古斯丁拟制超绝的"二元论"（Dualism）思维，将理论与

---

① ［古希腊］亚里士多德：《尼各马可伦理学》，廖申白译，商务印书馆2003年版，第337—338页。有关于沉思生活与实践生活在亚里士多德理论体系中的紧张关系，相关研究可参见［美］泰西托雷：《亚里士多德对最佳生活的含混解释》，李世祥译，见刘小枫、陈少明主编：《政治生活的限度与满足》，华夏出版社2007年版，第56—74页。
② 关于亚里士多德的这种灵魂的自我分裂的观念，具体讨论可参照［美］迈克尔·戴维斯：《探究希腊人的灵魂》，柯常咏、陈明珠、戴智恒等译，华夏出版社2016年版，第30—39页。

现实的不可调和性发挥到了极致。在圣·奥古斯丁的代表性著作《上帝之城》(The City of God)在其理想性意涵中，也可以被视为对"理想之城"或"神圣国度"的刻画（尽管在古罗马意识形态或基督教的思维模式下，他认为这一"城邦"是当下即可实现，而非只能在言辞中保持某种范导的作用，本身根本无从实践），而这本书的著述时间，也刚好是在罗马城被蛮族攻克的背景之下①，以征伐战功来铭刻罗马的"光辉正确"的自然正当（Natural Right）的思路急转直下，也由此来预言罗马的世俗意义上的毁灭，而这样的历史契机，刚好将基督教的原罪叙事释放出来，从此而所有的曾被加图和西塞罗们竞相赞扬的罗马建城史，也在根本上成为"神圣的罪业"，使"地上之城"永远地成为"罪恶之城"（Sin City）。"历史按照双重的计划发展着：在那六个符号化的时期里所表达的是人类的神圣历史，它是由善和灵魂构成的历史，它从天使治国里神的统治开始，历经天使的堕落，善良的人类灵魂和邪恶的人类灵魂两相分裂，最后在邪恶的灵魂受到永远的惩罚之后，在世界的尽头，终止于正义的灵魂和基督

---

① "罗马城遭洗劫一事是奥古斯丁写作最雄心勃勃的著作《上帝之城》的直接原因。该书是在罗马城被洗劫后的二十年内写成的，它占据了奥古斯丁思想长达十五年之久。这部著作的前三卷完成于414年，当时他六十岁；但最后一卷直到426年才完成，当时奥古斯丁七十岁。然而，整卷书却是按照一个综合计划构思的，而奥古斯丁至终都忠于自己最初的构想。"[美]罗伯特·路易斯·威尔肯：《早期基督教思想的精神：寻求上帝的面》，陈知纲译，中国社会科学出版社2011年版，第156页。

的统治之中。"① 奥古斯丁的世界是"预定论"的，也因而是秩序永固的，"在这样一个宇宙中，意义与价值得到了充分保证。可能伤害'意义'的偶然性、流变、苦难、悲剧、邪恶，等等，都被整合到'辩证的整体'（神义论）中而得到消除和掩盖。奥古斯丁完全沉浸在这样的价值构架的'认识型'中。奥古斯丁强调，基督教所讲的'正义'并非水平方向上的互不伤害、平等分配之类，而是垂直方向上的是否服从上帝的统治。正义是'给予每个人他应得的一份'。这样，人自身当中就形成了某种正当的自然秩序，即灵魂服从上帝，身体服从灵魂，这就是上帝、灵魂、肉身之间的秩序。从价值大序的角度讲，'正义'就是更多地爱高级的东西，追求价值上的更高的、更为源头性的层次，而不是爱（追求）派生性的、低下的东西。对这一统治/服从关系的悖乱就是最大的'不义'"②。在价值排序的根基处，奥古斯丁其实遵照西塞罗在《国家篇》中给出的秩序法则，但是却从根本上背弃世俗/异教哲学在民生问题上的理论立场。

作为理论上的对立面，西塞罗作为城邦与帝国之转折处的民生理论家，其立场在所谓"智慧与正义"之间的抗衡，有着根本的摇摆性。"智慧鼓励我们去增加我们的资源，去成倍地增加我们的财富，去扩展我们的疆界；因为刻在我们那些最伟大将军的纪念碑上的文字是'他扩展了帝国的疆界'，除了疆界的扩展是由

---

① ［美］沃格林：《政治观念史稿（第一卷）：希腊化、罗马和早期基督教》，谢华育译，华东师范大学出版社 2007 年版，第 274 页。
② 包利民：《古典政治哲学史论》，人民出版社 2010 年版，第 379 页。

他国的领土构成之外，这些文字的含义又是什么呢？智慧还鼓励我们去统治尽可能多的臣民，享受快乐，变得富有，成为统治者和主人；而另一方面，正义又指示我们不伤害一切人，要考虑整个人类的利益，去分给每个人他的应得，不要去触动神圣的或公共的财产或者那些属于他人的财产。那么，如果你听从智慧的结果又是什么呢？财富、权力、富有、公职、军令和王权，无论我们说的是个人还是民族。可是，因为我们谈论的是目前的共和国，那么，国家所要做的对于我们的意图才更为重要，而且，因为这些涉及争议的事实对这两者均可适用。"① 西塞罗是纠结的，他以现实为"理想"，但又因此是理想化的，因为他需要将"正义"彻彻底底地建立于国家的现实行动之中，这甚至是比柏拉图更为艰巨得多的思想任务。"他寻求，并创造了这样一个应当追求而不是有望实现的国家——一种领土最小，而不是实际可能的国家，而是一个可以看到他的国家理论在那里运作的国家。但是，对我来说，如果能够实现我的目标的话，我将努力运用与柏拉图所指出的同样的原则，但不接受任何想象的虚幻共和国，而是以一个真实且非常强大的国家向你们——如同一根教鞭——指出各种政治善恶的原因。"② 西塞罗要在《国家篇》中模仿柏拉图，写出一整套"最佳政体"（Best Region）的因果论，并设想其中民众的合

---

① ［古罗马］西塞罗：《国家篇 法律篇》，沈叔平、苏力译，商务印书馆1999年版，第102—103页。
② ［古罗马］西塞罗：《国家篇 法律篇》，沈叔平、苏力译，商务印书馆1999年版，第81页。

理的生存图景,但是必须承认,这一过程本身就困难重重。①

历史地看,西塞罗刻画政治秩序与民生处境的合理性,本身就隐含着理论上的张力,即承继性的习俗积淀与反思性的建制构想之间的深刻张力。"加图常常说,我们的宪制比其他国家的宪制优越就在于这一点:那些国家的几乎每一个宪制都是由一个人,即这些国家的法律和制度的制定者创建的;例如克里特的米诺斯,斯巴达的来库古,以及政府形式频繁变更的雅典的一些人物,最初是忒休斯,后来是德拉科、索伦、克里斯蒂尼以及其他许多人,而最后当雅典气度衰落耗尽时,法莱雷奥斯的博学者德米特里又使它再付复兴。而另一方面,我们的共和国却是建立在许多人而不是一个人的天才之上;它不是一代人建立的,而是多少个世纪间由许多老前辈建立的。例如,加图说,世界上从来没有生活过这样一个人,他具有把握一切的伟大天资;也不可能有这样的情况,即同时代所有人的力量之汇合无须借助于实际经验和时间检验就能为未来制订一切必不可少的规定。因为,按照加图的先例,我的探究就要回溯到'罗马民族的始点',我要把罗马这个国家的产生、它的生长、它的成熟以及最后成为一个强大健壮的国家的过程来做一番描述,而不是像柏拉图的著作中苏格拉底的例子

---

① "在这样的情况下,苏格拉底问题对于他心智来说还是陌生的。对于柏拉图这位理想城邦的创立者,他也并不理解。尽管他很崇敬柏拉图,但在他看来,这位哲学家详细阐述了一个理想性的政府体系,却没有在实践中获得成功。西塞罗的理想不是一位哲学王,而是一个掌权的罗马公民。"[美]沃格林:《政治观念史稿(第一卷):希腊化、罗马和早期基督教》,谢华育译,华东师范大学出版社2007年版,第168页。

那样,由我本人构思一个我自己的理想国。"① 西塞罗澄清了他的方法论,同时也与理想化建构政体论述的方案作出切割,而这一切,恰恰在于他对罗马的神圣与伟大,坚信不疑。"罗马是成功的;西塞罗也没有什么至上的灵魂。像在他心中那样展现的神话力量是属于罗马的,这个贵族共和国的,像他那样在政治观念史中所具有的重要性要归功于罗马在他灵魂中的存在,这使他能把罗马的观念注入他那个时代的政治学说中。"② 而也正是通过这种"西塞罗神话",巨大的罗马也以"太阳喻"一般的"全景敞视"的力量,将所有个人性的追求彻底湮灭。"由于西塞罗的神话,罗马已经不只是罗马;它已经成为一套绝对的政治秩序,就这样被人们接受,成为宇宙世界的一部分,没有人依据它作为一个整体的存在而如实地质疑它,也没有人依据其存在形态而质疑它。"③

从本己的立场来看,奥古斯丁"作为一个罗马人,他继承并为自己的时代介绍了柏拉图所创立的、被西塞罗引进拉丁世界的政治哲学,作为一个基督徒,他修正了这一哲学以使其适合信仰的需要。他即使不说是政治思想的一个新传统的创始者,也是其最重要的阐释者,这一新的政治思想传统的特点就在于它试图融合或调和出自彼此独立且一直互不相干的两个源泉的要素,这两

---

① [古罗马]西塞罗:《国家篇 法律篇》,沈叔平、苏力译,商务印书馆1999年版,第57—58页。
② [美]沃格林:《政治观念史稿(第一卷):希腊化、罗马和早期基督教》,谢华育译,华东师范大学出版社2007年版,第168页。
③ [美]沃格林:《政治观念史稿(第一卷):希腊化、罗马和早期基督教》,谢华育译,华东师范大学出版社2007年版,第172页。

个源泉便是基督教《圣经》和古代哲学"[1]。可以说,奥古斯丁是人类历史上首个试图汇聚"雅典与耶路撒冷"智慧的思想家,而这其实正构成了"民生图景的两难"的题中之义。"基督教并不把哲学当作异己加以排斥,或仅仅是容忍它,而是努力谋取哲学的支持,使哲学在基督教世界中占有一席之地,在教会的允许和监督下继续繁荣发展。所以,奥古斯丁承认人有先于信仰的知识能力。先于信仰的知识并不是借助于《启示录》而获得的,它是世俗哲学家的创造物和专有物。这样的知识后来被信仰取代了,因为信仰成了生活的最高准则和指南,但知识并未因此而成了无效和多余的东西。甚至当神圣的真理在《新约》时代被最终启示之后,上帝,即《启示录》的作者,不但不禁止反而积极鼓励运用理性获取人类知识。以为他不喜欢我们具有'他借以将我们提高到兽类之上的那种本领'是愚蠢的。以这种方式获取的知识尽管是不完善的,但它仍有其自身的有效性,而且上帝最终愿意用它来支持信仰。奥古斯丁将知识比作犹太人在离开埃及时偷偷带走且宣称为正当财产的金银财物。"[2]

尽管从政治观念史的早期形态看来,基督教文明被视为与罗马的帝国式扩张相辅相成,认定"这两个开创纪元的现象是相互

---

[1] [美]恩斯特·福廷:《圣奥古斯丁》,见[美]列奥·施特劳斯、约瑟夫·克罗波西主编:《政治哲学史》(第三版),李洪润等译,法律出版社2009年版,第162页。

[2] [美]恩斯特·福廷:《圣奥古斯丁》,见[美]列奥·施特劳斯、约瑟夫·克罗波西主编:《政治哲学史》(第三版),李洪润等译,法律出版社2009年版,第163页。

依赖的"①，但是奥古斯丁仍旧毫不含糊地将两种立场，摆置在对立的维度之上。"两种爱构成了两座城：对自己的爱以至于轻视神，它是地上的；对神的爱以至于轻视自己，它是天上的。所以，一种是因自己而荣耀，另一种是因主而荣耀。因为一种寻求的是众人面前的荣耀，另一种寻求的是神前的荣耀，神知道良知是最高的荣耀。在另一种中，则是充满爱的内在机制，对执政官来说是通过忠告，对臣民来说是通过顺从。"②奥古斯丁使用价值的位序来鉴定存在的罪性，在此，"基督教所讲的'罪性'主要也不是日常各种刑事案件中理解的水平方向上的相互之间的伤害，而是下对上的骄傲，即人把自己当作自足、统治、完美、以自身权力为中心，不需要上帝而且挑战上帝；这样的人把自己当作了'强者'，就像大序上第一个堕落的骄傲天使一样。'罪'就是对于源头的背弃，是自爱胜过爱上帝"③。奥古斯丁的罪性分界，恰好论证了康德所提示的理性的自我立法（Self-Legislation）所启蒙意识所必然导致的神权的颠覆，因而从理论的根源处与现代精神形成紧张关系，而因此我们可以说，所谓现代性意义上人的觉醒，实际上就是对"罪性"观念的超克，"大胆地运用理性"，使得民生伦理真正回归人间。

奥古斯丁对于他所提出的"二元"区分，有着坚定的虔敬基

---

① ［美］沃格林：《政治观念史稿（第一卷）：希腊化、罗马和早期基督教》，谢华育译，华东师范大学出版社 2007 年版，第 190 页。
② ［美］沃格林：《政治观念史稿（第一卷）：希腊化、罗马和早期基督教》，谢华育译，华东师范大学出版社 2007 年版，第 275—276 页。
③ 包利民：《古典政治哲学史论》，人民出版社 2010 年版，第 379 页。

础:"至于地上和天上这两个城,我认为应该谈谈对他们的终点的争论;在这本书所允许的范围内,我首先要解释,那些必朽者用来在不幸福的此生追求幸福的道理,从而把他们那虚妄的希望与我们的希望区分开。我们的希望是上帝赐予的,将来所实现的,也是真正的希望。我不仅靠神的权威来分析,而且为了那些不信者,也有以理性澄清。"① 区别于师从加图的西塞罗,从罗马建城的"始点"进行论述,奥古斯丁的"两座城"的历史,关切的是终结处,乃至是彼岸的意涵,这也就有了"实践目的论"的意味。更进一步地,由于"未来"的目标有本质的不同,两座城所标示的"希望"也根本不同,奥古斯丁的"希望"哲学也即在此登场:只有上帝赐予的希望,才真正是可以实现的,所有非信仰者的希望,都必须成为虚妄,因为他们所追求的,都只是从属性的,因而是派生的。"我们所谓'终极的好',就是做别的事所追求的目的,而它自身就是自身的目的;那'终极的坏',则是做别的事所躲避的东西,而它则因为自身而躲避。我们这里所说的终极的好,并不是说它是最后的好事,在到达它之后,就没有好了,而是说,在完成这个好之后,就充满了好;终极的坏也不是说,在它之后就没有坏事了,而是说,凡是伤害,都引导我们朝向它。"② 也正是在这种策略的指引之下,奥古斯丁才可以在

---

① [古罗马]奥古斯丁:《上帝之城》下册,吴飞译,上海三联出版社2009年版,第124页。
② [古罗马]奥古斯丁:《上帝之城》下册,吴飞译,上海三联出版社2009年版,第124页。

这部巨著之中完成他的辩护策略,即只有在"终极"的意义上来谈论基督宗教的至高"德性",才是一种恰当的理解方式。"尽管《上帝之城》是以罗马城遭洗劫为契机的,却并不仅仅是对这一灾难的回应。正如这一著作开头几章所澄清的,这部著作是向那些'喜欢自己的神明胜于上帝之城缔造者的人们'所做的一次护教。在前五卷中,奥古斯丁对那些相信崇拜传统神明可以保证今生幸福的罗马人做了回应,在随后的五卷中,尤其是在第八卷的开头,他开始讨论一种更可怕的敌人,柏拉图主义者(我们称之为新柏拉图主义者)。虽然他们与基督徒都相信有一位上帝,却并不认为这位独一的上帝排除了对其他次位神的崇拜。即使此时基督教已成为罗马帝国官方宗教,但在知识阶层中仍有一些批评者。奥古斯丁的书既是针对那些信仰因着这座古老令人尊敬的城市遭到攻击而动摇的基督徒,也是针对这些批评者的。即使哥特人没有洗劫罗马城,《上帝之城》这类作品也会写出来。"①

奥古斯丁的"神义论"建立了现实民生场域下的"势不两立",这种对抗性更因为"上帝之城"的无处不在而越发激烈且旷日持久。因为,"上帝之城不是分立的城邦,不是与其他城邦并存,以神律为基础,仿照犹太人的神权政治或康斯坦丁及其追随者的世俗王国而建立的。上帝之城和地上之城都不限于通常的单个城邦的范围,二者都不同于任何特殊的城邦或王国。二者之间

---

① [美]罗伯特·路易斯·威尔肯:《早期基督教思想的精神:寻求上帝的面》,陈知纲译,中国社会科学出版社2011年版,第156—157页。

的区别反映了善和恶的区别，这就是说真正的道德是基督教道德。一个人成为这两个城邦之一的成员不是凭其所属的种族或民族，而是凭他追求的目标以及他的所有行为最终所服从的目的。上帝之城只是基督的追随者和真正的上帝的崇拜者的共同体。它完全由虔诚的人组成，其整个生活可以说是虔诚默认上帝的教导，并且只有在这个城邦中真正的正义才会实现。由于其范型被置于天上，因为其完善状态只在来世才得以实现，所以上帝之城有时被称为天国；但就追随基督的人现在就有可能过真正道德的生活，上帝之城已经存在于此岸。由于这一原因，不可把上帝之城混同于柏拉图的理想城邦，后者只存在于思想或言说中"[1]。在"至高"与"神圣"的维度上，奥古斯丁的上帝城邦与柏拉图的理想城邦形成了对比。"《上帝之城》可以作为对柏拉图《理想国》一书的回应，尽管柏拉图的著作在这卷书中被引用的并不是很多。在这卷书较为靠前的一段颇有启发性的内容中，奥古斯丁影射了《理想国》的计划。在《理想国》里，柏拉图勾勒出了一幅关于理想共和国的理性理想画面，若用奥古斯丁的话来说，即'城邦应当成为什么样子'。其中对应当一词的使用颇值得注意。奥古斯丁指出，柏拉图将自己的思想建立在了一个理想的城邦应当时何种样子的基础上。人们或许会期望奥古斯丁在回应中，勾勒出自己理想城邦的轮廓，从而将上帝之城与柏拉图所想象的城邦进行对

---

[1] [美]恩斯特·福廷：《圣奥古斯丁》，见[美]列奥·施特劳斯、约瑟夫·克罗波西主编：《政治哲学史》（第三版），李洪润等译，法律出版社2009年版，第181页。

比。但是，奥古斯丁却并没有提出一种典范的城邦，即人类应当竭力在这个世界上建立的社会。他的上帝之城并不是一种理想，而是一座实际的城市，一个人所连属的活泼群体。用他在一封信中娓娓道来的一句话说，他将上帝之城成为人进入的城市，亦即，人成为其一部分的社会。尽管上帝之城中的生活是以未来为导向的，但他仍是一个社会和宗教'事实'。"① 不进行细部的"规划"，奥古斯丁实际上将自己的理想设计以西塞罗的方式，直接运用到对现实的基督信仰的辩护之中（从而与莫尔的《乌托邦》策略大相径庭），在不讨论"应当"的情况下，奥古斯丁意指当前的信仰团契，本身就已经是上帝之城的"实然"所在。

而对于尘世的地上之城，奥古斯丁则用完全的拒斥的方式来进行描述："地上之城不会永恒（当她最后得到应有的惩罚时，就不再是一座城了）。当为正义的原因而战的人胜利时，谁会怀疑那令人兴奋的胜利，达到了人们希求的和平？这些是好的，而且无疑是上帝的赐予。但是如果我们忽视了更好的、属于天上之城的好，忽视了那永恒而最高的胜利中有保障的和平，而只欲求这类的好，或者认为那是唯一的好，或者爱它胜过爱那我们相信是最高的好，接下来必然是悲惨，而且悲惨还会不断增加。"② 依据与一种"爱的秩序"的关联，地上之城相对于上帝之城的次生

---

① ［美］罗伯特·路易斯·威尔肯：《早期基督教思想的精神：寻求上帝的面》，陈知纲译，中国社会科学出版社2011年版，第157页。
② ［古罗马］奥古斯丁：《上帝之城》中册，吴飞译，上海三联出版社2009年版，第231—232页。

性，显而易见，并且这种秩序不可僭越，否则"接下来必然是悲惨"。"地上之城的一部分，作为天上之城的像，不代表自己，而是代表那一个，是为奴的。她不是为自己而建的，而是为了所象征的另一个而建的。由于她又被另一个来象征，那预示性的又由另一个来预示了。撒拉的使女夏甲和她的儿子，就是这个像的像；但是影子在光照下就会消失，这光就是经上说的自由的撒拉，她象征了自由之城，夏甲是她的象征，是她的影子，侍奉她。我们发现地上之城有两个面相，在一个面相中，她展示了自己的样子，在另一个面相中，则以自己的显现，象征着天上之城。地上之城的公民是因罪而有罪过了的自然产生的；真正天上之国的公民则产生于恩典，脱离了罪，回归自然；所以后者是贵重的器皿，前者是卑贱的器皿。"[①] 回到柏拉图的线段比喻，差序的阶梯之中，地上之城之具有图像或影子的存在位阶，其本身的"实在性"（Reality）较之于信仰有绝对的差距，这也就意味着尘世的民生状况，根本是无足重轻的，最为重要的是，认清自己属于地上之城（以罗马为代表）的事实，虔诚地认信上帝，因为"地上之城的子民是因罪而生"。"与上帝之城形成鲜明对照的是，世俗的地上城邦被自爱所引导并根据圣经所说的肉体而生活。这里所谓'肉体'一次并不是就其狭义而言的，即不仅仅是指肉体或肉体之乐。在圣经的用语中，'肉体'是自然的人的同义词，包括一切人的行为

[①] [古罗马]奥古斯丁：《上帝之城》中册，吴飞译，上海三联出版社 2009 年版，第 230 页。

和欲望，当然是就它们不以上帝为最高目的而言。这个词不仅用来指的骄奢淫逸的人，他们以享乐为最高追求，而且指所有热衷恶行的人，甚至指这样的智者，他追求智慧的动机是自爱而不是爱真理。广义而言，地上之城的特征是钟爱完全的独立和自足，这恰恰表现为顺从和服从上帝的反面。"正是在这个意义上，以认信的名义而非从理智与德性的角度来做出的"两座城"的区分，意味着一种理据更为含混的"因信称义"。

也正是在对"地上之城"的否定之中，单独依靠"末世论"模式的批判遇到了极大的困难，并且为文艺复兴之后的世俗主义、人文主义的复兴，留下了否定性的前设。"等我们到达了上帝的审判，那个被称为审判日或者主之日的时候，不仅一切在审判中都各得其所，而且，就是从最开始的审判，一直到这个时候以前的审判，都会变得无比正义的。那时也会清楚，究竟是因为上帝怎样的审判，现在上帝很多（几乎全部）正义的审判无法被必朽者的感觉和心智认识。但即使现在，有一点是虔敬者的信仰所清楚的：即使那些不清楚的，也是正义的。"[①] 通过"因信称义"的大无畏精神，上帝临在的"永恒正义"就将在"上帝之城"的领域下开始进展，但是与之相对应的，作为民生秩序的相对位面的"地上/魔鬼之城"，则恰恰是无度的杀戮，在各种位阶下进行，整个世界笼罩在强盗匪帮的阴影之下。"没有了正义，王国岂不

[①] ［古罗马］奥古斯丁：《上帝之城》下册，吴飞译，上海三联出版社 2009 年版，第 172 页。

就是一大群强调?而强盗就是一个小王国。团伙是人组成的,听首领的号令,通过盟约组织起来,根据共同认定的规则分赃。它如果不断招降纳叛,坏事日益增多,划定地盘、建立据点、攻占城池、约束人民,就越来越可以公然有王国之名。这个名字不是去掉贪欲后才能获得,而是只要不受惩处,就能得到。"[①] 与对于上帝之城的内在机制的含糊其辞不同,奥古斯丁谙熟于现实政治的暗黑伎俩,并在对"非信者"的容忍中,体现了不输于马基雅维利和曼德维尔的思想强度,这使得中世纪晚期所出现的种种教廷的黑暗行径,有了某种"地上"的根源与可辩护性。而且与之对应的,"神圣的罗马"在很大程度上,也就是这样的"有王国之名"的一种盗贼秩序,在其中,人民只能是被侮辱与被损害者。"那时候,魔鬼诱惑了这些国家,使他们参加征战。在做这些之前,魔鬼也用各种可能的坏事诱惑。这里说'出来',指的是他把本来潜藏着的仇恨爆发为公开的迫害。这是最后的迫害,临近最后的审判,整个大地上的圣教会都要遭受,即整个基督之城都要遭到整个魔鬼之城的挑战,无论二者存在于大地上的什么地方。"[②] 奥古斯丁似乎早有预见,在他的双城理论彻底为"欲求伦理"的单维度叙事下"单向度的人"(One Dimensional Man)所取代的尼采(Nietzsche)所谓"末人"(Lastmen)时代,也正是

---

① [古罗马]奥古斯丁:《上帝之城》上册,吴飞译,上海三联出版社2007年版,第137页。
② [古罗马]奥古斯丁:《上帝之城》下册,吴飞译,上海三联出版社2009年版,第191页。

这"最后的迫害"不断延展其危害的历史时段，必须有更进一步的"革命"理论，才能将之去除，这是更进一步的以财富为核心的"与魔鬼之战"。"一旦财富开始受到人们的尊敬，并且当光荣、军事统帅权和政权随之也受到尊敬的时候，德行便开始失去其光荣，贫困被认成一种耻辱，廉洁反而被说成一种恶意的表现，因此，由于财富，同狂妄自大结合在一起的奢侈和贪婪便沾染上我们的青年一代。他们干着掠夺的勾当，毫无节制地浪费；他们毫不珍视自己的财产，却又觊觎别人的财产；对于节制、贞洁，人和神的一切事物，他们无不采取蔑视的态度；简言之，他们既极为胆大妄为又毫无顾忌。"① 可以说，奥古斯丁正是用"上帝之城"与"魔鬼之城"的对峙，精致刻画了现实生活伦理中理想与现实、德性与价值之间的永恒张力，并通过一种最终失败的方式，试图将人类引向至高的实体，但是却在"颠倒柏拉图主义"的意义下，预示了霍布斯主义贪求欲望而"胆大妄为又毫无顾忌"的现代经济哲学意图。

---

① ［古罗马］撒路斯提乌斯：《喀提林阴谋》，王以铸、崔妙因译，商务印书馆1995年版，第102页。

第六章　坏世界与不平等：现代世界的自我倾覆

经济哲学的"马基雅维利时刻"

以被历代阐释者视为现代经济理性之"邪恶教师"[①]（The Teacher of Evil）而著称的马基雅维利（Niccolo Machiavelli，1469—1527），凭借其"现实主义"（Realist）的"权力（意识）现象学"（Phenomenology of Power）彻底拆解了古代—中世纪标列"双重标准"的"秩序"模式，完全拒斥

[①] "普遍认为，马基雅维利'教唆作恶'，推崇欺骗和暴力……马基雅维利之所以激怒了舆论，是因为他不厌其烦地说明，任何认真从政的人必须做一些道德上可憎的事才能成功。"［英］阿兰·瑞安：《论政治：从希罗多德到马基雅维利》，林华译，中信出版社2016年版，第474页。但是，另一方面，又有学者认为，在"罪恶"行为教唆者的意义上，"如果不认识到马基雅维利的恶魔本质，我们也就不能充分理解他的高贵：'思想的无畏果敢、视野的宽宏深远以及言辞的优雅精妙。'"刘玮：《马基雅维利与现代性——施特劳斯、政治现实主义与基督教》，华东师范大学出版社2012年版，第22页。

"柏拉图—亚里士多德"式的"最佳政制"(Best Regime)论述,转而将奥古斯丁主义(Augustinian)所详加批判的"地上之城"上升为其"治理术"思虑的唯一"意向相关项"(Noema)。在此维度下,正是马基雅维利对"政治"话语实现了全方位的"经济化"(Economicalized),肇始了秩序论题下"西方古代政体学说的终结"。① 在"现代性"思想之发端②的意义上,古典思想的叛逆者与批判者马基雅维利"是第一个将权力作为一个正面概念来关注的政治思想家。对于柏拉图这样的古代思想家和中世纪的主流思想家来说,权力都是一种负面的价值。对前者来说,追求权力标志着一种不可取的非理性;对后者来说,权力则是一种罪恶。按照他的方法,即新的政治科学,马基雅维利剥去了那些使人们无法获得政治成功的虚幻观念的面具,同时教他们使用欺骗手段来实现他们的目标。"③ 由此,马基雅维利主义正式成为经济哲学上的"柏拉图主义"理路的终结者。

马基雅维利秉持其崇尚(无所不用其极)的"事实性"(Facticity)思理,大肆挞伐意义世界"理想性"(Ideality)的可

---

① 马基雅维利的这一重要"翻转",也构成了现代经济哲学思想的关键性开端,在这个意义上,"古典哲人认为'最佳政体'就是'以德性为目标的政体',他们关心共同体及其统治者所追求的目标甚于制度,而现代政治思想家则反其道而行之"。刘训练:《西方古代政体学说的终结》,见丛日云主编:《现代西方政治思想的形成》,东方出版社 2020 年版,第 151 页。
② "如果说有哪位政治哲学家是从中世纪到现代的转型之化身的话,那便是意大利人尼科洛·马基雅维利。"[美]唐纳德·坦嫩鲍姆:《观念的发明者:西方政治哲学导论》,毛兴贵、莫娇、夏婉清译,中信出版集团 2023 年版,第 197 页。
③ [美]唐纳德·坦嫩鲍姆:《观念的发明者:西方政治哲学导论》,毛兴贵、莫娇、夏婉清译,中信出版集团 2023 年版,第 206 页。

能之域。在他所鼓吹的意识形态架构之下,"至高的秩序"(罗马的共和建制)完全被贱斥,"如果有可能重建罗马共和国式的制度,当然应该为之努力;如果没有这个可能(这一点几乎可以肯定),就只能希望有人能娴熟掌握获得并保住权力所必需的技巧和手腕,希望这样的人能把握大权、建立秩序。"① 通过无往而不利的"夷平"修辞,② "秩序之思"被"降低"为鄙陋"世俗时代"(Secular Age)的"现实主义"致思体系,在此,以秩序之名,"马基雅维利关注的重点在一个'新'上,新的秩序如何产生、维系是最令他着迷,也是推动他写作的最重要问题。他所建议的对象如洛伦佐·美第奇,以及他所举的例子如罗慕路斯、切萨雷·博尔贾等人,都是新君主的典型。"③ 正如一些当代研究所表明的,马基雅维利在谈论秩序结构的时候,从未像后世的霍布斯、斯宾诺莎、洛克乃至黑格尔那样诉诸上帝的权威(即使仅仅是作为障眼法),而是完全关注于现实的维度,只关切真实存在的世俗统治者的"煊赫"名衔。因而,"马基雅维利放弃了君主之上的永恒真理,他并没有否定政治秩序需要有一些价值观的支持,

---

① [英]阿兰·瑞安:《论政治:从希罗多德到马基雅维利》,林华译,中信出版社2016年版,第473页。
② 毫无疑问,"马基雅维利对政治修辞的影响毋庸置疑。'霍布斯式'一词是只有政治理论家和政治学家才熟悉的行业用语;'马基雅维利式'的意思却无须解释,尽人皆知。'霍布斯式'或'柏拉图式'没有贬义,'马基雅维利式'却绝非中性词。伊丽莎白一世时代的戏剧中总是有'马基雅维利般狡猾诡诈的杀人犯'这个角色;时至今日,还有一些对马基雅维利的著作连一行都没有读过的奸诈政客动辄大唱高调,痛斥马基雅维利主义"。[英]阿兰·瑞安:《论政治:从希罗多德到马基雅维利》,林华译,中信出版社2016年版,第474页。
③ 段德敏:《现代民主的马基雅维利时刻》,南京大学出版社2023年版,第290页。

其'新秩序'或'新制度'便包含了人们对某种价值的追随，只不过这种价值是特定君主统治所包含的价值。在马基雅维利看来，这种价值是多元的、可塑造的，而不是先在的或永恒的。"①

历史地看，正是马基雅维利打破"存在巨链"的思想行动决定性地开启了"权力与秩序"论域的"古今之争"："他将古典政治哲学、从而是完全意义上的政治哲学传统诗作徒劳无益的而加以拒斥：古典政治哲学以探讨人应该怎样生活为己任；而回答何为社会正当秩序的问题的正确方式，是要探讨人们实际上是怎样生活的。"② 并且，马基雅维利的"显明教诲"，恰恰又是"触发"自古典时代"隐微"的书写之中：恰恰是"古典思想家隐秘地而且怀着明显的厌恶态度所揭示的那个腐化堕落的信条，马基雅维利明目张胆地、欣然自得地加以宣扬。古典思想家假口他们笔下的人物所讲的那些令人惊心动魄的话，他无所忌惮，以他自己的名义公然道出。只有马基雅维利一个人，敢于用他自己的名字，在一本书里，阐发这个邪恶的信条。"③ 这样"辩证化"的论述就反转呈现为《君主论》中关于"人之为人"的经典段落：

因为我的目的是写一些东西，即对于那些通晓它的

---

① 段德敏：《现代民主的马基雅维利时刻》，南京大学出版社 2023 年版，第 151—152 页。
② ［美］列奥·施特劳斯：《自然权利与历史》，彭刚译，生活·读书·新知三联书店 2016 年版，第 182 页。
③ ［美］列奥·施特劳斯：《关于马基雅维里的思考》，申彤译，译林出版社 2016 年版，第 2 页。

> 人是有用的东西，我觉得最好论述一下事物在实际上的真实情况，而不是论述事物的想象方面。许多人曾经幻想那些从来没有人见过或者知道在实际上存在过的共和国和君主国。可是人们实际上怎样生活同人应当怎样生活，其距离是如此之大，以致一个人要是为了应该怎样办而把实际上是怎么回事置诸脑后，那么他不但不能保存自己，反而会导致自我毁灭。因为一个人如果在一切事情上都想发誓以善良自持，那么，他厕身于许多不善良的人当中定会遭到毁灭。①

以"人实际上怎样生活"超克"人应当怎样生活"，是马基雅维利对苏格拉底、柏拉图以降的经济哲学智识的宣战檄文，标举着恰如其分的"明智"，马基雅维利摧毁了心灵秩序与世界历史之间的内在联系，转而用被"欲望/利益"所统摄的经济意识，为现代世界的秩序言说重新"附魔"：被"自我毁灭"的符咒封印，现代人必须舍弃本己性的"善良意志"（Good Will），并且再不可能走出"自我利益"的藩篱枷锁，而这样也就完成了对于霍布斯式"自然状态"说的预定启蒙（Pre-Enlightenment）。

> 我知道每一个人都同意：君主如果表现出上述那些被认为优良的品质，就是值得褒扬的。但是由于人类的

---

① ［意］马基雅维利：《君主论》，潘汉典译，商务印书馆2009年版，第73—74页。

条件不允许这样，君主既不能全部有这些优良的品质，也不能够完全地保持它们，因此君主必须有足够的明智远见，知道怎样避免那些使自己亡国的恶行，并且如果可能的话，还要保留那些不会使自己亡国的恶行，但是如果不能够的话，他可以毫不踌躇地听之任之。还有，如果没有那些恶行，就难以挽救自己的国家的话，他也不必要因为对这些恶行的责备而感到不安，因为如果好好地考虑一下每一件事情，就会察觉某些事情看来好像是好事，可是如果君主照着办就会自取灭亡，而另一些事情看来是恶行，可是如果照办了却会给他带来安全与福祉。①

马基雅维利完全沉浸在"概然率"的思维定式之中，强调必须用"相对主义"（Relativism）的范式来考究"每一个人都同意"的行动逻辑，② 也就是在欲望的秩序之外，再不存在任何类似"道德法则"（Moral Law）一般的评判准则，在世间构造是非的价值枢纽，而这一切又是基于当前被"魔化"的"人类的条件"而呈现／建构出来的。

---

① ［意］马基雅维利：《君主论》，潘汉典译，商务印书馆2009年版，第74—75页。
② 极为显著的是，马基雅维利的思想本身就是一个充满了歧义理解的理论场域，正如阿尔都塞所说，"对马基雅维利的使人分裂的解读，不可避免地给人强加这样一种观念：他的思想本身包含着真正的、在这些争论中成为问题的理论资源"。［法］路易·阿尔都塞：《政治与历史：从马基雅维利到马克思》，吴子枫译，西北大学出版社2018年版，第241页。

完全受制于个人性的"强制"的欲望驱动，以"自我保存"为至高目的的现代僭主式个人已经呼之欲出。诚如列奥·施特劳斯所考索的，马基雅维利在西方经济哲学史上第一次以利益的名义施予邪恶的教诲，并由此展开了无与伦比的"内在性"视域（Horizon）："我害怕和我使人害怕是同时发生的，我使自己摆脱的侵略和我对别人发动的侵略是同样的侵略，威胁着我的恐怖和我造成的恐怖是同样的恐怖，我在由我引起的不安中体验到不安。我施加于受害者的痛苦与此同时作为报应刺痛着我。"① 在梅洛-庞蒂精准而极具穿透力的现象学描述之下，现代（贱斥）主体的"畏"（Angst）之体验（Erlebniz）在此昭然若揭，并在交互主体性（Intersubjectivity）的意义下形成"焦虑"（Anxiety）的闭环结构。"在我与他人之间有一种循环，有一道忧郁的圣餐，我所犯的罪孽，我使之作用于我自己，我在与他人斗争的同时也正是在与我自己斗争。"② 不再诉诸理念、实体或高位悬临的上帝，马基雅维利式的现代主体只有在其"实际如此"的生活之中，才能"安享"于"罪"的永续轮回并且毫无"羞"感可言。

毫无疑问（但同样令人费解），马基雅维利的"自我利益"的"第一人称"（The First Person）启蒙主义为现代人正式施行了"魔化"的新洗礼，将他们引向利益—欲望之"差异化重复"的全

---

① ［法］梅洛-庞蒂：《梅洛-庞蒂文集·哲学赞词》第5卷，杨大春译，商务印书馆2023年版，第234页。
② ［法］梅洛-庞蒂：《梅洛-庞蒂文集·哲学赞词》第5卷，杨大春译，商务印书馆2023年版，第234页。

新"拟像",在这一维度下,"当彼此之间确立了共同使命和共同命运关系之后,开始时的冷酷就应该被抛到一边。当个体增加他给予权力的赠礼本身时,在他们之间就存在交换关系。"① 利益与欲求无所不在的"内在性"(Immanence)征程,彻底捣毁了"超越性"(Transcendence)的虚妄构图。

马基雅维利的"非道德主义"(Immoralist)为现代经济哲学奠定了重要的根基,其所申说的基于自私(selfish)禀赋的"单一(利益)世界"正是经济哲学的世俗化转向(建构全新意义下的"经济—政治")所亟须的"理由的逻辑空间"(Logical Space of Reason)。"宣称人类是自私的动物(马基雅维利实际上就是这样主张),就是在拒斥古代和中世纪哲学家的共识。对古代人来说,这种自我中心主义对稳定的政治秩序构成了很大的威胁,以至于他们竭力主张人们应该通过理性的胜利来克服或搁置他们的欲望。中世纪的思想家劝导人们用信仰来取代自私。马基雅维利否认有任何合理的外部来源,无论是理念、终极目的还是上帝,可以证成用他眼里的虚构来取代'自然的'动机。"② 全力捍卫属人的"自然动机",也是马基雅维利能够仅凭"他人威胁"的普遍性就可以否证古典时代"美德伦理"(Virtue Ethics)之合理性的内在动因。作为整全意义上"地上之城"的捍卫者,马基雅维

---

① [法]梅洛-庞蒂:《梅洛-庞蒂文集·哲学赞词》第5卷,杨大春译,商务印书馆2023年版,第239页。
② [美]唐纳德·坦嫩鲍姆:《观念的发明者:西方政治哲学导论》,毛兴贵、莫娇、夏婉清译,中信出版集团2023年版,第205页。

利强调,"无论是理性政治还是救赎政治都不能优先于更为世俗的关怀"①。也即是人们对于现世欲求的不竭追寻,才是对于现代性之"秩序"话语的合法性奠基。

马基雅维利对于"单一的现代性"(Singular Modernity)的诉求(压倒性地成为"欲望与野心之辩证法"的仆从),也同时体现在他对于作为至上秩序之转写的"命运"(Fortuna)概念的论述之中。在文艺复兴的语境下,命运被视为"天命或上帝的意志,是导致地震和洪水等灾难的大自然的随意运作。它是一种无法估量的力量,超出了人类的控制范围,但它控制着人类的命运。它是一种充满活力的、富有能量的力量,威胁着它控制的人的自由"。因此,对于马基雅维利而言,"命运"或"命运女神"无疑也有着"强决定论"(Strong Determinism)的现实效应,正如其在喜剧《曼陀罗》中所做的刻画:"仙女与牧羊人力图向人们揭示人间的骗局:人生苦短,人们日复一日地受到野心和欲望引起的折磨而不知如何给它们套上笼头,从而逐渐远离快乐。人们身上不可避免的自然欲望在久候命运女神却不得垂顾之后因失望而痛苦不堪。马基雅维利在《君主论》的献词里丝毫不掩饰他身上所遭受的时运不济。"② 但是另一方面,马基雅维利同样认为人的自由意志将在被重置定义的"德性"(Virtù)的意义上发挥其不可忽视

---

① [美]唐纳德·坦嫩鲍姆:《观念的发明者:西方政治哲学导论》,毛兴贵、莫娇、夏婉清译,中信出版集团2023年版,第205—206页。
② 陈华文:《命运与政治秩序——论马基雅维利的命运观及其政治意义》,见刘训练编:《马基雅维利政治思想新诠》,天津人民出版社2023年版,第143页。

的作用（某种程度上，这正是《君主论》的写作所要力图达及的，尽管在当时收效甚微）。

> 命运是我们半个行动的主宰，但是它留下其余一半或者几乎一半归我们支配。我把命运比作我们那些毁灭性的河流之一，当它怒吼的时候，淹没原野，拔树毁屋，把土地搬家；在洪水面前人人奔逃，屈服于它的暴虐之下，毫无能力抗拒它。事情尽管如此，但是我们不能因此得出结论说：当天气好的时候，人们不能够修筑堤坝与水渠做好防备，使将来水涨的时候，顺河道宣泄，水势不致毫无控制而泛滥成灾。①

在马基雅维利具体而微的阐述中，"淹没原野"的大洪水或"把土地搬家"的洪荒之力，无疑是上帝或终极目的因的现实呈现，与柏拉图的"大字—小字"类比形成显著对堪的是，马基雅维利只承认其"一半"的"构成性"意义，甚至，实际上假如人们能够在面对"命运女神"之时，"人们可以看到，她宁愿让那样行动的人们去征服她，胜过那些冷冰冰地进行工作的人们。因此，正如女子一样，命运常常是青年人的朋友，因为他们在小心谨慎方面较差，但是比较凶猛，而且能够更加大胆地制服她"②。也就

---

① ［意］马基雅维利：《君主论》，潘汉典译，商务印书馆2009年版，第118页。
② ［意］马基雅维利：《君主论》，潘汉典译，商务印书馆2009年版，第121页。

是说，对于渴望"压倒"命运的（青年）变革者而言，恰恰不是命运的"决定"力量，而是其"可征服性"，才构成其行动主张的规范性根据（Grounding）。但是，也正是在这种似乎是"治天命而用之"的属人的"决断"（deliberation）之下，马基雅维利的"魔化"思维显然将现代人带入了无可救药的欲望的"深渊"（Abyss）。在其中：

> 人们眼前能够见到的唯一目标是荣耀与财富。人们所作所为想要达到的不是具备美德这个目标，因为人的自然而寻常的欲望是获取……人若要求得生存必须获取；对君主而言如此，对一般人而言也是如此。人们不会关心美德的问题，因为他们不能这么做；他们所有的心思和所有的劳作都用于在和平时期获取财富，这样才能在战乱时期保卫自己。因此，获取荣耀与财富才是人们心中想要达到的实实在在的目标。现在，马基雅维利在自己生活的时代里首次以自己的名义清楚地阐明了这个观点。[①]

由此可见，"马基雅维利主义"的"事业"，就是要造就现时代"单向度的人"，并使其陷入与外在秩序无止境的缠斗中，彻底服膺欲望秩序的宰制："获取荣耀与财富才是人们心中想要达到

---

① ［美］德·阿尔瓦热兹：《马基雅维利的事业——〈君主论〉疏证》，贺志刚译，华东师范大学出版社2009年版，第219页。

的实实在在的目标",而为此就必须永远驱策理性成为欲望的工具。"对抗命运的主宰,我们用自己的汗水,也就是勤劳和谨慎。相信汗水就是相信人能够矫正事物,人的智谋并非没有用处,人没有把自己交付于事物主宰。树立这样的信念就要求摒弃相信命运和上帝主宰的信念、完全相信机会主宰的信念。"① 对世俗欲求的"唯一性"强调,造就威胁乃至铲除古典美德论的"怀疑论"利刃,而其强大的诱惑力在于,只要通过"劳动"的创发,就可以全面地摒弃"至上秩序"的重重困扰,而这也就遥远地昭示了《国富论》中"分工"论证的内在悖谬,亦即在"世俗权力"的意义上,我们显然"可以假设一些压迫性的社会角色,人们被他们败坏,却不会抗议"②。而这无疑是在现代性的漫漫长途上对"运命"论题的现实翻转,人的"自由意志"再次在"资本"的面前卑躬屈膝,成为资本主义工商业的奴隶。而正像卢梭所言,超逾于单一治理的现实逻辑之上。

> 我不相信有人为了显示国家的幸福,竟公然说他的国家的幸福的证明是:他的国家全是工人和商人。我当然知道,在一个国家里,为了供应公众的生活必需品,是需要工人和商人来做这方面的工作的,但不能因此就

---

① [美]德·阿尔瓦热兹:《马基雅维利的事业——〈君主论〉疏证》,贺志刚译,华东师范大学出版社 2009 年版,第 215 页。
② [美]查尔斯·L.格瑞斯沃德:《让-雅克·卢梭与亚当·斯密:一场哲学的相遇》,康子兴译,生活·读书·新知三联书店 2023 年版,第 274 页。

说有这两种人来做这方面的工作，国家就是幸福的，因为，商业和工艺在满足人们虚假的需要的同时，应更多地满足人们的真正的需要。①

马基雅维利所孜孜以求的，恰恰是否定人具有在欲望和权势之外的"真正的需要"，并且如卢梭认定的那样，这一切"恶德"的垂范功绩，是使得不平等的"坏世界"全面君临于人间。马基雅维利的这种固执于"地上之城"的秩序态度，对应着但丁《神曲·炼狱篇》中"贪婪之人"的讽刺性"独白"（Monolog）。

> 当我被选为罗马牧人时，我就发现了生活的虚妄，我看到，在那里心是不能平静的，而且在那儿一生不可能升得更高，因此，我心中就燃起了对这一生的爱。到这时为止，我一直是个不幸的灵魂，远离上帝，完全受贪婪支配。现在，如你看到的，我为此在这里受惩罚。贪婪造成的后果在悔悟的灵魂们赎罪的方式中显示出来；这座山再也没有更苦的刑罚了。正如我们两眼生前只注视尘世的事物，不向高处抬起，同样，正义就使它们下沉到地。正如贪婪熄灭了我们对一切善的爱，使得我们无所作为，同样，正义使我们受到了拘捕，手脚被捆绑

---

① ［法］卢梭：《卢梭全集》（第5卷），李平沤译，商务印书馆2012年版，第587页。

着，身子紧贴着地趴着；公正的主愿意让我们直挺挺地、身子一点儿都不动地在这里趴多久，我们就趴多久。①

在欲望的炼狱中受到决罚的人们，每一个都不得不匍匐于地，"手脚被捆绑着"，"贪婪"地体验着"地上之国"的困苦滋味（"这座山再也没有更苦的刑罚了"）。这就是被马基雅维利教导着而成为"现代智者"的生动写照，现代经济哲学的"只注视尘世的事物"，也使得颠覆生命本质的"绝对"力量决然而生。随着经济哲学的"马基雅维利计划"（Machiavellian Project）按部就班地施行，现代人的"自我伪造"②（对虚假利益的定性与定向）也渐次达致登峰造极，从而这些"必朽坏者"的行为事实也就恰切地印证了《罗马书》中的箴言："他们的思想变为虚妄，无知的心昏暗了。他们自以为聪明，反成了愚昧。"并且，不可否认地，在欲望之为"拟像"秩序的"自然动机"下所蛊惑的"自然状态"的意义上，我们可以毫无偏差地认定"霍布斯能够将其屋宇建立于其上的那块大陆的，是马基雅维利——那个更加伟大的哥伦布"。③

---

① ［意］但丁：《神曲·炼狱篇》，田德望译，人民文学出版社2002年版，第230页。
② ［美］查尔斯·L.格瑞斯沃德：《让－雅克·卢梭与亚当·斯密：一场哲学的相遇》，康子兴译，生活·读书·新知三联书店2023年版，第277页。
③ ［美］施特劳斯：《自然权利与历史》，彭刚译，生活·读书·新知三联书店2016年版，第181页。

"自然状态"中的卑污与恐惧

延续马基雅维利的"欲望"论述,翻转"太一"的绝对等级秩序,"邪恶的继承者"霍布斯站在现代个人主义(Individualism)的立场上对柏拉图—亚里士多德所开启的古代中世纪思想传统下的经济哲学视野展开否定,提出了资本主义与自由主义由此发生发展的"自然状态"①(State of Nature)发端说,将个人的欲望与需求建立在共同体之上,并且更进一步认为个体欲望驱动的行动(Voluntary Action)才是政治共同体的真实基础,政治共同体的合法性因此必须体现在其所能够满足个体生存欲望并提供应有保护的层面,而与其根本性的建构理念没有本质的关联。在这个意义上,霍布斯对亚里士多德民生思想的曲解,首先在于他译解亚里士多德的"Polis"也即是"城邦"概念的方式上。"霍布斯提出,'像这样统一在一个人格之中的群体就称为共同体'。'Civitas'恰恰是希腊语单词'Polis'的传统拉丁译法。因此,'共同体'就成为霍布斯对'城邦'的一个译法。我们还可以看看霍布斯的另

---

① 关于"自然状态"观念的历史起源,涉及"(a)自然状态的本质是,在设想作为'对每个人构成威慑的可见力量'的国家不存在的情况下,行动者之间的关系或社会状况。(b)我们强调,自然人、自然状态中的'自然'指涉第二自然。在霍布斯这里,自然人是'减去'政治属性(而非全部文化特征)的人类行动者,自然状态只是正常的人类社会抽象掉政治权力和权威(而非任何文化建制)的'差数'"。刘海川:《霍布斯政治哲学研究》,上海三联书店 2023 年版,第 274 页。

一个译法，在《法律要义》第一卷第十九章：如此形成的联合，今天人们称之为政治体，或者公民社会，希腊人则称之为城邦，或者城市。这样就很明白了，即便在十七世纪，对霍布斯这样的人来说，国家这个词语也不是必需的，也不是最自然的术语。霍布斯以城市（City）来翻译城邦，同时，他还给出了同义的英文表达，政治体或公民社会。但是我们必须清楚，这只是以一种谜代替了另一种谜：希腊语中谜一样存在的'Polis'，被霍布斯以英语中谜一样的'City'代替了。"①

正如我们前面的分析所见，亚里士多德意义上的"城邦"，有兼于"公民社会"与"国家"的意涵，也就是说，在古希腊传统中，虽然可以说城邦共同体是某种意义上的"公民/市民社会"，但是在其之上，按照《政治学》中的三阶段论，并不会再出现一个"国家"（State）凌驾其上，而霍布斯的理论，恰恰是政治社会通过契约建立国家（包括"臣服契约"与"建国契约"两个阶段），那么在霍布斯的框架之下，城邦就变成一个未完善的人类阶段，会被进一步的人性诉求所推进，并且似乎会在希腊领土上建立起一个"合众为一"的大一统"希腊联邦"来。在其根本分歧的发端处，我们可以进一步认识霍布斯与亚里士多德根本的不同。"亚里士多德的论述，让我们想起霍布斯所谓的自然状态，霍布斯认为，人就其自然而言是'非社会'的——也就是说，

---

① ［美］施特劳斯：《古典政治哲学引论——亚里士多德〈政治学〉讲疏》，娄林译，华东师范大学出版社2018年版，第41页。

没有社会规则，也无须服从法律。那么，霍布斯和亚里士多德之间的真正区别何在？这一点很重要。为什么对霍布斯来说人是一种如此粗野的存在？是什么令人如此粗野？霍布斯称之为傲慢：渴望凌驾于他人之上，渴望被他人视为更出众之人。因此，霍布斯认为他是非社会的。亚里士多德或许会回应：你之所言证明了人的非社会性，但也证明了人的社会性：一种根本上依赖于他人观念而存在的存在，根本上就是一种社会存在。换言之，霍布斯的思考还不够深入：他错将'反社会'性当作'非社会'性。但是，你们如今常常见到或者听闻的那些反社会人士，他们当然在一种根本意义上是社会的：据他们自己说，他们极其渴望变得重要，由于无法通过合法的方式变得重要，于是他们努力通过非法方式而成就这一点。但是，'重要'当然意味着他人的仰慕，这是一种根本的社会性。霍布斯错将社会性视为仁爱。但是，邪恶依旧是社会的，也是反社会的。一个根本意义上来说非社会性的存在，不会在这个意义上是邪恶的。"① 霍布斯以拟像构筑"秩序"的悖谬与反转，由此而昭然若揭。

---

① ［美］施特劳斯：《古典政治哲学引论——亚里士多德〈政治学〉讲疏》，娄林译，华东师范大学出版社 2018 年版，第 47—48 页。而在《霍布斯的政治哲学》中，列奥·施特劳斯将霍布斯所实现的"现代"转向总结为："（一）从君主政体作为最自然的国家形式的思想，转换到君主政体作为最完美的人为国家的思想；（二）从承认自然义务是道德、法律与国家的基础，转换到从一种自然诉求，演绎推论出道德、法律与国家（从而否定所有的自然义务）；（三）从承认一种超人权威，无论是基于神明意志的启示，还是基于神明理念的自然秩序，转换到承认国家的完全排他的世俗人为权威；（四）从研究过去的（及现存的）国家，转换到自由构筑未来的国家；（五）从以荣誉为原则，转换到以对暴力造成的死亡的恐惧为原则。"［美］施特劳斯：《霍布斯的政治哲学》，申彤译，译林出版社 2001 年版，第 155 页。

但正是从错误的"非社会性"定位出发,霍布斯在其代表作《利维坦》(Leviathan)一书中,提出了迥异于"洞穴寓言"的真理之路,从而为现代西方经济哲学的秩序论完成全新的奠基,也即刻画了对"邪恶"之心为求"自我保存"(Self-Preservation)而不得不于人人充满恶意的"自然状态"中随时准备作战:"由于人们这样互相疑惧,于是自保之道最合理的就是先发制人,也就是用武力或机诈来控制一切他所能控制的人,直到他看到没有其他力量足以危害他为止。这并没有超出他的自我保全所要求的限度,一般是允许的。同时又由于有些人把征服进行的超出了自己的安全所需要的限度之外,以品味自己在这种征服中的权势为乐;那么其他那些本来乐于安分守己,不愿以侵略扩张其权势的人们,他们也不能长期地单纯只靠防卫而生存下去。其结果是这种统治权的扩张成了人们自我保全的必要条件。"[①] 以"先发制人"行为法则的人类境况,所谓的"美好生活"根本无从考虑,这实际上就是"民生"问题的终极困难,即秩序的缺失造成人性的沦丧。不仅理想状态下与"努斯"相关涉的灵魂部分无法安顿,而且整个世界也必须以行为主体的能动性(Agency)为基本动机,从而变成一团混乱的纯粹物理机制。

因此,在人人相互为敌的战争时期所产生的一切,也会在人们只能依靠自己的体力与创造能力来保障生活

---

① [英]托马斯·霍布斯:《利维坦》,黎思复、黎廷弼译,商务印书馆2017年版,第93—94页。

的时期中产生。在这种状况下,产业是无法存在的,因为其成果不稳定。这样一来,举凡土地的栽培、航海、外洋进口商品的运用、舒适的建筑、移动与卸除需费巨大力量的物体的工具、地貌的知识、时间的记载、文艺、文学、社会,等等都将不存在。最糟糕的是人们不断处于暴死的恐惧和危险中,人的生活孤独、贫困、卑污、残忍而短暂。①

如同有所预见的一般,霍布斯在《利维坦》中的论述,显然契合了恩格斯在《英国工人阶级状况》中的民生描述,并且有过之而无不及:这就是资本主义发展对他者的欲望干涉所造就的必然景象。从根本上来说,"产业无法存在"、生存也无法保障的"自然状态",任何实际上的"理想主义"(即使以现实主义为名,但仍旧充满"空想"的意义)都无法建立,霍布斯特别说,连"社会"都不复存在。

> 在没有权力可以使大家全都慑服的地方,人们相处时就不会有快乐存在;相反地,他们还会有很大的优伤。因为每一个人都希望共处的人对自己的估价和自己对自己的估价相同。每当他遇到轻视或估价过低的迹象时,自然就会敢于力图尽自己的胆量加害于人,强使轻视者

---

① [英]托马斯·霍布斯:《利维坦》,黎思复、黎廷弼译,商务印书馆2017年版,第95页。

做更高的评价，并且以诛一警百的方式从其他人方面得到同样的结果。①

由此，特别是在"生存秩序"的完备性问题上，霍布斯式的非社会论题，势必走向自己的反面，也即市侩、功利而且短视，穷凶极恶。"人的价值或身价正像所有其他东西的价值一样就是他的价格；也就是使用他的力量时，将付与他多少。因之，身价便不是绝对的，而要取决于旁人的需要与评价。善于带兵的人在战时或战争紧迫时价格极高，但在平时则不然。学识渊博、廉洁奉公的法官在平时身价极高，在战时就未免逊色。"②霍布斯对于"价值论"的险恶描述，无疑构成了功利主义（Utilitarianism）的直接赋形。"这种个人主义乃是霍布斯思想中彻头彻尾的现代因素，也是他以最明确的方式所把握的下一个时代的特征。在他身后的两个世纪里，在绝大多数思想家看来，与无私相比，自私是一种更显见的动机，而且与任何形式的集体行动相比，开明的自私对于社会弊端来说也是一种更为可行的救济措施。"③

霍布斯所提出的"自然状态"学说，在现在政治经济思想的开端处造成了混乱，并同时把他的人性价格学说嵌入其中，造就了自由主义政治经济学更深的错误前提，而且，建基于这样的理

---

① ［英］霍布斯：《利维坦》，黎思复、黎廷弼译，商务印书馆2017年版，第94页。
② ［英］霍布斯：《利维坦》，黎思复、黎廷弼译，商务印书馆2017年版，第64页。
③ ［美］乔治·萨拜因：《政治学说史（下卷）》，邓正来译，上海人民出版社2010年版，第156页。

论地基上的思想大厦,也从根本上就是以自私自利的"个人"为本的。正是在那种情况下:

> 这种人人相互为战的战争状态,还会产生一种结果,那便是不可能有任何事情是不公道的。是和非以及正义与不正义的观念在这儿都不能存在。没有共同权力的地方就没有法律,而没有法律的地方就无所谓不正义。暴力与欺诈在战争中是两种主要的美德。公正与背义既不是心理官能,也不是体质官能。果然是这种官能的话,那么当一个人独处在世界上的时候,这些官能便也会像感觉和激情一样存在于他的身上。它们是属于群居的人的性质,而不是属于独处者的性质。这样一种状况还是下面情况产生的结果,那便是没有财产,没有统治权,没有"你的""我的"之分;每一个人能得到手的东西,在他能保住的时期内便是他的。①

财产持守的短暂,没有"你/我"之分,刚好与柏拉图所构想的"理想城邦"中的共产主义逻辑相反,特别是,霍布斯所设想的解决失序问题的政府压服方案,其实无非是构造了另一重"个人"冲突的悖论。

> 对政府的最终估计完全是世俗的而且也是相当功利

---

① [英]霍布斯:《利维坦》,黎思复、黎廷弼译,商务印书馆2017年版,第64页。

主义的。政府的价值完全在于它的所作所为，但是既然另一种选择只能是无政府状态，那么一个功利主义者将选择何者便一目了然了。做出这一选择几乎是与感情无涉的，因为政府的好处乃是可见的，而且也肯定能够以人身与财产的和平、舒适和安全的形式为个人所切实地获得。这就是证明政府正当甚或政府赖以存在的唯一根据。与公共意志一样，一种普遍的善或公共的善乃是凭空想象出来的东西，因为所存在的只是那些渴望生活并期望生活资料能够得到保障的个人。①

而在这一问题链条上，如何揭示资本主义社会中所谓"公共善"（Common Good）的虚伪性问题，也就成为霍布斯的后继者与对话者普芬道夫、约翰·洛克所力图提出，并要去锐意解决的经济哲学困境了。

空洞的启蒙

在现代经济哲学的思想谱系中，17世纪德国著名政治理论家、法哲学家普芬道夫（Samuel Pufendorf，1632—1694）的

---

① ［英］乔治·萨拜因：《政治学说史（下卷）》，邓正来译，上海人民出版社2010年版，第156页。

契约—法权学说是自由主义经济政治话语的重要开端之一，他的学说不仅有效衔接了霍布斯主义（Hobbesian）与洛克主义（Lockean）的模式转换，同时也成为西方现代经济哲学的正当性基础之证成的重要思想来源。

随着现代资本主义的兴起，以霍布斯、普芬道夫、洛克为代表的早期现代自然法学家开始试图打破笼罩于人类生命之上的形而上迷障，颠倒古典及中世纪传统的目的论——等级秩序，他们的方法就是打破道德界域的"应然"规训，转而从现实政治的"实然"境况出发，采取底线策略，将人"真实"地表述为"一种只关心一己私利、以自我为中心的存在物"①，（这同样立基于自由主义对于基督宗教自身虚伪性的批判性解读），从而"彻底否定并拒斥古代政治哲学和基督教，切断政治与超政治维度的一切关联——不管是古代政治学说所说的自然秩序，还是基督教所说的上帝——回到政治世界的开端，也就是人追求生存、安全和荣耀的必然性"②。自由主义诉诸人性最低境况的理论言说，认肯人的前"政治动物"与前"信徒"境遇为其逻辑推论的"开端"，并言之凿凿地再次将"自然"之名加诸其上，只是这里的共同体性或属神的"自然正当"已变身为属人、引发抢夺与不安的"自然权利"（natural right），而这种前政治的人类境况也就被命名为

---

① ［德］阿克塞尔·霍耐特：《为承认而斗争》，胡继华译，上海世纪出版集团2005年版，第12页。
② 吴增定：《利维坦的道德困境》，生活·读书·新知三联书店2012年版，第75页。

"自然状态"（state of nature）。①

普芬道夫的自然状态学说在古典与现代的"主体性"（Subjectivity）转折中生成，他认定作为"前政治"与"前宗教"的自然状态中的行为个体，都是理性自主的、原子式的绝对个体，都是同等的自我保存的自然权利的拥有者。"从以下的意义上讲，人是生活在自然状态中的：他们之间没有共同的主人，互不隶属，互相之间也不存在利益关系。在这个意义上讲，自然状态和政治国家是不同的。"②根据普芬道夫的学说，自然状态中的人是孤立的、自在的、非政治的，"像蘑菇一样刚从地上冒出来，彼此不受约束地成长起来"③。存在于自然状态中的人们得以声言"自爱"

---

① 关于作为理论假设的"自然状态"学说，霍耐特引述布克的研究，认为"自然状态学说的意图并不在于通过对所有历史进行方法论的归纳来呈现人类社会化的社会原始状态。相反，它倒是想再现一般的人际状态；如果调节社会生活的一切政治控制机构都可以假定被废除，那么，从理论上说，这种人际状况是肯定会出现的。由于一种防御性的权力扩张行为应该成为个人本性的构成要素，从这一递减运动中产生出来的社会关系就具有一切人反对一切人的战争性质"。[德]阿克塞尔·霍耐特：《为承认而斗争》，胡继华译，上海世纪出版集团 2005 年版，第 13 页。
② [德]塞缪尔·普芬道夫：《人和公民的自然法义务》，鞠成伟译，商务印书馆 2010 年版，第 170 页。关于"自然状态"的定义同时可参照洛克在《政府论》下篇中的表述："那是一种完备无缺的自由状态，他们在自然法的范围内，按照他们认为合适的办法，决定他们的行动和处理他们的财产和人身，而无须得到任何人的许可或听命于任何人的意志。"[英]洛克：《政府论（下篇）》，叶启芳、瞿菊农译，商务印书馆 1964 年版，第 3 页。
③ [英]霍布斯：《论公民》，应星等译，贵州人民出版社 2003 年版，第 88 页。对此，普芬道夫在《自然法与国际法》中提出异议，他认为在自然状态中仍然存在着哪怕是最小程度的"友谊"："既然第一个人生活在一种绝无敌对而充满纯粹友谊的状态中，且既然其他人是从这一状态中产生出来的，那么很显然，如果人类真的希望记得其起源的话，他们就应当不被视为敌人而被视为朋友。事实上，社会最初在人类中产生，不是为了避免自然状态，而是因为人类离开社会就不能增长和维持……因此宣称一下观点是没有意义的，即如果没有社会状态，人类一开始就是生活在相互敌对的状态之中，除非你愿意假设，一开始一群相互之间毫无关联的人突然冒了出来。"[德]塞缪尔·冯·普芬道夫：《自然法与国际法（第一、第二卷）》，罗国强、刘瑛译，北京大学出版社 2012 年版，第 186 页。

(self-love)的重要性,并将自我持存的斗争逻辑推至最大化。[①]而"从这一意义上讲,自然状态也可以被称为自然自由。自然自由意指,任何人都只处于自己的权利和权力之下,不服从其他任何人的权威"[②]。

普芬道夫所强调的不服从任何外在权威的自然"自由人"作为现代权利自由主义人格的原初形态,并没有因其具有自由和权利而享有相应的福祉,相反地,意志自主与利权拥具所带来的却是难以忍受的"困难":"这些困难是你可以想象到的:一个人(成年人也不例外)孤独地生活在这个世界上,得不到任何可以减轻负担、丰富生活的援助和便利。人赤身裸体而又愚蠢,寻野草树根以充饥,觅荒泽坑水以解渴,在洞中躲避狂暴恶劣的天气,时刻面临着野兽的袭击,心中充满了恐惧。"[③] 在普芬道夫的描述中,前公民社会的自然状态下的恐惧和艰难时刻困扰着人,可以想见,这种种的"麻烦"不仅仅来自周遭世界的倾轧和胁迫,更同时有可能导源于人类自身的攻击本性。"人不仅可以对他人实施严重的侵害,还会频繁地因各种原因而如此行为。有些人伤害他人是由于邪恶的天性或贪求权力和财富;有些人(尽管他生性温

---

① 可参照霍布斯《利维坦》中的相关描述:"由于人们这样互相疑惧,于是自保之道最合理的首先就是先发制人,也就是用武力或机诈来控制一切他所能控制的人,直到他看到没有力量足以危害他为止。"[英]霍布斯:《利维坦》,黎思复、黎廷弼译,商务印书馆2017年版,第93—94页。
② [德]塞缪尔·普芬道夫:《人和公民的自然法义务》,鞠成伟译,商务印书馆2010年版,第171页。
③ [德]塞缪尔·普芬道夫:《人和公民的自然法义务》,鞠成伟译,商务印书馆2010年版,第172页。

和）则是拿起武器自保，以避免被他人击垮；有些人为追逐同一目标而互相竞争；有些人则通过智力进行竞争。所以，下列情感是与自然状态永恒相伴的：猜疑、不信任、期望削弱他人的力量、渴望出人头地、梦想毁灭他人而壮大自己。"①

在此，普芬道夫借"自然状态"的残酷性揭示出（至少在他的理解中的）"人类本性"的真实情况，并深刻地揭示了人类普遍道德的"非社会性"所可能导致的疏离与隔绝。但是，我们还应看到，与霍布斯在这一论题上所表现出的极端性不同，普芬道夫的理论有着相对温和、但事实上更为"残酷"的性质。

普芬道夫在总体上接受了霍布斯的"绝望人性观"，但是又退后一步，做出了较弱意义的但很可能是更为"绝望"的（或至少更加引人绝望的）"道德规定"。普芬道夫认为，所有的道德品质都是由行为主体赋予或强加给相关事物的，行为主体在某种意义上可以根据自己的选择随意描述事物——任何行为可被视为对或错，全凭做决定的行为主体的意愿。②这就是说，行为主体的意愿行为之道德属性是可以根据需要而修改的，而行为性质的这种"可修改性"就使得"意愿活动"不再是"一次性"的，在任何可能情况之下只要能够通过强力"以力取得"话语界定的势位，就可以僭越"自然"的同时重构"自然"。在这个意义

---

① ［德］塞缪尔·普芬道夫：《人和公民的自然法义务》，鞠成伟译，商务印书馆 2010 年版，第 174 页。
② ［美］理查德·塔克：《战争与和平的权利》，罗炯等译，译林出版社 2009 年版，第 179 页。

上，普芬道夫实际上历史性地建立了霍布斯式的自利行为者与诺奇克（Robert Nozick，1938—2002）式的"自我占有"（Self-Ownership）之人格之间的真实联系，即通过一种为权利自由主义和占有式个人主义服务的意识形态机器便可以使资产者有能力"根据自己的选择随意描述事物"，只是这种意识形态的宰制还是要通过名义上的"自由竞争"而获得。

由此，在完成了对于行为主体的重新诠释之后，普芬道夫得以重构霍布斯的自然状态描述："如果认识到霍布斯所描述的处于此种状态下的人仍然受到自然法与正当理性的规范的话，那么无论这些论述乍看起来是多么自相矛盾，也得不出一个人被许可对他人做任何自己想做的事的结论……相应地，霍布斯所言的真正意义是：在人类通过协议分割用以维持人类生存的事物之前，自然将其置于人类力量所及的范围之内；没有上位者的人类能够出于自身意志以及正当理性的指令，做任何有利于维持自我生存的事情。"[①] 而由于行为主体的自身意志加之于"正当理性"的可修改意涵，霍布斯之"人对人是狼"的著名决断也得以修正。"霍布斯为人类相互伤害所举出的原因不过是让某个人反对某个人的特殊原因，其无论如何不足以使得一场普遍的一切人对一切人的战争成为不可避免的。不具有攻击性的人总是生活在具有攻击性的和卑鄙无耻的人中间或者后者总是想滋扰前者的说法，也不总

---

① ［德］塞缪尔·冯·普芬道夫：《自然法与国际法（第一、第二卷）》，罗国强、刘瑛译，北京大学出版社2012年版，第176页。

是正确的……的确，人类的普遍贫穷足以解释为什么一个人在信任他人并将自己的弱点暴露给他人的时候必须小心谨慎，尤其是在并不十分熟悉他人的时候，正如普劳图斯在其《牵驴者》（Astinaria）中说，'人对陌生人不是人，而是狼'。但是没有任何有理智的人会承认这种怀疑和不信任会导致一个人攻击和压迫另一个人，除非后者表现出一种伤害前者的意图。"① 至此，普芬道夫在承认了霍布斯"这一设想的真实性"② 的前提下，提出了自己的更容易容纳于公民社会状态和国家理性的自然状态理解，这种理解试图将私己的自利自爱同人的社会属性相结合，或者说，普芬道夫倾向于认为（哪怕最微弱意义上的）社会性也同时是人性的真实的一个层面。"人们不应被引导着去犯同样的错误，故而应当首先指出的是，自爱与某种社会态度并不应当彼此对立，相反，前者之倾向应当以这样一种方式受到限制以至于后者不为前者所束缚和破坏……对于霍布斯非常巧妙地从自保的愿望中推出自然法的阐述，我们应当首先指出，这样的一种证明方法，确实最为清楚地表明，人类仿照这种理性的命令来生活对其安全是多么的有好处。但是不应当干脆得出结论说，人类有权利运用这些命令作为其生存手段，且由此依据某些法律他有义务遵守它们；如果那些理性的命令要具有法律效果的话，它们肯定必须从某些其他

---

① ［德］塞缪尔·冯·普芬道夫：《自然法与国际法（第一、第二卷）》，罗国强、刘瑛译，北京大学出版社2012年版，第188页。
② ［德］塞缪尔·冯·普芬道夫：《自然法与国际法（第一、第二卷）》，罗国强、刘瑛译，北京大学出版社2012年版，第171页。

原则中得出来。"① 在这里，所谓的"某些其他原则"就意指潜在的"社会状态"的现实化。

普芬道夫认为，人类之本性中在先的具有某种"社会性"，而正是自爱与社会性的协调造就了私利与公益之间的"前定和谐"（Pre-established Harmony）。对于"社会态度"的强调使得普芬道夫的自然状态理论呈现出与霍布斯论点的基本差异，将"可修改性"原则应用于人类本性与社会秩序建构的论域无疑使普芬道夫获得了相较前辈自然权利理论家的更大的理论弹性：人与人之间的不信任可以不再表现为面对面的攻击，但当然要以貌合神离的背后打击之可选择性为前提。在这个意义上，"道德家"普芬道夫甚至更加不堪，或者说其虚伪性更胜一筹。"当有的学者声称自然状态就是指我们被认为自力更生或者被算作不在任何社会之中，且这就是一种意图夺取他人所有并将所有人从财产上赶走的战争状态的时候，其没有达到在讨论这一问题的时候所应当具有的准确性。因此他们的意思是，如果人不在联合中生活他们就会经常陷入争吵之中，也就是说，如果人类不过一种社会生活，他们就会生活在一种时常无序的状态中。然而将自然状态与社会生活对立起来是不恰当的，因为即使是那些生活在自然状态的人也能够并且应当时常过一种相互的社会生活。"② 对于"不在联合中生活"

---

① ［德］塞缪尔·冯·普芬道夫：《自然法与国际法（第一、第二卷）》，罗国强、刘瑛译，北京大学出版社2012年版，第230页。
② ［德］塞缪尔·冯·普芬道夫：《自然法与国际法（第一、第二卷）》，罗国强、刘瑛译，北京大学出版社2012年版，第182—183页。

的境遇的界定，充分体现出普芬道夫对于和平、良序生活的本质性的期许，从霍布斯式的极端个人主义后退一步，普芬道夫在自爱—自利—自主的人类本性与"相互的社会生活"之间建立了有效连接，为进一步脱离自然状态通过契约进入政治—公民社会（每个人平等地缔结缔约并宣誓法令）的理论言说开辟了道路。

同时，需要指出的是，普芬道夫对于自然状态下之社会态度的强调并不意味着他在这一阶段企图重新复兴古典的、诉诸外在规约的决定论模式，个人意义上的理性自立和自主仍是他思想的要件。"因为人拥有神启的理性控制自己的行为，所以生活在自然自由之中的人就不靠任何其他人来管理自己的行为。他有权根据自己的理性判断和自己的意愿做任何事情。并且，基于所有生物都具有的本能，人必须毫不懈怠地用尽一切办法保护自己的身体和生命，抵抗一切可能伤害自己的危险。因为在自然状态中人的意志和判断不服从于任何权威者，所以由每个人自己判断他所采取的措施是否有利于自我保存。"① 外在权威的缺失证成自然自由的绝对性，自然状态下的意愿行为可以无关道德归咎的追溯序列，可以僭越维系市场秩序的运行底线，非道德性的自然人（先于"恩典"的"自然"）俨然成为当下横行世界的金融资本的早期剪影；以力攫取才是真正的正义，但强力的意志终究内在地指向他者。在这个意义上，普芬道夫得以构造自然状态与政治社会—国

---

① ［德］塞缪尔·冯·普芬道夫:《自然法与国际法（第一、第二卷）》，罗国强、刘瑛译，北京大学出版社 2012 年版，第 171 页。

家的区分。"自然状态和国家的不同是：在前者，个人靠自己的力量保护自己，在后者，则是依靠全体的力量；在前者，个人的劳动成果无法得到有效的保护，在后者，所有人的劳动成果都可以得到保护；前者受激情的统治，充满了战争、恐惧、贫穷、粗俗、孤独、残暴、无知、野蛮，后者受理性的统治，充满了和平、安全、富裕、高尚、合作、温和、开化、仁慈。"①

二元化的截然对立，又经由自然状态中的自爱原则和人之社会性的巧妙勾连，构化从前者（自然状态）向后者（社会/国家）转化的可能性。理性自主的个体，基于自我占有和利益最大化的观念，放弃自然自由的身份想象，转而归化入法权关系所构造的"公民状态"，变身成为在被资本关系所劫持的法律面前保持平等的新时代的政治社会人，在作为人性开端的"物质欲望"的满足的层面修成正果。

利益的诠证

对于霍布斯式的自然状态理论，马克思明确地指出了其中的本质问题："霍布斯把培根的唯物主义系统化了。感性失去了它的鲜明色彩，变成了几何学家的抽象的感性。物理运动成为机械运

---

① ［德］塞缪尔·冯·普芬道夫：《人和公民的自然法义务》，鞠成伟译，商务印书馆2010年版，第172页。

动或数学运动的牺牲品；几何学被宣布为主要的科学。唯物主义变得漠视人了。"① 单纯突出"利维坦拟像"的抽象属性而完全漠视人之"实在性"的资产阶级经济哲学，最终不能为现实的生存者的幸福生活真正奠基。

约翰·洛克作为资产阶级自由主义经济哲学的奠定者，与霍布斯有着思想上脉络上的承继关系。对此，马克思指出："一般说来，英国早期的经济学家都把培根和霍布斯当作自己的哲学家，而后来洛克成了英国、法国、意大利的政治经济学的主要'哲学家'。"② 而且，超越于霍布斯的绝对主义论述之上，"因为洛克是同封建社会相对立的资产阶级社会的法权观念的经典表述者；此外，洛克哲学成了以后整个英国政治经济学的一切观念的基础，所以他的观点就更加重要"③。具体而论，洛克在理论方法上继承了霍布斯式"自然状态"论假然预设（Hypothetical Presupposition），但在政府/国家立场上提出了不同于霍布斯主义者以"自私"论证的"公益"学说，这一点也是与他所处在的英国资产阶级革命的历史时期相关联。④ "洛克为此考察了两种情形，而这两种情形都是他写作之前五十年内在英国发生的。他希

---

① 《马克思恩格斯文集》（第一卷），人民出版社 2009 年版，第 331—332 页。
② 《马克思恩格斯全集》（第二十三卷），人民出版社 1972 年版，第 428 页。
③ 《马克思恩格斯全集》（第二十六卷）（Ⅰ），人民出版社 1973 年版，第 393 页。
④ 关于洛克《政府论》中的权利思想的历史语境问题，可参看［英］彼得·拉斯莱特：《洛克〈政府论〉导论》，冯克利译，生活·读书·新知三联书店 2007 年版。"剑桥学派"观念史学者约翰·邓恩则采取了与拉斯莱特不尽相同的立场。具体参见［英］邓恩：《洛克的政治思想》，赵保庆、赵雪纲译，华东师范大学出版社 2022 年版。

望通过这一考察来证明:由于国王试图扩展特权并企图撇开议会进行统治,所以他才是革命的真正肇始者;国王的这些做法使得人民授予其代表的最高立法权发生了易位。对臣民的生命、自由和财产的任何侵犯事实上都是无效的,而且试图做出诸如此类侵权行为的立法机构也会丧失其自身的权力。在这种情形中,权力重归人民,而人民则必须通过一项新的宪法性法案建立一个新的立法机构。"① 洛克与霍布斯的突出区别②,在于洛克认定了人类权利(基于私有产权观念)的行使,恰恰不是"涌现"于道德真空,而恰恰是具有"合社会性"的。

霍布斯与洛克的关键差异,可以在洛克关于自然状态的论述中发现:完美自由的状态是,在自然法的范围内,个人在不需要另一个人准许或依赖另一个人的意志的前提下,以他认为合适的方式,安排他的行动、处置他的财产和人身。自然自由包含的是,每个人都能以他认为合适的方式,自由地安排他的行动,处置他的财产和人身。事实上,自然法排除的是,支配他人的行动、处理

---

① [美]乔治·萨拜因:《政治学说史(下卷)》,邓正来译,上海人民出版社 2010 年版,第 222 页。
② 根据邓恩的论述,关于霍布斯与洛克的思想关联,存在一种传统观点认为:"17 世纪的英国政治理论最使我们感兴趣的就是这两个思想巨人的对抗(而且这个兴趣点似乎与哲学更有关),除了这一事实之外,似乎还必定会有一种明确的观念,即这种对抗同时也与历史有关,具有重要的历史意义。"[英]邓恩:《洛克的政治思想》,赵保庆、赵雪纲译,华东师范大学出版社 2022 年版,第 93 页。

他人的财产与人身，至少是在没有得到他人的同意的情况下。与相关的是，自然法禁止人们对他人任意施为。①

也就是说，在"自然状态"之中，已经有"自然法"（Natural Law）的事实运作，并且，自然法已经可以有效规范"人间"事务的良序运转。

将自然法置入自然状态，并推出对于自然权利的佑护，表明洛克从根本上改变了自然状态作为战争状态的性质设定，而且也将霍布斯式的原子化个人主义，演化为某种版本的"义务论"（Deontology），即"当每个人和其他人同意建立一个由一个政府统治的国家的时候，他使自己对这个社会的每一成员负有服从大多数的决定和取决于大多数的义务；否则他和其他人为结合成一个社会而订立的那个原始契约便毫无意义，而如果他仍然向以前在自然状态中那样地自由和除了受以前在自然状态中的限制以外不受其他约束，这契约就不成其为契约了"②。并且，作为其秩序理论的认知基础（Epistemological Foundation），"对于洛克和他的十七世纪同代人来说，说人有随意安排自己的行为和处理个人事务的自然的适当性（Propriety），就是说人对自己的行为和人身拥有自然产权：'每个人都对他自己的人身有产权。除了自己，

---

① ［英］艾瑞克·马克：《约翰·洛克：权利与宽容》，李为学等译，华中科技大学出版社 2019 年版，第 29—30 页。
② ［英］约翰·洛克：《政府论（下篇）》，叶启芳、瞿菊农译，商务印书馆 1964 年版，第 60 页。

没有人有这样的权利。'正如霍布斯所坚持的那样，与其说在自然状态下没有'我的'和'你的'之分，不如说，自我的'自我性'与作为他人的'你属性'只是我们平等天性的一个方面。每个人对他自己的人身拥有产权，意味着其他所有人都被排除在权利的所有者之外。这就是说，其他行为主体有义务允许权利所有者按照自己的意愿行事，按照自己的选择行事。因此，自然状态并不是人对人的所有义务的空白，不是一种对所有人都免责的道德。更确切地说，我们的自然状况决定了我们对自己包括身体、能力与行为在内的人身拥有所有权，其他人都天然地就有义务予以尊重"①。对他人的利益保持尊重，就是要将他人确立、承认为与自己具有相同价值的主体，也即是作为主体、本是"目的"（End）的存在，而不是仅仅作为"手段"（Means），为了实现个人的目的而出现。在这个意义上，像霍布斯所约束的人与人之间的"战争"，就是实际上讲人与人的利益维度，置于道德维度之上，并从而将道德只作为手段，而不是目的。这事实上也就是资产阶级道德论的实质，并且在曼德维尔的民生思想中发展到畸形的程度。

当洛克诉诸人格尊严（Dignity）作为自然状态的基础存在论（Fundamental Ontology），并对他人保有尊重其自身个殊的"自我所有权"（Self-Ownership）的理论方案时，他无疑已经将"平

---

① ［英］艾瑞克·马克：《约翰·洛克：权利与宽容》，李为学等译，华中科技大学出版社 2019 年版，第 31 页。

等"（Equality）这一价值纳入他的自由主义观念之中："人类天生都是自由、平等和独立的，如不得本人的同意，不能把任何人置于这种状态之外，使受制于另一个人的政治权力。任何人放弃其自然自由并受制于公民社会的种种限制的唯一的方法，是同其他人协议联合组成一个共同体，以谋他们彼此间的舒适、安全和和平的生活，以便安稳地享受他们的财产并且有更大的保障来防止共同体以外任何人的侵犯。无论人数多少都可以这样做，因为它并不损及其余的人的自由，后者仍然像以前一样保有自然状态中的自由。"[1] 正是这种"等同"（Equivalence）意义上的"自然状态中的自由"成为立论的基础，由以建构解消自然状态中的各种不便[2]的契约论（平等主义）方案。

> 按照洛克的观点，任何被赋予统治权威的个体或由个体组成的群体必定都是契约的一方，因此必定和每个其他人一样服从于文明社会的法律。霍布斯假设订立契约者会将君主权赋予一个没有参与订立契约的人，对洛

---

[1] ［英］约翰·洛克：《政府论（下篇）》，叶启芳、瞿菊农译，商务印书馆1964年版，第59页。
[2] 在洛克的思想实验中，一个身处"自然状态"的人，"虽然他在自然状态中享有那种权利，但这种享有是很不稳定的，有不断受别人侵犯的威胁。既然人们都像他一样有王者的气派，人人同他都是平等的，而大部分人又并不严格遵守公道和正义，他在这种状态中对财产的享有将很不安全、很不稳妥。这就使他愿意放弃一种尽管自由却是充满着恐惧和经常危险的状况；因而他们并非毫无理由地设法和甘愿同已经或有意联合起来的其他人们一起加入社会，以互相保护它们的生命、特权和地产"。［英］约翰·洛克：《政府论（下篇）》，叶启芳、瞿菊农译，商务印书馆1964年版，第77页。

克来说，这种假设完全是不合情理的。因为对于订立契约者来说，这样的一个人跟订立契约之前一样，仍然处于"自然状态"之中。面对这样一个人的剥削与掠夺，订立契约者跟订立契约之前一样脆弱；而他则由于被他们赋予了君主权，免除了被订立契约者剥削与掠夺的危险。对于洛克来说，这样的假设如果成真，无疑会导致暴政与社会灾难。①

洛克以"自然权利"本身的不可侵犯性，来论证霍布斯的利维坦式解决方案中，为"国家"一维赋予了过高的权重，而使得基于"平等"价值而建立的"社会"契约维度，无法真正有效地运作，而且从根本上，自然状态本身就已经是一种平等状态，所以那个最后的"绝对化"的作为逻各斯化身的绝对主义形象，是无法生成的。"在自然状态下，自然法统治下的每个人的义务都对应着人在自然法统治下拥有的权利。其中最重要的权利是有权认为他人应为他们对自然法的违背负责，并从而惩罚他们：这是执行自然法的权力，唯有它才使自然法在地球上的人类中生效。"② 在这个意义上，洛克尤其反对霍布斯对自然状态中"先发制人"置之死地而后快的描述："因为一切人都属于上帝，任何人都有权

---

① ［英］爱德华·乔纳森·洛:《洛克》，管月飞译，华夏出版社2013年版，第163页。
② ［英］约翰·邓恩:《洛克》，李连江译，台湾联经出版事业公司1990年版，第54页。

利对足够严重地违犯自然法的其他人,尤其是不正当地威胁他人生命安全的人施以刑法。糟蹋和浪费上帝的任何一件恩赐都是对自然法的违犯,糟蹋和浪费人则是尤其可怕的犯罪。自然状态是一种平等状态。"① 由此,从平等化的自然状态中,也就无法推论出一个强制性的国家实体来,也因此,霍布斯或亚里士多德意义上作为"最终因/目的因"而存在的"国家"/"城邦",是无法得到有效的辩护的。

正是在社会(亦即"市场")高于国家建制的理论前提下,洛克开展他的以"社会"为前提的"政府"论建构。在这里:

> 从总体上讲,洛克认为,政府的建立远不如创建市民社会的原始契约重要。一旦多数人同意组成一个政府,"该社会的整个权力也就自然由他们所掌控。"政体取决于多数人(或社会)如何配置它的权力:他们可以保有权力,也可以把权力委托给某种形式的立法机构。根据英国革命的经验,洛克认为立法权是政府中的最高权力,尽管他也承认行政机关有参与立法的可能性。然而,这两种权力都要受到制约。立法权绝不能专断,因为即使设立该机构的人们也没有这样的专断权力;立法权也不得以即时性律令进行治理,因为人们在团结起来之前已

---

① [英]约翰·邓恩:《洛克》,李连江译,台湾联经出版事业公司1990年版,第54页。

经了解了法律和法官；立法权不得在未经同意的情况下强取财产，而所谓同意，洛克在这里是意指多数人的表决；立法机构还不得将立法权委托给其他人，因为这种权力是社会以不可更改的方式置于其手中的。一般而言，立法机构的权力属于受托性质，因为人民拥有改变立法机构的最高权力，如果该立法机构违背了人民对它的信任的话。①

从"人民授权"的位格基底之上，洛克提出了他不同于霍布斯以及柏拉图、亚里士多德的政府—国家论，这一点也体现在他对于自然状态中人性的看法上，他提出了远较柏拉图和霍布斯乐观的人性结构论，认为并不存在灵魂中较低部分对较高部分的拉平，乃至引诱。"自然状态中的洛克式个体没有被认为是自私的和非道德的。他们因此能够彼此信任以遵守他们的诺言，这种程度足以使契约在没有一个先行存在的强力来执行它时也是可行的。一个洛克式的个体在加入文明社会时所放弃的权利和自由在程度上相应地也比霍布斯式个体所需要放弃的更少。"②也正是如此，洛克提出的自由主义方案，直接导致了对资本主义私有制的以"社会"为依归而对峙国家和政府的合理性辩驳策略。"政府

---

① ［美］乔治·萨拜因：《政治学说史（下卷）》，邓正来译，上海人民出版社2010年版，第220页。
② ［英］爱德华·乔纳森·洛：《洛克》，管月飞译，华夏出版社2013年版，第165页。

的目的是为人民谋福利。试问哪一种情况对人类最为有利：是人民必须经常遭受保证的无限意志的支配呢，还是当统治者滥用权力，用它来破坏而不是保护人民的财产的时候，人民有时可以反抗呢？"①

用社会维度决定性地重构契约国家论，并让最高权力的确认来自曾经的"第三等级"的人民，洛克就接续马基雅维利与霍布斯的思路将整个刻画人性"应然"维度的古典秩序完全颠倒，以秩序之名，从财产权的角度，为资产阶级的统治奠定了至高无上的"神意"基础。

> 上帝既将世界给予人类共有，亦给予他们以理性，让他们为了生活和便利的最大好处而加以利用。土地和其中的一切，都是给人们用来维持他们的生存和舒适生活的。土地上所有自然生产的果实和它所养活的兽类，既是自然自发地生产的，就都归人类所共有，而没有人对于这种处在自然状态中的东西原来就具有排斥其余人类的私人所有权；但是，这些既是给人类食用的，那就必然要通过某种拨归私用的方式，然后才能对于某一个人有用处或者有好处。②

---

① [英]约翰·洛克：《政府论（下篇）》，叶启芳、瞿菊农译，商务印书馆1964年版，第144页。
② [英]约翰·洛克：《政府论（下篇）》，叶启芳、瞿菊农译，商务印书馆1964年版，第17页。

从原初的"共有",到基于自我所有权的"划拨私有","自然状态"向"政治社会"过渡后的问题其实完全偏离了应有的讨论方向,对此,马克思正确地指出:"自由王国只是在必要性和外在目的规定要做的劳动终止的地方才开始;因而按照事物的本性来说,它存在于真正物质生产领域的彼岸。像野蛮人为了满足自己的需要,为了维持和再生产自己的生命,必须与自然搏斗一样,文明人也必须这样做;而且在一切社会形式中,在一切可能的生产方式中,他都必须这样做。这个自然必然性的王国会随着人的发展而扩大,因为需要会扩大,但是,满足这种需要的生产力同时也会扩大。这个领域的自由只能是:社会化的人,联合起来的生产者,将合理地调节他们和自然之间的物质变换,把它置于他们的共同控制之下,而不让它作为一种盲目的力量来统治自己。"[①] 而也正是在这一认识的错位的前提下,古希腊意义上基于灵魂秩序而建立的政治秩序,在18世纪之后完全被"功利主义"的总价利益模式所取代,而更进一步地,就是曼德维尔的"私利即公益"的强化决定论论证(Strong Determinism Argument),使得资产阶级的财产私有的民生观念获得了全新的道德基础,而马克思和恩格斯所批判的"赤裸裸"的金钱关系,也就这样统驭万邦,而成为诸恶之源。

[①] 《马克思恩格斯文集》(第七卷),人民出版社2009年版,第928—929页。

建制不平等

由霍布斯、普芬道夫、洛克所接续建立的权利论，与柏拉图、亚里士多德的德性观正相对照，在其核心内容上刚好成为苏格拉底在《申辩》之中对于雅典人的责问的现代翻版，而这一路线上对柏拉图主义民生理想的反驳辩护，由曼德维尔在《蜜蜂的寓言》①中鲜明地提了出来，并且曼德维尔甚至认为，古典道德中对"恶"的规定与对"美好生活"的追求，都一样是成问题的。曼德维尔的这种对于"私利的集合"的合法性辩护遭到了卢梭的强力谴责，并通过对私有制的重启批判，援引"公意"（General Will）的力量，开启了民生革命论的坚实道路。

曼德维尔经济哲学运思的独特之处，在于他一反以柏拉图、亚里士多德的古典德性民生论的将人的丑恶行为界定为相关"德性知识"（Virtue Epistemology）的匮乏，"缺乏自制之人对正确逻各斯的意识只不过像喝醉的人或睡着的人所做的那样；如果他因某种无知状态而遵从了错误的原则，那么，一旦时过境迁，他的无知就会消失，知识就会恢复"②。曼德维尔完全反对这样的观点，

---

① 作为一个最为显著的例证，此书的副标题直译为："私人的恶德，就是公共的利益。"
② 伯格：《尼各马可伦理学义疏：亚里士多德与苏格拉底的对话》，柯小刚译，华夏出版社2011年版，第220页。

对他来说，传统德性观念中的所谓"恶德"（Vice），实质上正是现代社会发展的最关键力量，也就是说，真正的善恶，是要从其效用来进行判断的，这也成为洛克式"民生权利论"的道德证成与利益辩护。"各种卑劣的成分聚合起来，便会构成一个健康的混合体，即一个秩序井然的社会，因此，政治智慧的惊人力量殊堪嘉许，这种力量得益于一种帮助，它来自一部美妙无比的机器，而这机器却是由最微不足道的部件构成的。"①

曼德维尔辩护的根本意涵在于，他完全接受古典哲人对某些行为之为"恶行"，或与低廉的欲望相纠缠的判断，但是他完全把这个思路翻转过来：正是由于这些低下的欲求的存在，人类的"大规模社会"才有可能发展，尽管柏拉图的仅限5040人的理想城邦是在理念世界中可欲的，但现实世界的运行原理，则根本上是根据欲求部分的机制而展开的。

> 那些使他们恼火的东西来自这个大城市熙熙攘攘的交通和它的富裕，一旦开始关心这个大城市的福利，人们便几乎不会希望看到这个大城市的街道变得干净一些了。这是因为，我们若是想到：我们必须按照惯例，将一切材料用于数不胜数的商业和手工业，我们若想到这个城市每天消费的大量食物、饮料和燃料，想到必定由它们产生的垃圾和废物，想到无数马匹及其他牲畜总是

---

① ［荷兰］B. 曼德维尔：《蜜蜂的寓言》，肖聿译，商务印书馆2016年版，第2页。

在街道上来来往往，想到运货马车、四轮马车以及更为沉重的客运马车在无休止地磨损着这些街道的铺路石，最重要的是想到不计其数的人群不断损坏和践踏这些街道的各个部分；倘若考虑到这一切，我们便会发现：每个瞬间斗争产生污物。想想那些大街与河边距离何其遥远，那些污物刚一产生便即刻将它们清除，这需要付出多大的代价，这需要何等的殚精竭虑，因此，大城市若要变得洁净，其繁荣便必定会有所减少。①

如果将曼德维尔的大城市图景与恩格斯的无产阶级民生描述相结合，我们一定会发现，曼德维尔的庄严立场，无疑就是那些雇佣主、资本家剥削者的立场，以全方位地构造"持续性不平等"（Durable Inequality）为己任，他们可以容忍那些垃圾和废料的堆积，就如同对待无产阶级的贫贱"赤裸生命"（bare life）一样，对于高高在上的压迫者而言，无产阶级只是会说话的工具，处于供求关系中、被裹挟于现代化进程中的新式奴隶。而反过来，那些造成了不平等、不正义的城市空间的黑暗根源，在曼德维尔的经济哲学修辞（The Rhetorics of Economical Philosophy）里，是完全没有位置，也因此是讳莫如深的。

曼德维尔对物质积累的歌功颂德行径构造了另一种"目的论"（Teleology），即"经济目的论"或"功利目的论"，所有在经济

---

① ［荷兰］B.曼德维尔：《蜜蜂的寓言》，肖聿译，商务印书馆2016年版，第7页。

指标的意义上呈现出来的"好",也即"繁荣",便是人类孜孜以求的终极因,它完全内嵌于人类行动本身,成为评判一切的标准。"既享受一个勤勉、富裕和强大的民族所拥有的一切最优雅舒适的生活,同时又具备一个黄金时代所能希望的一切美德与无辜,此二者不可兼得。由此,我将揭露一些人的荒谬和愚蠢,他们渴望成为富裕发达者,并且出奇地贪婪,追求一切能够获得的收益,却总是或低声抱怨,或高声反对那些恶德及不便。自世界肇始直至今日,那些恶德及不便始终与一些王国及国家不可分离,而那些王国即国家则无一不同时以强大、富裕和文雅而闻名。"① 曼德维尔倡导的资产阶级的"言行一致",实际上重写了亚里士多德对人的社会属性的定义。"使人变为社会性动物的,并不在于认定追求合作、善良天性、怜悯及友善,并不在于人追求造就令人愉悦外表的其他优点;相反,人的那些最卑劣、最可憎的品质,才恰恰是最不可或缺的造诣,使人适合于最庞大、(按照世人的标准衡量)最幸福与最繁荣的社会。"② 经由这种反转,曼德维尔认为他已经雄辩地证明:

> 要使我们的一切贸易及手工业兴盛发展,人的种种欲望与激情绝对是不可或缺的;而谁都不会否认:那些欲望不是别的,正是我们的恶劣品质,或者至少可以说是这些恶德的产物。因此,我便应当开始详细阐述各种

---

① [荷兰] B. 曼德维尔:《蜜蜂的寓言》,肖聿译,商务印书馆 2016 年版,第 3 页。
② [荷兰] B. 曼德维尔:《蜜蜂的寓言》,肖聿译,商务印书馆 2016 年版,第 2 页。

阻碍和困扰，他们妨碍着人不断满足欲望的劳作，即追求自己所需的劳作。换言之，这种劳作可称作自我维护的生意。同时，我还应当阐明人的社会性仅仅来自两件事情，其一是人的欲望不断增长；其二是在竭力满足欲望的道路上，人不应当受到阻碍。①

从而，曼德维尔将资产阶级的功利意识带到了一个新的论说层次，对应于古典时代的经济思辨，也就是将柏拉图的"灵魂三分"完全在道德上逆向运作，将"理性"视为"愚昧"，又将"激情"颠覆性地定义为"规范性的来源"（the source of Normativity）。"但是，在曼德维尔的体系中，他为穷人安排的位置却并不是一个可以共享商业社会之物质繁荣的位置。实际上，在他的安排中，穷人无论是在劳作动机上，还是在享受商业繁荣的成果的问题上，都与更高的阶层有所不同。曼德维尔虽然赞成商业社会的劳动分工，也意识到了劳动分工是商业社会繁荣的基础，但是他的逻辑并不彻底，他将穷人排除在外。"②也就是说，只有以显著"不平等"的方式构筑其社会层级，才能够符合曼德维尔的"繁荣"想象。因为"在他看来，人们的环境、社会地位和生活方式相距越远，就越不能互相判断对方的烦恼或者快乐。

---

① ［荷兰］B.曼德维尔：《蜜蜂的寓言》，肖聿译，商务印书馆2016年版，第289页。
② 张江伟：《欲望、利益与商业社会：从曼德维尔到斯密》，浙江大学出版社2020年版，第52页。

最贫穷和没有文化的农民与最高贵的国王之间不能相互理解"①。在此,"穷人"的穷困潦倒、生计无着,几乎变成他们对于社会发展的最大贡献之所在,并且,他们也完全没有办法"想象另一种可能"②,只能甘愿接受"被侮辱与被损害的"地位,而这也就是曼德维尔所说的,意欲"在基督教的废墟上确立异教的美德"③。

脆弱的幸福

曼德维尔的思路大开大阖,冠冕堂皇地将"我们的恶劣品质"定义为社会性的源泉,在对商业社会(Commercial Society)与资产阶级欲求机制的论辩中独树一帜,成为一种无法忽视的"不平等主义"立场的宣言。而这样大言不惭的修辞术演练,也受到了启蒙思想家卢梭(Jean-Jacques Rousseau,1712—1778)的深刻批判,可以说,卢梭对曼德维尔所开创的"正义"理论深恶痛绝。对此,亚当·斯密在一封"公开信"中有所论述:

---

① 张江伟:《欲望、利益与商业社会:从曼德维尔到斯密》,浙江大学出版社 2020 年版,第 53 页。
② 正如阿伦特所指出的,对于贫困的劳动者的不同态度,恰恰构成了现代经济哲学内部的"大分流"。"我们的世界与从前相比,决定性的相异点是:给了劳动以尊严。如今这平凡的劳动具备了怪异的尊严,而且这样的事情距今也还没到一个世纪。"[美]汉娜·阿伦特:《马克思主义与西方政治思想传统》,孙传钊译,江苏人民出版社 2012 年版,第 44 页。
③ [荷兰]B. 曼德维尔:《蜜蜂的寓言》,肖聿译,商务印书馆 2016 年版,第 341 页。

卢梭先生对曼德维尔博士提出了批评：他指出，这位英国作者把同情看作人类自然本性中唯一一种良善的情操，但是事实上，由同情可以生出许多美德，然而曼德维尔博士却否认这些美德的现实存在……卢梭先生一心要把野蛮时代的生活描绘成至乐之境，他只向我们展现了那种生活中悠闲的一面，那真是一幅色彩最优美的迷人画面，书中的语言虽刻意追求典雅，然处处流露出相当神经质的味道，有时甚至给人一种崇高并悲切着的感觉。正是由于这种风格，再加上一点点哲学气质的奇妙作用，才使得那个被视为品性堕落的曼德维尔的原则和理念在他的书中显得如同柏拉图的品德一般纯洁而崇高，只不过是一位真正共和主义者的精神走到极端的表现而已。①

被斯密刻画为"崇高且悲切着"的这部卢梭著作，就是《论人与人之间不平等的起因和基础》，正可以作为《蜜蜂的寓言》的"后果主义"（Consequentialism）功利观念完全的对立面而存在，"一位作者指出，社会的形成，是由于人类的悲惨的原始生活状态逼迫下，不得已的选择；而另一位作者则认为，由于一些不幸的偶发事件，使得原始人类的赤子之心萌发了有违其天性的权

---

① ［英］亚当·斯密：《亚当·斯密哲学文集》，石小竹、孙明丽译，商务印书馆2016年版，第297—298页。

力欲和追求高人一等的虚荣心,从而造成了致命的后果"①。

亚当·斯密这里所指涉的"第二位作者",就是卢梭,当他用"偶发的事件"的谱系学来解释人类"不平等"及恶德的根源的时候,他也就从根本上否定了曼德维尔(实际上对亚当·斯密的伦理谓述影响至深)所强调的对于人类社会发展之实践必然性(Practical Necessity)方面申论,而直接指斥其为人类所本质性遭际的历史错误。"诚然,我们一方面看到了人类巨大的成就:完成了许多深入的科学研究,发明了无数的技艺,找到那么多可供我们使用的自然力量;山谷中的高山被削平,岩石被击碎;江河通航了,土地被开垦了,湖泊挖掘成功了,沼泽地被弄干了;地上建起了高楼大厦,海上到处是来来往往的船舶和水手。然而另一方面,只要我们稍稍思考一下这一切究竟给人类的幸福带来多少真正的好处,我们就不能不吃惊地发现这些事情的得失是多么的不平衡;不能不惊叹人类的盲目:为了满足妄自尊大的骄傲心和毫无根据的自我赞赏,竟如此热衷地去追求他必将遭遇的苦难。"②而这种种因"盲目"的造作而经历的"辩证法的历险"中所造成的最为严重的偶发错误(显然是"马基雅维利式"的欲望的产物),便是"私有产权"与"私有体制"的自"共同视域"中突生(Emergency),卢梭也由于在这本著作中的著名批判,使得他成为现代民生理论中重要的革命之声:

---

① [英]亚当·斯密:《亚当·斯密哲学文集》,石小竹、孙明丽译,商务印书馆2016年版,第296—297页。
② [法]卢梭:《卢梭全集》(第4卷),李平沤译,商务印书馆2012年版,第317页。

谁第一个把一块土地圈起来，硬说"这块土地是我的"并找到一些头脑十分简单的人相信他所说的话，这个人就是文明社会的真正缔造者。但是，如果有人拔掉他插的界桩或填平他挖的界沟，并大声告诉大家："不要听信这个骗子的话；如果你们忘记了地上的出产是大家的、土地不属于任何人，你们就完了。"——如果有人这么做了，他将使人类少干多少罪恶之事，少发生多少战争和杀戮人的行为，少受多少苦难和恐怖之事的折磨啊！现在，显而易见的是：事情已经发展到不可能再像从前那样继续下去的地步。①

在追寻"起源"②之根据的意义上，卢梭以批判的"系谱学"考察了"文明"的缔造者的偶然之举，也就是在前文不断强调的对于"你的""我的"的现实区分的开启，也正是用与曼德维尔正相反对的方式，来考察人性之中"恶劣的部分"。而且无疑他便是在文中所说的高喊"土地不属于任何人"的那个走出了私有产权的认知"洞穴"的人，并且会看向洞穴中的摇曳的重重"拟

---

① ［法］卢梭：《论人与人之间不平等的起因和基础》，李平沤译，商务印书馆2015年版，第87页。
② 与"一论"的写作类似，卢梭开笔写作"二论"的起因首先在于应征第戎科学院资助的比赛，这一次第戎科学院的题目为："人与人之间不平等的起源是什么；这一现象是否为自然法所许可？"而卢梭显然在文中对"自然法"进行了自己独特的处理。相关论述可参考［美］克里斯托弗·凯利：《卢梭与〈论不平等的起源〉》，王幸华译，《法国哲学研究（第五辑）》，上海人民出版社2023年版，第31页。

像",试图指出障蔽人们视野的究竟是什么思想。① 与"二论"中的批判论点相呼应的,就是在《论科学与艺术的复兴是否有助于使风俗日趋纯朴》中对于他所处的"坏世界"现实的深刻揭露:"在我们夸赞为我们这个世纪的文明所产生的谦谦君子风度的面纱掩盖下,人与人之间却彼此猜疑,互存戒心,互相仇恨和背信弃义。"② 我们可以清楚地看出,卢梭所要批判的"文明社会"的病症,正是被霍布斯列为"自然状态"下的"狼人"习性,特别地,卢梭更将"古今之变"的思维引入对现状的分析,他指出,"古代的政治家历来是不厌其烦地告诫人们要保持良好的风尚与道德的,而我们今天的政治家却大力提倡发展商业和追逐金钱。"③ 而更为根本的,则是整个社会的"趋同"意态,以表面的和谐而彻底否定了反思的可能。正因为在我们的风尚中流行着一种邪恶而虚伪的一致性,好像人人都是从同一个模子中铸造出来的:处处都要讲究礼貌,举止要循规蹈矩,做事要合乎习惯,而不能按自己的天性行事,谁也不敢表现真实的自己。在这种永恒的桎梏下,构成这个称为社会的一群人,如果没有强大的动机使他们脱离这

---

① 但是,事实上卢梭本人对这种"醒世恒言"的现实效应,也是颇为悲观的:"在世风日下和道德沦丧的时候,哲学家和政治家确曾大声疾呼谴责这种生活腐化的行为,因为,这种行为的后果,他们是早有预见的。对于他们的话,没有一个人反对,然而也没有一个人愿意改正自己的行为。尽管大家都认为他们的道理讲得很好,但人们的腐化行为却愈演愈烈。"[法]卢梭:《卢梭全集》(第5卷),李平沤译,商务印书馆2012年版,第585页。
② [法]卢梭:《论科学与艺术的复兴是否有助于使风俗日趋纯朴》,李平沤译,商务印书馆2011年版,第12页。
③ [法]卢梭:《论科学与艺术的复兴是否有助于使风俗日趋纯朴》,李平沤译,商务印书馆2011年版,第28页。

种状态，他们就会永远处于那个环境中，永远做着那些事。①在卢梭看来，如此这般的"无往而不在枷锁之中"，又恰恰是伪装成"思想家"的资本秩序的辩护术士所精心构造的结果，正是他们不断地以繁复的修辞"给人们身上的枷锁装点许多花环，从而泯灭了人们对他们为之而生的天然的自由的爱，是他们喜欢他们的奴隶状态"②。由此可见，对于亚当·斯密所不断强调的"自然自由"秩序，卢梭恰恰认为那是一种对于人性之本真状态的"桎梏"，乃至是彻底的"泯灭"。

基于如上论断，卢梭拥有了上溯至高秩序的道德判断，这一判准的核心原则是："人的道德罪恶完全是人自己的行为造成的。只有道德罪恶才是真正的罪恶。甚至大多数形而下罪恶也是人类行为不端破坏了自然秩序所致。"③事实上，卢梭所要批判的恰恰是霍布斯—洛克—曼德维尔—斯密的思想谱系。④

---

① ［法］卢梭：《论科学与艺术的复兴是否有助于使风俗日趋纯朴》，李平沤译，商务印书馆2011年版，第12页。
② ［法］卢梭：《论科学与艺术的复兴是否有助于使风俗日趋纯朴》，李平沤译，商务印书馆2011年版，第10页。
③ 崇明：《启蒙、革命与自由：法国近代政治与思想论集》，上海三联书店2018年版，第82页。
④ 在其基本立场上，亚当·斯密非常接近曼德维尔的道德论述，只是他把自己的意图阐述得更加隐晦。"斯密对曼德维尔的唯一批评是，曼德维尔过分强调了私人罪恶与公共利益的对立。事实上，如果自私的行动并未伤害他人，而且实际上有利于他人的话，这种行动不应该被称为'罪恶'。斯密比德维尔更前进一步。在他看来，每个人追求自己的利益就会造成社会利益的总实现。另一方面，个人只有在为他人利益服务的情况下才可能实现自己的私利。这样，个人利益与公共利益就神奇般地达到和谐。"李强：《自由主义》，吉林出版集团有限责任公司2007年版，第85页。

> 人的可完善性、社会道德和他的种种潜在的能力是不可能靠他们本身发展的,而必须有几种或迟或早终将发生的外因的综合作用才能发展;没有这些外因的推动,原始人将永远停留在原来那个样子。因此,我还要探讨那些使人的理性趋于完善的偶然事件,并把它们加以比较,指出它们在完善人类理性的同时,也是人类败坏了;在使人变成合群的人的同时,也使人变成了一个邪恶的人,从那遥远的年代,终于使人类和世界变成了我们今天所看到的样子。①

以对邪恶与败坏的绝对拒斥,卢梭的道德谱系学(Moral Genealogy)指向用"公意"的力量塑造"人民主权"的新生经济政治秩序,从本质上根除不平等。"公意永远是正当的。这完全是一种不言自明的真理,因为'公意'代表了社会利益——它本身就是关于正当的标准"。② 在这个意义上,卢梭既吸收了洛克基于利益论证的"平等"观念,将古典意义上的至高德性,落实为普通民众的普遍意志,又超越于私己利益计算的纯粹"众意"加总,以充分的信心开创人类历史的"另一个"开端,摒弃洛克、

---

① [法]卢梭:《论人与人之间不平等的起因和基础》,李平沤译,商务印书馆2015年版,第85页。
② [美]乔治·萨拜因:《政治学说史(下卷)》,邓正来译,上海人民出版社2010年版,第282页。

斯密和曼德维尔构造的资产阶级"意识形态"①，而是要将所有现存的败坏人性的社会制度完全推翻，在卢梭的革命民生思想的号召、驱策与鼓舞之下，法国大革命开启人类社会发展的一个新的纪元。②

  尽管人与人之间没有自然的和普遍的社会，尽管人在变得可聚群而居的同时也变得不幸和邪恶，尽管正义与平等的法则在那些在自然状态中享受着自由而在社会状态中受制于各种需要的人看来已成空话，但我们绝不可因此便认为我们既没有道德也没有幸福了，绝不可认为上天已经使我们坠入无可救药的人类堕落的深渊了；我们应当努力从苦难的本身中找到能挽救我们的良方。

---

① 对于这些自由主义的经验"科学"家，正如恩格斯所评判的："这种科学的官方代表都变成毫无掩饰的资产阶级的和现存国家的意识形态家，但这已经是在资产阶级和现存国家同工人阶级公开对抗的时代了。"[德]恩格斯：《路德维希·费尔巴哈和德国古典哲学的终结》，中共中央马克思恩格斯列宁斯大林著作编译局编译，人民出版社2014年版，第55页。
② 关于卢梭与法国大革命的关系问题，法国当代的法国大革命史专家傅勒指出："卢梭也许是思想史上最超前的天才了，因为他发现的（或描测到的）东西后来纠缠了整个19世纪和20世纪。他的政治思想提前建立了后来雅各宾主义和革命语言的概念框架，这首先是因为他的哲学前提（个人经由政治而得以实现），其次是在他那里，历史行为新意识与人民本身行使主权的必要条件的理论分析严谨地结合起来了。"在这个意义上，卢梭也成了整个思想界的"共识"提供者："我们的整个18世纪并非只有卢梭，只不过大部分政治理论家没有他那样的理论天才罢了。要么是他们在民主激进主义面前后退了，结果是在人类平等逻辑方面达不到卢梭那样极端的结论——但他们是赞同这个逻辑的，并且把它作为那个世纪的信条之一。"[法]弗朗索瓦·傅勒：《思考法国大革命》，孟明译，生活·读书·新知三联书店2020年版，第88—89页。

> 让我们，如果可能的话，用新的社会形式去匡正普遍社
> 会的缺点。①

而呼应马克思在《资本论》中的经典论述，这一革命的序列无疑将带来新的世界图景："随着那些掠夺和垄断这一转化过程的全部利益的资本巨头不断减少，贫困、压迫、奴役、退化和剥削的程度不断加深，而日益壮大的、由资本主义生产过程本身的机制所训练、联合和组织起来的工人阶级的反抗也不断增长。资本的垄断成了与这种垄断一起并在这种垄断之下繁盛起来的生产方式的桎梏。生产资料的集中和劳动的社会化，到达了同它们的资本主义外壳不能相容的地步。这个外壳就要炸毁了。资本主义私有制的丧钟就要响了。剥夺者就要被剥夺了。"② 秉持着对人类秩序内在的"不平等"生存境况的拒斥，卢梭的内在革命论述强化了德性论内蕴的变革立场，对基于功利原理的效益中心主义之秩序性"拟像"进行了全盘的否定，并指向了"规范性"律则的变革。

> 让我们用完善的办法向他展示如何补救当初的办法
> 给天性造成的创伤，并向他指出他所说的幸福的状态是
> 不幸福的，他认为是无懈可击的理论是错误的。但愿他在

---

① [法]卢梭:《卢梭全集》(第4卷)，李平沤译，商务印书馆2012年版，第180—181页。
② 《马克思恩格斯文集》(第五卷)，人民出版社2009年版，第874页。

事物的美好组合中领悟到良好行为的价值,领悟到坏行为将受到惩罚,领悟到正义和幸福是相辅相成的。让我们用新的光辉开启他的理智,用新的感情温暖他的心。①

在卢梭看来,曼德维尔所捍卫、古典自由主义经济学家亚当·斯密与李嘉图、萨伊所辩护的行为模式,意味着"统治阶级利用政府控制的手段和资源,从以类别形式被排斥的从属群体的努力中攫取剩余价值"②,那些以"秩序"为名的"坏世界"建构者,悬临在世之"僭主"的名目,破坏人类本真的"美好生活",从而贱斥、解域人性之本真(Authenticity),"否定原本与摹本、原型与复制之间的等级结构,使拟像得以上升。他们肯定拟像的自主性与存在权利、拟像的颠覆性与变革性的'虚假力量'"③,因而完全离弃了人之为人"应然"(Ought)的"真实信仰"(True Belief)。由此,卢梭的批判与建构,也为马克思主义进一步提出的以唯物史观而为智性奠基的科学的生命哲学敞开了真理之定向,这也即是在卢梭的意义上所谓将利益与欲求的贪婪主体"从一个凶恶的强盗变成一个秩序良好的社会的最坚强的支柱"④。

---

① [法]卢梭:《卢梭全集》(第4卷),李平沤译,商务印书馆2012年版,第181页。
② [美]查尔斯·蒂利:《持久性不平等》,张熹珂译,格致出版社、上海人民出版社2023年版,第216页。
③ 董树宝:《影像的叛逆——法国当代哲学的艺术之思》,北京大学出版社2023年版,第27—28页。
④ [法]卢梭:《卢梭全集》(第4卷),李平沤译,商务印书馆2012年版,第181页。

第三部分　称义：权力之殇

"危机"与"秩序"的拟像化"综合"(Synthese)具现为"总体权力"规制下的"主体化"(Subjectification)模式,以应对马克思、恩格斯所尖锐指出的资本主义根本矛盾及其所造成的"经济危机"的现实,实现对"危机"之危害性的"周期性"转化,就必须通过强力的"权力技术"所推衍的"权力/知识"重构现实中人的实际性"主体性体验"(Subjective Experience),使深陷资本宰制系统的被奴役者自觉地意向与认肯现存的(错谬)秩序框架,完全放弃走出认知与实践的深重"洞穴",直面"真理之光"的任何可能性。与此相对应,酣眠于资本造物的万有之力下的"现代人"放弃了对于现代性"经济修辞"的最后反抗,现代经济哲学作为人类社会中最为魅惑的"权力/知识"构图,以效用理论的纯思替代客观价值的"在世"属性,从而使"人沉湎于绚丽多彩的拟像世界,屈从这一拟像世界创造的虚假快乐,消极地、被动地体验着与冷冰冰的现实世界暂时隔离之后的既定快乐,自然而然的快乐不复存在,虚幻的人造快乐充斥着乐园的上空,快乐被生产着,被不同的个体按照相同的模式进行着无限的再生产"[①]。

[①] 董树宝:《影像的叛逆——法国当代哲学的艺术之思》,北京大学出版社 2023 年版,第 215 页。

严格因循"拟像论"认知虚无主义(Cognitive Nihilism)的本体论诉求,资本构造下的"义人"杰里米·边沁(Jeremy Bentham,1748—1832)所开创的功利主义(Utilitarianism)[①]事功在根本上促成了"资本逻辑"的内在化,亦即经济哲学思辨的"主观价值"转向(这一点尤其在斯宾塞《社会静力学》中得到最大限度的强调)。仿拟于基督教世界针对"上帝之言"的"因信称义"式心灵转化模式,西方经济哲学的"称义"向度被规范在"资本—权力"的阈限之内。在其构化的具体"语境"(Context)之下,边沁的"功利/效用"之思并没有真正超出由斯密式经济哲学所厘定的由"权力"(Power)宰制(归根结底的"资本驱力")所意图建制的社会"改良"范畴:即"每个人改善自身境况的一致的、经常的、不断的努力,是社会财富、国民财富以及私人财富所赖以产生的重大因素。这不断的努力,常常强大得足以战胜政府的浪费,足以挽救行政的大错误,使事情趋于改良"[②]。因此,在边沁与斯密思想的汇合之处也就形成了对待经济社会诸问题的复杂论调。"同边沁法理学和政治学研究一样,自由主义经济学也被认为是以边沁运用的联想心理学和快乐说心理学所阐明的一般人性规律为依凭的。就此而言,这种经济学意在阐述和说明的是任何经济社会的规律,而不论时间和地点,也不考

---

① 相关讨论,可参见 W. Stark:*Jeremy Bentham's Economic Writings*,London and New York:Routldge,2005;Ross Harrison: Bentham:*The Arguments of the Philosophers*,London and New York:Routldge,1999.

② [英]亚当·斯密:《国民财富的性质和原因的研究》(上卷),郭大力、王亚南译,商务印书馆1972年版,第316页。

虑法律或政府体制所制定的规章命令。"①

以"功利主义"为理念旗帜、弃绝"劳动价值论"(Labour Theory of Value)的"边际革命"(Marginal Revolution)开创了"权力—行动"的"总体性"(Totality)经济哲学视域,使人们只以个人本位的苦乐计算为判准衡定"美好生活"的位格意义,从而在1929年的"大危机"爆发之前,以严整化的"社会建构"理想完善地构塑了资本主义自我指涉的(self referential)经济和谐"拟像"。而当这一资本"内在化"的扩张模式所构造稳态增长被无情"大萧条"所摧毁之时②,秉持"货币面纱观"的西方经济哲人仍旧抱持着其自己发明并自己信奉的"典范":自由放任主义。也就是在这个抗辩纷争的"经济哲学的支点"之上,凯恩斯及其门徒与以米塞斯、哈耶克为代表的新自由主义经济哲人形成了截然对立的论争思路,并且在20世纪30年代与20世纪70年代具体的历史与社会语境下,铺展开迥然有别的"为承认而斗争"的思想歧途。

正是"功利原则"所张扬的"自我承认的政治"通过对"法"一般的普遍性(与"自然法"的历史表达相呼应)铺张其"因信

---

① [美]乔治·萨拜因:《政治学说史(下卷)》,邓正来译,上海人民出版社2010年版,第373—374页。
② 诺贝尔奖得主米沃什对此做出无不揶揄的描述:"社会肌体何其脆弱。我在美国发现,其运作是多么容易被打乱。至少自1929年市场突然垮台,人们就像经历了大地震的加利福尼亚人那样行事:地震随时会发生。人们不能肯定针对来年的计划和打算会否突然受阻。因此,无怪乎主要基于企望预测灾难的经济科学会被高度重视,并且有人会因此活动诺贝尔奖。"[波兰]切斯瓦夫·米沃什:《米沃什词典》,西川、北塔译,生活·读书·新知三联书店2004年版,第101页。

称义"意义下的普世与普适①,根植于欲望的(或二阶的"关于欲望的欲望"的)契约—国家命题在不诉诸启蒙/自我启蒙与批判/自我批判的维度上敷衍出一套可普遍化的法则,从而构造了现代经济哲学的权力意图。

延传自霍布斯—普芬道夫—洛克谱系,翻转古典经济意识的占有式个人主义(Possessive Individualism)以(修改了的)"理性"之名重估价值与正义,为人类的至福寻求不可悖逆的出路,并在根本上塑造了"现代之人":"在他们看来,自己所追求的事物最有意义,自己所钟情的事物最有价值,自己所走的路才是唯一一条通向幸福之路。"②这样的"现代之人"当然可以是善良的,但也一定是过于单纯而且单向的,因为他们不再在个人人格的意义上追求生命的整全,而只委身于强力的布尔乔亚体系,在资本的意识形态下建构并进而限制自我意识。在此,正如人类学家马歇尔·萨林斯(Marshall Sahlins,1930—2021)在《人性的西方幻象》(*The Western Illusion of Human Nature*)中所立论:"像在古典哲学以及现代科学中那样,我们由于遭受到无可抗拒的人性

---

① "当我们从希腊的历史——都是通过它,其他一切古代的或其同时代的历史才得以为我们保留下来,或者至少是才成为可以征信的——而起始……下迄我们自己的时代为止;这里面还应该加入其他民族的国家史作为插曲(我们有关他们的知识正是通过这些启蒙了的民族才逐步地获得的);那么我们就会发现,我们这个大陆上的国家宪法是有着一个合规律的进步历程的(这或许有一天会给其他一切大陆提供法则)。"[德]康德:《历史理性批判文集》,何兆武译,商务印书馆1990年版,第19页。

② [英]大卫·休谟:《论道德与文学》,马万利、张正萍译,浙江大学出版社2011年版,第53页。

的诅咒,只能靠牺牲相关他人来成就自己的利益,并由此威胁到我们自身的社会存在。这是一个巨大的错误。我谨慎的结论是,西方文明建立在一个对于人性的顽固而错误的看法之上。"①肇始于霍布斯"利维坦拟像"对柏拉图"理想城邦拟像"的颠覆,而又具现于边沁所着意开发的"全景监狱拟像","这种对人性的错误观点危机我们的存在"②,并最终将资本主义的生产秩序直接定性为"危机化"的存在。

现代性的病症,就在于以为世界真的可以以"人性的西方幻象"为摹本来强力拟塑与捏造,并进而认之为真、信以为真。因而,自我承认的政治也塑造他者。一切非契约型的、非"开端"的、非"资本"的或更根本地说是非"西方"的历史文化共同体,都被以这样一种单一的思维方式而衡量、而算计,而这样一种本质上低质素的认同模式则无非在全球范围构造以主权国家为单位的另一重"自然状态"拟像,而"社会契约变成了一个拟真公约,并且得到媒体和信息的确认"③。在这个意义上,"拟像"作为置换的本体论,意在"为他人设计一种低劣和卑贱的形象,而这种形象又被后者所内化,就会构成实实在在的扭曲和压迫"④。而与这

---

① [美]马歇尔·萨林斯:《人性的西方幻象》,赵丙祥、胡宗泽、罗杨译,生活·读书·新知三联书店2019年版,第237—238页。
② [美]马歇尔·萨林斯:《人性的西方幻象》,赵丙祥、胡宗泽、罗杨译,生活·读书·新知三联书店2019年版,第238页。
③ [法]让·波德里亚:《论诱惑》,张新木译,南京大学出版社2011年版,第249页。
④ [加]查尔斯·泰勒:《承认的政治》,参见汪晖、陈燕谷主编:《文化与公共性》,生活·读书·新知三联书店1998年版,第300页。

种指向于"扭曲和压迫"的"拟像"之图相对应的,便是一种迫切的革命需要,冲破一元化的、单一模式的、独白性的经济—政治—哲学视野。进而,"作为巡游的、发展的、革命的政治,它应该是出于行进中、进步中,向那些能使它发生革命变化的东西敞开着"①。

---

① [法]埃德加·莫兰:《人本政治导言》,陈一壮译,商务印书馆2010年版,第117页。

第七章 总体之思：功利主义与资本逻辑的内在化

内在性与总体性

现代西方经济哲学的"拟像"模型在边沁时期开始呈现"内在性"转向的趋势。正如经济哲学论域的边际论（Marginalism）代表人物杰文斯（John Jevons，1835—1882）所正面呈报的，对于他所写作的革命性的《政治经济学理论》（*The Theory of Political Economy*）一书来说，"边沁的思想是本书理论的出发点"①。而这种理论的导引就是由"苦乐计算微积分"而呈现的研究原则（指向杰氏所谓的"人类欲望的法则"）："快乐与痛苦是经济学计算的究竟的对象。经济学的问题，是以最小努力获

---

① ［英］斯坦利·杰文斯：《政治经济学理论》，郭大力译，商务印书馆1984年版，第12页。

得欲望的最大满足，以最小量的不欲物获得最大量的可欲物，换言之，使快乐增至最高度。"① 这样，一方面，新的经济学革命主题就沿着边沁的"功利/自然"观念的方向，完成了内在的（快乐、痛苦作为"感受性"的主体心灵当中的经验性"内容"）转向。"在本书，我尝视经济学为快乐与痛苦的微积分学，来定立经济学的形式……这个经济学理论颇与静力学相类似。交换法则颇与杠杆的平衡法则（那是由虚速度原理决定的）相似。财富与价值的性质，由无限小量的快乐与痛苦之考虑来说明，正如静力学的理论，以无限小量能力的均等为根据"②。

另一方面，边沁的建构论意义上的效用主义（"功利主义"）导引了自由主义经济哲学的主观化倾向，其理论上的表现就是将"如何估算快乐和痛苦的值"③的问题落实为可操控、可拟测、可实证化模式的所谓"边际主义革命"，在经济学论域的具体体现就是导致了"货币面纱观"和新古典主义货币数量论的提出。与斯密的思想一样，边沁的功利—效用"自然"观，依赖于一种特殊的道德心理学。"他支持'伦理学的享乐主义'，即认为幸福是个人和社会的唯一的善的学说。'最大多数人的最大的善好'和'人类幸福的总和'是这一体系特有的提法。同时，他还坚持'心

---

① ［英］斯坦利·杰文斯：《政治经济学理论》，郭大力译，商务印书馆1984年版，第52页。
② ［英］斯坦利·杰文斯：《政治经济学理论》，郭大力译，商务印书馆1984年版，第2页。
③ ［英］边沁：《道德与立法原理导论》，时殷弘译，商务印书馆2000年版，第86页。

理学的欢乐主义',即认为人类的一切行为都是出于关心自己的利益。他是第一个系统阐述心理学快乐主义普遍原理的人,这些原理我们已经看到由很多作者曾设想过,但没有一个人曾透彻地阐发出来。边沁试图以有意识的避苦趋乐来解释一切社会行为。他和他的后继者想找出一条途径,运用每个人的私利动机来求得作为一个整体的社会的利益;在一个理想的社会,个人的善和社会的善将是一致的。"① 秉持这样的"一致性"的趋向(苦乐的截然二分),边沁实际上发展了霍布斯在《利维坦》第十章中"人的权力"(Power of Man)之均质集聚方式的思想:"人类权力中最大的,是大多数人根据自愿同意的原则联合起来,把自身的权力总合在一个自然人或社会法人身上的权力;这种自然人或法人有时是根据自己的意志运用全体的权力,如国家的权势就是这样;有时则是根据各分子的意志运用,如党派或不同党派的联盟就是这样。因此,拥有仆人是权力,拥有朋友也是权力,因为这些都是联合起来的力量。"② 但是,当霍布斯所希冀的"权力市场"(Market of Power)得以建立之后,那种对于社会秩序的良性"调整"的意向却事与愿违。"边沁的动机论和他想使这种动机为公共福利服务的愿望是适合人道主义立场的。但荒谬的是,由此而来的那种一切受苦乐动机支配的'经济人'概念,成了实业家的万

---

① [美]G.墨菲、J.科瓦奇:《近代心理学历史导引》,林方、王景和译,商务印书馆2011年版,第62页。
② [英]霍布斯:《利维坦》,黎思复、黎廷弼译,商务印书馆2017年版,第62—63页。

能教条，他们发现这里有一切社会行为不可逾越的法则，从而为每一自私的行为找到了道义上的根据。人道主义的口号常常用来粉饰产业革命的严酷现实，甚至今天，在工业界'注重实际的人们'的思想中，仍然渗透着这样的认识，把伦理学的享乐主义和心理学的欢乐主义视为理所当然和完全正确。"①

与此相对应，在当代著名法学家 H.L.A. 哈特（H.L.A. Hart，1907—1992）于 1978 年发表的"杜威演讲"②中，以发表《正义论》而世界闻名的政治哲学家罗尔斯（John Rawls，1921—2002）被其标举为处于"权利与功利之争"的话语中心的功利主义重要批判家，并且是奋力捍卫平等的自由权利的当代自由主义理论家中对于权利理论的"最雄辩的阐释者"。③这也就同时将边沁主义者（Benthamean）放置在"反正义论"的理路位置。而在讨论同一主题的文章《功利主义与自然权利》中，哈特则将他所批评的功利主义的思想源头历史性地回溯至杰里米·边沁及其受

---

① ［美］G. 墨菲、J. 科瓦奇：《近代心理学历史导引》，林方、王景和译，商务印书馆 2011 年版，第 63 页。这一点后来在米瑟斯的理论建构中，完成了"满足"与"幸福"的等价代换，而实现某种意义上的亚里士多德幸福伦理学的回归。"归根结底，个人能够承认一个目标，而且只有一个目标：获得最大满足。这一表述包括满足人类的所有需求和渴望，不管它们是物质的还是非物质的（精神的）。如果不担心享乐主义（Hedonism）和幸福主义（Eudemonism）之争造成的误解，我们也可以用'幸福'来代替'满足'。"［奥］路德维希·冯·米瑟斯：《社会主义：经济与社会学的分析》，王建民、冯克利、崔树义译，中国社会科学出版社 2008 年版，第 91 页。
② 即《在功利与权利之间》，参见［英］H.L.A. 哈特《法理学与哲学论文集》，支振锋译，法律出版社 2005 年版，第 212—235 页。
③ ［英］H.L.A. 哈特：《法理学与哲学论文集》，支振锋译，法律出版社 2005 年版，第 213 页。

到意大利人贝卡里亚（Cesare Beccaria，1738—1794）《论犯罪与惩罚》一书的影响而发表的"边沁原理"："仅仅在独立宣言签署的三个月前，杰罗米·边沁在第一部著作《政府片论》(*The Fragment on Government*)中向全世界发表了他对功利主义原则的著名阐发，根据功利主义原则，无论是政府还是对政府的限制，其正当性都来自相当不同的原则：不是根据个人的权利，亦非所谓的自然权利，而是根据'最大多数人的最大幸福'。"① 而在完全相反的意义上，哈特将罗尔斯举证为对武断的福利主义的杰出责难者。"卓越的罗尔斯在其《正义论》中声称，任何具有充分道德性的政治哲学家都必须承认，必须存在一些——以任何道德上允许的社会生活形式——对个人自由和基本利益的特定保护，这些保护构成了个人权利的基本框架。尽管对公共福利的追求的确具有法律上的正当性，并且也的确值得政府重视，但这种追求必须受到特定的限制，即承认这些个人权利。"②

根据哈特、边沁的"最大幸福原理"③已经在当代导致了对于"权利"的以"公共福利"为名的重大威胁，必须有理论家（如罗尔斯和作者哈特自己）奋起直陈其弊，以思辨的勇力达至革新，在这样的意义上，哈特版本的"罗尔斯"就成了功利主义的"天敌"型学者。但是，当我们引入更多的思想史背景，并将

---

① ［英］H.L.A.哈特：《法理学与哲学论文集》，支振锋译，法律出版社2005年版，第195页。
② ［英］H.L.A.哈特：《法理学与哲学论文集》，支振锋译，法律出版社2005年版，第208—209页。
③ ［英］边沁：《政府片论》，沈叔平译，商务印书馆1995年版，第36页。

思想的光谱扩至更大，我们就会发现确实有必要在承认哈特之理论立场的确当与批判锋芒的锐利的同时，也通过对历史的追溯而彰显当下争论的复杂性（而非自由主义与功利主义的简单对立/博弈），这也将有助于推进我们对于罗尔斯思想之源发性的思考。我们将跟随哈特的视野，将时间追溯至边沁对于布莱克斯通（William Blackstone，1723—1780）所著《英国法释义》之导论进行集中批评（《政府片论》一书）的时期，这样我们就会发现，在18世纪末叶（可以具体语境化为1765—1776[①]）的英国，"主权者"意涵下[②]封建势力的"特权"意志（甚至可以被描述成"社群性"的）彻底压制着尚属蒙昧的个体权利意识，因而当边沁做出如是宣称"我们把功利称为一种原则，它可以用来控制并指导这门科学所研究的某些制度和制度组合体的分类。唯有用这种原则来解释这些制度的组合体所具有的名称，才能使它们的分类变得清晰而令人满意"的时候，他的对于"公共福利"的特别强调（以苦乐计算的可通约共量性为理论前设）就变得具有特殊的批判意义：市民阶级对于贵族体系的"权利呼声"。"功利原则的价值不在于创造方面，而在于批判方面。它的价值在于作为一种检验标准，而不在于作为一种胚芽。它的真正潜力是反面的，也就是把不公正的地方和许多繁文缛节揭露出来，并删去许多冗

[①] 即布氏著作开始出版的时间和边沁匿名发表《政府片论》的时间。参见［英］边沁：《政府片论》，沈叔平译，商务印书馆1995年版，第2页。
[②] 这也正是《政府片论》对于布莱克斯通的法理论进行批判时所聚焦的主题。

长的词句。对于这种目的，功利原则是特别有效的。"① 边沁的布莱克斯通批判提出了对旧有建制下法律思想体系的"实用而系统"的替代方案，"这种标准要求立法者谋求最大多数人的幸福，而且应当一视同仁地、平等地为每一个人追求福利"②。而功利主义的这种针对社会实在的"重新建构性"诉求就是海萨尼（John C.Hasanyi，1920—2000）在《道德和理性行为理论》（*Morality and the Theory of Rational Behavior*）中所重申的：以边沁为代表的古典功利主义者（或具体而论的"哲学激进主义者"），"从根本上讲，在政治上和伦理上，他们都与传统、教条主义以及特权阶级战斗来捍卫理性。在政治上，他们持有革命性的思想，用一种公正的理性检验来评判现存的社会制度是否有利于增加社会效用，并且在认为这些社会制度通不过该检验时，毫不犹豫地用清晰和不易引起误解的语言表达出来。与此类似，在伦理上他们提出所有被接受的道德准则都应该接受理性和社会效用的检验"③。而经由这种"最大效用原则"的利益化思虑的深层次"改造"（Re-Form），那些受约束于边沁—穆勒框架的"新古典"经济哲学论者，就不得不服从这样的均质"理性"，并将这种抽象、简化后的"良好生活"观念贯彻为人性唯一的内核。"当前的理性是

---

① ［英］边沁：《政府片论》，沈叔平译，商务印书馆1995年版，第44—45页。
② ［英］边沁：《政府片论》，沈叔平译，商务印书馆1995年版，第44—45页。而这种基于快乐-痛苦体验的"具身化"平等原则却因为通约性的引入而为另一种"特权意志"的"纵乐"开辟了道路。
③ ［印］阿玛蒂亚·森、［英］伯纳德·威廉姆斯主编：《超越功利主义》，梁捷等译，复旦大学出版社2011年版，第44页。

一个流动的普遍实体，一个持久不变的、单纯的物性。就像光分散为无数星星或独自闪亮着的点一样，理性也分散为许多完全独立的本质。由于理性是一个绝对地自为存在，所以那些本质不仅自在地，而且自为地消融在这个单纯的、独立的实体之内。他们意识到，唯有献出自己的个别性，把这个普遍的实体当作他们的灵魂和本质，他们才有可能作为一些个别的独立本质存在着。同样，这些个别的本质的行动，还有他们制造出来的作品，也是这个普遍者。"①

功利原理

边沁所创发的"功利主义"论述是从对可以通过货币—经济关系进行概括与评估的"功利"（或"效用"）和"功利原理"的界定出发的。边沁认为，"功利是指任何客体的这么一种性质：由此，它倾向于给利益有关者带来实惠、好处、快乐、利益或幸福（所有这些在此含义相同），或者倾向于防止利益有关者遭受损害、痛苦、祸患或不幸（这些也含义相同）；如果利益有关者是一般的共同体，那就是共同体的幸福，如果是一个具体的个人，那就是这个人的幸福"②。相应地，"功利原理"就是指的这样一个

---

① ［德］黑格尔：《精神现象学》，先刚译，人民出版社 2013 年版，第 217 页。
② ［英］边沁：《道德与立法原理导论》，时殷弘译，商务印书馆 2000 年版，第 58 页。

原理,"它按照看来势必增大或减少利益有关者之幸福的倾向,亦即促进或妨碍此种幸福的倾向,来赞成或非难任何一项行动……不仅是私人的每项行动,而且是政府的每项措施"①。由此而可知,所谓的功利主义原则(至少在边沁这里)是通过对"利益相关者的幸福"的界定("计算")来完成的社会进步意义上的建构主义尝试。因此,"边沁是把幸福计算作为目的论伦理学最为关键的构成部分提出的,它包括用数量评估和加总某一个或某一类行为所带来的快乐和痛苦(在这里很明显快乐被赋予正值,而痛苦被赋予负值)。任何代数运算产生正值的幸福数量的行为都是'好的',因此增加了人类社会内部的'幸福总量';任何代数运算产生负值的幸福数量的行为都是'坏的',因此减少了人类社会内部的'幸福总量'"②。这样,苦乐计算(或所谓"幸福微积分")就成为一种对于任何与社会共同体行为进行评估的工具,为变革社会的实践理性获得了有效的外在标准。这一点也与边沁对于传统制式与观念的观点相协调一致,"边沁怀疑从先辈那里继承下来的经验和通过求助于传统信仰才得以维护的政治秩序的特征。对他来说,信赖以往的实践是无知的表现"③。

可以清楚地看到,边沁的观点已经与代表"传统"的古典自

---

① [英]边沁:《道德与立法原理导论》,时殷弘译,商务印书馆2000年版,第58页。
② [意]阿列桑德洛·荣卡格利亚:《西方经济思想史》,罗汉、耿筱兰、郑梨莎、姚炜堤译,上海社会科学院出版社2009年版,第150页。
③ [美]列奥·施特劳斯、约瑟夫·克罗波西:《政治哲学史》,李天然译,河北人民出版社1993年版,第822页。

由主义者（"先辈"们）背道而驰，他对于"幸福计算"的理论设想为后来的边际（"效用"）主义者开辟了极大的理论空间，也使得"那些继承下来的经验"至少在经济学领域已经不再适用（考虑到这一理路对于后来的霍布豪斯和斯宾塞的影响，则功利主义或哲学激进派所波及的范围恐怕更为广泛[①]）。"功利原则简单、直接地表述了一连串就其细节来说是复杂和冗长的推理。它提供了一种正确调整每个大脑框架的迅速方法。它使我们想起'社会是一个虚构的团体，由被认作其成员的个人所组成。那么，社会的利益又是什么呢？——它就是组成社会之所有单个成员的利益之总和'。"[②] 关于幸福的经济计算成为调整每个大脑框架的"正确"方法，也就是预设了一个高高在上的标准，一种绝对的作为"衡量者"的权力；这无疑是从洛克到斯密的自由主义都一致反对的思想倾向，但却在边沁这里得到了某种刻意的融合，边沁甚至认为，"所有理性的行为都是与功利原则一致的行为"[③]。

"幸福计算"的施行需要满足两个前提假设："首先必须假设每个人的快乐和痛苦刻意使用一个单维度的定量度量进行测量。其次假设代表不同个人的幸福度量可以进行算术加总。更具体地

[①] ［英］约翰·格雷：《自由主义》，曹海军、刘训练译，吉林人民出版社 2005 年版，第 46 页。
[②] ［美］列奥·施特劳斯、约瑟夫·克罗波西：《政治哲学史》，李天然译，河北人民出版社 1993 年版，第 832—833 页。
[③] ［美］列奥·施特劳斯、约瑟夫·克罗波西：《政治哲学史》，李天然译，河北人民出版社 1993 年版，第 833 页。

说,我们假设所有人感受快乐和痛苦的能力是相同的。"① 这两个假设恰恰构成了边沁理论的困难所在:单向度的、同质的、被拉平的个人(及其感受)正是现代性世界图景下人类的写照,而边沁对于理性计算的强调并不是真的期望寻求一种绝对客观的外在标准来为全体人民谋福利,而根本上无非是为了资本的高高在上的统治寻求辩护。因此,边沁从根本上并不在乎如上两条假设的证成与否,因为他只是要借助所谓客观的"功利原理"去完成对"对"的命名。"用功利原理去衡量'对',就意味着要考虑到个人的利益去衡量'对',并记住,必须仁慈地,或考虑到最大多数人的最大幸福去理解个人的利益。"② 于是,通过边沁的精心构造,资本主义社会的"立法者"就有了"考虑到最大多数人的最大幸福"的必然的"借口",可以去"仁慈地"(这一点在古典自由主义的"有限政府"观念中不可能有发展的空间)重构"个人的利益"的言说,或者说从根本上"代议"每一个公民的自由权利。

边沁的功利主义为社会的改进或管制的加强设置了标准:"当一个事物倾向于增大一个人的快乐总和时,或同义地说倾向于减小其痛苦总和时,它就被说成促进了这个人的利益,或为了这个人的利益。(就整个共同体而言)当一项行动增大共同体幸

---

① [意]阿列桑德洛·荣卡格利亚:《西方经济思想史》,罗汉、耿筱兰、郑梨莎、姚炜堤译,上海社会科学院出版社 2009 年版,第 151 页。
② [美]列奥·施特劳斯、约瑟夫·克罗波西:《政治哲学史》,李天然译,河北人民出版社 1993 年版,第 834 页。

福的倾向大于它减少这一幸福的倾向时,它就可以说是符合功利原理。"① 相应地,根据功利原理,一个不接受"改造"的(某种意义上的)"传统"的社会是不可接受的。因为根据这一原则,"未来新建造的社会是非理性的聚合体和不平等地联系着的利益。——每一种利益都追求它所认定的乐和苦。几乎没有人有意识地致力于使自己之外最大多数人获得幸福的目标"②。肇始于边沁,现代经济哲学拟像开始使用"最大多数人"这一类的典型"托辞"(也最终发展出了新古典意义上的"理性的经济人"之类的谵妄之语)作为"拟像"之圭臬,与代议制政体在西方的发展相因应,使得这些资产阶级知识分子在不知不觉中彻底远离了真实的"最大多数人"的真正想法和"苦/乐"感受。

重构的意图

在自由主义的功利主义向度的承传系谱中,现代经济哲学家约翰·斯图亚特·穆勒(John Stuart Mill,1806—1873)与边沁发挥着同样不可忽视的作用,正是穆勒对功利主义理念的改造使得这一思想倾向真正同现代经济学的发展相联系,而约翰·穆勒

---

① [英]边沁:《道德与立法原理导论》,时殷弘译,商务印书馆 2000 年版,第 59 页。
② [美]列奥·施特劳斯、约瑟夫·克罗波西:《政治哲学史》,李天然译,河北人民出版社 1993 年版,第 832 页。

在这一原则下对"萨伊市场定律"所进行的阐释也成为推动经济哲学辩证发展的重要理论资源。

众所周知,约翰·穆勒"是在边沁和他的幸福微积分的学说中成长起来的"①,他的学说可以说是边沁和他的父亲詹姆斯·穆勒的直接传承,但是,穆勒从根本上并不认同边沁的将人们的苦与乐简单地以"量"的方式进行衡量的"早期功利主义",而希望"发展出一种更有自由主义色彩的功利主义"。② 不可否认,边沁的理论"为伦理问题提供了一种解决方案:如果一种行为通过'幸福微积分'获得了正值,那么它就是善行;如果是负值,那么它就是恶行"③。也就是说,在边沁的理论图示中,"人类的种种情感可以简化为一种单维度量度(快乐或作为负值的痛苦)的不同数值"④。这也就是同样作为功利主义者的穆勒所不能认同,或者说在新的理论论争面前必须做出相应调整的。穆勒认为,在考虑某一行为的"效用"的时候,不仅要考虑其所带来的快乐或痛苦在"量"上的加总结果,还必须从"质"的角度出发,从快乐或痛苦的层级上去加以衡量。"承认某种快乐比其他快乐更有价值、更值得追求这一事实,也是与功利原理相一致的。我们在评价其

---

① [美]拉齐恩·萨丽等:《哈耶克与古典自由主义》,秋风译,贵州人民出版社2003年版,第44页。
② [美]拉齐恩·萨丽等:《哈耶克与古典自由主义》,秋风译,贵州人民出版社2003年版,第187页。
③ [意]阿列桑德洛·荣卡格利亚:《西方经济思想史》,罗汉、耿筱兰、郑梨莎、姚炜堤译,上海社会科学院出版社2009年版,第199页。
④ [意]阿列桑德洛·荣卡格利亚:《西方经济思想史》,罗汉、耿筱兰、郑梨莎、姚炜堤译,上海社会科学院出版社2009年版,第151页。

他事物时,考虑量的同时都会考虑质;那么我们在权衡快乐时若只关注数量则无疑是荒唐的。"① 进而,穆勒阐述了"质"本身的优越性:"假如同时熟悉两种快乐的人将其中一种快乐置于至高无上的地位,即使明知这样会招致更大程度上的不满也仍然对之情有独钟,并且哪怕自身能够任意体验另一种快乐也决不会放弃对它的选择,那么我们就可以把这种优先选择的快乐归因于质的优越性,因为它远远超过了量的重要性而使量相比之下显得微不足道了。"② "质"相对于"量"的优越性的提出,标志着穆勒对边沁式自由主义进行改造的开始,他不再把"苦乐—善恶"的问题意识局限在单维度、同质化的"个人"概念之下,而是将其扩展至整个"社会"领域。"在功利主义理论中,作为行为是非标准的'幸福'这一概念,所指的并非行为者自身的幸福,而是与行为有关的所有人的幸福。因为行为者介于自身幸福和他人幸福之间,故功利主义道德要求他做到如同一个无私的、仁慈的旁观者那样保持不偏不倚。"③

从独立自主的私益个体到"无私的"、将自己置身于"自身幸福与他人幸福"的权衡之间的公益人格,可以说穆勒对功利主义做出了全方位的修正,而其中最显著的变动,就是他认为上

---

① [英]约翰·斯图亚特·穆勒:《功利主义》,叶建新译,中国社会科学出版社2009年版,第13页。
② [英]约翰·斯图亚特·穆勒:《功利主义》,叶建新译,中国社会科学出版社2009年版,第14页。
③ [英]约翰·斯图亚特·穆勒:《功利主义》,叶建新译,中国社会科学出版社2009年版,第27—28页。

述"公民的自我修养"的达成是可以通过政府的外在规训使之实现的。"作为实现这一理想的最佳捷径,功利主义要求首先法律和社会安排应当尽可能地让个人的幸福或个人利益(按照实践说法)与全体利益趋于和谐;其次教育和舆论对人的性格塑造具有重大影响,应当用这股力量在每个人心中建立起自身幸福与按照普遍幸福行为模式(包含正反两方面)所从事的实践活动之间的联系。如此一来,个人就不可能产生出只顾自我的幸福观,其行为就不会与普遍的善相对立,而且每个人都养成一种习惯行为动机去直接促进普遍的善,而与之相关的感情也会在每个人的情感生活中占据突出的位置。"① 穆勒的这种将人视为"一种进步的动物"②的处理方法,提供了对私己幸福的可普遍化的论证("普遍幸福行为模式"的建构),同时,对于社会总体善(竟然近似于古典道德领域的"至善"理念)的建构论探讨也意味着穆勒希图提出一种超出简单的"快乐—痛苦"模式的功利主义言说,也即对由"苦—乐"构造的"是—非"图式的超越。"将行为是非与快乐痛苦联系在一起,将'是'的行为中自然包含的快乐以及'非'的行为酿成的痛苦用以启迪个人的经验并形成深刻的印象常驻心田,只有这样,才有可能产生具有美德性质的意志。而这样的意志一旦在惯性中变得坚定,发挥作用时就不会再去考虑快乐和痛

---

① [英]约翰·斯图亚特·穆勒:《功利主义》,叶建新译,中国社会科学出版社 2009 年版,第 28 页。
② [美]列奥·施特劳斯、约瑟夫·克罗波西:《政治哲学史》,李天然译,河北人民出版社 1993 年版,第 912 页。

苦。"① 通过将"快乐与痛苦"的分析范式在"美德性质的意志"中达至升华,穆勒在摆脱了边沁的狭义功利观后,使功利主义真正成为理性人的行为法则。"功利主义的终极目标即其他一切渴望之事的参照点和归宿(无论考虑自身的善还是他人的善),就是让生活尽可能远离痛苦、尽可能丰富快乐(无论是在量上还是在质上)……这一终极目标在功利主义理论中被视为人类行为的目的,同时,它必然也是整个道德的标准,故也可以将其定义为人类行为的准则。人类的存在状态就是对这一准则的遵守。"② 通过对"人类的存在状态"的界定,穆勒完成了功利—效用主义的社会化,而在穆勒看来,"市场"这一社会存在及其自动调节机制就正是体现了对资本主义社会的"道德的标准"的无条件的遵守,而其基于资产阶级利益的言说也就进一步体现在他对"萨伊定律"的诠证上。

在《就业、利息和货币通论》中,凯恩斯曾借用穆勒的话批评他认为萨伊和李嘉图"并没有很清楚地加以说明"③ 的"萨伊定律",穆勒在《政治经济学原理》中说:"商品的支付手段仍是商品。每一个人购买别人生产物的手段,是由他自己所有的生产物构成的。一切卖主必然是,而且最终都是买主。如果我们能够使

---

① [英]约翰·斯图亚特·穆勒:《功利主义》,叶建新译,中国社会科学出版社2009年版,第66页。
② [英]约翰·斯图亚特·穆勒:《功利主义》,叶建新译,中国社会科学出版社2009年版,第19页。
③ [英]约翰·梅纳德·凯恩斯:《就业、利息和货币通论》,高鸿业译,商务印书馆1999年版,第23页。

本国的生产力突然增加一倍，我们就将使每一市场商品的供给增加一倍。但是，我们同时也将使购买力增加一倍。每个人的需求都会像供给一样增加一倍；因为每个人所能提供交换的物品已增加一倍，因而每个人所能购买的物品也增加一倍。"①

穆勒站在功利主义的角度对萨伊的理论的善意释解（相对于凯恩斯及其追随者的归谬分析而言），可以被视为对后来的那些显然"并不是萨伊本人在阐述与他的名字如此密切联系在一起的那个命题的时候本来使用的表达方式"②的一种校正：萨伊所讨论的是在一个实现了充分分工的经济体中，每个人获得其他商品的手段是生产相等价值的商品，从而，"生产增加的不仅是商品的供给，而且，根据对生产要素所支付的必需的成本，还产生购买这些商品的需求"③。这也就是萨伊所说的"单单一种产品的生产，就给其他产品开辟了销路"④。从这一认识出发，"萨伊定律"展开了两条理论线索。

一是对于生产过剩的"不可能性"的证明。在萨伊看来，任何商品的"供给"的出现，就一定意味着它可以在"价值"的意义上找到相应的"需求"，因此，"除非存在某些激烈手段，除

---

① ［英］约翰·穆勒：《政治经济学原理》（下卷），胡企林、朱泱译，商务印书馆1991年版，第95页。
② ［英］约翰·米尔斯：《一种批判的经济学史》，高湘泽译，商务印书馆2005年版，第127页。
③ ［英］马克·布劳格：《经济理论的回顾》，姚开建译，中国人民大学出版社2009年版，第113页。
④ ［法］萨伊：《政治经济学概论》，陈福生、陈振骅译，商务印书馆1963年版，第144页。

非发生某些特殊事件,如政治变动或自然灾害等,或除非政府当局愚昧无知或贪婪无厌"①的情况,所有商品的相对生产过剩是不可能出现的。② "一个人通过劳动创造效用,从而把价值授予某些东西。但除非别人掌握有购买这价值的手段,便不会有赏鉴,有人出价购买这价值。上述手段由什么东西组成呢?由其他价值组成,即由同样是劳动、资本和土地的果实的其他产品组成。这个事实使我们得到一个乍看起来似乎是很离奇的结论,就是生产给产品创造需求。"③ 而在这样的一种"商品的支付手段就是商品"的市场模式下,"某一种货物之所以过剩,是由于它的供给超过需求。他的供给之所以超过需求,则因为它的生产过多,或因为别的产品生产过少。正由于某些货物生产过少,别的货物才形成过剩"④。也就是说,从总体供求的角度来说,某一特殊产品的供给过剩必然意味着另一商品的需求过剩,也因此不可能影响对于资本主义所有生产部门的"均衡"增长的判断,更进一步推论,就是所谓生产过剩的危机是根本不可能发生的。而这也就成为熊彼特对这一理论的批评的关节点所在:"它只表现了工业的胜利向前推进,除了局部性的失调和限制性的政府政策以外,没有什

---

① [法]萨伊:《政治经济学概论》,陈福生、陈振骅译,商务印书馆1963年版,第145页。
② 弗里德曼后来在其著作《美国货币史》中对于"大萧条"的成因的分析,实际上就是从这一角度出发来反驳凯恩斯的"有效需求不足"论的。
③ [法]萨伊:《政治经济学概论》,陈福生、陈振骅译,商务印书馆1963年版,第142页。
④ [法]萨伊:《政治经济学概论》,陈福生、陈振骅译,商务印书馆1963年版,第145页。

么东西阻碍工业在充分就业条件下的持续发展。人民呻吟其下的所有其他的罪恶,在'供给'创造'需求'这个口号下都消失了,赋予这个口号的意义比它在严格解释的可能具有的意义要大得多。"①

二是"工业在充分就业条件下的持续发展"的理论前提下的货币论。萨伊的理论倾向于认为"货币的干预对于他的规律不会造成任何原则上的差异。不论有无货币,产品归根结底还是同产品交换,因为货币只不过是一种交换媒介,由于让他呆滞就会丧失满足或商业上的利得,所以每一个人都将在收入和商业支付两者的习惯所许可的范围内,尽快地花掉它"②。货币只是一种"交换媒介",而绝非交换的目的,"钱毕竟只是转移价值的手段。钱的全部效用,在于把你的顾客想买你的货物而卖出点货物的价值移到你手中……你是使用只暂时变成银钱形式的他的产品的价值购买他所需要或所喜欢的东西"③。因此,只要一个商品的供给出现,就自然会"给价值与它相等的其他商品开辟了销路",进而,只要这种"用商品购买商品"的模式持续,根据货币作为有效流通手段这一性质而言,也就不会出现货币经济条件下的商品的一般供给过剩。"把销路疲滞归因于缺乏货币的说法,是错误地把手

---

① [美]约瑟夫·熊彼特:《经济分析史》(第二卷),杨敬年译,商务印书馆1992年版,第369页。
② [美]约瑟夫·熊彼特:《经济分析史》(第二卷),杨敬年译,商务印书馆1992年版,第371页。
③ [法]萨伊:《政治经济学概论》,陈福生、陈振骅译,商务印书馆1963年版,第143页。

段看作原因……如果其他产品存在,我们不怕得不到充分数量的货币以处理这些价值的流转和互换。如果交易扩大,需要更多货币以便利它的进行,这需要不难得到满足……货币不久自必涌至,因为无论什么产品,什么地方最需要它,它自然就涌到什么地方。"① 从萨伊对货币的相对于实体经济的绝对服务性、"辅助性"作用的论述中,已经可以看出实体与货币的二分法的图示,而根据萨伊"在以产品换钱、钱换产品的两道交换过程中,货币只一瞬间起作用"② 的说法,"货币面纱观"的思路由此肇始,并同时为"危机的秩序化"订立了原初信约(Original Contract)。

立场与言说

"萨伊定律"在现代经济哲学中具有独特的理论意义,而其将"私人产权、为利润而生产以及基于市场价格的交易体系"③ 融合为一的观点也极具启发性。以萨伊定律为理论基础的新古典"货币面纱观"无疑是自由放任主义者在经济哲学史上的重要理论贡献,它为整个"自由主义时代"的放任风气提供佑护,又对资本

---

① [法]萨伊:《政治经济学概论》,陈福生、陈振骅译,商务印书馆1963年版,第143页。
② [法]萨伊:《政治经济学概论》,陈福生、陈振骅译,商务印书馆1963年版,第144页。
③ [英]彼得·桑德斯:《资本主义:一项社会审视》,张浩译,吉林人民出版社2005年版,第13页。

主义的未来不断做出以"自由"为名的美好承诺,却不知在盲目的"权力—秩序"乐观背后的"危机"的存在。

"货币中性说"体现了古典自由主义经济哲学("古典"学者与"新古典"学者)对于实体经济与货币经济之间关系的关键判断。"货币中性说"提出货币仅仅是作为商品交换的媒介和便利交换的工具而出现,因而货币是不与实际经济过程相联系的外生变量,从而强调货币的中性意涵,即认为货币供给的变化对就业、产出等实际经济变量并不会产生影响,在他们("古典"与"新古典"的自由主义激进分子)看来,经济的发展完全是实物方面的因素决定的,货币供给与货币政策不会对经济产生真实的影响。约翰·穆勒在《政治经济学原理》中提出了货币面纱观的经典表述。在论述"货币只是便利交换的工具,对价值法则并无影响"[①]时,穆勒首先提出,人们认为货币可以影响实体经济实际是由某种"错觉"造成的:

> 货币在其使用形成习惯时,就会成为社会不同成员的所得由以分配的媒介,成为估计他们财产的尺度。由于人们经常依靠货币提供各种必需品,他们就在头脑里产生了一种有力的联想,即货币是比其他任何物品具有更为特殊的意义的财富。因而,甚至毕生从事最有用物品生产的人们,也养成了一种习惯,即认为,这些物品

---

① [英]约翰·穆勒:《政治经济学原理》(下卷),胡企林、朱泱译,商务印书馆1991年版,第12页。

之所以重要，主要是由于它们具有换取货币的能力。①

穆勒对于这种"有力的联想"的揭示，是通过指出货币对于实体经济影响的有限性来达成的。"在物物交换时可以互相交换的各种物品，如果用来换取货币，也可以换得等量的货币，因此这仍然是互相交换，只是交换过程由一种活动改为两种活动。各种商品的相互关系不因货币而有所改变。"② 穆勒的所谓"交换过程由一种活动改为两种活动"就正是萨伊的"两道交换过程"的说法的延伸，意指在有货币参与的交换过程中，所有商品都首先与货币相交换而获得一般性的"表述"可能，之后才再根据"需求"的意向性构造而"最终"完成交换——在这一过程中，货币事实上也只是一个媒介而已，并不能对实体经济产生实际的影响。"在社会经济中，货币从本质上来说是最无意义的；它的意义只在于它具有节省时间和劳动的特性。它是一种使人办事迅速和方便的机械，没有它，要办的事仍可办到，只是较为缓慢，较为不便，它像其他许多机械一样，只是在发生故障时，才会发现自己的显著而独特的影响。"③ 也正是基于这样的观点，古典自由主义经济学家们才提出货币不过是覆盖在实体经济上的一层"面纱"，本

---

① [英]约翰·穆勒:《政治经济学原理》(下卷)，胡企林、朱泱译，商务印书馆1991年版，第12页。
② [英]约翰·穆勒:《政治经济学原理》(下卷)，胡企林、朱泱译，商务印书馆1991年版，第14页。
③ [英]约翰·穆勒:《政治经济学原理》(下卷)，胡企林、朱泱译，商务印书馆1991年版，第14页。

身并不会对经济产生实质性的干扰。

凯恩斯以前的自由主义经济哲学家将"货币中性说"与实体与货币经济的"两分法"相结合,构成了"萨伊定律"的货币观为理论基础的"货币面纱观",并导致了在此基础上产生的新古典货币数量论的理论局限。对"萨伊定律"的"经典化"表述成为"货币面纱观"提出的基本架构:货币是实体经济运行的媒介,"人们对货币本身没有需求,而只是将其作为获得商品的一种手段,其结果就是总供给必然等于总需求,从而也不会出现普遍的生产过剩危机"①。由此可见,货币的所谓"面纱性"是在"生产过剩危机"的不可能性叙事中得以展现并服务于这一论点的,也就是说,货币本身是否真的对经济运行产生实质的影响,实际上是要取决于资产阶级经济学家家对于西方资本主义经济是否会因自由放任的经济政策而出现危机的论争密切相关的。因此,反对"自由市场、自由放任、自发秩序、自动均衡"的国家干预主义者,一定会坚持通过对货币对实体经济的"实质"影响的论断以及相应提出控制货币供应、控制利率等策略来达到其(如凯恩斯主义者后来所做到的)干预乃至控制经济的目的;而自由至上主义者则必然坚定捍卫货币的"中立性"言说(在"自由主义时代"②尤其如此),而即使在总的需求和供给方面会出现非均衡的

---

① [意]阿列桑德洛·荣卡格利亚:《西方经济思想史》,罗汉、耿筱兰、郑梨莎、姚炜堤译,上海社会科学院出版社 2009 年版,第 142 页。
② [英]约翰·格雷:《自由主义》,曹海军、刘训练译,吉林人民出版社 2005 年版,第 39 页。

状况（当然会被蛮不讲理地定义为"短期"），但是，"可靠的均衡力量的存在能够很快使两者重新回到均衡"①。

作为新古典主义经济理论的前提，货币这一人类"建制"被认为只是覆盖在实体经济上的一层面纱，货币与经济相分离，货币并不会破坏买与卖之间的"恒等式"。这是因为在他们看来，货币本身没有效用，其效用只在于能够购买商品，因此通过卖出商品得到的货币不应长期留存，而应当立即用以购买他物。"纵使谋得货币的目的在于窖藏或埋藏，单最终总是用以购买这种或那种东西。如果守财奴不这样使用它，得到它的幸运继承人也必定把它这样使用，因为货币就它本身来说，除用以购买东西外没有其他作用。"②货币的"除用以购买东西外没有其他作用"，意味着货币只是实物经济上的"面纱"，是买与卖的过程中增加了的中介环节，它并不会改变商品与商品之间的交换，而只是完成了从一个环节向下一个环节的传递。这是因为"你所需要的是产品而不是钱，你从出售货物所收进的银币和为着购买别人货物所付出的银币，过了一会儿又将在别的买卖者之间执行同样的职务。它将一次又一次地继续执行着这种职务"③。货币是实体经济的职能单位，不会对经济产生影响，而由于买与卖之间的"必然"均

---

① [意]阿列桑德洛·荣卡格利亚：《西方经济思想史》，罗汉、耿筱兰、郑梨莎、姚炜堤译，上海社会科学院出版社 2009 年版，第 142 页。
② [法]萨伊：《政治经济学概论》，陈福生、陈振骅译，商务印书馆 1963 年版，第 142 页。
③ [法]萨伊：《政治经济学概论》，陈福生、陈振骅译，商务印书馆 1963 年版，第 142 页。

衡，自由放任下的市场经济将带来"永恒"的经济增长。"如果对生产不加干涉，一种生产很少会超过其他生产，一种产品也很少会便宜到与其他产品价格不相称的程度。"①

穆勒对于"萨伊定律"的修正促成了"货币面纱观"的进一步发展。面对19世纪后半期西方世界不断出现的"生产过剩"的状况，穆勒开始承认"危机"出现的可能性。"全部商品确实会超过货币需求；换言之，也就是会出现货币供应不足……因此，几乎每一个人都是卖主，而很少有买主；所以，在一种可以不加区别地称为商品过剩或货币供应不足的情况下，一般价格确实会极端低落。"②在此，穆勒所提出的"货币供应"不足并非指向经济体本身没有能够制造出足够的货币以供流通之用，而是"正好等于'企业和家庭用来持有的现款的需求过大'这一现代短语"③。这一点也就为凯恩斯主义所强调的对"持有的现款的需求"所进行的规训和货币主义的主张提供持续稳定增长的货币供应以解决"滞胀"问题提供了理论空间。不过穆勒没有在危机的意识形态分析的理路上继续前行（否则"货币与经济周期"的理论就将更早成形），他依旧用货币面纱观论证经济非均衡的"短期"性。"商业危机仅仅是过度的投机性购买造成的……市场的这种暂时混乱

---

① ［法］萨伊：《政治经济学概论》，陈福生、陈振骅译，商务印书馆1963年版，第145页。
② ［美］约瑟夫·熊彼特：《经济分析史》（第二卷），杨敬年译，商务印书馆1992年版，第374页。
③ ［美］约瑟夫·熊彼特：《经济分析史》（第二卷），杨敬年译，商务印书馆1992年版，第371页。

成为一种弊害,只是因为它是暂时的。下跌的只是货币的价格,如果物价不再上涨,则任何商人都不会受到损失,因为对他来说,现在较低的价格具有和过去较高的价格相等的价值。"① 进而,货币的"商品性"更与其"面纱性"共谋而为"自动调节、自发均衡"的市场经济的周期性波动进行辩护。"货币也是一种商品;如果假定一切商品的数量都增加了一倍,我们就必须假定货币也增加一倍,这样,像价值并不降低一样,价格也不下跌。"② "货币面纱观"维护"一般均衡"的神话③,作为"萨伊定律"的颇为偏执的引申,"后来变成了一种占压倒优势的主张政府实行不干预政策的观点,它排除了在某个(按照别的观点很可能对经济政策采取积极态度的)关键领域对经济政策采取积极态度的可能性。其结果,既增加了对资本主义持激进取代措施的观点的吸引力,也强化了为(在英国和在其他地方不同程度地表现出来的)日益保守的金融和商业利益集团所喜爱的、主张政府对经济采取清静无为政策的观点"④。

综上所述,资本主义结构性威权宰制下的经济社会通过社会契约模型证成自身的正当性与稳定性,基于对"理性"(Rationality)

---

① [英]约翰·穆勒:《政治经济学原理》(下卷),胡企林、朱泱译,商务印书馆 1991 年版,第 99 页。
② [英]约翰·穆勒:《政治经济学原理》(下卷),胡企林、朱泱译,商务印书馆 1991 年版,第 96 页。
③ 悖谬的是,以打破新古典"一般均衡"神话为使命的"凯恩斯革命"也正是在其发展中被塑造为另一个被标榜、决定为"革命"的经济哲学"神话"。
④ [英]约翰·米尔斯:《一种批判的经济学史》,高湘泽译,商务印书馆 2005 年版,第 128 页。

概念的修改（从对理念世界或"至高善"以及集体利益的认知转化为对私己激情所投射的欲望标的的持守）完成现代世界的经济—政治秩序建构。霍布斯—普芬道夫式的契约—律法国家范式就这样以超国家、超主权的方式将世界上的每一个"利益性"的功利主体纳入自己的发展规划，试图将不同国家、不同民族、不同历史文化共同体中的人重新原子化、去主体化，而"主体在取消意识之后将自我客体化的技术过程，彻底摆脱了模糊的神话思想以及一切意义，因为理性自身已经成为万能经济机器的辅助工具"。[①] 资本的权能以上帝的姿态君临，万能经济机器内爆于伦理生活的中心，以自我承认为根基的现代资本主义世界，攫取服从并伪造同意。资本主义之欲望化"拟像"也就将"自我持存的斗争"内化为自我奴役的锁链。由此，以"食利者"的构序之名，"完全可以言之凿凿地说，在这种文化发展的最后阶段，'专家已没有精神，纵欲者也没有了心肝；但是这具空心的躯壳却在幻想着自己达到了一个前所未有的文明水准'"[②]。

---

① ［德］马克斯·霍克海默、西奥多·阿道尔诺：《启蒙辩证法》，渠敬东、曹卫东译，上海人民出版社2003年版，第27页。
② 马克斯·韦伯：《新教伦理与资本主义精神》，阎克文译，上海人民出版社2010年版，第275页。

第八章　开端与无限：凯恩斯主义的权力之图

资本主义与欲望机器

承继霍布斯、普芬道夫、洛克所开启的"自然权利"论述，约翰·梅纳德·凯恩斯（John Maynard Keynes，1883—1946）以不知餍足、不断扩展、戒除节制的人性"自然"（Human "Nature"）观念为理论的"开端"而建构[①]基于意愿/欲求之不可止歇的无限性（Infinity）的"有效需求原理"，将现实世界的经济人"拟像"为仅只是质料、手段、工具意义上的存在者，其"理性"之中并没有"利益诉求"以外的人性内容，把自由主义的欲望

[①] 相关讨论另可参见 Tony Lawson & Hashem Pesara：*Keynes' economics: methodological issues*，London & Sydney：CROOM HELM，1985.

至上的"人性自利"观念①推向极致。在凯恩斯基于"权力"之总体性认识的"启蒙"式目的论（Teleology）图景中，"意愿意愿意愿者作为这样一个意愿者；而且，意愿把被意愿者设定为这样一个被意愿者。意愿乃是朝向自身的展开状态，但朝向自身也就是朝向那个东西，后者意愿在意愿中作为被意愿者而被设定起来的东西。意志向来从自身而来把一种普遍的规定性带入它的意愿中"②。凯恩斯所希图通过外在强力所构建的不间断地"朝向"外物、外在世界的欲求逻辑，就实际上重现、推进了霍布斯在《利维坦》第十一章中著名的对于人之"实然"的断言："因此，我首先作为全人类共有的普遍倾向提出来的便是，得其一思其二、死而后已、永无止休的权力欲。造成这种情形的原因，并不永远是人们得陇望蜀，希望获得比现在已取得的快乐还要多的快乐，也不是他不满足于一般的权力，而是因为他不事多求就会连现有的权势以及取得美好生活的手段也保不住。"③ 正是在这个意义上，凯恩斯通过"意愿意愿意愿者为这样一个意愿者"（Das Wollen will den Wollenden als einen solchen）的需求模式与"得其一思其二、死而后已、永无止休"（perpetual and restless desire of Power

---

① 这也同时构造了一种思的"自我关系"，成为互相锁闭的环形模式："在欲望中，主体渴求（失去了的）对象，而在本能中，主体使她自身成为对象（比如，留有余地的本能不仅包含了一种想看的态度，而且包含一种'看到自身'的态度）。"［斯洛文尼亚］斯拉沃热·齐泽克：《自由的深渊》，王俊译，上海译文出版社 2013 年版，第 106 页。
② ［德］马丁·海德格尔：《尼采》，孙周兴译，商务印书馆 2004 年版，第 42 页。
③ ［英］霍布斯：《利维坦》，黎思复、黎廷弼译，商务印书馆 2017 年版，第 72 页。

after power）的扩张意向的强制结合，完成了新的"自然"理性立法，将西方经济哲学的理论属性从斯密、边沁的思想变革又向前推进了一步。

历史地看，古典自由主义经济哲学主导西方世界经济筹划已一个多世纪，到 20 世纪初，其局限和缺陷日益暴露，最终导致 1929 年的大危机。[①] 严酷的现实迫切要求对货币中性说进行修正，以挽救衰败的资本主义经济。正是在这种条件下，凯恩斯及凯恩斯主义出现了。凯恩斯以总量分析和宏观经济方法修正了古典政治经济学的旧有学说，提出了国家干预的政策导向，并将扩张性、独断性的"有效需求"原理置换为自由主义经济哲学的根本前提。凯恩斯的学说被视为以"革命"的方式对资产阶级经济学的冲击，使它从以马歇尔新古典学派自由放任为基本内容的均衡价格分析的微观经济学摆脱出来，开启了以需求管理的政府干预为中心思想的经济哲学。凯恩斯对于经济危机的"革命性诊断和推断性治疗"[②] 是对自由放任的自由主义经济哲学的修正，而不是习惯上所宣扬的"革命"。凯恩斯从基本立场和观点上说仍是自由主义者，

---

① 思想者米沃什对此有着犀利的观察："在 30 年代，世界变得太荒谬，难以忍受，对此却无人去找一种解释……在最为工业化的国家中，毕竟有千千万万的失业者排队等待救济；独裁者在体育场正面看台上咆哮并攫取权力；军备竞赛成了给人民提供工作、推动经济的唯一手段；战争没完没了地燃烧……因此，资本主义制度必须为这一切负责。不曾遭受周围愚蠢所污染的理性，等待着它的时刻的到来。"
［波兰］切斯瓦夫·米沃什：《米沃什词典》，西川、北塔译，生活·读书·新知三联书店 2004 年版，第 73 页。
② ［美］戴维·施韦卡特：《反对资本主义》，李智译，中国人民大学出版社 2008 年版，第 238 页。

他所做的，只是为使自由主义经济哲学适应经济条件变化而做的"修正"。"凯恩斯的政策主张总是和通常的自由主义的货币主义思想之解释背道而驰，但他坚决地信奉个人主义，他的著作从来没有批判过新古典主义的个人选择论。"①而在这个过程中，哈耶克始终是他的论争对象。"哈耶克对凯恩斯 1930 年出版的两卷本《货币论》所写的评论极为野蛮，并出版自己的著作《价格与产品》，来解释英国的经济萧条。哈耶克的论证和解释迫使凯恩斯重新思考自己的方法，并最终找出了代表哈耶克的一般理论中'特殊情况'的真实交易（货币中性）经济体系与自己的通论中以货币为中介、以市场为导向的企业家体系在逻辑上的不同。"②而作为回应，"凯恩斯在述及哈耶克的古典经济学名著时写道，这本书是'我曾经读过的最为混乱的一本书……这是一个记号的例子，它说明了在以错误（前提假设不现实）为开端的情况下，一个不知悔改的逻辑学家是如何以疯话来结束的。虽然哈耶克博士认识到自己的故事文不对题，甚至完全是在讲废话，但是他的蒙古人的狂热仍然使他固执己见，非要发读者深省不可'。"③以不可忽视的"冗余"论述，凯恩斯将最为丰富的经验世界简化为资本主义的欲望动能，从而成为宰制逃逸主体的经济哲学先知。

---

① ［美］威廉·布雷特、罗杰·L. 兰塞姆：《经济学家的学术思想》，孙琳等译，中国人民大学出版社 2004 年版，第 73 页。
② ［英］保罗·戴维森：《约翰·梅纳德·凯恩斯》，张军译，华夏出版社 2009 年版，第 29 页。
③ ［英］保罗·戴维森：《约翰·梅纳德·凯恩斯》，张军译，华夏出版社 2009 年版，第 30 页。

在其理论造作中，通过对"开端"之自然性的理解，凯恩斯及其后学（凯恩斯主义者）与传统的自由主义（以哈耶克为代表的古典自由主义的各种版本）的区别，只在如何维护自由主义原则和资本主义制度，并取得立场和基本理念的对立。他摒弃以前的资产阶级政治经济学关于自动调节恢复市场均衡的传统观念，认为需要国家扩大调节和干预才能保证资本主义经济的"有效"运行，而如果没有国家的积极的经济活动（货币政策和财政政策的盲目使用），私有制的资本主义不可避免地将走向灭亡。

而正如其他最初以"革命"的姿态出现、但随后很快被神话化与教条化了的思想家一样，凯恩斯的旨在"消除由于在没有任何可以自然而然地实现均衡的征兆的情况下实行自由放任政策而导致的险恶后果"[①]的理论变革在不断地过度诠释之下很快表明它并非真正意义上的"革命"，而只是作为对资本主义经济—政治制度的维护和修正。

作为马歇尔的学生，凯恩斯曾经是新古典经济学"剑桥学派"（Cambridge School）思想脉络上的重要一员，因此，他也曾赞成马歇尔的现金余额数量说，认为货币只是便利交换的一种媒介，人们在手中持有超过交易需要的现金是不必要的，因此人们取得货币后必然会用于购买，这样，任何的供给都同时意味着需求，"卖"必然与"买"相联系，也即是说供给可以自动创造需求。这

---

① ［英］约翰·米尔斯：《一种批判的经济学史》，高湘泽译，商务印书馆2005年版，第236页。

种理论是以新古典化了的萨伊定律为支撑，也同样在1929年爆发的"大萧条"时期遭到了强烈的质疑，而凯恩斯正是最重要的质疑者。在那一时期，资本主义世界到处商品过剩、生产萧条、生产力大量闲置，出现了普遍的生产过剩。而在危机的蔓延过程中，商品价格的剧烈波动并未使商品的供求重归平衡，利率的变动也没能导致储蓄转化为投资，工资也是一降再降但仍不能增加就业：资本主义市场经济的"自动均衡"神话彻底破灭，整个资本主义经济陷入全面毁灭的边缘，自由放任主义的经济哲学不仅在理论上不能自圆其说，在政策上更是束手无策。也正是在这样的背景下，凯恩斯发表了影响深远的"革命性"著作《就业、利息和货币通论》（General Theory of Employment, Interest, and Money），在批判自由至上主义的"古典学派"经济哲学的前提下，提出了一整套全新的理论主张，其所引起的理论与实践各领域的巨大变革使得凯恩斯主义声名远播。

凯恩斯的理论实际上是对同时代的美国经济学界的要求政府干预经济的思潮的某种回应（如凯恩斯对卡恩的乘数理论的吸收等），同时也可以看作对罗斯福新政的理论总结。为应对危机，罗斯福政府提出"新政"，颁布各种紧急法令，以稳定金融、物价，调节生产、保障利润，进而建设大型公共设施工程，运用赤字财政政策和通货膨胀政策来刺激经济，强化政府对经济的直接干预。新政的推行对于缓解经济危机、促进经济复苏、减少失业等方面都起到了很大的作用，表现出政府干预经济所产生的巨大效应。罗斯福新政自由主义的成功，为凯恩斯"革命"性的理论创新提供了实践的先导。

除了资本主义世界内部的影响之外，一些国家在西方世界普遍面临经济崩溃的情形下仍保持着勃勃生机，其"在促进增长和就业方面所取得的成就，都使得人们无论是就增长还是就就业方面来说都很难再争辩说各主要西方国家经济的那种低速状态在当时是一种别无选择的结果"[①]。约翰·米尔斯说："对于说明'如果抛弃常规经济政策之后还有什么可做'来说，1933年阿道夫·希特勒及其纳粹党掌权后的德国的状况，提供了一个甚至更有说服力的事例。无论他们所实行的那些种族主义、军国主义和民族主义的政策应当受到怎样的诅咒，这个新政权在扭转德国经济局面方面所创造的纪录都是令人瞩目的。"[②]

罗斯福新政、一些国家的统制经济的实际成效给了凯恩斯启发，使其看到扭转经济颓势（特别是乘机重振国家干预主义的货币理论），但也正是其明显的新政自由主义、社会主义、集体主义的思想路线使其成为古典自由主义分子攻击的对象（凯恩斯主义经济哲学占统治地位的那一时期甚至被称为自由主义的"消沉"期），更使得在其之后发展起来的新自由主义有了不断反驳的理论前提。

---

① ［英］约翰·米尔斯：《一种批判的经济学史》，高湘泽译，商务印书馆2005年版，第234页。
② ［英］约翰·米尔斯：《一种批判的经济学史》，高湘泽译，商务印书馆2005年版，第234页。

反驳"萨伊市场定律"

正如凯恩斯的论敌将凯恩斯主义的货币理论和政策主张归结为"通货膨胀运动"[①]一样,凯恩斯也将1929年开始在西方各主要资本主义国家出现的经济衰退和严重失业问题归咎于"供给自然创作需求"的萨伊定律。凯恩斯以"消费倾向"和"投资诱导"为基础的"有效需求原理",试图对"作为发现过程的市场竞争"进行规约,努力从外部对资本主义经济观念进行修正,进而在对货币流动性与利率理论的阐发中展开扩张性货币政策,从而实现以政府的"总体性权力"(total power)从总量的观念上重整经济秩序,疗救经济衰退的目的。

新古典主义化的"萨伊定律"将市场界定为一种"会自动实现稳定的过程"[②],即在资本主义市场经济条件下,(商品的)供给会自发创造需求,由此不仅可以获得足够的收入来购买所需要的产品,而且所有的产品最终都可以卖出。按照这种理解,失业问题也就是不可能出现的,因为无论现有的劳动力供给是怎样的状况,总会产生相应的对于劳动力的需求。进而,由于新古典主义

[①] [英]弗里德里希·冯·哈耶克:《哈耶克文选》,冯克利译,江苏人民出版社2007年版,第118—157页。
[②] [英]约翰·米尔斯:《一种批判的经济学史》,高湘泽译,商务印书馆2005年版,第244页。

的经济政策建议的首要目标是稳定市场价格因此当出现周期性问题的时候,他们所希望采取的也是自我调整式的货币行为,"把降低实际工资当作在发生经济衰退的时候劳动力资源借以赢得市场的一种途径"[①]。由此可见,"萨伊定律"是作为对自由主义经济哲学"自由竞争、自动均衡"的理想模式的辩护工具而存在的,其反干预的"唯竞争主义"理念却在20世纪30年代的"大萧条"面前遭遇了空前的理论困境。

大萧条带来了物价下跌、通货紧缩、失业和普遍贫困,其中失业问题是核心。新古典主义经济学对于"供给自发创造需求"理念的信奉使得当时以费雪为首的主流经济学家仍旧认为应当对经济采取顺其自然的态度,而不能加以干预,让大萧条按其内在的规律运作,只待自我调节的机制发挥作用使经济重新走上正轨。他们认为在这个过程中,任何人(特别是政府)的外在干涉都会导致问题加剧而延缓复苏的到来。新古典主义者的这一理论取向是自由主义经济哲学的"有限政府"观念的体现,也隐含着"私利能够达成公益"的天真愿望,但是当大萧条带来的经济问题愈发严重,就业状况日益严峻,新古典主义阵营的等待与观望并没有换来复苏前景的情况下,凯恩斯的理论就应时而出,以其干预主义("积极自由"的向度)的方式向新古典主义的放任经济观提出了批判。

---

① [英]约翰·米尔斯:《一种批判的经济学史》,高湘泽译,商务印书馆2005年版,第244页。

基于与"萨伊定律"相对峙的"有效需求原理"（Principle of Effective Demand），凯恩斯指出，就业问题的出现是由于有效需求不足造成的：当需求旺盛时，经济呈现繁荣，厂商将扩张业务并雇佣更多的工人，而一旦需求低迷，厂商无法卖出商品，必将被迫减产和裁员，若情况持续恶化（"大萧条"的境遇），就会出现高失业率和经济不景气。"仅仅存在着有效需求的不足便有可能、而且往往会在充分就业到达以前，使就业量的增加终止。尽管在价值上，劳动的边际产品仍然多于就业量的边际负效用，有效需求的不足却会阻碍生产。"[①] 总需求的不足决定了厂商在成本—收益决策框架下基于利润最大化原则而采取的雇佣策略，大萧条的情境下人们对于经济持续不景气的预期又加剧了这一判断的持续性。从根本上讲，"没有理由能够说明为什么经济活动总会为保证每一个人都能就业创造出充足的需求。尤其是，虽然每个人的现实支出不得不成为别人的收入，但是，对于其收益者打算将其储蓄起来的那种收入来说，情况就并非如此了，除非恰好有与这种储蓄计划相协调的投资意图。假若投资意图弱于储蓄意图，就会出现不协调，而这种不协调则将导致需求不足"[②]。在凯恩斯的理论体系中，有效需求是由消费倾向和新投资的数量而决定的，因此，"如果消费倾向和新投资量造成有效需求不足，那么，现实

---

① ［英］约翰·梅纳德·凯恩斯：《就业、利息和货币通论》，高鸿业译，商务印书馆1999年版，第36页。
② ［英］约翰·米尔斯：《一种批判的经济学史》，高湘泽译，商务印书馆2005年版，第239—240页。

中存在的就业量就会少于在现行的实际工资下所可能有的劳动供给量"①。由此可见,在凯恩斯看来,充分就业绝非新古典学者所希求的那样可以轻易保持,整个经济体总是会出现生产能力不充分利用的状况。因此,萨伊定律所提供的乐观论调,即认为经济波动只是充分就业均衡的暂时中断,市场自身必然会有能力使均衡得到恢复的观点就正是凯恩斯所批判的,"萨伊定律所意味着的整个产量的总需求价格在一切产量上都与总供给相等的说法就相当于到达充分就业不存在任何障碍这一命题"②。进而,凯恩斯对于新古典主义理论中认定自由市场具有"趋于最优就业率的自然倾向"的观念提出了批评:"传统经济理论的众所周知的乐观主义已经使经济学者们被看作类似甘迪德那样的人物;他离开了现实世界来耕种自己的园地,并且教导人们:只要听其自然,在可能有的最美好的世界中的一切都会走向最美好的途径。我认为,这种状态可以被归之于他们忽视了有效需求的不足所造成的对经济繁荣的障碍。"③沿着这一思路,凯恩斯进一步断言,如果将新古典化的萨伊定律继续运用于经济实践之中,"它的教言会把人们引入歧途,而且会导致灾难性的后果"④。

---

① [英]约翰·梅纳德·凯恩斯:《就业、利息和货币通论》,高鸿业译,商务印书馆1999年版,第36页。
② [英]约翰·梅纳德·凯恩斯:《就业、利息和货币通论》,高鸿业译,商务印书馆1999年版,第32页。
③ [英]约翰·梅纳德·凯恩斯:《就业、利息和货币通论》,高鸿业译,商务印书馆1999年版,第38—39页。
④ [英]约翰·梅纳德·凯恩斯:《就业、利息和货币通论》,高鸿业译,商务印书馆1999年版,第7页。

综上所述，凯恩斯对所谓"古典学派理论"的"把社会总产量的需求价格和其供给价格假设为相等的说法"①所做出的批判（Critique），实质上是对资本主义市场经济的自由竞争—自动均衡模式的否弃。对凯恩斯来说，"认为需求无法通过有效的经济管理来激励或促进，或者认为这种激励将会扰乱或破坏经济中供求的基本均衡都是错误的"②。在这一认识的主导下，凯恩斯所谓的"只有在偶然的场合或者通过人为的策划"③才能实现的充分就业均衡就正与自由主义的"竞争均衡"观针锋相对。从自由主义的角度出发，"根据竞争'应当'实现的成果的前见来判断竞争实际取得的具体结果，就像用科学实验的结果是否与人们于此前对此结果的预期相一致的标准来判定这些实验成果一样，也是毫无意义的"④。进而，"竞争与任何其他种类的实验一样，都不可能实现任何可测结果的最大化"。⑤但是显然，作为自由主义的修正者的凯恩斯，其理论最重要的基点就是要为近乎盲目的竞争提供"应当"意义上的指导，也就是要通过对市场运行"实际取得的具体结果"的外在规训来实现"可测结果的最大化"。从这一原则出

---

① ［英］约翰·梅纳德·凯恩斯：《就业、利息和货币通论》，高鸿业译，商务印书馆1999年版，第26页。
② ［英］安东尼·阿巴拉斯特：《西方自由主义的兴衰》，曹海军等译，吉林人民出版社2004年版，第389页。
③ ［英］约翰·梅纳德·凯恩斯：《就业、利息和货币通论》，高鸿业译，商务印书馆1999年版，第33页。
④ ［英］弗里德利希·冯·哈耶克：《法律、立法与自由（第二、三卷）》，邓正来等译，中国大百科全书出版社2000年版，第370页。
⑤ ［英］弗里德利希·冯·哈耶克：《法律、立法与自由（第二、三卷）》，邓正来等译，中国大百科全书出版社2000年版，第370页。

发，凯恩斯提出，"与充分就业相对应的有效需求是一种特殊事例：只有当消费倾向和投资诱导相互之间处于一种特殊关系时，该有效需求才能得以实现。"[①] 由此，凯恩斯主义的规训伦理就以"消费倾向"与"投资诱导"的协调以及与之相应的"就业量的均衡水平与现期的投资数量"[②] 的关系展开而成对新古典经济哲学之有效替代的"有效需求原理"。

利维坦的欲望困境

在凯恩斯的经济哲学系统中，"消费倾向"（The Propensity to Consume）总是与"投资诱导"相因应而存在的。"在既定的被我们称为消费倾向的条件下，就业量的均衡水平（对全部企业家来说没有动机促使他们扩大或减少就业量的水平）取决于现期的投资数量，投资数量又顺次取决于资本的边际效率表（或曲线）与各种期限和风险的贷款利息率结构之间的关系。"[③] 从而，"消费倾向"同"投资诱导"两个理念的结合，就构成凯恩斯主张的"有效需求的构造"。

---

① ［英］约翰·梅纳德·凯恩斯：《就业、利息和货币通论》，高鸿业译，商务印书馆1999年版，第33页。
② ［英］约翰·梅纳德·凯恩斯：《就业、利息和货币通论》，高鸿业译，商务印书馆1999年版，第33页。
③ ［英］约翰·梅纳德·凯恩斯：《就业、利息和货币通论》，高鸿业译，商务印书馆1999年版，第33页。

凯恩斯认为，总的或全部的需求将决定就业水平，而总需求又是由消费决定的，"总需求只能来源于现行的消费以及现在为将来的消费所作出的准备"[①]。凯恩斯式的"消费至上主义"实际是一种表面上宣称为实现充分就业的政治控制论结构，试图通过建构出一个不断刺激出消费需求的"消费社会"来为发展中危机重重的资本主义社会提供维系稳定力量之源，进而，"消费倾向"被区分为"客观"与"主观"两个方面。影响消费倾向的客观因素指向外部经济环境与经济运行所产生的影响，比如利率、税收、收入及财富的分配、预期未来收入等方面，具体而言就是工资单位的改变、收入和净收入之间差额的改变、在计算净收入时没有计入的资本价值的意外变动、对时间折算的贴现率的改变、财政政策的改变、人们改变其对现在和将来的收入水平的差距的期望等，以上这些"改变"就意味着经济运行中"重叠共识"（Overlapping Consensus）的构造机制，在政策意涵上也要求一种真正的"程序正义"以维护和稳定经济政治局面，实现经济发展前提下的良序社会建构。只是这里的"正义"取向并不涉及分配正义的理念，也没有将人们不同的政治、道德、宗教背景纳入分析的框架之中，这也就成为凯恩斯在分析影响消费倾向的主观因素时缺陷所在。凯恩斯所分析的影响消费倾向的主观或心理因素包括消费者对未来的不确定、留存财货的愿望、对独立与权力的

[①] [英]约翰·梅纳德·凯恩斯：《就业、利息和货币通论》，高鸿业译，商务印书馆1999年版，第109页。

愿景等。对未来经济发展的更多的担心、对自身独立自主的更为深切的渴望都将导致更为谨慎的消费行为：更多的储蓄和更少的消费。凯恩斯认为，所有这些主观因素都与如下四种动机相联系：进取动机、流动性动机、改善动机和财务上的谨慎动机。在凯恩斯看来，只有将消费的动机序列（另一种意义上的"重叠共识"）完全纳入总需求函数的考量之中，才能够实现其消费至上主义的理论指归。"消费——重复众所周知的事实——是一切经济活动的唯一目标和对象。"① 这也就是凯恩斯同新古典学者之间最主要的区别，当出现经济的周期性问题时，新古典主义者认为应当通过让劳动者接受降薪的方式来予以应对，而凯恩斯的消费至上主义则认为这样做无疑会使情况愈演愈烈，"降低工资的结果将远不是使事情得到改善，而很可能是进一步减少整个经济的需求总量，从而使需求不足比以前更加严重"②。从这一原则出发，凯恩斯更推导出个人因素之外的、对企业的投资的诱导。

凯恩斯的理论是以大萧条的境遇为论证的出发点，也因此将其理论的未能有效"政策化"指为造成经济波动继续的直接肇因，或者更深入地说，就是将那些与自己理论不相一致的、背道而驰的、反对政府有效干预经济的学说统统视为经济危机的根源，也因此否认了除了在高度控制之下的均衡和自由放任后的危机之外

---

① ［英］约翰·梅纳德·凯恩斯：《就业、利息和货币通论》，高鸿业译，商务印书馆 1999 年版，第 109 页。
② ［英］约翰·米尔斯：《一种批判的经济学史》，高湘泽译，商务印书馆 2005 年版，第 239—240 页。

还存在其他经济运行状态的可能性。这表现在其对企业运行的理论观察上，就是认为必须通过某种"诱导"才能使企业达至"有效"投资，否则企业在市场竞争环境中的自发行为必然导致整体上的有效需求不足。进而，投资的有效性同资本的边际效率相联系。资本边际效率是指增加一笔投资所预期得到的利润率，"它取决于资本的预期的收益，而不仅仅取决于其现行的收益"①。对未来的"预期"总是有不确定性存在，在悲观预期条件下，人们的长期预期将导致对就业具有影响的投资水平下降。悲观主义可能有其客观理由（国际市场上某种产品变得滞销），也可能仅仅是某些悲观主义看法的传播蔓延而成。② 在这个意义上，所谓的"工商业者"的投资行为就不再是一种理性计算的产物，"进行这种计算的基础并不存在。推动社会的车轮运行的正是我们内在的进行活动的冲动，而我们的理智则在我们能力所及的范围内，在能计算的时候，加以计算，以便作出最好的选择；但以动机而论，我们的理智却往往退回到依赖我们的兴致、感情和机缘的地步"③。也就是说，对资本收益的预期往往受制于非理性的因素而无法作出对宏观经济运行而言的"最好的选择"。

凯恩斯将"非理性"因素引入分析之中，就意味着投资的有

---

① ［英］约翰·梅纳德·凯恩斯：《就业、利息和货币通论》，高鸿业译，商务印书馆 1999 年版，第 145 页。
② ［美］保罗·威尔斯编：《后凯恩斯经济理论》，瞿卫东译，上海财经大学出版社 2001 年版，第 139 页。
③ ［英］约翰·梅纳德·凯恩斯：《就业、利息和货币通论》，高鸿业译，商务印书馆 1999 年版，第 166 页。

效性被对应于"理性"的成果,而那些不利于总体经济运行的选择都将被(哪怕非常牵强地)视为仅仅来源于偶发的"兴致、感情和机缘",并必须受到来自外部力量的规训或"诱导"。这就要联系投资诱导的定义来理解。所谓投资诱导,其实际的意义是资本边际效率和利息率的相对的高低。前者代表投资带来的利益,即利益高于代价,在这一情况下,资本家会进行投资,投资量便会增加;如果情况相反,利益小于代价,资本家便没有投资的动机,从而投资量减少。[①] 显而易见,由"投资的动机"引申出的"理智"与"动机"的区分就正是凯恩斯意义上的"理性"与"非理性"的对峙,前者带来繁荣,后者与萧条相伴。而在资本的边际效率这一侧(关于利息率的问题将在后面专章讨论),由于"既定量的资本品的边际效率取决于预期的改变……主要是这一依赖关系才使得资本边际效率具有相当剧烈的波动,而这种剧烈波动可以解释经济周期"[②]。由此可见,资本的边际效率由于其本身的主观性,也必然充满不确定性,当这一点同消费倾向的不可控性相结合,就构造凯恩斯式的"公共自律与私人自律"之间的紧张,也成为构造"有效需求"的根本困难。

因此,凯恩斯的理性建构主义所指向的(消费意义上的)"公共自律"与"个人自律"的矛盾在投资与消费的语境中就转化为

---

① 高鸿业:《一本拯救资本主义的名著:解读凯恩斯〈就业、利息和货币通论〉》,山东人民出版社 2002 年版,第 80 页。
② [英]约翰·梅纳德·凯恩斯:《就业、利息和货币通论》,高鸿业译,商务印书馆 1999 年版,第 148 页。

对投资行为的诱导与对消费倾向的规训,而这样的一种外在的、建构的模式正构成凯恩斯有效需求原理的内在张力。通过定义,凯恩斯将有效需求问题同企业家行为相联系:"在企业家看来,每一数值的就业量都有一个最低的预期卖价;如果卖价低于此最低数值,他便不会提供与之相应的就业量。这一最低卖价就是相应的就业量的总供给价格……令 Z 为雇佣 N 个人时的产品的总供给价格,则 Z 和 N 之间的关系可以被写作为 $Z=f(N)$;等式可以被称为总供给函数。同样,令 D 为企业家雇佣 N 个人时所预期的卖价,则 D 和 N 之间的关系可以被写作为 $D=f(N)$,该式可以被称为总需求函数。现在,N 的数值为既定的条件下,如果预期卖价大于总供给价格,即如果 D 大于 Z,那么,企业家就会有积极性把就业量增加到大于 N……这样,就业量被决定于总需求函数和总供给函数的交点,因为,在这一点,企业家的预期利润会达到最大化。总需求函数与总供给函数相交时的 D 的数值被称为有效需求。"[①] 在此,有效需求就以当期的就业量 N 为核心关注,也即是说,在凯恩斯的理论中,有效需求的完备性论证是以实现充分就业为前提的,一旦不能达至充分就业均衡,需求(总体的或个体的)的"有效性"便马上受到质疑。"就业的机会必然会受到有效需求的多寡的限制。总需求指南来源于先行的消费以及现在

---

① [英]约翰·梅纳德·凯恩斯:《就业、利息和货币通论》,高鸿业译,商务印书馆 1999 年版,第 29—30 页。

为将来的消费所作出的准备。"① 而一旦将就业与消费和投资问题相联系,就必然引出对诸多"非理性"因素所造成的盲目的、非宏观(规训)的经济行为的批判,也就无疑是将对于有效的"需求"的诉求,转化为必须通过有效的外部手段来构造并认肯的"需求"。

正是凯恩斯对于有效需求的这种意向性转换,使其成为霍布豪斯路向上的古典自由主义的革新者。② 从有效的需求向为了实现需求的有效性而采取有效的管理行为的过渡,意味着凯恩斯式的建构主义以总量经济的名义完成其公共理性的证成,而"这种建构主义的基本概念也许可以以最简单的方式用无辜的基本公理来表达,即既然是人们自己创造了社会和文明的制度,他就肯定可以按照意愿改变这些制度以满足他的欲望或愿望"③。对"意愿"(Intentionality)与"改变"(Changeable)的强调,就使得凯恩斯的干预逻辑可以同古代世界的"积极自由"相联系。正如邦雅曼·贡斯当所指出的,所谓"积极自由"就是每个公民天然地属于共同体,并不存在超出共同体利益的个人利益,因此,为了共同体利益而做出的某种"改变"的相应(哪怕是非自愿的)"意愿"是理所当然的。"在古希腊人中占主导地位的自由观念并不是指一种有保障的个人独立空间……而仅仅是一种参与其决策的权

---

① [英]约翰·梅纳德·凯恩斯:《就业、利息和货币通论》,高鸿业译,商务印书馆1999年版,第109页。
② [英]安东尼·阿巴拉斯特:《西方自由主义的兴衰》,曹海军等译,吉林人民出版社2004年版,第388页。
③ [美]杰里·马勒:《保守主义》,刘曙辉、张容南译,译林出版社2010年版,第350页。

利。"① 在现代代议制民主制度下,凯恩斯意义上的"积极自由",是掌权者或"决策"者(相对于古代世界的共同决策)改变政令、相机行事的自由,构造"有效需求"就正成为资产阶级统治当局施行治术的"有效"借口,在这个意义上,"他的理论和实践创新也明确地意图挽救和恢复正奄奄一息的资本主义"。②

铁律与规训

萨伊定律忽视市场运行中"有效需求不足"的问题,而是坚持"企业之间的竞争总是趋于导致产量的扩大,直到资源被充分利用或产量达到最大限度的一点"③。与之相对,凯恩斯批判性地认识到"流动性"偏好的存在,即"人们不把他们的全部收入用在消费上,也不一定把其余的收入用于投资"④。从这一认识出发,凯恩斯开始其"更普遍的理论"的建构,利息理论就是其中重要的组成部分。

在凯恩斯的建构论谱系中,"流动性偏好"(Liquidity

---

① [英]约翰·格雷:《自由主义》,曹海军、刘训练译,吉林人民出版社2005年版,第3页。
② [英]安东尼·阿巴拉斯特:《西方自由主义的兴衰》,曹海军等译,吉林人民出版社2004年版,第388页。
③ [美]约瑟夫·熊彼特:《经济分析史》(第二卷),杨敬年译,商务印书馆1992年版,第377页。
④ [美]约瑟夫·熊彼特:《经济分析史》(第二卷),杨敬年译,商务印书馆1992年版,第378页。

Preference）是作为对于经济的持续增长与充分就业的实现的"消极"因素出现的。无论是基于传统的节俭习惯，还是出于对于未来的不确定预期而采取的保守行为，都是凯恩斯主义规训伦理的治理对象，而这种"治理"通常就是通过其利息理论来实现的。

流动性偏好是凯恩斯货币论述中的基本概念①，它意指一种心理法则，因而也成为一种"经济律则"（Laws of Economy）："流动性偏好是一种潜在的力量或函数关系的倾向，而这一潜在力量或函数关系的倾向可以决定在利息率为既定数值时公众想要持有的货币数量。"②也就是说，流动性偏好是指人们在心理上的一种欲望，即偏好流动性，愿意持有现金而不愿持有其他缺乏流动性的资产的欲望。这种欲望构成了对货币系统的需求。

凯恩斯认为，人们（"群众"）的货币需求是由四个动机决定的。第一个动机是收入动机。这是从个人的角度而言，由于个人的收入是当期取得的，但其日常花费却是经常性支出，因此为了能够支付这种日常性支出而必须持有一定数量的货币。"这一动机能导致人们作出持有一定量现款的决策；流动性的强弱程度主要取决于收入的多寡以及两次收入之间的正常期间的长短。"③第二个动机是业务动机。这是从具体的企业着眼，持有一定数量的现

---

① 陈岱孙、商德文主编：《近现代货币与金融理论研究》，商务印书馆1997年版，第168页。
② ［英］约翰·梅纳德·凯恩斯：《就业、利息和货币通论》，高鸿业译，商务印书馆1999年版，第171页。
③ ［英］约翰·梅纳德·凯恩斯：《就业、利息和货币通论》，高鸿业译，商务印书馆1999年版，第201页。

金量是为了在业务上度过从支出生产和运营成本到得到销售收入之间的一段时间间隔。相应地,商人持有现金是为了应付从进货到货物售出之间的支付需要。"这种需求的强弱程度主要取决于先行的产量的价值(从而取决于现行的收入)以及售卖产品时所需要经过的环节。"① 第三个动机是谨慎动机。"为了安全起见,把全部资产一部分以现金的形式保存起来。"② 凯恩斯认为,出于收入动机和业务动机而造成的货币存留,其支出的时间、数额和用途都是可以事先估量的,但是生活中总是会出现偶然的、突发的事件造成相应的支出,因此,人们也当然地认为应当在手中保留一定量的货币,这也是"谨慎"的意涵所在。第四个动机是投机动机。即人们根据对市场走势及利率变化的预测,持有货币以实现从未来的投资中获利的动机。也就是说,所谓"投机"就是个人以货币形态("流动性")保留一部分财产,以便在未来的市场运作中相机行事、投机获利,"即相信自己比一般人对将来的行情具有较精确的估计并企图从中谋利"③。

在完成了对引发"流动性偏好"的动机的界定之后,凯恩斯进一步对这四种动机进行了区分。"满足交易动机和谨慎动机所需要的货币量是主要取决于整个经济制度的一般活动和货币收入的

---

① [英] 约翰·梅纳德·凯恩斯:《就业、利息和货币通论》,高鸿业译,商务印书馆1999年版,第201页。
② [英] 约翰·梅纳德·凯恩斯:《就业、利息和货币通论》,高鸿业译,商务印书馆1999年版,第174页。
③ [英] 约翰·梅纳德·凯恩斯:《就业、利息和货币通论》,高鸿业译,商务印书馆1999年版,第174页。

水平。然而，正是由于能利用投机动机的作用，所以对货币数量的控制（或者，在不加以控制的情况下，货币数量的自我变动）才能施加对经济制度的影响。"① 通过对"货币量"与"经济制度"（作为规训主体的国家权力）之间关系的探讨，凯恩斯定义了两类完全不同的货币需求：由于交易和谨慎动机所"引起的对货币的需求除了对一般经济活动和收入的实际水平的变动作出反应外，并不受其他因素的影响，而经验表明：为了满足投机动机而引起的对货币需求的总量却呈现出随着利息率的不断改变而继续作出改变的状态"②。也就是说，交易和谨慎动机下的货币需求是相对稳定的，较易估计的，在这两种动机下货币主要充当交换媒介，利率的变化对其影响不大；而在投机动机下构造的货币需求则难以预测，货币充当着价值贮藏的职能，其对利率的变化反应敏锐。

就凯恩斯的理论而言，"经济制度"与"货币量"之间的关系是其基本问题。由于对于凯恩斯来说，货币的发行理所应当的是由国家完全控制（极端的"货币名目主义者"），因此他的流动性偏好分析所指向的理论后果就是如何才能通过有效的手段使得那些由于种种原因滞留在企业或个人手中从而失去流动性的货币重新回到流通中去，以解决所谓的因价值贮藏而导致的"有效需求不足"。为此，凯恩斯特别将流动性偏好推向极端："当利息率

---

① [英]约翰·梅纳德·凯恩斯：《就业、利息和货币通论》，高鸿业译，商务印书馆 1999 年版，第 202 页。
② [英]约翰·梅纳德·凯恩斯：《就业、利息和货币通论》，高鸿业译，商务印书馆 1999 年版，第 202 页。

已经降低到某种水平时，流动性偏好几乎变为绝对的，其定义为：几乎每个人都宁可持有现款，而不愿持有债券，因为，债券所能得到的利息率太低。在这一场合，货币当局会失掉它对利息率的有效控制。"① 由这一对流动性陷阱的极端表述出发，我们一方面可以清楚地看到，在凯恩斯看来，"货币当局"的"有效控制"才是其货币理论的最终指向而并非其不断宣称的对就业问题的解决，或者说就业问题在凯恩斯看来可以作为一个"有效"的借口而得以存在；另一方面则说明了凯恩斯借以施行其规训伦理的理论工具，即利息率理论。进而，凯恩斯引入"贮藏货币"概念来拓展"利息率"的理论视野："贮藏货币的概念可以被视为流动性偏好的第一接近值……只要我们把'贮藏货币'看作实际持有的现金量，那么，群众的决策不能改变贮藏的货币量，因为，贮藏的货币量必须等于货币数量（或者，按照某种定义，等于货币数量减去交易动机所要求的部分），而货币数量又不是群众所决定的。群众想要贮藏货币的倾向所能做到的一切不过是决定能使群众想要贮藏的总量等于既存的现金总量时的利息率。忽视利息率和贮藏货币之间的关系的习惯可以部分地解释：为什么利息率通常被当作不花钱的报酬，而在事实上，它却是不贮藏货币的报酬。"②

根据"不贮藏货币的报酬"的思路，凯恩斯将利息率定义为：

---

① ［英］约翰·梅纳德·凯恩斯：《就业、利息和货币通论》，高鸿业译，商务印书馆1999年版，第213页。
② ［英］约翰·梅纳德·凯恩斯：《就业、利息和货币通论》，高鸿业译，商务印书馆1999年版，第178—179页。

"利息率是在一个特定期间内放弃流动性的报酬。因为,利息率不过是一笔钱除去它的报酬而得到的比例,其中的报酬系来自在既定的事件内放弃对这笔钱的控制来换取相应的债权这一事实。"[①]由此,凯恩斯构造了"利息率—流动性"的分析图式,并将利率理论指向如何通过报酬的"诱导"促使人们适时而有效地"放弃流动性"。"由于利息率是放弃流动性的报酬,所以在任何时期的利息率都能衡量持有货币的人不愿意放弃流动性的程度。利息率并不是能对投资资金的需求量和自愿放弃目前的消费趋于均衡的'价格',而是能使以现金形式持有财富的愿望和现有的现金数量相平衡的'价格'——这就意味着:如果利息率具有较低的数值,即如果放弃现金的报酬有所降低的话,那么,公众想要持有的现金量就会超过现有的供给量;如果利息率被提高了的话,那么,就会出现无人愿意持有多余的现金。"[②]也就是说,货币的供求决定了均衡意义上的利率。在这种情况下,利率是一种调节机制,它使人们"以现金形式持有财富的愿望和现有的现金数量相平衡"。利率是由既定条件下的流动性偏好和货币数量这两个因素决定的,如果现行利率低于均衡水平,现金换取资本产品的报酬减少,公众愿意持有的现金数量将超过现有的供给数量;如果利率高于这一均衡水平,"就会出现无人愿意持有的多余现金"。凯

---

① [英]约翰·梅纳德·凯恩斯:《就业、利息和货币通论》,高鸿业译,商务印书馆1999年版,第170页。
② [英]约翰·梅纳德·凯恩斯:《就业、利息和货币通论》,高鸿业译,商务印书馆1999年版,第170—171页。

恩斯也由此指出了对"古典学派"理论的错误认识:"由传统学说哺育出来的普通人——银行家、公务员或政治家——以及受过专门训练的经济学者当然已经接受了传统思想。他们认为:当人们进行储蓄时,就自动完成了使利息率下降的行动,而这又会自动刺激资本的生产。他们认为:利息率正好下降到如此的程度,以致由此而导致的资本的产量的增长正好等于储蓄的增加量。不仅如此,他们还认为,这是一个自我控制的调节过程,这种过程会自动发生,不需要任何特殊的干预行动。"① 自动发生发展的"调节过程"已被"事实"无情地证明仅仅是理论上的虚构(Fiction),而对于凯恩斯这样的典型的国家干预主义者来说,任何拒绝"货币当局"的"善意"干预的理论主张也必须被斥为谬误:"传统的分析是错误的,因为,它未能把经济制度的自变量正确地分离出来。投资与储蓄是为经济制度所决定的因素,而不是决定经济制度的因素。它们是经济制度中的决定因素所导致的后果。"②

以此为基点,凯恩斯将利率对经济总体的作用概括为宏观和微观两个方面:在宏观上,利率同总消费量和总储蓄量呈反方向运动。因为高利率和低投资造成收入下降,且收入下降的程度在绝对量上一定大于投资的减少程度,因而消费量也就会随着收入的下降而减少。在微观上,利率和资本的边际效率之比对企业和

---

① [英]约翰·梅纳德·凯恩斯:《就业、利息和货币通论》,高鸿业译,商务印书馆1999年版,第182页。
② [英]约翰·梅纳德·凯恩斯:《就业、利息和货币通论》,高鸿业译,商务印书馆1999年版,第188页。

个人的投资起决定作用，当资本边际效率不变，利率上升会导致投资的下降，相应地使得由投资所决定的国民收入水平会随之下降，从而减少当期消费趋向下的储蓄量，造成利率与储蓄量的反方向运动。

　　由此，凯恩斯得出结论：高利率是资本主义社会出现有效需求不足的重要因素。由于资本的边际效率在长期内呈递减趋势，高利率必然阻碍投资，造成投资需求不足；同时，由于投资的减少导致收入的下降，使人们的储蓄能力降低，最终引起总储蓄量下降，从根本上造成消费需求的下降。而投资需求和消费需求的不足共同导致了有效需求不足。因此，凯恩斯认为，降低利率是解决有效需求不足问题的重要措施。这也就要求政府通过强制的力量来增加货币的供应，以保持有利于经济发展的利率水平。"处于任何既定的预期状态，群众的头脑中存在着某种满足交易动机和谨慎动机以外的持有现款的潜在愿望，而由于这一愿望而持有的现款数量取决于货币当局把货币创造出来时的利息率。"①

牧平与破灭

　　在由凯恩斯精心构造的"有效需求不足—流动性偏好—利息

---

① ［英］约翰·梅纳德·凯恩斯：《就业、利息和货币通论》，高鸿业译，商务印书馆1999年版，第211页。

率控制"的资本内在逻辑链条中,"不确定性和预期"两个因素一直被作为实现均衡的"干扰源",而通过对这两个概念的运用,凯恩斯得以彰显其理论的(被构造出的)"客观性",同时又通过对这两个因素的"澄清"为其经济哲学具化在控制现代"绩效主体"①的扩张性货币政策所提供的理论依据上。

在讨论资本主义经济的总体运行时,凯恩斯强调与利息率相关联的"不确定性"(Uncertainty)。由于公众并不能有效地预期未来的利率趋向,如果用全部资金购买债券,则当需要使用现金时,又必须出售手中的长期债券才能得到满足当期需求的现金,这就会造成相应的损失,而只有直接持有现金才可能规避这些风险;同时,在资本市场上,虽然可以自由买卖债券,但由于未来的利率难以确定,而凡是相信未来的利率将高于现期市场利率的人,将都倾向于保留现金,而不会倾向于购买资本品。"存在着对将来的利息率的不肯定性,即不能肯定将来的各种期限系列的市场利息率的数值。因为,如果能肯定预期到一切将来时间的市场利息率,那么,一切将来时间的市场利息率都可以根据现在的不同期限债券的利息率而被推算出来,因为,现在不同期限的债券利息会根据已知的将来时间的市场利息率而作出相应的调整。"②

---

① 基于一种凯恩斯式的根源性(originally)人性构造,"绩效主体面临需不断取得成绩的胁迫,因此他永远不得停息,永远无法抵达终极奖励点。绩效主体生活在一种持续的缺失感和负罪感中。他不仅要与他人竞争,更要与自己竞争,所以他要力图超越自己"。[德]韩炳哲:《资本主义与死亡驱力》,李明瑶译,中信出版集团2023年版,第58页。
② [英]约翰·梅纳德·凯恩斯:《就业、利息和货币通论》,高鸿业译,商务印书馆1999年版,第171—172页。

因此，正如资本的边际效率"本身并不取决于'最好的'看法，而是取决于由群众心理所决定的市场价值；与此相类似，由群众心理多决定的对将来的利息率的估计也对流动性偏好产生影响——但是，在这一场合，需要添增的是：那些相信将来的利息率会高于现行市场利息率的人便有理由来持有具有流动性的现金，而那些对将来的利息率看法相反的人便会有动机来获取短期贷款，以便购买长期债券"[①]。

凯恩斯进一步通过将"信息"(Information)因素引入不确定性—预期的分析框架中，也就把政府调控的合法性纳入论说中来。"一般说来，处境或预期状态的改变会在人们之间造成货币持有量的某些程度的调整……影响之所以不同，其部分原因在于处境和持有货币的理由有所不同；另一部分原因在于对信息和对新形势的解释有所不同。这样，新的均衡利息率会伴随着货币持有量的再分配同时出现……因为，在对新信息的反应上，人们的相同之处要大于他们之间的差异。"[②] 就是这样，凯恩斯所强调的政府的权威以"信息"的制造者的身份进入"不确定性"的理论场域，本身强力的政府的外在规训获得了"中性"的表达形式，同时又通过将"利息率的变动"与"信息的改变"之间建立起一种严格的因果链而最终有机会构造一个"预期"的理想状态："在最简

---

① ［英］约翰·梅纳德·凯恩斯：《就业、利息和货币通论》，高鸿业译，商务印书馆1999年版，第173—174页。
② ［英］约翰·梅纳德·凯恩斯：《就业、利息和货币通论》，高鸿业译，商务印书馆1999年版，第204—205页。

单的情况下，当每个人都是相同的并处于相同的地位时，处境或预期状态的改变不会造成任何货币在人手之间的转移。这种最简单的情况会直接把利息率改变到必要的程度，以便抵消处境或预期状态的改变，在利息率维持原状的情况下，人们会因之而改变他们要持有的货币量的欲望。由于当处境或预期状态改变时，每个人所要求的上述利息率的改变都是相同的，所以不会引起任何货币转手的交易。相应于每一种处境和预期状态，就会存在着一定数值的利息率，而且不会有任何人改变他通常所持有的货币量的问题。"正是藉由这一关于"处境和预期状态"的理想态假设，凯恩斯得以提出解决有效需求不足、规训投资与消费倾向、调控流动性偏好的扩张性货币政策。

凯恩斯式的国家干预的经济哲学认为资本主义经济危机的根源在于有效需求不足，而有效需求不足很难靠"自由民"或私人资本的自发调节来解决，只有通过政府的干预才能实现。通过与膨胀性、扩张性货币政策相配合的刚性工资和赤字财政政策，凯恩斯主义的"建构论"的意图也就愈发明显。

作为典型的货币名目论和货币国定论者，凯恩斯认为，作为"治术"的货币的价值是由国家的权威规定的，或者说货币本身的合法性持存是要通过国家的认肯才成为可能。与之相对应，在货币的供给问题上，凯恩斯提出"外生货币供给论"，也就是货币的供应完全由被国家所控制的"中央银行"所操控，是经济体系中的外生变量。货币的供应由政府牢牢控制，中央银行根据政府的决策和金融政策而"人为"地影响货币的供应量，这也就是哈耶克所批评的"建构主义的错误"的理论典型。

在哈耶克的讨论中，所谓"建构"的理论总是与"理性"概念相联系而出现的。哈耶克所定义的"理性"就是"马克斯·韦伯所谓目的理性（wertrationale）"①，而在经济—政治的运作之中，正是这种目的理性"使我们受到了误导，认为道德、法律、技巧和社会制度之合理与否，只能看它是否符合某种预先作出的设计"②。进而，在这样的"目的—设计"图示下，哈耶克指出凯恩斯（主义）所代表的建构主义的目标"是预测未来的发展，塑造未来，或者——如果有人愿意那样说的话——创造未来"③。而对于这样的理论目标，哈耶克认为，"这种对社会形态的建构主义解释，不仅是一种有害的哲学思辨，并且也是一种在解释社会过程和政治行动的机会时，据以得出结论的事实断言。在我看来，建构主义者据以得出一些重要结论和声明的这种有违事实的断言，等于是说我们现代社会中的复杂秩序，完全应归因于使人的行动必须受到预测——对因果关系的认识——的支配这种条件，或至少可以通过设计使它产生。"④

凯恩斯货币理论所因袭的"规训伦理"将"预测"与"设计"

---

① ［英］弗里德里希·冯·哈耶克：《哈耶克文选》，冯克利译，江苏人民出版社2007年版，第535页。
② ［英］弗里德里希·冯·哈耶克：《哈耶克文选》，冯克利译，江苏人民出版社2007年版，第535页。
③ ［英］弗里德里希·冯·哈耶克：《哈耶克文选》，冯克利译，江苏人民出版社2007年版，第537页。
④ ［英］弗里德里希·冯·哈耶克：《哈耶克文选》，冯克利译，江苏人民出版社2007年版，第537页。

皈依于"目的理性",实际上就是通过一系列理论论证的"设计"来达成实现政府调控的"目的"。在凯恩斯看来,市场的运作绝对不能超出政府控制的范围,或者说在国家强力的目的理性之外的一切行为都由于其不是"为了明确目标而设计的事物"①而必然归于盲目:单纯的市场运作会导致有效需求不足,自由放任就意味着流动性偏好不受约束,"大萧条"因此在新政自由主义的背景下成为一个随时有可能会堕入的深渊。而在这个意义上,"充分就业"也就成为最合适的"目的—设计"图示:为了达到解决(必须)严重的"就业"问题的"目的",就必须通过一系列(被凯恩斯主义论证为)"有效"的"设计"来"预测""塑造"甚至"创造"未来。这样的"未来",就是由政府所主导的资本奴役形式。

与凯恩斯的"相信某个最高权威,尤其是代表机构,必须拥有不受限制的权力"截然不同,哈耶克提出了基于"人类行为的结果,而不是人类设计的结果"的论证。"支配着人类行为的,绝不仅仅是他们对已知手段同所要达到的目标之间的因果关系的认识,而且总是存在着一些行为规则,他们对这些规则知之甚少,并且也肯定不是他们主动发明的。辨识它的作用和意义,是科学努力的一项困难的、只能部分完成的任务。换句话说,这意味着理性的努力(马克斯·韦伯的'目的理性的行为')所取得的成

---

① [英]弗里德里希·冯·哈耶克:《哈耶克文选》,冯克利译,江苏人民出版社 2007年版,第536页。

功,主要取决于对价值的服从,而这些价值在我们社会中的作用,应当与有意追求的目标作出明确的区分。"① 基于"区分"而提出的"价值"与"规则"都指向"市场",正好与凯恩斯的"目的"与"设计"所针对的"政府"形成对立。在这个层面上,哈耶克将凯恩斯的理论指责为"有违事实的断言"也就不难理解:对于哈耶克等新自由主义者而言,对于"自由市场"的任何程度上的外力约束都是不可取的,即便是对于经济危机的"理性"分析也无非是"据以得出一些重要结论和声明"的建构论意图的呈现,结果只能是导致"作为一种有目的的构造而建立起来的"经济学的出现。

在此,通过将哈耶克的批评引入凯恩斯理论的"澄清"过程,凯恩斯货币哲学的内在理路也就以一种特别的方式呈现出来,其本然的建构论意图所指向的"扩张性货币政策"也正是在这样的背景下成为凯恩斯主义与新自由主义理论论争的焦点。作为资产阶级经济理论的两个代表人物,凯恩斯和哈耶克的纷争开启了大萧条之后基于"通货膨胀"问题的辩说图景,也正是他们的辩论使膨胀性、扩张性的货币学说呈现为20世纪自由主义经济哲学的关键议题。

由此,通过一系列"有效主义"的论证"设计",凯恩斯得以提出基于他的"目的理性"的、以"扩张性货币政策"为核心

---

① [英]弗里德里希·冯·哈耶克:《哈耶克文选》,冯克利译,江苏人民出版社2007年版,第538页。

的系统性政策建议。

凯恩斯首先将经济周期问题与"个人主义"(或哈耶克式的"自由主义")相联系,认为这样严重的问题"还是不可避免地和现代资本主义的个人主义联系在一起"[①]。进而,凯恩斯展开了他称之为"避免现在的经济制度完全被摧毁的唯一可行之道"的论述:在经济危机时,仅靠市场机制无法使市场达到(重归)充分就业均衡,因此必须由政府出面干预。在凯恩斯的体系中,就业量由消费倾向和投资量决定,这就意味着要通过政府增加货币数量的办法来提高有效需求,并且这样不仅不会带来真正的通货膨胀的恶果,而且会刺激经济,产生增加就业、产量和收入的预期效果。具体而论,凯恩斯将启动利率作为提高有效需求的杠杆。对此,凯恩斯比较了两种不同的政策工具:降低工资而保持货币数量不变的伸缩性工资政策和增加货币供给但让工资水平保持不变的伸缩性货币政策。虽然两者在不调整货币数量以使得利率下降这一点上表面上并没有太大差别,但凯恩斯认为使用伸缩性的、扩张性的货币政策在实际操作中要明智得多。因为基于国家权力对货币供应的控制,货币政策的"伸缩性"相当容易做到,但是劳资双方的议价(新古典传统下的就业问题解决模式)却要复杂得多。对此,凯恩斯作出乐观的总结:"只有经验才能告诉我们体现于国家政策之中的群众意愿应该在何种程度上被用之于增加

[①] [英]约翰·梅纳德·凯恩斯:《就业、利息和货币通论》,高鸿业译,商务印书馆1999年版,第394页。

和补充投资诱导,亦即应该在何种程度上才能安全地被用之于刺激平均消费倾向……最终的结果可以是,消费倾向会被利息率下降的作用以如此容易的方式加以提高,以致只需要比现有的稍高一点的积累率便能达到充分就业。"① 更进一步,凯恩斯提出了他的"理想目标":"一方面,增加资本数量,一直到它不再稀缺为止,从而,已经没有社会职能的投资者不再能坐享利益。另一方面,建立一个直接税制度,使得理财家、企业家和类似的人物(他们如此喜爱他们的职业,以致可以用远为便宜的代价来取得他们的劳务)的智慧、决心和经营的才能可以通过合理的报酬被引导到为社会服务的渠道。"② 在这里,凯恩斯所颂扬的"智慧、决心和经营的才能"被前设为不可能是出于"兴致、感情和机缘"的"非理性"因素,为的只是实现凯恩斯式"理性"经济的建构原则:"指出经济力量或经济因素的自由运行所需要的环境,以便实现生产的全部潜力。"③

基于这样的理论性建构,与凯恩斯将经济危机同"个人主义"相联系的经济哲学言说策略相协调,就是对资本主义私有制企业和资产阶级政府之间的关系的重置。"如果有效需求不足,那么,不但资源浪费所引起的社会反对情绪会达到不可容忍的程度,而

---

① [英]约翰·梅纳德·凯恩斯:《就业、利息和货币通论》,高鸿业译,商务印书馆1999年版,第390—391页。
② [英]约翰·梅纳德·凯恩斯:《就业、利息和货币通论》,高鸿业译,商务印书馆1999年版,第390页。
③ [英]约翰·梅纳德·凯恩斯:《就业、利息和货币通论》,高鸿业译,商务印书馆1999年版,第393页。

且，意图把这些资源用于实际的私有企业也会遭受注定要失败的后果。"① 为此，凯恩斯甚至不惜冒着被指为对个人主义进行侵犯的风险而为"由于使消费倾向和投资诱导相互协调而引起的政府职能的扩大"② 进行辩护，对他来说，"保证充分就业所必需的中央控制当然会大为扩充传统的政府职能"。③ 这也就进一步说明了哈耶克所指责的那些"有违事实的断言"背后的依据：资产阶级政府的扩张逻辑。在由马克斯·韦伯定义的现代性世界观中，"官僚化"正是与"（目的）理性化"相对应的构造，而具体到凯恩斯学派这一资产阶级经济学家群体的情况下，就说明正如私人资本渴望无限的扩张一样，资产阶级政府也同样（甚至更加）渴望扩张，只是这种扩张更多地表现为权力的、官僚机构的、意识形态的，在货币经济领域也就更为精心地"设计"出"扩张性货币政策来实现扩张"。为了达到"目的"，凯恩斯作出许诺："对经济力量或因素的自由运行有必要加以制止，或加以引导。尽管如此，仍然会留下广阔的天地使私人在其中运用他们的动力和职能。在这个天地中，传统的个人主义的有利之处仍然会继续存在。"④ 这就是凯恩斯主义的矛盾之处，一方面认为资本主义的"经济制

---

① ［英］约翰·梅纳德·凯恩斯：《就业、利息和货币通论》，高鸿业译，商务印书馆1999年版，第394页。
② ［英］约翰·梅纳德·凯恩斯：《就业、利息和货币通论》，高鸿业译，商务印书馆1999年版，第394页。
③ ［英］约翰·梅纳德·凯恩斯：《就业、利息和货币通论》，高鸿业译，商务印书馆1999年版，第393页。
④ ［英］约翰·梅纳德·凯恩斯：《就业、利息和货币通论》，高鸿业译，商务印书馆1999年版，第393页。

度完全被摧毁"的可能"不可避免地和现代资本主义的个人主义联系在一起";另一方面又表示在他的未来愿景中仍会有"传统的个人主义"的"广阔的天地"。这也就充分说明了凯恩斯主义的本质：一项资本主义治理术。而正如凯恩斯自己所言："如果去掉个人主义的缺点和滥用，那么，它仍然是个人自由的最好保障。"① 这也就最终呈现了凯恩斯在提倡国家干预的前提下的自由主义修正者的面向。

凯恩斯主义的理论与政策主张作为对19世纪自由放任主义货币经济理论的"有效"修正，拓展了自由主义经济哲学的理论疆域。凯恩斯所开创的需求管理的政府干预主义和总量分析的宏观研究方法，为西方经济理论建立了新的范式。凯恩斯之后的经济学家，不再简单地受价格分析和微观分析的局限，而是深入总量分析与宏观经济学的研究当中去；不再把自由放任当作唯一的信条，而是更加注重政府干预经济的职能。凯恩斯突破了实体与货币经济二分法，将货币理论与经济理论融为一体，把货币因素深深植入经济理论体系之中，开启了经济哲学的新方向。"我们分析的目的，并不是要提供一种机制或是一种闭着眼睛操作都能提供正确答案的方法，而是提供给我们自己一种思考特定问题的有组织、有秩序的方法。"② 凯恩斯提出了一整套医治资本主义经济

---

① [英]约翰·梅纳德·凯恩斯:《就业、利息和货币通论》，高鸿业译，商务印书馆1999年版，第393页。
② [英]保罗·戴维森:《约翰·梅纳德·凯恩斯》，张军译，华夏出版社2009年版，第31页。

危机的政策主张，随着其影响的不断扩大，这些政策建议也逐渐为西方各国政府所接受。1944年5月，英国政府就以《就业、利息和货币通论》为指导思想，制定了第二次世界大战后英国的充分就业政策，发布了《就业政策白皮书》，提出了新的就业计划。美国国会也通过了《1946年就业法》，确定联邦政府负有扩大就业、稳定经济周期、促进经济增长的职责。随后加拿大和澳大利亚等国政府也先后制定了维持充分就业的官方文献。这些事实表明，在20世纪40年代，凯恩斯主义的拟像之图已被捧上了官方经济学的堂皇宝座，成为各主要资本主义国家经济政策的主要依据。

第二次世界大战后，西方各国开始全面推行凯恩斯主义的总体性经济政策，这些政策的实施取得了显著的成效，但之后还是陷入了新的危机。凯恩斯主义的货币经济政策是刺激经济增长的扩张性政策，而其政策的实施也主要靠政府干预，采取种种措施增加全社会的货币总支出，以扩大有效需求，政策内容是以扩大政府开支为中心内容的扩张性财政政策与相机行事的、以增加货币供应量为核心的膨胀性货币政策相结合，再配之以管制工资、物价的收入政策和改善结构性失业的就业政策，以及对外经济扩张的外贸政策等。凯恩斯主义的实施在一定程度上改善了资本主义的经济调节机制，特别是在缓解经济危机、减少失业和促进经济发展方面取得了显著成效。第二次世界大战后的近四分之一个世纪里，西方各国的工业生产总值增长了近3倍，其速度之快前所未有，经济的周期性问题也较为缓和，失业率大大下降。但过度实施的财政政策和扩张性货币政策也很快产生了副作用，西方世界在第二次世界大战后的20余年的繁荣之后,于20世纪70年代初出现了经济的"滞胀",一方面生产衰退,失业增加;另一方面通货膨胀严重,物价高涨。1973—1975年爆发的第二次世界大战后最严重的经济危机,极大地危害了西方经济,推行凯恩斯主义愈彻底的国家所遭受的灾难愈深重。在这个意义上,凯恩斯主义的短暂成功(其使得"经济学家"获得官方的"话语权"这一成果则绝非"短暂")是以之后的滞胀危机为代价的,而正是滞胀危机为凯恩斯主义的神话"去魅",也同时使以哈耶克为代表的新一代自由主义经济学家开始通过对凯恩斯的"通货膨胀"运动的批判而崭露头角:"自然"的需求与目的被解构为"人为"的扩张与操作,现代经济哲学进一步跃入"颠倒"的世界,"表面的深渊"[①]。

---

① [法]让·波德里亚:《论诱惑》,张新木译,南京大学出版社2011年版,第79页。

第九章 炼狱理性:"新自由主义"的"致命自负"

"反启蒙的启蒙"

作为凯恩斯主义的"批判之思"而兴起的"新自由主义"(Neo-liberalism)①经济哲学兴起于20世纪50年代,在20世纪70年代中后期"滞胀危机"所带来的现代版社会经济"炼狱"(Purgatory)期开始成为西方经济学中的力主经济自由的理论流派,它是在强力"批判"凯恩斯主义经济哲学的国家干预学说的过程中形成和发展起来的,也可以称之为以"自由"为名而拒斥"凯恩斯革命"理论影响的"反启蒙的启蒙运动"。"新自由主义"内部"算不上一个具有高度统一性和内在一致性的严格意

---

① 有关"自由至上主义"理论特质的探讨,请参见 Jan Narveson:*The Libertarian Idea*, Ontario: *Broadview Press*, 2001.

义上的思想流派，换言之，"新自由主义"其实包括了很多学术派别"①，这一支流的经济哲学所展开的思路包括米塞斯与哈耶克的经济自由主义、货币主义、弗莱堡学派、供给学派、理性预期学派、新制度学派、公共选择理论等。这些学派虽然在体系结构、观点、主张上各有特色，但也有相当多的共通之处，如都主张以适度的自由放任代替过度的政府干预、以控制货币供应量代替控制利率、以浮动汇率代替固定汇率、以消除通货膨胀为经济政策中心代替以解决失业为经济政策中心、强调基本权利在政治合法性中核心性的证成意义，等等。这一流派的经济学说主张实行新的自由放任政策，强化市场机制，提倡自由竞争。资本的逻辑设定秩序的建构和均衡的证明，正是当资本主义的利益生产被新自由主义以最无害的方式掩盖起来的时候，其根源性的威胁才因其不被察觉而越发深重：资本的逻辑无非是诉诸虚伪的偶像之维自我拟像为"公益"与"公意"，而其根本上仍是在为少数人谋利。

"新自由主义"经济哲学正根植于这样的逻辑，为这一逻辑所设定、塑造，成为资本主义欲望机制的工具。②"当一个社会的人为其他人或他们自己的欲望压制时；当有人喜欢统治别人，并且有机会这样做，有'权利'这样做的时候，这就表明了欲望与社

---

① 李雪阳：《帝国与空间：大卫·哈维"新帝国主义"批判思想研究》，当代中国出版社2022年版，第100页。
② 资本主义系统宰制之下的"分裂"，既是物质形态上的分离和分立，也是精神层面的隔绝与倒退："那个由个体性和实体之活生生的直接统一体倒退而成的普遍统一体，是一个缺乏精神的共同体，它已经不再是个体的缺乏自我意识的实体，而个体在其中按照各自的自为存在来说，现在都是作为一些自主本质和实体发挥着效准。"［德］黑格尔：《精神现象学》，先刚译，人民出版社2013年版，第295页。

会场域之间的深刻联系。存在着对压迫机器的'无私'热爱：关于奴隶取得的这种永恒的胜利；关于那些痛苦的、沮丧的或软弱的人成功地将他们的生活方式强加于我们的方式。"① 正是借由资本的强力，新自由主义经济哲学因其对资本主义这一"压迫机器"的"无私热爱"而获得（至少是在意识形态上）"统治别人"的"权利"，这些本质上"痛苦的、沮丧的或软弱的人"将自己变身为资本的规训的工具②，资本主义社会也以自由主义哲学的可工具化为尺度来评判理论的效用，或者说"新自由主义"只关心一个问题，那就是如何构造一个有效的放诸四海而皆准的"真理体系"，进而经济学说"就脱离于一切个体话语的'有效性'本身而言，它也始终是在特定的，但更为宏大或包容性更大的真理体系中发挥作用的一种工具"③。

与"新自由主义者"在资本的权力关系中的工具化倾向相伴随的，便是经济哲学本身的无限技术化。由于已不再存在一个可质疑的秩序建构原则（当然，这一点在凯恩斯主义特别是后凯恩斯主义那里仍有部分保留），同时也早已解除了奥古斯丁式的"天上之国"与"地上之国"之间的紧张关系，资本作为"尘世的权威"毫无羁绊地为自身开辟疆域。任何理论体系要在其中容身，

---

① ［法］吉尔·德勒兹：《哲学的客体：德勒兹读本》，陈永国译，北京大学出版社2010年版，第368页。
② 在此，正如米塞斯所强调的："货币现象的前提是一种经济秩序。"［奥］路德维希·冯·米塞斯：《货币和信用理论》，樊林洲译，商务印书馆2018年版，第23页。
③ ［美］保罗·博维：《权力中的知识分子》，萧莎译，江苏人民出版社2005年版，第306页。

就必须按资本的逻辑不断地自我审查、自我矫正、自我治理、自我拟像以达到自我持存,而"自我持存的过程越是受到资产阶级分工的影响,它越是迫使按照技术装置来塑造自己肉体和灵魂的个体产生自我异化"①。而更为可怕的是,"当一个社会按照它自己的组织方式,似乎越来越能满足个人的需要时,独立思考、意志自由和政治反对权的基本批判功能就逐渐被剥夺。这样一个社会可以正当地要求接受它的原则和制度,并把政治上的反对降低为在维持现状的范围内商讨和促进替代性政策的选择"②。被自由主义经济哲学所夷平的当代社会,就成为一个"没有反对派的社会"(马尔库塞语)。

从历史的视角出发,新自由主义的经济哲学以卡尔·门格尔(Carl Menger,1840—1921)的理论架构为基点。③ 由门格尔创始的这一理论派系从根本上反对边沁(或笛卡尔)式的理性建构主义,他们坚持认为"边沁在经济学中注入了狭隘的功利主义,因此推动了成本—收益(他认为这是可知的)分析这一套伪科学的发展,并催生了试图根据自己的臆想,使国家强制力量来改造社

---

① [德]马克斯·霍克海默、西奥多·阿道尔诺:《启蒙辩证法》,渠敬东、曹卫东译,上海人民出版社2003年版,第26页。
② [美]赫伯特·马尔库塞:《单向度的人》,刘继译,上海译文出版社2008年版,第3—4页。
③ 在经济思想史的评价方面,"米塞斯认为'对经济学做出根本贡献的人,在同一时代,从来没有能超过20个'。而卡尔·门格尔就是其中之一,他是维也纳大学政治经济学教授,奥地利学派经济学的创始人"。[美]彼得·G.克莱因:《资本家与企业家》,谷兴志译,上海财经大学出版社2015年版,第153页。

会的'社会工程师'传统的出现"①。基于"可知"或"可预测"的前提的理性建构主义,就是在新自由主义看来凯恩斯主义的经济哲学作为"一套伪科学"的根据,也实际上是从对凯恩斯主义的"伪客观"原则出发的辩说。

门格尔论证行为过程的强的主观主义(Subjectivism)意涵,强调社会行为模式、制度是如何自发地演化而成的。以货币为重要例证,门格尔认为,在还不存在货币而只能通过以物易物的方式获得所需产品的时候,真正的交换很难发生。于是,"有的交易者就意识到,如果他们能获得他人也都需要的某种物品,他们就可以完成交易。于是,一个文化阐释的过程就开始了,大家都在努力推测别人的主观偏好。那些拥有符合别人较多主观价值的物品的人,就能更轻松地完成更多交易,从而变富了。别人当然也会注意到这种情况,并效法他们,这些人也开始使用那些物品作为交换中介物,随着中介物种类越来越少和每个人的需求越来越大,就能比较出哪种物品比较适合作为交换中介,最后,这一过程就集中到一种(或两种)物品上,它是大家主观上最想得到的,也能满足作为货币所必须具备的物理上最基本的要求(相对稀有、易储存、便于携带、容易分割等)。到这一过程时,就会有一种物品保留下来成为普遍接受的交换中介,也就是货币"。② 通过将

---

① [西]赫苏斯·韦尔塔·德索托:《奥地利学派:市场秩序与企业家创造性》,朱海就译,浙江大学出版社 2010 年版,第 41 页。
② [美]拉齐恩·萨丽等:《哈耶克与古典自由主义》,秋风译,贵州人民出版社 2003 年版,第 187 页。

人的主观偏好纳入货币的演化史分析，门格尔得出了全新的对于货币的起源的解释：货币并非交换过程的纯粹的客观结果，而是处在交换过程中的每一个利益主体的主观愿望的相互影响创造了"货币体系"（Monetary System）这一制度性存在。"随着各个经济人对其经济利益认识的提高，总是没有任何协调与法律强制，纵使不是为着公共的利益，各经济人也将情愿提供其商品与那些虽非自需、而销售力较大的商品交换。从而，在习惯的强力影响之下，随着经济文化的发展，就到处出现这样一种现象：在当时当地销售力最大的财货，在交换中最为一般人所乐于接受，因而也最能与其他任何商品相交换。对于这样一种财货，我们的祖先曾以'通用'即'服务''支付'来称呼它，到最后才名之为'货币'。"① 而这种社会演化论的思辨呈现，恰恰终结了凯恩斯主义的"建构论"意图。

借由对货币起源的论述，门格尔强调货币（及其建制）是人类行为的结果而非设计的产物。"关键是参与者根本就不必意识到他们是在参与创造货币。事实上，如果他们根本就不知道货币是何物，他们又如何意识到他们在创造货币？因此，货币制度就是人们行为／交换的一个无意识的结果，或者更准确地说，正是人们的行为启动了一个发现的过程，最后却创造了某种制度，对此，没有一个参与者是有意识地向这个方向努力，甚至根本就无人做

---

① ［奥］卡尔·门格尔：《国民经济学原理》，刘絜敖译，上海人民出版社 2005 年版，第 162 页。

过如此想象。"① 在此，门格尔的货币的创造与演化过程说极大地类似于斯密的"追求着私利却最终促进了公益"的"看不见的手"的表述，强调货币创生的自然性与"非设计"自然而然地同凯恩斯主义的国家干预主义站在了对立面。门格尔指出，货币的起源"完全是自然发生的，它受立法的影响极少。它不是国家的发明，也不是立法行为的产物。国家的批准与货币概念全无关系。一定商品因经济关系而自然成为货币，丝毫也不需要国家的力量"②。门格尔的"丝毫也不需要国家的力量"的货币论断"从评价乃至无视个人主观理解的概念出发，最后则以形成完全是社会性的制度为依归"③。而门格尔对货币的"自然"④意涵的强调，开启了新自由主义货币学说的（基于对发现结果的"无知"的）"自发秩序"论，也同凯恩斯学派基于理性建构主义而提出的通货膨胀和举债政策针锋相对，形成了当代资产阶级经济哲学内在的根本张力。

反思实证主义

作为奥地利经济学派（Austrian School Economics）第二代的

---

① ［美］拉齐恩·萨丽等：《哈耶克与古典自由主义》，秋风译，贵州人民出版社2003年版，第187—188页。
② ［奥］卡尔·门格尔：《国民经济学原理》，刘絜敖译，上海人民出版社2005年版，第165页。
③ ［美］拉齐恩·萨丽等：《哈耶克与古典自由主义》，秋风译，贵州人民出版社2003年版，第188页。
④ 这样的自然意涵恰恰是与古典时代的"自然"相反的目的论图景之下展开的，新的理论"建构"。

领军人物，同时也是"二战"后新自由主义经济哲学的开路先锋，米塞斯（Ludwig von Mises，1881—1973）的经济哲学创见有其独特的理论意义。米塞斯经济哲学的核心特质是他对"认识论"（Epistemology）在其理论结构中的特殊强调："无论处理什么课题，经济学家都要面对一些基本问题：这些原理来自何方？它们的意义何在？它们如何关涉经验或现实？这些不是方法问题，更不是研究技巧的问题；它们本身就是基础问题。"① 区别于其他经济学者的将"方法论"（Methodology）与"认识论"想混同的粗糙做法，米塞斯强调认识相对于方法的优先性、导引性，他将之表述为"先验性"（A Priori）。"先验范畴是人的精神装备，借助于这种装备，人便能够思考，能够经验，从而能获得知识。它们的真实性或有效性，不同于后验命题的真实性或有效性，既不能被证明，也不能被反驳，因为它们本身恰恰是使我们能够辨别真实性或有效性与否的工具。"② 而在这一"使成为可能"的形而上学（Metaphysics）观念下，马克·布劳格（Mark Blaug，1927—2011）所提出方法论研究"一门学科的概念、理论和基本原理"的界定方式，首先要考验其"认知"（Cognition）前提，即从什么样的视角、观点来处理这一学科的根本出发点。而这一点，在米塞斯的认识论体系中，就是围绕与经济学的主流相对抗的"反

---

① ［奥］路德维希·冯·米塞斯：《米塞斯回忆录》，黄华侨译，上海社会科学院出版社2015年版，第151—152页。
② ［奥］路德维希·冯·米塞斯：《经济科学的最终基础》，朱泱译，商务印书馆2015年版，第23页。

实证主义"(Anti-Positivism)来进行的。用米塞斯自己的话说："贯穿整个19世纪，在旧的宗教信仰的废墟之上，各大宗派开始建立自己的地盘；他们试图为他们的追随者提供信仰丧失之后的'替代品'。这些宗派当中，持续时间最久的是实证主义。"① 而且，米塞斯借用赫胥黎（Thomas Henry Huxley，1825—1895）的说法，将实证主义极端地标度为"劣质科学与天主教糟粕的混乱混合"②。而对于实证主义的反驳，对于米塞斯的经济哲学研究，则有着不得不然的"急迫"。"我犹豫了很久，才决定深入研究这些众所周知的基本问题；我明白它们远远超出了经济学的领域。事实上，这个问题开辟了认识论和逻辑学的一个全新领域。"③

对于这种迥异于，也被相当一批学者认为是"超越于"萨缪尔森等主流新古典经济学者的认识论倾向，米塞斯的奥地利学派后继者拉赫曼（Ludwig Lachmann，1906—1990）亦有评价：他认为，米塞斯"所阐述的其实是马克斯·韦伯的思想。韦伯一直坚持认为，理论社会科学在方法论上独立于自然科学，他强调的是手段和目的作为人的活动的基本范畴的极端重要性"④。这其实也就引申到马克斯·韦伯所著的《客观性与经济学的理解》中

---

① ［奥］路德维希·冯·米塞斯：《米塞斯回忆录》，黄华侨译，上海社会科学院出版社2015年版，第148页。
② ［奥］路德维希·冯·米塞斯：《米塞斯回忆录》，黄华侨译，上海社会科学院出版社2015年版，第148页。
③ ［奥］路德维希·冯·米塞斯：《米塞斯回忆录》，黄华侨译，上海社会科学院出版社2015年版，第152页。
④ 姚中秋主编：《方法论与其制度含义》，浙江大学出版社2009年版，第30页。

的"人论"话语:"一切关于人类行为的基本要素的严肃思考首先是与目的及手段这两个范畴直接联系在一起的。通过科学分析,我们可以准确知晓手段对于给定目的的适用性。科学可以帮助行为者意识到,所有的行为都意味着在其结果中拥护某些特定价值,并同时反对另一些特定价值。而选择行为本身则是他自己的责任。"① 在这一对米塞斯颇有影响(米塞斯在维也纳的研讨班中,非常重要的一个议题就是对韦伯的"人论"在社会科学研究中的首要地位的研讨)的论述中,我们可以清楚看到"行为者"与"行为者意识"之间的空位是由被特殊定位的"科学"来导引的,这种科学必须有导向性("拥护某些特定价值,并同时反对另一些特定价值"),因而不能是"反映论"(Representationism)的,更加不能是非认知性的,这也就决定了米塞斯在认识论上同西方经济学主流的分道扬镳。② 当然,具体而论,米塞斯的对人类行为的研究,所关涉到的心灵内容(Mental Content)与意向性(Intentionality)、自由意志(Free Will)与道德责任(Moral Responsibility)、市场过程(Market Process)与自私性(Selfishness)等专门领域的理论思辨,绝非将某一门现成的"科学"拿来做现成的理论原理标板,然后故作惊世骇俗的歧见声言,米塞斯的立基思路有其取舍。米塞斯的理论"是以对人的行动的

---

① 姚中秋主编:《方法论与其制度含义》,浙江大学出版社2009年版,第31页。
② 哈耶克研究专家考德威尔则认为,米塞斯的理论建树在于致力建立普遍规律层面的"规范性"(Normative)社会科学,并在这一点上,他超越了韦伯,将经济学定义成一门"规范性科学"。[美]布鲁斯·考德威尔:《哈耶克评传》,冯克利译,商务印书馆2007年版,第144页。

内在理解为核心。他并不鼓励深入研究人类认知的具体功能，而是希望把狭隘的认知功能通过人的行动与市场过程结合起来，在一个更宏观和更真实的层面上，从人的行动的角度来理解人。我们不能直接研究大脑行为，但可以直接研究大脑行为导致人的行动，这才是经济学家的工作"[1]。而作为对照，"米塞斯认为，用历史主义，尤其是实证主义及其错误的认识论和方法论来从事经济科学的研究是不恰当的，因此，他驳斥了实证主义，并且指出实证主义理论是错误的"[2]。

从根本上讲，对于什么才是"经济学家的工作"，米塞斯的态度非常明确："一些人主张，人类行动科学必须效法自然科学的方法。许多著述家被这种看法所蒙骗，热衷于经济学的数量化。他们认为，经济学应该模仿化学，化学就是从定性分析发展到定量分析的。他们的座右铭便是实证主义的格言：科学即测量。"[3]而对于这种计算主义（Computationism）的"狂妄"与"夸张"，米塞斯代之以一种平和的"事实"描述："宇宙间有些事物是自然科学不能加以描述和分析的。在自然科学的方法适合观察和描述的事物之外，还有别的事物，那就是人的行动。自然事件层出不穷，但科学却找不出其最终目的，而人们的意愿性行动，却总是瞄准明确的目的。这两者之间横亘着一条鸿沟，实际上迄今在其

---

[1] 姚中秋主编：《方法论与其制度含义》，浙江大学出版社2009年版，第9页。
[2] ［奥］路德维希·冯·米塞斯：《自由与繁荣的国度》，韩光明等译，中国社会科学出版社1995年版，第20页。
[3] ［奥］路德维希·冯·米塞斯：《经济科学的最终基础》，朱泱译，商务印书馆2015年版，第74页。

之上都还未架起一座桥梁。探讨人的行动，若不涉及行动者瞄准的目的，那就如同解释自然现象时偏要探究其最终目的一样荒唐可笑。"①

秉持着一种人类行为的"目的论"（Teleological）图式，米塞斯将对实证主义方法学的拒斥作为其理论发展必须清除的障碍。在防止"实证主义"事实上对人类的活动领域的"污染"之面向上，米塞斯表示在其所试图展开的"知识与信念"（Knowledge and Belief）的论域内：

> 毫无保留地赞同洛克提出的原则："持有任何主张的自信，不应大于赖以建立该主站的证据所允许的程度。"实证主义犯的错误不在于采用了上述原则，而在于不承认除了实验自然性的自然科学方法以外，还有任何其他方法可以证明一项主张，并认为所有其他使用理性话语的方法都是形而上学的方法。在实证主义的专门术语中，形而上学就是胡说八道。人类行为学的认识论，便是揭露实证主义的这一基本论点的荒谬性，并指出它带来的灾难性后果。②

而所谓的"灾难性后果"，米塞斯的论辩方式毫不留情："若

---

① ［奥］路德维希·冯·米塞斯：《经济科学的最终基础》，朱泱译，商务印书馆2015年版，第1—2页。
② ［奥］路德维希·冯·米塞斯：《经济科学的最终基础》，朱泱译，商务印书馆2015年版，第3页。

逻辑实证主义的经验论原则指的仅仅是自然科学的方法，那便没有任何人对它的主张提出质疑。若它拒斥人的行动科学的认识论原则，那它就不仅是完全错了，而且还是在有意识地破坏西方文明的思想基础。"①

为了排除在人的交互行动（Interaction）领域实证论的"自然主义"（Naturalism）倾向的侵蚀（"有意识地破坏西方文明的思想基础"），米塞斯必须重新审视整个"知识人"（Intellectual）群体的"意识形态"层面的极权。"关于当代的意识形态状况，突出的事实是，最为流行的政治学说都鼓吹极权主义，也就是完全取消个人的选择自由和行动自由。同样值得注意的是，最为顽固地倡导这种强求一致的制度的人，都称自己为科学家、逻辑学家和哲学家。"② 而在一种新的"实证论"（其代表为与米塞斯所隶属的奥地利学派极有地缘关联的哲学上的"维也纳学派"③）之"极权"的威慑（或利诱）下，这些专业人士在做着完全无视"人类行动"领域的知识规律的"学术"工作。"在大量资金的支持下，他们忙于把政府、同业公会、公司以及其他企业提供的统计数据重新刊印出来，对它们加以重新编排整理。他们试图计算出各种

---

① ［奥］路德维希·冯·米塞斯：《经济科学的最终基础》，朱泱译，商务印书馆2015年版，第149页。
② ［奥］路德维希·冯·米塞斯：《经济科学的最终基础》，朱泱译，商务印书馆2015年版，第148页。
③ 中文学界对维也纳学派的权威研究，无疑就是曾任石里克教授助手、与维特根斯坦有过多次交流的洪谦先生，后文将讨论他的维也纳学派逻辑实证主义研究的内容。而对于历史主义的批判性研究，则会追溯到列奥·施特劳斯的《自然权利与历史》（*Natural Right and History*）中的历史主义批判的内容。

数据之间的关系，从而弄清他们仿效自然科学而称作的相关性和函数关系。"① 但是，在米塞斯看来，这种"仿自然科学"的方法论实验（但米塞斯确实还不是海德格尔式的反技术主义者）必然是幼稚而无效的、是必然会被意识形态的操作所消耗掉的，因为"他们未认识到，在人类行动领域，统计一向是历史，所谓'相关性'和'函数关系'，只不过是把过去发生在某一时刻和某一地区的事情描述为一定数目的人们的行动的结果。计量经济学作为经济分析的一种方法，是一种玩弄数字的儿童游戏，对于阐明经济现实中的问题，毫无用处"②。而在面对这种（似乎是必然的）虚妄的时候，米塞斯就得以提出他的"认识论"的价值，也就是针对明明不可以言说的真实、真相，但又必须任这种"毫无用处"的工作不断持续的所谓"经济理论"，必须严正地指出其内蕴的"虚无主义"（Nihilism）内核。"认识论从这种状况中应当了解到的事情是：假如哪种学说教导我们说，某种'真实的'或'外部的'力量把自己的故事书写在了人类心灵上，因而试图把人类心灵变为一种工具，这种工具能像消化器官消化食物那样，将'现实'转变为观念，那么，这种学说也就不知道如何区分什么是真实的和什么是不真实的。"③

---

① ［奥］路德维希·冯·米塞斯：《经济科学的最终基础》，朱泱译，商务印书馆2015年版，第74页。
② ［奥］路德维希·冯·米塞斯：《经济科学的最终基础》，朱泱译，商务印书馆2015年版，第74页。
③ ［奥］路德维希·冯·米塞斯：《经济科学的最终基础》，朱泱译，商务印书馆2015年版，第39页。

在绝然区分的意义下，米塞斯强调"经验"的属人性，也就是强调"第一人称视角"（First Person Perspective）下人自身对于"人类境况"（Human Condition）的自反性理解，而实证主义者们的"科学"视角，其实是人类社会理智危机的征兆。"实证主义强调，自然科学的一切成就都应归功于经验，这只不过重复了一条自从自然哲学寿终正寝以来就没有人再质疑过的自明之理。它在诋毁人类行动科学的方法时，也就为那些正在破坏西方文明基础的势力登上历史舞台铺平了道路。"① 米塞斯式的有罪推定，直接将整个科学技术的发展思路放置到人的"自我奴役"这一路向上来，在这个方面他无疑是后期胡塞尔（Late Husserl）的《欧洲科学危机和超验现象学》与后期海德格尔（Late Heidegger）的《技术的追问》《世界图像的时代》中论点的同路人。"我们的文明面临的巨大危机，就是这种制订全面计划的热情所带来的后果。总是有人想要限制其他人的选择权利和选择能力。普通人对于无论在哪方面使自己黯然失色的人，总是侧目而视，鼓吹人人一致。我们时代的新颖之处和特点是，鼓吹人人一律和人人一致的那些人，是以科学的名义提出这一主张的。"② 相因应于米塞斯的反科学立场，或如哈耶克的"科学的反革命"（The Counter-Revolution of Science）说，"选择权利"和"选择能力"有着相对

---

① ［奥］路德维希·冯·米塞斯：《经济科学的最终基础》，朱泱译，商务印书馆2015年版，第143页。
② ［奥］路德维希·冯·米塞斯：《经济科学的最终基础》，朱泱译，商务印书馆2015年版，第145页。

于"全面计划"(如"社会主义经济计算")的绝对至高性,而维也纳学派的自然科学认识论背后,隐藏着"人人一律"的"决定论"(Determinism),这种认识上、认知上的狂妄(鼓吹经济学不如物理学"净化"的思想),是必须通过思想的划界予以纠正的。"实验性自然科学的研究活动,其本身对于任何哲学和政治问题都是中立的。但是,这些活动只有在个人主义与自由的社会哲学盛行的环境中,才会蓬勃发展,才会有益于人类。"①

当然,从米塞斯个人的角度,他对于通过自己的"认识论"研究来拒斥逻辑实证主义的实际影响无疑是悲观的,但也正是他的这种负面态度,继续推动着以哈耶克为代表的奥地利学派学人开展他们的认识论批判,从而成为西方自由主义经济哲学系谱中的独特景象。"我很清楚,仅凭对于人类行为科学的认识论特征的解释,根本无法动摇,更不用说根除实证主义形而上学之流行了。经济问题不像生物问题或物理问题那么简单,它要复杂得多,复杂到我们甚至无法将它交托给大众的理解能力,作为普通教育计划之一部分。实证主义曾经把经典物理学改造成了符合大众口味的一道盛宴,新实证主义对于当前物理知识的现状也起到了同样的作用。它们歪曲和简化了科学,人们需要经过很长时间才会抛弃这类生吞活剥的过分简化。在此之前,普通民众仍将继续沉溺于流行哲学之中。"② 而正如米塞斯所"沮丧"地揭示的,实证主

---

① [奥]路德维希·冯·米塞斯:《经济科学的最终基础》,朱泱译,商务印书馆2015年版,第143页。
② [奥]路德维希·冯·米塞斯:《米塞斯回忆录》,黄华侨译,上海社会科学院出版社2015年版,第156页。

义的理论"前设"（Presupposition）是完全站不住脚的："逻辑实证主义者认识到决定论的先验性，于是他们忠实于自己教条式的经验主义，坚决摒弃决定论。但他们没有意识到，他们信念中的那一基本信条，即用一元论解释一切现象，是没有任何逻辑或经验基础的。"① 而且，根据米塞斯的分析，逻辑实证论的基础预设，也是一种"形而上学"。"只有实证主义者将一切形而上学的思辨视为胡说八道并拒斥所有的先验论。有见识的哲学家和科学家毫无保留地承认，自然科学当中没有任何东西可以用来证明实证主义和唯物主义的信条是有道理的，这些学派向人们讲授的也是形而上学，而且是令人很不满意的一种形而上学。"② 当然，这种形而上学的极端不能令人"满意"指出，其中就包括（或最主要的是）对经济学之"科学性"性质的否定。"在实证主义者看来，经济学根本不是科学，因为它没有采用自然科学的方法。譬如，孔德和那些以社会学的名义鼓吹总体国家的孔德的追随者，会把经济学污蔑为形而上学的胡扯，于是就不必用推理方法来驳斥经济学了。"③

毫无疑问，米塞斯式"主观主义"（Subjectivism）的科学论证，在哈耶克所著的《科学的反革命：理性滥用之研究》中得到了延续："从我们把社会科学的主观主义方法和自然科学的客观

---

① ［奥］路德维希·冯·米塞斯：《经济科学的最终基础》，朱泱译，商务印书馆2015年版，第129页。
② ［奥］路德维希·冯·米塞斯：《经济科学的最终基础》，朱泱译，商务印书馆2015年版，第130—131页。
③ ［奥］路德维希·冯·米塞斯：《经济科学的最终基础》，朱泱译，商务印书馆2015年版，第147页。

主义方法加以对比的意义上说，这不过是一个普通常识：前者首先研究的是个人的思维现象或精神现象，而不是直接研究物质现象。它所处理的现象之所以可以理解，仅仅是因为我们的研究对象具有与我们相似的思维结构。这同样是一个经验事实，<u>丝毫不亚于我们有关外部世界的知识</u>。"[1] 也正是在这个区分的前提下，哈耶克认为"社会"科学所研究的，"不是物与物的关系，而是人与物或人与人的关系。它研究人的行为，目的是解释许多人的行为在无意间产生的或未经设计的结果"[2]。在此，哈耶克的科学认识论延续了米塞斯的心灵哲学旨趣："人类心灵的结构，它们划分外在事件的共同原则，为我们提供了有关重复性要素的知识，不同的社会结构就是由这些要素建立起来的，我们只能根据这些要素去描述和解释它们。观念或想法当然只能存在于个人的心智中，尤其是它只在个人的心智中对另一些想法产生影响；不是即为复杂的个人心智之和，而是个人的观念、人们对他人以及对事物所形成的观点，是构成社会结构的真正要素。"[3] 而与这样的"复杂性"掌握相比较，自然科学的"简单"头脑，根本无法以外在世界的"普遍客体化"（Universal Objectification）的基础形而上学规划（Fundamental Metaphysical Projection）对"人类行

---

[1] ［英］弗里德里希·A.哈耶克：《科学的反革命：理性滥用之研究》，冯克利译，译林出版社2012年版，第25页。
[2] ［英］弗里德里希·A.哈耶克：《科学的反革命：理性滥用之研究》，冯克利译，译林出版社2012年版，第21页。
[3] ［英］弗里德里希·A.哈耶克：《科学的反革命：理性滥用之研究》，冯克利译，译林出版社2012年版，第31页。

动"的源初界域展开研究,或者他所能得到的,只是对自己意向立场的否定。"那些在理解社会科学问题时打算仿效自己领域的自然科学家,必须想象存在着一个他通过直接观察原子的内部而了解的世界,他既不可能用大量物质进行试验,也没有机会观察到有限时间内相对较少的原子间的相互作用之外的现象。他能够利用自己对不同类型的原子的知识,建立起这些原子组合为更大单位的所有不同方式的模式,并使这些模式越来越接近于再现少数事例的所有特征,他借此可以去观察更复杂的现象。但是,他从自己的微观知识中能够推导出来的宏观规律,永远只是'演绎的'(Deductive);由于他对复杂状况的知识有限,这些规律几乎不可能使他预测特定状况的确切产物;他也不能通过可控实验去证实它们——虽然有可能由于观察到按其理论不可能出现的事件而否定它们。"[1] 与之相对应地,就是奥地利学派的经济学作为正确的"社会科学"研究的处理方式,才真正地辩护了米塞斯自由主义的价值:"社会科学试图回答的问题之所以出现,仅仅是因为许多人的自觉行为造成了未经设计的后果,是因为可以观察到不属于任何人的设计结果的规则。假如在社会现象中除了自觉设计的秩序,未表现出任何秩序,理论社会科学也就没有存在的必要,正像有人常说的那样,这里只存在心理学。完全是因为产生了一种作为个人行为的结果但不是哪个人设计的结果的秩序,才出现了需要

---

[1] [英]弗里德里希·A.哈耶克:《科学的反革命:理性滥用之研究》,冯克利译,译林出版社2012年版,第39—40页。

进行理论解释的问题。"①

回到历史的现场，米塞斯与哈耶克都是直抵当时实证主义的活动"中心"来展开自己的学术对话工作的：

> "维也纳学派"，或者更准确地说，"石里克学圈"是实证主义的中心，米塞斯的弟弟理查德就是这个圈子里的一名重要成员，菲利克斯·考夫曼则既是"米塞斯学圈"的成员，又是"石里克学圈"的成员，他经常把石里克圈子里的人带到米塞斯举办的私人研讨会上做客。石里克的学术圈比米塞斯的学术圈要小一些，起初几乎没有什么影响力。但是，自从这个学术圈的绝大部分成员流亡到盎格鲁—撒克逊的英美等国之后，实证主义哲学才开始引人注目，其影响历数十年而不衰，至今它已成为西方世界的一种占主导地位的哲学。维也纳学圈的其他成员包括奥图·纽拉特、鲁道夫·卡尔纳普、卡尔·亨普尔、维克多·克拉夫特、弗里茨·魏斯曼和古斯塔夫·贝尔格曼。路德维希·维特根斯坦和卡尔·波普尔两人属该圈子的外围人士。②

米塞斯的学术活动群体几乎与分析哲学（Analytic Philosophy）

---

① ［英］弗里德里希·A.哈耶克：《科学的反革命：理性滥用之研究》，冯克利译，译林出版社2012年版，第37—38页。
② ［奥］路德维希·冯·米塞斯：《自由与繁荣的国度》，韩光明等译，中国社会科学出版社1995年版，第18—19页。

的维也纳学派处于同时同地,"当时绝大多数参加研讨班的人同米塞斯一样,是利用业余时间从事科研的学者,几乎所有的人后来都在事业上取得了巨大的成功。其中绝大多数人在远离奥地利之后,成为闻名遐迩的科学家。弗里德里希·哈耶克成为国际知名的经济学家。米塞斯的研讨会在维也纳出名之后,当时负责米塞斯与石里克的'维也纳学圈'之间联络任务的菲利克斯·考夫曼后来成为一名著名哲学家和方法论专家。深受埃德蒙·胡塞尔的现象学影响的阿尔弗雷德·舒茨成为国际知名的社会学家"[①]。也正是在这样历史的"交流"语境下,米塞斯越来越真切地体会到无法接受实证主义的社会科学论断,因为"按照实证主义的观点,经济学要么变成一种毫无意义、毫无实用价值的数学游戏,要么变成一种'经验性的经济分析手段'或者变成'社会学的不完整的技术手段'"[②]。米塞斯与石里克的形同陌路又互相辩难,在这个"认识"的关键点上,意义突出。

总结而论,米塞斯的经济哲学反思指向实证主义论调内在的自相矛盾,无法自身省悟自己的理论批判已经预设了自己所批判的理论前提,而由此只能将量化、数学化作为构造"科学"的唯一标尺,殊不知其对"先验"的批判,本身就是一种预设的"先验论"。"逻辑实证主义的本质是,否认先验只是具有认知价值,

---

① [奥]路德维希·冯·米塞斯:《自由与繁荣的国度》,韩光明等译,中国社会科学出版社1995年版,第13—14页。
② [奥]路德维希·冯·米塞斯:《自由与繁荣的国度》,韩光明等译,中国社会科学出版社1995年版,第19—20页。

认为一切先验命题仅仅是分析性的。这样的命题不提供新的信息，而只是词语，只是同义反复，所断言的内容已经包含在了定义与前提之中。只有依据经验，才能得到综合命题。对于这种学说，有一种显而易见的反对理由，即没有先天综合命题这一主张本身就是一个——在我看来，是一个错误的——先天综合命题，因为它显然无法用经验来证实。"① 而显然，在米塞斯所真正辩护的行动/实践领域，他所坚持的"先天知识"（A Priori Knowledge）无疑是可以得到（可靠主义的）辩护的，也必然是从心灵—意识的探究出发，真正有效进入经济学的认识论进路。"人类行动学也发端于一个先验范畴，也依赖与演绎推理。可是，怀疑主义反对先验范畴和先验推理的理由，却不适用于人类行动学。因为，我们必须再一次强调指出，人类行动学所致力于阐明和解释的现实，与人类心灵的逻辑结构是同源的。人类心灵既产生了人类思维，也产生了人类行动。人类行动和人类思维源自同一来源，从这一意义上说，它们是同质的。因而，人类行动的结构中不会有什么东西是人类心灵无法加以充分解释的。从这个意义上说，人本行为学提供了可靠的知识。"② 而正是这一基于"主观主义"而展开的对于资本宰制的新辩护，将"危机的秩序化"恶性根苗伏藏入新自由主义经济理论的内在核心。

---

① ［奥］路德维希·冯·米塞斯：《经济科学的最终基础》，朱泱译，商务印书馆2015年版，第9页。
② ［奥］路德维希·冯·米塞斯：《经济科学的最终基础》，朱泱译，商务印书馆2015年版，第75页。

心灵内容与意向立场

困守否定性的"铁笼"（Iron Cage），弗里德里希·哈耶克（Friedrich von Hayek，1899—1992）作为卡尔·门格尔与米塞斯之后对新自由主义经济学说构成重大影响的经济哲学家，其自发秩序原理无疑是对其导师米塞斯的经济哲学思想的"激进化"（Radicalize）尝试，也因此而必然地与凯恩斯主义的经济策论针锋相对。

在思想史的视角下，新自由主义经济哲学不同于以往的经济理论的最主要方面，在于它不仅宣称一系列"更为正确"的学术观点并使之成为国家经济政策的重要依据，而是它有力地将一整套价值判断嵌入人们的生活世界，并在不断造成的原有的社会历史共同体的瓦解中使自己日益成为现代世界无可回避的主流意识形态，并且在这一过程中将其政治动机成功地隐藏了起来。

哈耶克基于人类"心智结构"的"自发秩序"拟像在新自由主义经济哲学（以"朝圣山学社"[①]为中心的）的理论建构中处于

---

① 基于米塞斯与哈耶克师徒的理论立场，"为了聚合散落于世界各地'相当孤立'的新自由主义者，为了让德国学者重新回归古典自由主义思想的阵营中来，特别是为了捍卫古典自由主义和新自由主义经济理论、尽早扭转新自由主义被动且备受冷落的糟糕现实境遇，米塞斯、哈耶克联合一批信仰新自由主义经济思想的学者成立了'佩尔兰山学会'（Mont Pelerin Society），后来被称为'朝圣山学社'。哈耶克将朝圣山学社的创建视为一项真正重大的成就"。李雪阳：《帝国与空间：大卫·哈维"新帝国主义"批判思想研究》，当代中国出版社2022年版，第97页。

关键地位。宣扬个人自由的经济学必须建立个人与社会共同体的有效连接,而哈耶克将其新自由主义经济学研究与理论心理学、哲学的研究相连接的"自发秩序"观念就正是承接了这一理论任务。与亚当·斯密、亚当·弗格森、大卫·休谟等苏格兰启蒙运动思想家的自由主义相契合,哈耶克认为自生自发秩序是"人类行为的结果,而非人类设计的结果"(亚当·弗格森语),即"并非由于人类预见到其益处、从而有意识地、自觉地创建出来的,而是无数按自己的计划追求自己目标的人的无意识的结果"[1]。在更广的层面上,哈耶克将自发秩序概念与个人心智和社会结构的共同演化相联系,"依据'共同生活经验',我们形成相似或共同的心智结构,进而获取一般性行为规则,同时,依据相关一般性行为规则的共同且否定的默会知识,我们得以克服'经验无知',从而达至行为之互动协调,进而维续自生自发之整体社会秩序"[2]。通过这样一个"共同生活经验—相似或共同的心智结构—一般性行为规则—行为之互动协调—自生自发社会秩序"的概念链条,哈耶克构造了一个不可撼动、不可逆转的必然性过程,并着重强调"在贯彻保护公认的个人和生活领域的公正行为普遍原则的情况下,十分复杂的人类行为会自发地形成秩序,这是特

---

[1] [美]拉齐恩·萨丽等:《哈耶克与古典自由主义》,秋风译,贵州人民出版社2003年版,第187页。
[2] 马永翔:《心智,知识与道德:哈耶克的道德哲学及其基础研究》,生活·读书·新知三联书店2006年版,第219页。

意的安排永远做不到的"①。而这种观念在经济领域发挥作用，就成为对资本主导的市场秩序的维护与对任何意义上的干预的抗拒。"市场秩序并不取决于相同的目标，而是取决于相互性，取决于为了参与者的相互利益而使不同的目标之间做到相互协调。因此，自由社会的共同福利，或公共利益的概念，绝不可定义为所要达到的已知特定结果的总和，而只能定义为一种抽象的秩序。"②这样一种"抽象的秩序"，它"并不取决于相同的目标"但又以资本的扩张为根本，它以"参与者的相互利益"为"共同福利"但又造成了分配不公与贫富分化，也正是这种资本的秩序使得已经被工具化、技术化、奴役化的新自由主义经济学家为其描画美好图景。

在哈耶克的学说体系中，"自发秩序"（或"cosmos"）所构成的"迷宫"是与"人为秩序"（或"taxis"）相对立而存在③的，这一秩序"是不能靠集中控制而制造出来的。它只能产生于各种社会成分的相互适应及它们对那些直接影响着它们的事件所做出的反应"④。也就是说，所谓自发秩序"并非由于人类预见到其益处、从而有意识地自觉地创建出来的，而是无数按自己的计划追

---

① ［英］弗里德里希·冯·哈耶克：《哈耶克文选》，冯克利译，江苏人民出版社2007年版，第344页。
② ［英］弗里德里希·冯·哈耶克：《哈耶克文选》，冯克利译，江苏人民出版社2007年版，第345页。
③ 对这两个概念及其延伸指涉与述谓的意涵的阐述参见［英］弗里德里希·冯·哈耶克：《哈耶克文选》，冯克利译，江苏人民出版社2007年版，第317—320页。
④ ［英］弗里德里希·冯·哈耶克：《自由宪章》，杨玉生等译，中国社会科学出版社1999年版，第228页。

求自己目标的人的无意识的结果"①。进而,在这一取消控制、干涉而宣扬自由、放任的秩序中,"正是由于我们没有强行贯彻一系列具体而统一的目标,也未试图非要让某些何主何次的特定观点支配整个社会,正是由于这个事实,才使自由社会的成员有很好的机会利用各自的知识达到他们各自实际上抱有的目的。"② 由此可见,自发秩序原理指向的正是典型的古典自由主义的论调:"一切强力和强制应予禁止。做什么事都不得强迫命令——除了自己被说服而确信以外,谁都没有义务按照那种方式服从另一个人的劝诫和指令。在这一点上,每个人都享有至高无上和绝对的自我判断的权威。"③ 在新自由主义的语境中,"自我判断的权威"就意味着在由社会"自然"演化出的"自发秩序"中④,行动者本身并不受命于某种外在的指令,而是有充分的自由去做自己想做的事情,并由此在一种对公意"无知"的情况下实现了公共利益的最大化。而在这个意义上,"市场"无疑就是"自发秩序"的最典型代表(当然因此也很难相信这不是新自由主义者为了证明市场秩序的不可干预性而反向设定的论证)。在市场中,所有的参与者并没有一个所谓的共同目标或终极目的要去追求,而只有由

---

① [美]拉齐恩·萨丽等:《哈耶克与古典自由主义》,秋风译,贵州人民出版社 2003 年版,第 187 页。
② [英]弗里德里希·冯·哈耶克:《哈耶克文选》,冯克利译,江苏人民出版社 2007 年版,第 347 页。
③ [英]洛克:《论宗教宽容》,吴云贵译,商务印书馆 1982 年版,第 36 页。
④ 对于社会演化论与自由主义的证成性关系的诘难与辨析,参见钱永祥:《演化论适合陈述自由主义吗?——对哈耶克式论证的反思》,见姚中秋主编:《自发秩序与理性》,浙江大学出版社 2008 年版,第 1—17 页。

于每个参与者都有自己的目标需要达成才会参与到这个秩序里来并与他人发生关系。而"由于他管理产业的方式目的在于使其生产物能达到最大限度,他所盘算的也只是他自己的利益。在这场合,像在其他许多场合一样,他受着一只看不见的手的指导,去尽力达到一个并非他本意想要达到的目的……他追求自己的利益,往往使他能比在真正出于本意的情况下更有效地促进社会的利益"①。在哈耶克、弗里德曼、罗斯巴德等古典自由主义的坚定信徒看来,任何企图以"一系列具体而统一的目标"或关于"何主何次的特定观点"对市场的自发运行进行调控的宏观经济措施都是"应予禁止"的"强力和强制"②,因为在"自由主义的空想"(萨米尔·阿明语)中,"市场不仅是现代社会受人欢迎的调节器,而且它还具有自动调节的作用,也就是说,它靠自己的力量就可以起作用而无须外力的介入"③。由此,新自由主义化的市场秩序解说的成立也就意味着只要将"货币"与"市场"在"自发秩序"意义上的同一性揭示出来,取消过度干预以保持货币中立的新自由主义基本立场便将得以获得充分的论证。

在哈耶克经济自由主义④的论域中,"自生自发秩序"内在

---

① [英]亚当·斯密:《国民财富的性质和原因的研究》(下卷),郭大力、王亚南译,商务印书馆1974年版,第27页。
② 西方左翼学者佩里·安德森也因此将哈耶克描述为"全面的世俗化,完全的自由,没有任何超感觉的诱惑"。[英]佩里·安德森:《思想的谱系:西方思潮左与右》,袁银传、曹荣湘等译,社会科学文献出版社2010年版,第15页。
③ [埃及]萨米尔·阿明:《资本主义的危机》,彭姝祎、贾瑞坤译,社会科学文献出版社2003年版,第66页。
④ Jeremy Shearmur: *Hayek and after: Hayekian liberalism as a research programme*, Routledge Press, 1996.

生成的典型无疑就是货币①，这也就为货币本身的非干预性预设了前提。进而，哈耶克继承米塞斯对于新古典以来的将货币视为对实际经济运行不产生实质影响而只是作为单纯的交换媒介出现的"货币面纱观"的批判，指出传统西方经济学对于货币中性的设定，就使得通过操控货币，通过货币政策来干预市场的自发运行成为可能，这无疑是为命令式的秩序形态提供了空间。在新自由主义看来，"虚构的中性货币根本不可能是完全货币。在一个行为和变动的世界里面，'中性'完全是不可能的"②。在这样的理论预设下，哈耶克将"自发秩序"引入经济哲学的讨论中，提出了他的"货币中立说"，即货币自身根据其"自发秩序"达至均衡，使其相对于实体经济过程保持中立性，既不产生积极作用，也不发挥消极影响，使实体经济部门"有很好的机会"去实现"他们各自实际上抱有的目的"。

哈耶克从批判凯恩斯的视角提出，货币保持其中立性时对市场的影响最小（"自发秩序"的相因与互碍），从而对经济的发展最为有利，因此，货币中立是经济良性发展的重要保证。反之，如果货币中立性遭到破坏，货币供给量的明显变动必然造成系统性的失衡，从而会扰乱相对价格，使价格系统传递了关于资源可得性和消费者偏好的错误信息而造成经济失衡。而由于对市场的

---

① 关于新自由主义对于货币起源问题的论述，参见 [奥] 卡尔·门格尔：《国民经济学原理》，刘絜敖译，上海人民出版社 2005 年版，第 160—165 页。
② [英] 伊斯雷尔·M. 科兹纳：《米塞斯评传》，朱海就译，上海译文出版社 2010 年版，第 120 页。

实际干预始终层出不穷,货币发行的内约束机制总是因国家的外在强力而无法真正建立,哈耶克更设想将竞争机制引入货币发行领域,从而实现货币的"非国家化"。"货币的非国家化"是哈耶克"自发秩序"理论的必然推演结果,经济自由主义对竞争的推崇(视之为一切问题的解决方案而非造成问题出现的根源)使其认为如果要实现币值和市场经济的稳定,必须让货币真正脱离"人为秩序"(或"目的秩序")的命令式语境,"回归"以竞争性的代替国家垄断货币的"自发秩序"之中。① 由于"成熟稳定的货币建制不是深思熟虑的政策的结果,而是源自恰当的制度"②,所以,要稳定货币供应量,保持货币的中立性,消除货币对经济运行、特别是市场机制的干扰,就必须建立"通往一种自由市场的货币体系"。③ 在这个层面上,哈耶克的极端的自由主义经济哲学学说,正如基督教改教家在新教改革中实现的"每个人直接面对上帝"的新教伦理一样,将资本主义体系下的"每个人"从其最后的社会历史文化有机体中剥离出来,成为孤零零的但也因而是绝对"自由的""理性的"行为主体,而"主体在取消意识之后将自我客体化的技术过程,彻底摆脱了模糊的神话思想以及一切意

---

① 在哈耶克看来,资本主义兴起初期的西方银行所进行的竞争性货币发行才是真正与市场经济的实际相适应的货币发行模式。参见[英]弗里德里希·冯·哈耶克:《货币的非国家化》,姚中秋译,新星出版社2007年版,第35页。
② [英]安德鲁·甘布尔:《自由的铁笼:哈耶克传》,王晓冬、朱之江译,江苏人民出版社2005年版,第274页。
③ [英]弗里德里希·冯·哈耶克:《货币的非国家化》,姚中秋译,新星出版社2007年版,第185页。

义，因为理性自身已经成为万能经济机器的辅助工具"。①

毫无疑问，哈耶克式（Hayekian）的新自由主义经济哲学是为资本主义"万能经济机器"服务的"辅助工具"，而其运用"自发秩序"理论论证的非干预模式也无非为资本的欲望机制得以无限扩张创造外部条件。在这一秩序下，"受到威胁的不是一个可以辨认的个体，而是说话或保持沉默的能力"②。由此，新自由主义经济哲学不同于以往的经济理论的最主要方面，就在于它不仅宣称一系列表面上"更为正当"的理论观点并使之成为国家经济政策的重要依据，而是它有力地将一整套价值判断嵌入人们的生活之中，并在不断造成的原有的社会历史共同体的瓦解中使自己日益成为现代世界无可回避的主流意识形态，也即"意图伦理"的构造。

导源于反实证主义的"自发秩序"理论路向，新自由主义经济哲学发展出一种以金融、投资、消费为核心的，依循市场意向的"绝对自由"的"意图伦理"（Immanent Ethics）。而其关于全球性的消费者社会的建构便是这一倾向的明证。"今日社会塑造其成员的方法是首先并主要由消费者角色的义务所决定的。我们的社会向其成员提出的标准是有能力并愿意去扮演消费者的角色。"③ 而从根本上讲，"资本主义作为一种制度，其所有的经济行

---

① ［德］马克斯·霍克海默、西奥多·阿道尔诺：《启蒙辩证法》，渠敬东、曹卫东译，上海人民出版社2003年版，第27页。
② ［法］让-弗朗索瓦·利奥塔：《异识》，周慧译，上海文艺出版社2022年版，第32—33页。
③ ［英］齐格蒙特·鲍曼：《全球化：人类的后果》，郭国良、徐建华译，商务印书馆2001年版，第77页。

为人，不论是生产者还是剥削者，都要依靠市场来满足其最基本的需要"①。由此，现代经济哲学的"意图伦理"就可以被定义为：存在这样一种伦理秩序，在其中人们行为的价值的判定不取决于它所遵循的准则，而是取决于它所要实现的意图。在这个过程之中人们只需要对自己的直接爱好或"利己之心"（self love）负责，而任何掺杂责任或公益的道德考量都将被认为是会对整体秩序的戕害。也正因此，新自由主义的意图伦理也就与凯恩斯干预主义的规训伦理形成对立。凯恩斯主义认为市场秩序存在非完善性，其内在的、必然的盲目行动必将导致混乱，因此有必要通过一个命令式的方式来完成外在的规约。从而，"规训伦理"就指向单中心的、外在的、服从性的伦理模式，与之相应，"意图伦理"就成为多决定中心的、内在的、合作式的伦理运作。在"规训伦理"中，"发令者常常以全知、全能的地位自居，他自称知道为了最有效地完成这个目标，什么人该做什么，以及怎么做。但是，全知全能的人在这个世界上并不存在。我们无可避免地对于绝大部分的具体情况是无知的"②。也正是由于这种"无知"，"意图伦理"下的市场模式得以成立。"在市场经济中，由于没有发号施令者，每个人按照自己的希望及才能去找合适他的工作，由于他对自己的了解经常比别人对他的了解要多，因此，他更能发挥自己

---

① ［加］埃伦·M.伍德：《资本的帝国》，王恒杰、宋兴无译，上海译文出版社2006年版，第1页。
② 石元康：《当代西方自由主义理论》，上海三联书店2000年版，第122页。

的才能。"①

如上所述,"意图伦理"是资本的逻辑推演的必然产物,只不过新自由主义在当下极端发达的货币金融体系下为其赋予了新的意义。在通过宏观经济政策为意图伦理提供导向的层面上,货币主义的工作起到了显著的作用,而这也就直接体现在对货币供应量的确定与对通货膨胀的治理策略上。弗里德曼认为经济活动总水平的上升和下降总是由于"政府可以去追求带有通货膨胀性质的国内货币扩张政策"②而引起的,货币供给增长率的显著变动无疑会影响相对价格水平,造成混乱的市场信号传递,从而影响投资和经济增长。因此,弗里德曼(通过"得到回归结果")认为货币供应率应与经济增长率大体相适应,以保持较为稳定的物价水平,淡化、甚至取消调控机制,完全站在资本的立场上发展资本主义,在非公平的前提下重新定义正义。③在通货膨胀方面,针对凯恩斯学派的以菲利普斯曲线为依据来说明通货膨胀与失业之间此消彼长的交替关系并建构政府的调控的合法性,货币主义提出"自然失业率"(在"自发秩序"下"自然"内生的失业率)理

---

① 石元康:《当代西方自由主义理论》,上海三联书店 2000 年版,第 123 页。
② [美]安德鲁·甘布尔:《自由的铁笼:哈耶克传》,王晓冬、朱之江译,江苏人民出版社 2005 年版,第 274 页。
③ 请参照萨米尔·阿明对于弗里德曼式"纯经济学"的评析(或挖苦):"它是一种为统治资本服务的工具——屏风,统治资本可以用它来掩盖自己的真面目:失业失调,收入分配不公日益严重等等。因为它不能用来描述自己的真实面目。所以它在其他方面变得有用起来,比如用它'证明'自己是一种有益的方式,能够带来经济飞跃与充分就业。"[埃及]萨米尔·阿明:《资本主义的危机》,彭姝祎、贾瑞坤译,社会科学文献出版社 2003 年版,第 101 页。

论来反驳凯恩斯主义的推论，认为菲利普斯曲线只是在人们不能合理地预期实际工资与通货膨胀变化之间的真实关系时才有意义，一旦人们（劳资双方）的适应性预期发生作用，失业率就会回到"自发秩序"条件下的原初的"自然失业率"，这也就意味着菲利普斯曲线只在短期存在，而在长期内不存在。理性预期学派的观点则比货币主义更进一步，认为由于（"意图伦理"下的）"理性预期"的存在，通货膨胀发生后劳资双方"自然"会在工资增长率与通货膨胀率的变化间做出有效的调节，在这种情况下通货膨胀发生后的实际工资并未降低，资方也不会盲目增加雇佣劳动量，失业率也不会就此下降，从而，被充分预期到的通货膨胀对就业的实际量就无法产生影响，这也就意味着菲利普斯曲线甚至在短期内也是不存在的。由此，新自由主义提出他们基于"意图伦理"的策略主张：最明智的货币主义就是公开宣布一个固定不变的货币供应增长率，长期坚持实行，使得通货膨胀率的下降不会伴随失业率与生产率的恶性变动，也就是从根本上摆脱政府对市场秩序的规训与控制。"只要货币供应稳定增长，投资者就能提供资金、扩大规模，消费者就能买到生产出的商品。"[①] 这也就正是哈耶克所一再试图强调的"无须政治权威，甚至常常反对政治权威的愿望"[②]的自由主义理想的发展后果。

---

① ［美］戴维·施韦卡特：《反对资本主义》，李智译，中国人民大学出版社 2008 年版，第 242 页。
② ［英］弗里德里希·冯·哈耶克：《哈耶克文选》，冯克利译，江苏人民出版社 2007 年版，第 346 页。

而另一方面，在对待"无产阶级"劳动者的态度上，哈耶克与当时的种种社会主义思潮背道而驰。在最后一部著作《致命的自负》(*The Fatal Conceit*)一书中，哈耶克扬扬自得地提出了基于其"意图伦理"而试图遮蔽"异化事实"的怪论："资本主义使无产者生存"。也即是在完全无视恩格斯《英国工人阶级状况》《论住宅问题》和马克思《资本论》《哥达纲领批判》中重要的学理性与事实性举证的前提下，哈耶克认为，恰恰是资产者的存在才使得劳动者的存在得以维系，而这甚至是资本主义迄今为止最重要的道德成就（Moral Achievements）所在。"如果我们问，那些被称作资本家的人，人们最应该把什么东西归功于他们的道德实践，答案是：人们的生存。社会主义者认为，之所以存在着无产阶级，是因为一些原本能够维持自己生存的群体受到了剥削，这种解释纯属天方夜谭。"① 哈耶克的论证是对"阶级斗争"理论的彻底翻转，在他看来，"无产者"甚至是"寄生"于资本家构筑的生产体系之中："如果没有另一些人为其提供维持生活的手段，构成现在无产者的大部分人根本就不可能存在。"② 哈耶克从根本上通过对卢梭所论辩的"不平等"际遇进行否定而证成"异化"论的荒谬性，认为"那些声称自己已经从他们显然不了解其大部分内容的事情中被'异化了'的人，那些宁愿过寄生虫式的

---

① ［英］弗里德里希·冯·哈耶克：《致命的自负》，冯克利、胡晋华等译，中国社会科学出版社2000年版，第150页。
② ［英］弗里德里希·冯·哈耶克：《致命的自负》，冯克利、胡晋华等译，中国社会科学出版社2000年版，第150页。

厌世者生活的人,坐享着他们拒绝为其出力的过程的产品,他们才是卢梭的真正追随者,他呼吁人们回到大自然去,把能够形成人类合作秩序的各种制度说成是主要的罪恶"①。据此,哈耶克由以在"反卢梭"(Anti-Rousseauian)的"生存论"立场下②,重申其关于"扩展秩序"的意识形态论述:"如果说,市场经济占了其他秩序的上风,是因为它能够使采纳了其基本规则的群体更好的繁衍,价值的计算就成了对生命的计算:受这一计算引导的个人,就是在做最有益于增加其成员的事情,尽管很难说这是他们的本意。"③

统合而论,新自由主义建构的"意图伦理"在与凯恩斯主义"规训伦理"的对峙中表现出独特的理论意义,由于对资本主导的市场秩序的盲目服从,也就实际上为现代世界重构出一种内在性的权力关系。在这种基于资本逻辑的权力制约关系中,"权力的效能,它的强制力,在某种意义上,转向另一个方面,即它的应用外表上。隶属于这个可见领域并且意识到这一点的人承担起实施权力压制的责任。他使这种压制自动地施加于自己身上。他

---

① [英]弗里德里希·冯·哈耶克:《致命的自负》,冯克利、胡晋华等译,中国社会科学出版社2000年版,第175页。
② 与之对应,卢梭也会对于新自由主义者做出如是反驳:"在任何时代,过骄奢淫逸和奴役的生活,都是上天对我们为了改变它永恒的智慧让我们所处的幸福的无知状态而做的努力所施加的惩罚。它用来掩盖它的一切安排的帷幕之所以那么厚,好像就是为了告诫我们:它不愿意让我们去做那些无用的研究工作。"[法]卢梭:《论科学与艺术的复兴是否有助于使风俗日趋纯朴》,李平沤译,商务印书馆2011年版,第22页。
③ [英]弗里德里希·冯·哈耶克:《致命的自负》,冯克利、胡晋华等译,中国社会科学出版社2000年版,第151页。

在权力关系中同时扮演两个角色,从而把权力关系铭刻在自己身上。他成为征服自己的本原……这是一个避免任何物理冲撞的永久性胜利,而且胜利的结局总是预先已决定了的"①。资本的强力的"永久性胜利",正伴随新自由主义对"自由选择"的鼓吹;而即使是他们为自己编造的自由誓言,也正如左派学者埃伦·伍德在《资本的帝国》一书中指出的:"资本确乎需要国家强制的支持,同时国家权力本身也受到资本的蚕食。"② 由此,新自由主义的国家化和国家的新自由主义化就为当今全球化背景下的新自由主义的悖论式展开与危机的灾难性爆发预制了前提。

意图伦理

在新自由主义主导下的资本拟像之域,"市场施行过程中的权威主义与个人自由的理想令人不安地并置在一起"③,市场与政府的力量相媾和而实现其"自发秩序"下根据"意图伦理"展开的权力世界图景。"毫无疑问,资本家完全依靠国家强制来支撑他们的经济权力,加强对财产的控制,确保社会秩序与环境有利于

---

① [法]米歇尔·福柯:《规训与惩罚》,刘北成、杨远缨译,生活·读书·新知三联书店2003年版,第228页。
② [加]埃伦·M.伍德:《资本的帝国》,王恒杰、宋兴无译,上海译文出版社2006年版,第3页。
③ [美]大卫·哈维:《新自由主义简史》,王钦译,上海译文出版社2010年版,第91页。

资本积累。"① 而在这样一个相互利用的结构的发展中，人们逐渐认识到，与新自由主义所乐于宣扬的不同，"在任何社会中，受限制的市场是正常的，而自由市场才是策略、规划和政治高压的产物……自由市场并不像新右派思想家们所想象或声称的那样，是社会进化的馈赠品，而是社会工程和坚定的政治意志的一个有目的性的产物。"② 因此，自由市场这一宣称合于"自然"、完全"自发"的秩序仍旧无非（或许更具隐蔽性的）"人为的"与"合目的性的"。它所完成的就是一个取代了规训社会的、以"新自由"为名义的"新控制社会"：在这个层面上，"我们可以将自由主义化理解为一项乌托邦计划——旨在实现国际资本主义重组的理论规划；或将其解释为一项政治计划——旨在重建资本积累的条件并恢复经济精英的权力"③。也正是基于这样的伦理愿景，"新自由主义立场所产生的大量矛盾使得逐步开展的新自由主义实践（面对垄断权力和市场失灵等事件）变得走样"④，而新自由主义经济哲学内在的张力也就渐次展开。

首先，新自由主义经济哲学提出自己的理论建构，是在规训伦理（社会主义的或凯恩斯干预主义的）政策已经发挥了相当的

---

① ［加］埃伦·M.伍德：《资本的帝国》，王恒杰、宋兴无译，上海译文出版社2006年版，第2页。
② ［英］约翰·格雷：《伪黎明：全球资本主义的幻象》，张敦敏译，中国社会科学出版社2002年版，第19页。
③ ［美］大卫·哈维：《新自由主义简史》，王钦译，上海译文出版社2010年版，第22页。
④ ［美］大卫·哈维：《新自由主义简史》，王钦译，上海译文出版社2010年版，第25页。

影响并产生了实体建制的情况下进行的,因此,从自由主义的一般原则出发,"难道不是伴随着福利国家制度的似乎是不屈不挠的成长而来的、内部秩序和外部秩序之间的界限不断受到侵蚀本身,才是一个显赫的演进过程?按照哈耶克的新处方把它往回拉,是需要对国家的结构进行全方位重新设计的"①。也就是说,对"自发秩序"与"意图伦理"的近乎偏执的追求实际上构成了对社会秩序演进过程的更大的外在干预,本身也基于更深的命令式结构,这也就是为什么欧克肖特会批评哈耶克式的新自由主义建制理想(如"货币的非国家化")"不过是一个反计划的计划而已"。②而全球性的新自由主义化所指向的"资本积累的条件"的重建与"经济精英的权力"的恢复,也就反讽性地完成了"自由"的自我背叛:"新的自由主义再次干预了自由市场。'又一次,亚当·斯密的看不见的手变成了扒手的手。自由的无拘无束的市场养成了一种探寻非常有利可图的,但却非生产的活动的习惯。'"③

其次,在"自发秩序"得以确证的社会演化过程中,实际上必然有与自由主义原则明显不符的制度存在(比如历史上的"父权制"与当前的"福利国家"),那么既然这些制度同样是"自发"生成的(但也都是在不同程度上反市场资本主义的)秩序,

---

① [英]佩里·安德森:《思想的谱系:西方思潮左与右》,袁银传、曹荣湘等译,社会科学文献出版社2010年版,第21页。
② [英]佩里·安德森:《思想的谱系:西方思潮左与右》,袁银传、曹荣湘等译,社会科学文献出版社2010年版,第17页。
③ [美]戴维·施韦卡特:《反对资本主义》,李智译,中国人民大学出版社2008年版,第248页。

又为什么会成为新自由主义的"自发秩序"理论所排斥与批判的对象？这是否意味着"我们拥有独立于演化论的其他标准，可以来判断这种事物并不是演化的结果？"①这个问题答案是明显的：新自由主义者如哈耶克对社会演化的研究从来不是意在找出其客观的规律性（对货币中性与否的讨论亦可作如是观），而"只是为了让资本的自由流动合法化"②。独立于社会发展过程的"其他标准"就是"资本的逻辑"，当这种外在的、充满控制欲的理论以内在的、自由放任的姿态出现时，也就意味着它不惜"为了资本单方统治的利益打破所有的社会平衡"③。顺应这个趋势，工具化与技术化了的西方经济学就成为这一向度的重要助推力量。

再次，新自由主义者对于自由正当性的论证是依据"所有的行动者对于他们大多数目的和福利之实现所依凭的各种因素的必然无知"④而成立的。"主张个人自由的依据，主要在于承认所有的人对于实现其目的及福利所赖以为基础的众多因素，都存有不可避免的无知（inevitable ignorance）……正是因为每个个人知之甚少，而且也因为我们甚少知道我们当中何者知道得更多，我们才相信，众多人士由独立的和竞争的努力，能促使那些我们见到

---

① 钱永祥：《演化论适合陈述自由主义吗？——对哈耶克式论证的反思》，见姚中秋主编：《自发秩序与理性》，浙江大学出版社2008年版，第11页。
② ［埃及］萨米尔·阿明：《资本主义的危机》，彭姝祎、贾瑞坤译，社会科学文献出版社2003年版，第104页。
③ ［埃及］萨米尔·阿明：《资本主义的危机》，彭姝祎、贾瑞坤译，社会科学文献出版社2003年版，第105页。
④ 邓正来：《哈耶克的自由观：西方现代自由主义》，见陈俊伟、谢文郁、樊美筠主编：《自由面面观》，中国社会科学出版社2009年版，第224页。

便会需要的东西的出现。"[1] 但是,当我们将这一原则与那些新自由主义政策的行使机构(如保罗·沃尔克上台后的美联储)的出于绝对"有知"优势下的行径就会发现新自由主义经济哲学观在理论与实践之间的冲突:一方面是反对政府干预市场,维护自由放任;另一方面又寻求通过强力政策工具保证资本扩张,"实现国际资本主义重组"。这种在新自由主义化背景下的"无知之幕"(Veil of Ignorance)的最典型例证就是格林斯潘式的"无限泡沫行动"(Operation Enduring Bubble)[2],而这种唯资本的举措必将造成"投资者与消费者的决策之间出现严重的跨期失调"[3],导致股市、地产泡沫的接续性破裂引发次贷危机并迅速扩展为全球性的经济危机。这一切也预示了以资本的发展为单一向度的"意图伦理"所必然面临的认知困境。

随着新自由主义对于全球经济影响的不断加深,新自由主义经济哲学自身、理论与实践之间发生了不可避免的冲突,也使其受困于资本的役使而根本无法"自由"。归根结底,新自由主义经济哲学只是服务于资本统治、扩张体系的"治理术","新自由主义关于自由的说法……带有政治动机,有助于建构全球化的特

---

[1] [英]弗里德里希·冯·哈耶克:《自生自发秩序与文明》,邓正来译,见邓正来:《自由与秩序——哈耶克社会理论的研究》,江西教育出版社 1998 年版,第 247—249 页。
[2] [美]威廉·弗莱肯施泰因、弗雷德里克·希恩:《格林斯潘的泡沫》,单波译,中国人民大学出版社 2008 年版,第 124 页。
[3] [西]赫苏斯·韦尔塔·德索托:《奥地利学派:市场秩序与企业家创造性》,朱海就译,浙江大学出版社 2010 年版,第 91 页。

定含义，借此保留和稳定现存的不均衡的权力关系"①。新自由主义的为现存的统治秩序服务的理论立场，也正是其内在的悖谬产生的根源："一方面，新自由主义国家被认为应该只是设置市场运作的舞台而不进行干预；但另一方面，新自由主义国家又被假定要积极创造一个良好的商业环境，并在全球政治中扮演竞争性实体的角色。就后一角色来说，新自由主义国家必须作为一个集体性企业来运作。"② 由此可见，为少数强力资本主义国家构造意识形态，通过资本推动的媒介与"纯经济学"的全球化，使不公正、不合理的国际经济政治秩序得以因"自由市场"之名获得合法性，这就是新自由主义经济哲学的真实目的所在。因此可以说，"我们把自由给予了世界市场，这无疑将把全球化时代作为另一部奴役的历史载入我们的记忆中"③。而当我们回溯新自由主义理论的发展历程，就会发现那些以"自发秩序"与"意图伦理"为根本原则的新自由主义学者所秉承的"自由至上""保护私权"的观念背后潜藏的仍无非是控制世界的欲望，他们的一切努力并不是为了迎接至真、至善的"理性之光"，而只是为了让自己成为"新权力者"。因此，正如美国激进学者乔姆斯基所言，"我们有理由相信，对于世界人民是正确的东西，几乎没有可能与政策的'主要

---

① ［美］曼弗雷德·B.斯蒂格：《全球化面面观》，丁兆国译，译林出版社 2009 年版，第 96 页。
② ［美］大卫·哈维：《新自由主义简史》，王钦译，上海译文出版社 2010 年版，第 90 页。
③ ［英］约翰·格雷：《伪黎明：全球资本主义的幻象》，张敦敏译，中国社会科学出版社 2002 年版，第 248 页。

建筑师'们的计划一致。我们目前没有、以前也没有任何理由允许他们根据自己的利益需求构造未来"①。

历史地看，20世纪70年代的"滞胀"危机使得凯恩斯主义的总体主义陷入彻底的危机。按照标准版本的凯恩斯理论，有效需求不足产生失业，过度需求导致通货膨胀，而由于有效需求不足和过度需求不可能同时出现，因此失业与通货膨胀也不可能同时发生。但是在20世纪70年代的初期，通货膨胀与失业的事实上的同时发生，一方面存在经济停滞和严重失业，另一方面又是持续的通货膨胀和物价上涨，这就使得凯恩斯主义货币政策理论的有效性受到了前所未有的质疑。而随着新自由主义的兴起（通过将"滞胀"的责任推给凯恩斯主义而获得形势上和道义上的优势）而不断扩张的"自由化"倾向，最终发展成为世界范围内不可阻挡的新自由主义"全球化"浪潮。

哈耶克根据其"自发秩序论"②展开了对凯恩斯主义的膨胀性货币政策的批判。在很多场合，③哈耶克将凯恩斯及其追随者的货币政策指称为20世纪70年代世界范围的严重的通货膨胀问题的根源。"我要十分抱歉地说，目前世界范围的通货膨胀，其责任完全要由经济学家，或至少要由我的经济学同行中那些信奉凯恩斯

---

① ［美］诺姆·乔姆斯基：《新自由主义和全球秩序》，徐海铭、季海宏译，江苏人民出版社2001年版，第26页。
② 关于"自发秩序"与"看不见的手"的"自然法"式的观念联结的问题上，可参考这一论述：Erik Angner：*Hayek and Natural Law*，Routledge Press，2007。
③ ［英］弗里德里希·冯·哈耶克：《哈耶克文选》，冯克利译，江苏人民出版社2007年版，第118页。

爵士的大多数人承担。"① 而且，在这个意义上，"我们目前货币问题的根源，当然是因为凯恩斯爵士及其弟子为一种年代久远的迷信披上了一种科学权威的外衣，即通过增加货币支出的总量，我们可以持久地保持繁荣和充分就业"②。而所谓"年代久远的迷信"就是国家权力对经济运行的控制与操纵，因此，有理由说，"目前的通货膨胀，是政府根据经济学家的劝告而有意造成的"③。

哈耶克的经济哲学对于通货膨胀的分析呈现为这样的结构：政府与（凯恩斯主义）经济学家的共构，并且这种构造是两者共同"有意"为之的。这也就形成了一种循环：政府的意志构造"年代久远的迷信"（也说明政府从来都有这样客观的"迷信"），屈服于这种迷信的"凯恩斯爵士及其弟子"提出了"增加货币支出总量"的政策建议以克服失业等被认为对资本主义经济造成致命影响的问题，而政府也竟然"理所当然"地成为这一干预主义的"迷信"的同谋者。由此，哈耶克通货膨胀分析的真正针对性也就体现出来，他站在凯恩斯主义化了的资产阶级政府的对立面，或因为反对凯恩斯主义的学说与政策主张而站在了那些信奉这一"迷信"的政府的对立面，并宣称"要对这种灾难负责的，不是市场经济（或'资本主义制度'），而是我们自己错误的货币和财

---

① ［英］弗里德里希·冯·哈耶克：《哈耶克文选》，冯克利译，江苏人民出版社2007年版，第119页。
② ［英］弗里德里希·冯·哈耶克：《哈耶克文选》，冯克利译，江苏人民出版社2007年版，第144页。
③ ［英］弗里德里希·冯·哈耶克：《哈耶克文选》，冯克利译，江苏人民出版社2007年版，第143页。

政政策"①。

　　哈耶克采取了与凯恩斯主义完全不同的、以"资源流向"为切入点的通货膨胀分析路向。"我们利用通货膨胀而暂时得以'克服'、但长期看会使其更为严重的这种失业,其根源在于通货膨胀对资源流向的误导。"②他认为,这样的一种"误导"模式"把越来越多的工人引向了一些只有依靠不断的甚至是加速度的通货膨胀才能存在的职业"③。而这样的一种货币政策—职业选择的构架本身有着内在的不稳定性,也具有无法遏止的破坏性。这样的"一种不稳定性不断上升的局面,现有就业不断增加的部分,取决于不断的甚至是加速度的通货膨胀,而试图放慢通货膨胀的每一次努力,都会立刻导致大量失业,政府只好赶紧放弃这种努力,重新回到通货膨胀的老路上去"④。通过哈耶克对于凯恩斯理论的巧妙归谬,货币当局(资本权力)的愚昧表现也就与一种悲观论调相联系:"他们通过让通货膨胀继续下去而维持就业的时间越长,当通货膨胀终于结束时,失业就会越严重。能够让我们把自己从我们所造成的局面中解救出来的灵丹妙药是不存在的。"⑤

---

① [英]弗里德里希·冯·哈耶克:《哈耶克文选》,冯克利译,江苏人民出版社2007年版,第121页。
② [英]弗里德里希·冯·哈耶克:《哈耶克文选》,冯克利译,江苏人民出版社2007年版,第122页。
③ [英]弗里德里希·冯·哈耶克:《哈耶克文选》,冯克利译,江苏人民出版社2007年版,第120页。
④ [英]弗里德里希·冯·哈耶克:《哈耶克文选》,冯克利译,江苏人民出版社2007年版,第120页。
⑤ [英]弗里德里希·冯·哈耶克:《哈耶克文选》,冯克利译,江苏人民出版社2007年版,第120页。

哈耶克进一步对凯恩斯主义核心性的"有效需求"原理提出批评。哈耶克认为，凯恩斯学派提出的"有效需求不足"问题并不能达成对于货币—失业问题域的终极解释，因而也不可能仅仅通过扩大需求来解决就业等一系列棘手问题。

> 有些失业应当归咎于这个原因，增加总需求在大多数情况下会导致一时的就业增加，因此人们很易于对此信以为真。然而，并非所有的失业都是总需求不足引起的，或只要提高总需求它就会消失。更糟糕的是，不可能通过把需求维持在这个高水平上，而是要继续增加需求，才能维持最初因需求增加而产生的许多就业。①

而这也就必然造成"连续性通货膨胀"政策的出现。"让长期通货膨胀下的繁荣错误地把劳动力和其他资源引向就业，而只有让通货膨胀超出预期地发展，才能维持这些就业。"② 但是"政府"（及作为其附庸的"经济学家"）却对于这样的悖谬处境没有丝毫察觉，甚至"这些政府这样做是因为它们相信，这是为保证充分就业既必要又能长期奏效的方法。只要存在失业，政府赤字非但无害，而且功德无量——这种蛊惑人的信条当然最受政客们

---

① ［英］弗里德里希·冯·哈耶克:《哈耶克文选》，冯克利译，江苏人民出版社2007年版，第121页。
② ［英］弗里德里希·冯·哈耶克:《哈耶克文选》，冯克利译，江苏人民出版社2007年版，第121页。

的欢迎"①。

在此基础上,哈耶克提出了他对"滞胀"危机的定义:"尚可允许的通货膨胀率已不足以创造令人满意的就业率。在这种情况下,政客们除了加速通货膨胀之外,几乎别无选择。但是这个过程不可能永无止境,因为加速度的通货膨胀很快就会导致全部经济活动的彻底瓦解。"②哈耶克在此做出了微妙的意义置换,将对凯恩斯主义的批判转化为对凯恩斯主义化了的"政客们"(作为选战对立的"那个党派")的批判:他们的无知与笨拙不仅无法挽救"全部经济活动的彻底瓦解",甚至可能使得情况进一步恶化。"把我们进一步趋向这一危险道路的因素,很可能是政客们那种惊慌失措的反应,他们的每一次减缓通货膨胀的努力,都导致了失业的实质性上升。作为反应,他们很可能会恢复通货膨胀,直到这剂药彻底失效。"③这是一个无法挽救的恶性循环,干预主义对市场价格机制的破坏甚至带来了整体毁灭的可能性,这也就是哈耶克所一再强调的,"经济学家不应掩盖一个事实:利用货币政策能够在短期内使就业最大化的目标,从本质上说是一种亡命徒式的政策,只有这种人才会在短暂的喘息中全无损失地得到

---

① [英]弗里德里希·冯·哈耶克:《哈耶克文选》,冯克利译,江苏人民出版社2007年版,第119页。
② [英]弗里德里希·冯·哈耶克:《哈耶克文选》,冯克利译,江苏人民出版社2007年版,第120页。
③ [英]弗里德里希·冯·哈耶克:《哈耶克文选》,冯克利译,江苏人民出版社2007年版,第123页。

一切"①。哈耶克的论析将凯恩斯学派的经济哲学推向历史的死角（"亡命徒式的政策"），滞胀危机下凯恩斯主义经济政策所面临的困境也宣告其某种意义上的终结（但必然在下一次自由主义的危机中死灰复燃），在批判的前提下，哈耶克的（反柏拉图主义）经济理念也为之后的货币主义、理性预期学派等诸多新自由主义经济流派的批判性的理论构图提出了"有效"的导引："人们应当赶快放弃一种致命的幻想，以为存在着廉价而容易的手段，可以同时保证充分就业和真实工资不断地迅速增加。要想做到这一点，只有坚定不移地对一切资源的用途重新加以组织，使其适应变化着的现实条件。现在的货币手段正阻止着这种调整，只有运行正常的市场才能做到这一点。"②新自由主义对凯恩斯主义经济哲学的克服，将带来对经济社会的更进一步威胁，由此也形成了一种自反性"毁灭性的自觉"。

致命的策略

以凯恩斯式"通货膨胀主义"经济哲学为其论战、攻击的目标，米尔顿·弗里德曼（Milton Friedman，1912—2006）所代

---

① ［英］弗里德里希·冯·哈耶克：《哈耶克文选》，冯克利译，江苏人民出版社2007年版，第146页。
② ［英］弗里德里希·冯·哈耶克：《哈耶克文选》，冯克利译，江苏人民出版社2007年版，第123页。

表的货币主义在哈耶克的经济自由主义观念导引下展开了经济哲学思辨的创新("运行正常的市场"的构造)。弗里德曼作为货币主义的代表人物提出了延展休谟传统思路的现代货币数量论。在这一点上,弗里德曼继承了剑桥学派的"现金余额方法",将货币数量论重述为一种货币需求理论,而不再是关于产量、收入和价格水平的理论。弗里德曼将货币需求看作资本或财富的一部分,对最终财富的持有者来说,货币是他们所选择的持有财富的一种形式,而对企业来说,货币是和机器或存货相同的生产性物品。

在分析了收入水平、机会成本和效用对货币需求的影响之后,弗里德曼得出了个人财富持有者的货币需求函数:

$$\frac{M}{P} = f\left(Y, W, R_m, R_b, R_e, \frac{1}{p} \times \frac{dp}{dt}, u\right)$$

其中,M 表示个人手中保持的货币(名义货币量),P 为一般物价水平,M/P 为个人财富持有者手中的货币所能支配的实物量(实际货币余额需求量),Y 代表持久性收入,W 代表非人力财富在总财富中所占比重,Rm 代表预期的货币名义报酬率及货币利息率;Rb 表示预期的、价值固定的债券的名义报酬率,Re 表示预期的股票名义报酬率,$1/P \times dp/dt$ 表示预期的商品价格变动率,u 代表其他不属于收入方面的因素。在影响货币需求的多种因素中,作为各种形式资产总和的总财富是最重要的变量。而对总财富的衡量方面,弗里德曼认为应当从持久性收入的概念入手,即指以不变价格计算的过去、现在和未来预期的实际国民收入。由于这种持久性收入在长期内取决于相对平稳的人口、资源、技术等实际生产要素的状况,因而持久性收入是高度稳定的。而同样作为决定货币需求的主要因素,持久性收入的高度稳定性也就意味着货币需求同样是稳定的,那么如果出现通货膨胀和经济的明显波动,就表明一定是货币供应量的不恰当增加造成的。

弗里德曼指出,当货币数量的增长速度超过了产量的增长速度时,通货膨胀就会发生,而且每单位产量所对应的货币量增加得越快,通货膨胀率便越高。进而,弗里德曼认为过度的货币增长是通货膨胀的唯一原因,一旦政府支出是通过发行货币或扩大信用的办法的货币增长率超过产量的增长率,就必然引发恶性通货膨胀。而在政府所有的"不当"行为中,以推行充分就业政策为名的政府开支的迅速增加、中央银行实行错误的货币政策等问题就成为导致货币供应增长率大于经济增长率的主要根源。弗里德曼认为,西方各国由于广泛推行凯恩斯主义政策,造成普遍、持续的物价上涨,就都是由于货币发行过多所致。从这个角度讲,法律和货币当局有不可推卸的责任。

基于如上认识,弗里德曼提出"自然失业率"理论以重建货币政策的理论基础。弗里德曼的这一思想无疑受到了哈耶克的影响。"让各种类型的劳动力根据需求的变化不断进行调整,要有一个真正的劳动力市场,在这个市场上,不同类型的劳动力的工资,是由供需决定的。没有一个有效的劳动力市场,就不可能存在有意义的成本核算和资源的有效利用。"① 弗里德曼正是试图通过"自然失业率"假设来建构一个"有效的劳动力市场",以直面"滞胀"危机所造成的经济困局。他认为,由"供需决定的"就业状况一定存在"自然"的失业状态,因而低于充分就业的均衡也是有效的、良性的状态,并没有必要重复凯恩斯对于"有效需求不足"境况的过度推论。② 但同时,弗里德曼"芝加哥式的实用主义"③又使得他并不会成为哈耶克般的极端自由主义者,而更多的人是在公共理性的框架下展开工作。正是在这个意义上弗里德曼将"自然失业率"定义为在没有货币影响的条件下,由劳动力市场和商品市场的自发供求力量所决定的、出于均衡状态时的失业率。也即是说,弗里德曼通过对影响就业状况的货币因素和非货币因素的区分,认定自然失业率是由影响劳动力供给和需求的非货币因素决定的。这些因素包括劳动力市场的有效性、竞争和垄断竞争的程度、收集有关职位空缺信息的成本、劳动力流动性成本等。根据货币主义的逻辑,劳动力市场的组织越完善,相关工作信息的传播越有效率,劳动力在不同区位与职业间的自由流动就越顺畅,人为的干预越少,自然失业率也就越低。

一方面,弗里德曼提出的"自然失业率"理论,实际上正是

---

① [英]弗里德里希·冯·哈耶克:《哈耶克文选》,冯克利译,江苏人民出版社2007年版,第122页。
② 请参见《美国货币史》中弗里德曼在对大萧条成因的分析中对凯恩斯理论的颠覆和嘲讽。
③ [美]拉齐恩·萨丽等:《哈耶克与古典自由主义》,秋风译,贵州人民出版社2003年版,第55页。

资本主义市场经济"自发调节、自动均衡"观念的重申,即只要可以在不受外力干扰的情况下实现市场的自动调节、自主调节,使得闲置资源得到有效的利用,则一定会消除短期的非均衡状态。相应地,由于自然失业率是由货币因素之外的实物因素决定的,那么从长期来看,任何企图增加货币供给量或降低利率的货币政策,对于就业问题的解决不仅是无效的,而且只能导致通货膨胀状况的持续恶化。"自然失业率"假说在有力地反击了凯恩斯国家干预主义的同时,也开启了新自由主义货币供给理论的新篇章。

另一方面,"马歇尔—凯恩斯"谱系的对"预期"的重视,同样被新自由主义经济哲学所采纳,但是却被用来反对凯恩斯主义的货币主张。以"自然失业率"的提出为理论前提,货币主义与理性预期学派通过对菲利浦斯曲线的理论反思完成新的总体性政策建构。

货币主义对凯恩斯主义的理论利器"菲利浦斯曲线"的质疑以"预期"为切入点。针对凯恩斯学派的以菲利浦斯曲线为依据来说明失业与通货膨胀之间此消彼长的交替关系并以之建构政府调控货币供应的合法性的做法,货币主义者指出,菲利浦斯曲线只是在人们不能合理地"预期"实际工资与通货膨胀变化之间的真实关系时才有意义,一旦劳资双方的适应性预期发生作用,失业率就会恢复到其"自然"的状态,因此可以说菲利浦斯曲线只在短期存在,在长期并不存在。理性预期学派的观点比货币主义更进一步:由于"理性预期"(对"预期"的强化运用)的作用,出现通货膨胀后劳资双方"自然"会在工资增长率与通货膨胀率的变化中做出适当而有效的调节,而通过这种"调节"(当然是又回到了千方百计要证明市场自身的"可调节性"和"必然均衡性"的老路上来,只是这一次诉诸的是更为内在的人的"预期理性"),通货膨胀发生后的实际工资并未降低,资方也不会因此盲目地增加雇佣劳动量,失业率也不会就此下降,从而,被充分而且"理性"("理性建构主义"的某种变体?)地预期到的通货膨胀对就业的实际量就无法产生影响,这也就意味着菲利浦斯曲线甚至在短期内也不存在。"这样的政策即使在短期内也是无效的——对预期是如何形成的准确理解导致了这样一个结论,即短期的稳定政策也是难以维系的。换言之,甚至在短期内,政府也不可能通过货币政策和财政政策有序地改变就业水平。这也就是理性预期理论所谓的政策无效的结论。"[①]

完成了对菲利浦斯曲线的否定之后,理性预期学派进一步提出了"预期"(Expectation)视角下的连续通货膨胀论,即预期—通货膨胀论。这一理论认为,在政府不断实行开放性货币政策的情形下,政府对经济运行的频繁的"相机行事"的干预行动,特别是经常变动货币供应增长率,就形成了在公众中相对稳定的对于通货膨胀的预期。在"理性"的关于"物价将持续上涨"的预期的作用之下,为了避免损失,人们(凯恩斯意义上的"群众")就事先提高各种商品的价格和收益率,结果导致物价水平继续普

[①] [澳]迈吉尔·卡特、罗德尼·麦道克:《理性预期》,杨鲁军、虞虹译,上海译文出版社1988年版,第90页。

遍上涨。在物价水平真的继续上涨的情形下,人们也继续产生关于通货膨胀的预期,不约而同地采取预防性措施,普遍提价,于是,一种以"预期"相衔接的恶性通货膨胀图式"通货膨胀—预期通货膨胀—通货膨胀加剧"就得以成形。由此,新自由主义经济哲人提出他们(基于"理性")所认为正确的货币政策,"货币当局应该通过公开的采取一种货币政策,使某种特定的货币总量保持一个稳定的增长率,从而自始至终避免货币的摆动"①。也就是要公开宣布一个固定不变的货币供应增长率,长期坚持实行,使人们的预期与实际的政府行为保持正向的一致性,使得通货膨胀率的下降不会伴随失业率与生产率的恶性变动(与哈耶克所说的"政客们那种惊慌失措的反应"恰成对照),这也同时意味着要摆脱政府对市场秩序的各种规训与困扰。② 正如哈耶克所说:"我们的主要问题之一是保护我们的货币,抵制那些还会继续提供速效疗法的经济学家,因为这种办法的一时之效,会继续使它有把握受到人们的欢迎。它还会存在于那些自信掌握着灵丹妙药的盲目教条主义者之中。"③ 确实,对于新自由主义者而言,从实践

---

① [美]米尔顿·弗里德曼:《弗里德曼文萃》,胡雪峰、武玉宁译,首都经济贸易大学出版社2001年版,第470页。
② 在货币增长率的问题上,弗里德曼提出:"根据我的估计,要实现最终产品价格水平的大致稳定,就需要使通货加所有的商业银行存款之和每年增长3%～5%,或者需要使通货加活期存款之和保持稍微低一点的增长率。"并认为"与遭受我们经历过的广泛的、反复无常的经济混乱相比,使货币总量保持一个一般会导致适度的通货膨胀或适度的通货紧缩的固定增长率,而且这个固定增长率是通货膨胀或通货紧缩保持稳定,情况则要好得多"。[美]米尔顿·弗里德曼:《弗里德曼文萃》,胡雪峰、武玉宁译,首都经济贸易大学出版社2001年版,第471页。
③ [英]弗里德里希·冯·哈耶克:《哈耶克文选》,冯克利译,江苏人民出版社2007年版,第147—148页。

的层面出发,"恰恰正是政府对经济生活的深度介入和积极调控(如对货币政策的控制)导致产生了广泛社会事业和经济通货膨胀,换言之,政府干预实为社会失业和通货膨胀的主要根源"①。但是,由于这一论调与凯恩斯主义同样的基于对资本统治权力这一"根本矛盾"的辩护意图之上的,因而他们究竟是以"保护货币"的名义实现经济社会的良序发展,还是以"理性预期"反对那些依然"有把握受到人们的欢迎"的教条主义精英,就正是新自由主义自身必须肃清的执念与障蔽。

与此相呼应,奠基于"通货膨胀问题"的解析思路,新自由主义的极端派(如哈耶克、罗斯巴德及其追随者)从彻底的经济自由主义出发,认为有必要将"竞争"的因素引入货币领域,"主张取消政府发行货币的垄断权,废除国家货币制度,用私人银行发行竞争性货币来代替国家发行货币"②。而这种在全球自由市场化视野下的"通货选择"行为就被视为"货币的非国家化"。哈耶克对国家的货币发行权的垄断所造成的限制"金融自由"的状况的分析是以对新古典货币理论的反思为前提的。"社会中个人的计划实现完全的配合或对应,这是完全市场均衡的理论模型的前提假设,而这一假设又基于另一个假设:为使间接交换得以进行而必需之货币,不会对相对价格产生任何影响,这是一个纯属虚

---

① 李雪阳:《帝国与空间:大卫·哈维"新帝国主义"批判思想研究》,当代中国出版社 2022 年版,第 120 页。

② 李雪阳:《帝国与空间:大卫·哈维"新帝国主义"批判思想研究》,当代中国出版社 2022 年版,第 121 页。

构的图景,在现实世界中根本不可能存在。"① 在哈耶克看来,新自由主义必须有能力打破这个"纯属虚构的"理论图景(在这一点上与凯恩斯主义不谋而合),因为对货币中立性的强调恰恰使"货币当局"的管制有机可乘,而其构造的"具有无上权力的国家"则无疑只能是对另一种社会制度形态的模仿。因此,"没有一种现实世界的货币具有这个意义上的中立性,我们只能接受某种能够迅速矫正不可避免的错误的货币体系。"② 进而,哈耶克提出了他对于新的"货币体系"的建构愿景:"我们可以期望,竞争性地发行货币能够确保这一点。"③

经济自由主义者指出"只有废除各国政府对其货币创造(money creation)的垄断菜农实现价格水平稳定。"④ 这实际上是自由主义经济哲学的"有限政府与经济自由"命题在货币金融领域的体现,哈耶克式的怀疑主义认为"政府发行和操纵货币的专有权当然无助于我们得到优于其他制度下的货币,它甚至可能是糟糕得多的货币,它只是政府实施其主导政策的一个重要工具,极大地有助于政府权力的广泛增长"⑤。货币作为工具,甚至成为

---

① [英]弗里德里希·冯·哈耶克:《货币的非国家化》,姚中秋译,新星出版社2007年版,第99页。
② [英]弗里德里希·冯·哈耶克:《货币的非国家化》,姚中秋译,新星出版社2007年版,第99页。
③ [英]弗里德里希·冯·哈耶克:《货币的非国家化》,姚中秋译,新星出版社2007年版,第100页。
④ [英]弗里德里希·冯·哈耶克:《货币的非国家化》,姚中秋译,新星出版社2007年版,第3页。
⑤ [英]弗里德里希·冯·哈耶克:《货币的非国家化》,姚中秋译,新星出版社2007年版,第31页。

政府"控制"经济的同谋,这当然是自由至上主义者所不愿看到的。"我并不反对政府发行货币,但是我相信,它要求垄断权,或要求对那些有可能在其领土上引起紧缩的货币进行限制的权力,或决定货币汇率的权力,是一种完全有害的权力。"① 也正是在这个意义上,"阻止通货膨胀的困难是政治性的而非经济性的。然而不无遗憾的是,似乎又没有人相信金融机构确有权力阻止通货膨胀。需要指出的是,人们对货币政策能够制造短期奇迹抱有最为乐观的看法,乃是与他们在同时对货币政策的长期影响又持有完全无奈的宿命观相伴随的"②。当关于"货币政策"的理论问题最终聚焦于金融机构是否"确有权力阻止通货膨胀"这一点上的时候,"货币的非国家化"所指向的金融独立与金融自由及相应的权利诉求就越发清晰可见,甚至可以被视作货币金融领域的另一次"宗教改革":取消政府在货币发行上的绝对权威,为金融资本的全球性拓展开辟空间。"防止政府滥用货币最有效的办法,莫过于让人们可以自由地拒绝他们不信任的货币,选择他们抱有信心的货币。要想引导政府保持其货币的稳定,莫过于让它认识到,只要它保持货币的供给低于需求,需求就倾向于增长。因此,我们应当剥夺政府(或其货币当局)保护货币免受竞争的一切权力。"③ 而在货币领域的政府的"有限化"(Limitation)或"货币

---

① [英]弗里德里希·冯·哈耶克:《哈耶克文选》,冯克利译,江苏人民出版社2007年版,第150页。
② [英]弗里德里希·冯·哈耶克:《自由秩序原理》,邓正来译,生活·读书·新知三联书店1997年版,第112页。
③ [英]弗里德里希·冯·哈耶克:《哈耶克文选》,冯克利译,江苏人民出版社2007年版,第151页。

的非政府化"情形下,"只要人们可以自由地使用随便哪种货币,则对那种被人普遍接受的、能够保持其购买力大致平稳的货币,就会形成持续的需求"①。

"货币的非国家化"理论的意义不仅在于展示自由银行业进行"竞争性"货币发行的美好蓝图,而更在于其所体现的以哈耶克为代表的新自由主义者对金融自由的渴念。由经济自由主义者所构造的"货币"与"国家"的紧张关系(一个由"国家"垄断的"货币"体系一定是一个败坏了的"货币"体系),正体现了自由主义经济哲学以"经济自由"之名谋求更大"政治自由"的理论野心,在他们看来,在金融资本全球扩张的前提下,"国家能为货币做出的最好的事情,就是提供一个法律架构,使人们可以发展出最适合自己的货币制度"②。仅仅作为一个规则甚或"理想"的守护者而出现,使"货币当局"作为"权力机关"的存在意义被全面解构。"我们所需要的不是拥有命令权的国际性权力机构,而是一个国际组织(或得到有效实施的国际条约),它能够禁止政府采取伤害他国人民的行动。有效地禁止一切对不同货币的交易(和持有,或货币主张)所施加的限制,最终有可能使关税或针对货物和人员流动设置的障碍归于消失,从而确保存在一个真正的自由贸易区或共同市场。"③ 在此,新自由主义的推进金融资本扩

---

① [英]弗里德里希·冯·哈耶克:《货币的非国家化》,姚中秋译,新星出版社2007年版,第56页。
② [英]弗里德里希·冯·哈耶克:《哈耶克文选》,冯克利译,江苏人民出版社2007年版,第155页。
③ [英]弗里德里希·冯·哈耶克:《哈耶克文选》,冯克利译,江苏人民出版社2007年版,第154—155页。

张的理论意旨得以充分显现,"在一个真正国际化的金融体系中,货币可以被直接转移,却又不至于因此信用结构的二次紧缩或扩张这种有害的过程"①。基于对货币的管制的放松,正意味着为资本虚无主义所构造的金融全球化创造更多的实现可能,也同时带来了新的价值判断标准问题:"不必太长的时间就能实现人和货币完全的自由贸易——这将被视为自由国家的基本特征之一。"②

作为资产阶级经济哲学的"超政治"(Hyper-Political)"货币的非国家化"启示"自由经济"模式下"自由国家"理念的新尝试,货币发行领域的"去管制化"与"去垄断化"正体现了新自由主义货币经济论域的"政治性",这同时表明自由主义经济哲学的以对"自由权"的索取替代对真正"自由"的追问的理论症候,对金融自由的牟取与资本主义全球化的"在世"呈现,就成为"自由的遗忘"的明证。"自由主义"遗忘了属人的真正"自由"(Real Freedom),"自由"也因而选择了离弃的姿态,而被"自由"离弃了的"自由主义",其存在的意义就仅剩下对资本统治的维护与为资本主义奴役所必须进行的辩护,努力探寻全球"自由化"的诸种可能,曾经批判性的"启蒙"精神蜕变成为新的"宗教"、新的"神话",而"神话自身开启了启蒙的无尽里程,在这个不可避免的必然性过程中,每一种特殊的理论观点都不时

---

① [英]弗里德里希·冯·哈耶克:《哈耶克文选》,冯克利译,江苏人民出版社2007年版,第154页。
② [英]弗里德里希·冯·哈耶克:《哈耶克文选》,冯克利译,江苏人民出版社2007年版,第155页。

地受到毁灭性的批评,而理论观点本身也就仅仅是一种信仰,最终,精神概念、真理观念,乃至启蒙概念自身都变成了唯灵论的巫术"①。新自由主义以"经济自由"的"巫术"构造"自由国家"的霸权,在全球化(资本的流转与牟利的"非国家化")的背景下收获资本秩序的长治与久安,并以之定义"历史的终结"这一终极化的"拟像"。②

在此,正如马尔库塞(Herbert Marcuse, 1898—1979)在《单向度的人》(*One Dimensional Man*)一书中所申论的:

> 在抑制性总体的统治之下,自由可以成为一个强有力的统治工具。决定人类自由程度的决定性因素,不是可供个人选择的范围,而是个人能够选择的是什么和实际选择的是什么。自由选择的准绳绝不可能是绝对的,但也不完全是相对的。自由选择主人并没有使主人和奴隶归于消失。如果商品和服务设施维护对艰辛和恐惧生活所进行的社会控制的话,就是说,如果它们维护异化

---

① [德]马克斯·霍克海默、西奥多·阿道尔诺:《启蒙辩证法》,渠敬东、曹卫东译,上海人民出版社 2003 年版,第 9 页。
② 正如阿明所言:"有关替代这些政策的解决方案的建议也不能抛开全方位的社会政治视野,'现存资本主义'的形象就处在这个视野中。全球化的发展并不限于贸易(发达资本主义国家大部分的——大约 1/3——工业和农业产品在世界市场上交换)。它也影响到了生产体系(以国家为中心的自主的生产体系逐渐被破坏,而被重组成全球生产体系正体的一部分)、技术(特殊的民族技术让位于普遍通用的技术)、金融市场和社会生活的许多其他方面。"[埃及]萨米尔·阿明:《全球化时代的资本主义——对当代社会的管理》,丁开杰等译,中国人民大学出版社 2005 年版,第 29 页。

的话，那么，在大量的商品和服务设施中所进行的自由选择就并不意味着自由。何况个人自发地重复所强加的需要并不说明他的意志自由，而只能证明控制的有效性。①

马尔库塞所强调的"自发地重复所强加的需要"之"异化"（Alienation）意涵，其实就是马克思在《资本论》第一卷中对边沁主义后果伦理的批判，从而也就是对"依欲望/目的而行动"的新自由主义经济哲学恰切的"批判之批判"。

> 天赋人权的真正伊甸园。那里占统治地位的只是自由、平等、所有权和边沁。自由！因为商品例如劳动力的买者和卖者，只取决于自己的自由意志。他们是作为自由的、在法律上平等的人缔结契约的。契约是他们的意志借以得到共同的法律表现的最后结果。平等！因为他们彼此只是作为商品占有者发生关系，用等价物交换等价物。所有权！因为每一个人都只支配自己的东西。边沁！因为双方都只顾自己。使他们连在一起并发生关系的唯一力量，是他们的利己心，是他们的特殊利益，是他们的私人利益。正因为人人只顾自己，谁也不管别人，所以大家都是在事物的前定和谐下，或者说，在全

---

① ［美］赫伯特·马尔库塞：《单向度的人》，刘继译，上海译文出版社2008年版，第8页。

能的神的保佑下，完成着互惠互利、共同有益、全体有利的事业。①

马克思在《资本论》中"反讽性"（Ironic）地描画的基于剩余价值（Surplus Value）攫取而达至的"共荣"局面，其实是批判性地展开米塞斯—哈耶克所服膺的欲望经济学（"庸俗经济学"）的代表巴斯夏的对于"自然人"群体的修辞性说服：关于"和谐"经济利益系统的"因信称义"。"倘若你们终于说出'我相信'这几个字，倘若你们以满腔热情加以传播，社会问题很快就可得到解决。因为，不管有人怎么说，社会问题其实不难解决。人的利益既然是彼此和谐的，所以，社会问题的解决完完全全存在于自由这两个字之中。"② 以"自由"的宣称而实施的奴役，代表了"秩序"（"人本行为学"意义下的"自发秩序"）对人的终极强制，是"单向度的人"的最终归宿。"'事物的客观秩序'本身是统治的结果；但同样真实的是，统治也正在产生更高的合理性，即一边维护等级结构，一边又更有效地剥削自然资源和智力资源，并在更大范围内分配剥削所得。这一合理性的限度及其有害力量，表现在被生产机构改进了的对人的奴役中，这种生产机构使人的生存斗争永恒化。"③ 由此，在自由论的"木偶化"之命题的意义

---

① 《马克思恩格斯全集》（第四十四卷），人民出版社2001年版，第204—205页。
② ［法］巴斯夏：《市场秩序之和谐》，见秋风编：《观念读本：市场》，许明龙等译，天津人民出版社2008年版，第133—134页。
③ ［美］赫伯特·马尔库塞：《单向度的人》，刘继译，上海译文出版社2008年版，第115页。

下，恩格斯在 1883 年为《共产党宣言》所写的序言中所声言，就成为对新自由主义认识论的"事件"性后果的最好回应：在资产阶级认识论中行为"自由"的奴役者"如果不同时使整个社会永远摆脱剥削、压迫和阶级斗争，就不再能使自己从剥削它压迫它的那个阶级（资产阶级）下解放出来"①。而在对于主流经济哲学理论预设的批判性审视中，我们也由以最终回溯康德在《实践理性批判》（Critique of Practical Reason）"结论"中，指向"批判"自身不无困惑的总括，对于一个有着"科学"意向的"理论"探索，它仅仅"曾经是从人类本性中最高尚的属性开始的，这种属性的发展和培养的前景是指向无限的利益的，但是它终止于——狂热或迷信"②。

资本之强力统御下的自由主义经济哲学的自由是"铁笼"（Iron Cage）③中的自由、被"宰制"的自由，指向异化的生命图

---

① 《马克思恩格斯全集》（第二十一卷），人民出版社 1965 年版，第 3 页。
② ［德］康德：《实践理性批判》，邓晓芒译，人民出版社 2003 年版，第 221 页。在《实践理性批判》中，康德展现了完全不同于曼德维尔—巴斯夏—米塞斯之低阶"动物性"原则的行动—理性论述，其所特别强调的，就是在"实践"行动中对"感性"欲求的绝对的、"革命性"的超越："我作为一个理智者的价值通过我的人格无限地提升了，在这种人格中道德律向我展示了一种不依赖于动物性、甚至不依赖于整个感性世界的生活，这些至少都是可以从我凭借这个法则而存有的合目的性使命中得到核准的，这种使命不受此生的条件和界限的局限，而是进向无限的。"这样的思考，也同样在当代哲学家麦克道维尔（John McDowell）的《心灵与世界》（Mind and World）一书中，以"人是有理性的动物"的命题而被申论。参见［美］约翰·麦克道维尔：《心灵与世界（新译本）》，韩林合译，中国人民大学出版社 2014 年版。
③ 此处"Iron Cage"的用法，是借自帕森斯对于马克斯·韦伯的"stahlhartes Gehause"的英译，相关语境的解析参见［德］马克斯·韦伯：《新教伦理与资本主义精神》，阎克文译，上海人民出版社 2010 年版，第 346 页注 115。

景:"没有人知道未来谁将生活在这个铁笼之中,没有人知道在这惊人发展的终点会不会又有全新的先知出现,没有人知道那些老观念和旧理想会不会有一次伟大的新生,甚至没有人知道会不会出现被痉挛性妄自尊大所美化了的机械麻木。"① 存在者的自我言说被"资本权力"的逻辑所彻底替代,"生产的强制"直抵"通往炼狱之路"(Road to Purgatory)。

自由主义经济哲学的"先知群体"(Prophets)不断出现,并一再重复同样的"消极"言论,而在自由主义治理下的人们,早已习惯了这种话语,早已习惯了这种话语所造成的意识形态上的"机械麻木":他们"看到使任何商业伦理的差别与禁忌得以产生的一切标准的沦丧,看到一种冷酷无情的强制力量在迫使人人——甚至包括最有良心的商人——奔向所有经济伦理的这个独一无二的墓地并与恶犬为伍同声嗷叫、否则就会遭到经济毁灭的惩罚。"② 由此可见,阶级统治所蕴涵的主奴辩证法,在"承认"中消解"承认",只能以利维坦的欲望拟像式"力的图示"来构造奴役的权力,但最终却使得人(主体)成为"共同权力"的附属物。在这个意义上,正是"公社——社会解放的政治形式,把劳动从垄断劳动者自己所创造的或是自然所赐予的劳动资料的那批人篡夺的权力(奴役)下解放出来的政治形式"③。在此,当我

---

① [德]马克斯·韦伯:《新教伦理与资本主义精神》,阎克文译,上海人民出版社2010年版,第275页。
② [德]马克斯·韦伯:《韦伯政治著作选》,阎克文译,东方出版社2009年版,第74—75页。
③ 《马克思恩格斯全集》(第十七卷),人民出版社1963年版,第593页。

们以伯林的"消极自由/积极自由"的定义相参照,就会发现,那种被描述为"我希望我的生活与决定属于我自己,而不是取决于随便哪种外在的强制力。我希望成为我自己的而不是他人的意志活动的工具。我希望成为一个主体,而不是一个客体;我希望成为我自己,而不是他人的意志的工具"的意愿决断(liberum arbitrium)就正共鸣于出巴黎革命工人在"巴黎公社"的革命实践中所洋溢的变革之声,而这也必然成为马克思主义经济哲学所必然激发出的跨越国界限定的超越之音。"事实是,既然所有文明国家的工人阶级的精华都属于国际,而且都浸透了国际的思想,他们在各地的工人阶级运动中就定然会走在最前面。"① 资本—虚无主义所设置的"差异"仿拟永恒轮回的"异化—历史",无疑正呼召着"人间炼狱"中内蕴的理性反抗,并且在坚决的斗争中摆荡、动摇、碎裂,以"超克"之姿,迎向本真历史"临界永恒的最后的滩头"。②

---

① 《马克思恩格斯全集》(第十七卷),人民出版社1963年版,第657页。在变革性力量的"反拟像"论述的意义下,恩格斯也在稍后的致左尔格的信中提出了类似的观点:"……这个成就就是巴黎公社,公社无疑是国际的精神产儿,尽管国际没有动一个手指去促使它诞生;要国际在一定程度上对公社负责是完全合理的。"《马克思恩格斯全集》(第三十三卷),人民出版社1973年版,第644页。
② [法]雅克·勒高夫:《炼狱的诞生》,周莽译,商务印书馆2022年版,第589页。

主要参考文献

【中文文献】

1.《马克思恩格斯文集》(1—10卷),人民出版社2009年版。

2. 马克思、恩格斯:《共产党宣言》,人民出版社1997年版。

3. [英]本·法恩、阿尔弗雷多·萨德－费洛:《马克思的〈资本论〉》(第六版),王娟、邱海平译,中国人民大学出版社2022年版。

4. [美]艾伦·W.伍德:《卡尔·马克思:马克思思想传记》(第2版),张晓萌、杨学功、任劭婷译,中国人民大学出版社2023年版。

5. [美]威廉·麦克布莱德:《马克思主义与自然法》,耿芳兵译,《哲学分析》2019年第3期。

6. 段忠桥:《马克思的分配正义观念》,中国人民大学出版社2018年版。

7. 孟捷:《马克思主义经济学的创造性转化》,经济科学出版社2001年版。

8．张一兵著：《回到马克思：经济学语境中的哲学话语》（第四版），江苏人民出版社 2020 年版。

9．郗戈：《〈资本论〉的政治哲学意蕴》，《哲学研究》2018 年第 11 期。

10．［古希腊］色诺芬：《经济论 雅典的收入》，张伯健、陆大年译，商务印书馆 2011 年版。

11．［古希腊］色诺芬：《回忆苏格拉底》，吴永泉译，商务印书馆 1984 年版。

12．［古希腊］柏拉图：《理想国》，郭斌和、张竹明译，商务印书馆 1986 年版。

13．［古希腊］柏拉图：《柏拉图对话集》，王太庆译，商务印书馆 2004 年版。

14．［古希腊］亚里士多德：《尼各马可伦理学》，廖申白译，商务印书馆 2003 年版。

15．［古希腊］亚里士多德：《政治学》，颜一、秦典华译，中国人民大学出版社 2003 年版。

16．［古罗马］奥古斯丁：《上帝之城：驳异教徒》（上中下册），吴飞译，上海三联书店 2007 年版。

17．［意］托马斯·阿奎那：《论法律》，杨天江译，商务印书馆 2018 年版。

18．［意］托马斯·阿奎那：《论正义》，杨天江译，商务印书馆 2023 年版。

19．［意］托马斯·阿奎那：《阿奎那政治著作选》，马清槐译,商务印书馆 1963 年版。

20. ［意］但丁:《论世界帝国》,朱虹译,商务印书馆 1985 年版。

21. ［意］马基雅维利:《君主论》,潘汉典译,商务印书馆 2009 年版。

22. ［法］笛卡尔:《谈谈方法》,王太庆译,商务印书馆 2000 年版。

23. ［英］霍布斯:《利维坦》,黎思复、黎廷弼译,商务印书馆 2017 年版。

24. ［英］洛克:《政府论（下篇）》,叶启芳、瞿菊农译,商务印书馆 1964 年版。

25. ［荷兰］B.曼德维尔:《蜜蜂的寓言》,肖聿译,商务印书馆 2016 年版。

26. ［英］休谟:《休谟政治论文选》,张若衡译,商务印书馆 2010 年版。

27. ［英］休谟:《休谟经济论文选》,陈玮译,商务印书馆 1984 年版。

28. ［英］亚当·斯密:《道德情操论》,蒋自强等译,商务印书馆 1997 年版。

29. ［英］亚当·斯密:《国民财富的性质和原因的研究》,郭大力、王亚南译,商务印书馆 1974 年版。

30. ［法］萨伊:《政治经济学概论》,陈福生、陈振骅译,商务印书馆 1963 年版。

31.［法］卢梭:《论科学与艺术的复兴是否有助于使风俗日趋纯朴》,李平沤译,商务印书馆2011年版。

32.［法］卢梭:《论人与人之间不平等的起因和基础》,李平沤译,商务印书馆2015年版。

33.［法］卢梭:《社会契约论》,何兆武译,商务印书馆2003年版。

34.［英］边沁:《道德与立法原理导论》,时殷弘译,商务印书馆2000年版。

35.［英］边沁:《政府片论》,沈叔平译,商务印书馆1995年版。

36.［德］康德:《历史理性批判文集》,何兆武译,商务印书馆1990年版。

37.［德］谢林:《对我的哲学体系的阐述》,王丁译,北京大学出版社2023年版。

38.［德］黑格尔:《小逻辑》,贺麟译,商务印书馆1980年版。

39.［德］黑格尔:《法哲学原理》,范扬、张企泰译,商务印书馆1961年版。

40.［德］黑格尔:《伦理体系:费希特自然法批判》,翁少龙译,上海人民出版社2022年版。

41.［德］弗里德里希·尼采:《善与恶的彼岸:一种未来哲学的前奏》,李健鸣译,华夏出版社2020年版。

42.［德］尼采:《不合时宜的沉思》,李秋零译,华东师范大学出版社 2007 年版。

43．［德］尼采：《偶像的黄昏》，李超杰译，商务印书馆 2009 年版。

44．［德］胡塞尔：《欧洲科学的危机与超越论的现象学》，王炳文译，商务印书馆 2001 年版。

45．［德］胡塞尔：《第一哲学》，王炳文译，商务印书馆 2006 年版。

46．［德］马克思·舍勒：《资本主义的未来》，曹卫东等译，北京师范大学出版社 2014 年版。

47．［德］阿多诺：《批判模式》，林南译，上海人民出版社 2023 年版。

48．［美］汉娜·阿伦特：《人的境况》，王寅丽译，上海人民出版社 2017 年版。

49．［美］汉娜·阿伦特：《马克思主义与西方政治思想传统》，孙传钊译，江苏人民出版社 2012 年版。

50．［法］亨利·柏格森：《思想与运动》，邓刚、李成季译，上海人民出版社 2015 年版。

51．［法］米歇尔·福柯：《知识考古学》，董树宝译，生活·读书·新知三联书店 2021 年版。

52．［法］米歇尔·福柯：《词与物：人文科学的考古学》，莫伟民译，上海三联出版社 2016 年版。

53．［法］米歇尔·福柯：《规训与惩罚》，刘北成、杨远婴译，生活·读书·新知三联书店 2003 年版。

54. [法]梅洛-庞蒂:《1948年谈话录》,郑天喆译,商务印书馆2020年版。

55. [美]大卫·库尔珀:《纯粹现代性批判:黑格尔、海德格尔及其以后》,臧佩洪译,商务印书馆2004年版。

56. [法]萧杭:《解体概要》,宋刚译,浙江大学出版社2010年版。

57. [法]雅克·勒高夫:《炼狱的诞生》,周莽译,商务印书馆2022年版。

58. [美]A.E.门罗编:《早期经济思想》,蔡受百等译,商务印书馆2011年版。

59. [美]埃里克沃格林:《以色列与启示》,霍伟岸、叶颖译,译林出版社2009年版。

60. [美]埃里克沃格林:《城邦的世界》,陈周旺译,译林出版社2008年版。

61. [美]埃里克沃格林:《政治观念史稿(第一卷):希腊化、罗马和早期基督教》,谢华育译,华东师范大学出版社2007年版。

62. [德]恩斯特·H.坎托洛维奇:《国王的两个身体——中世纪政治神学研究》,尹景旺译,上海社会科学院出版社2020年版。

63. [法]亚历山大·柯瓦雷:《从无限世界到封闭宇宙》,张卜天译,商务印书馆2016年版。

64. [英]伊恩·斯蒂德曼、[美]保罗·斯威齐等:《价值问题的论战》，陈东威译，商务印书馆 2016 年版。

65．［法］马可·弗勒拜伊：《经济正义论》，肖江波、韩力恒、马铭译，中国人民大学出版社 2016 年版。

66．［爱尔兰］多米尼克·奥米拉：《柏拉图式政制：古代晚期柏拉图主义政治哲学》，彭译莹译，华东师范大学 2023 年版。

67．［意］吉奥乔·阿甘本：《无目的的手段：政治学笔记》，赵文译，河南大学出版社 2015 年版。

68．［意］吉奥乔·阿甘本：《至高的清贫》，邱捷译，广西师范大学出版社 2023 年版。

69．［美］德·阿尔瓦热兹：《马基雅维利的事业——〈君主论〉疏证》，贺志刚译，华东师范大学出版社 2009 年版。

70．［美］约瑟夫·克洛普西：《国体与经体：对亚当·斯密原理的进一步思考》，邓文正译，上海人民出版社 2005 年版。

71．［美］凯瑟琳·扎克特：《二十世纪政治哲学》，赵柯、钱一栋、陈哲泓译，华东师范大学出版社 2023 年版。

72．［美］史蒂芬·B.斯密什：《政治哲学》，贺晴川译，北京联合出版公司 2015 年版。

73．［英］杰弗里·M.霍奇逊：《经济学是如何忘记历史的：社会科学中的历史特性问题》，高伟、马霄鹏、于宛艳译，中国人民大学出版社 2008 年版。

74．［英］杰弗里·M.霍奇逊：《演化与制度：论演化经济学和经济学的演化》，任荣华等译，中国人民大学出版社 2017 年版。

75.［英］杰弗里·霍奇森：《资本主义的本质：制度、演化和未来》，张林译，格致出版社、上海三联书店、上海人民出版社 2019 年版。

76.［美］布莱恩·斯科姆斯：《社会动力学：从个体互动到社会演化》，贾拥民译，格致出版社、上海三联书店、上海人民出版社 2020 年版。

77.［美］罗伯特·诺齐克：《无政府、国家和乌托邦》，姚大志译，中国社会科学出版社 2008 年版。

78.［美］罗伯特·诺齐克：《苏格拉底的困惑》，郭建玲、程郁华译，商务印书馆 2015 年版。

79.［美］查尔斯·拉莫尔：《现代性的教训》，刘擎、应奇译，东方出版社 2010 年版。

80.［意］圭多·德·拉吉罗：《欧洲自由主义史》，杨军译，吉林人民出版社 2001 年版。

81.［美］列奥·施特劳斯：《关于马基雅维里的思考》，申彤译，译林出版社 2016 年版。

82.［美］列奥·施特劳斯：《霍布斯的政治哲学》，申彤译，译林出版社 2001 年版。

83.［美］列奥·施特劳斯：《自然权利与历史》，彭刚译，生活·读书·新知三联书店 2016 年版。

84.［美］列奥·施特劳斯：《色诺芬的苏格拉底言辞——〈齐家〉义疏》，杜佳译，华东师范大学 2010 年版。

85.［美］施特劳斯：《古典政治哲学引论——亚里士多德

〈政治学〉讲疏》,娄林译,华东师范大学出版社 2018 年版。

86．[美]哈维·C.曼斯菲尔德:《政治家才能与政党政府》,朱欣译,生活·读书·新知三联书店 2022 年版。

87．[美]哈维·C.曼斯菲尔德:《驯化君主》,冯克利译,译林出版社 2017 年版。

88．[美]托马斯·内格尔、利亚姆·墨菲:《税与正义》,许多奇、萧凯译,上海三联书店 2023 年版。

89．[美]爱德华·萨义德:《知识分子论》,单德兴译,生活·读书·新知三联书店 2016 年版。

90．[法]保罗·奥迪:《卢梭:一种心灵的哲学》,马彦卿、吴水燕译,华东师范大学出版社 2023 年版。

91．[英]A.J.M.米尔恩:《人的权利与人的多样性》,夏勇、张志铭译,中国大百科全书出版社 1995 年版。

92．[法]甘丹·梅亚苏:《有限性之后:论偶然性的必然性》,吴燕译,河南大学出版社 2018 年版。

93．[法]朱利安:《论普世》,吴泓缈、赵鸣译,北京大学出版社 2016 年版。

94．[美]萨利·西季维奇:《黑格尔的康德批判》,胡传顺译,上海人民出版社 2023 年版。

95．[加]詹姆斯·塔利:《论财产权:约翰·洛克和他的对手》,王涛译,商务印书馆 2021 年版。

96．[美]潘戈:《18 世纪北美的共和主义与洛克哲学》,朱颖译,华东师范大学出版社 2020 年版。

97.［美］简·波特:《自然作为理性——托马斯主义自然法理论》，杨天江译，华东师范大学出版社 2018 年版。

98.［澳］斯蒂芬·巴克勒:《自然法与财产权理论：从格劳秀斯到休谟》，周清林译，法律出版社 2014 年版。

99.［英］伊什特万·洪特:《商业社会中的政治：让－雅克·卢梭和亚当·斯密》，康子兴译，浙江大学出版社 2022 年版。

100.［美］查尔斯·L.格瑞斯沃德:《让－雅克·卢梭与亚当·斯密：一场哲学的相遇》，康子兴译，浙江大学出版社 2023 年版。

101.［美］塞缪尔·弗莱施哈克尔:《论亚当·斯密的〈国富论〉：哲学指南》，张亚萍、王涛译，华东师范大学出版社 2023 年版。

102.［英］肯尼斯·戴森:《西欧的国家传统：观念与制度的研究》，康子兴译，译林出版社 2015 年版。

103.［德］曼弗雷德·里德尔:《在传统与革命之间：黑格尔法哲学研究》，朱学平、黄钰洲译，商务印书馆 2020 年版。

104.［法］让·伊波利特:《黑格尔历史哲学导论》，张尧均译，商务印书馆 2023 年版。

105.［英］罗杰·克里斯普:《密尔论功利主义》，马庆、刘科译，人民出版社 2023 年版。

106.［澳］彼得·辛格:《行最大的善：实效利他主义改变我们的生活》，陈玮、姜雪竹译，生活·读书·新知三联书店 2019

年版。

107.［美］琳达·扎格泽波斯基:《第三次观念飞跃：世界冲突的根源与解决之道》,孙天译,广西师范大学出版社 2023 年版。

108.［德］彼得·特拉夫尼:《海德格尔导论（修订版）》,张振华、杨小刚译,商务印书馆 2023 年版。

109.［美］尤金·韦伯:《沃格林：历史哲学家》,成庆译,吉林出版集团有限责任公司 2011 年版。

110.［美］朱迪丝·N.施克莱:《不正义的多重面孔》,钱一栋译,上海人民出版社 2020 年版。

111.［美］朱迪丝·N.施克莱:《乌托邦之后：政治信仰的衰落》,王籍慧译,上海人民出版社 2023 年版。

112.［美］迈克尔·沃尔泽:《清教徒的革命——关于激进政治起源的一项研究》,王东兴、张蓉译,商务印书馆 2016 年版。

113.［美］约翰·菲尼斯:《自然法与自然权利》,董娇娇、杨奕、梁晓晖译,中国政法大学出版社 2005 年版。

114.［美］杰曼·格里塞茨、［加］约瑟夫·波义尔、［英］约翰·菲尼斯:《实践原则、道德真理与最终目的》,吴彦译,商务印书馆 2019 年版。

115.［德］N.卢曼:《社会的经济》,余瑞先、郑伊倩译,人民出版社 2008 年版。

116.［德］尼克拉斯·卢曼:《权力》,瞿铁鹏译,上海人民出版社 2005 年版。

117.［美］约翰·肯尼思·加尔布雷思:《权力》,何永昌译,中信出版集团 2023 年版。

118.［美］约翰·肯尼斯·加尔布雷思:《美国资本主义:抗衡力量的概念》,王肖竹译,华夏出版社 2008 年版。

119.［德］韩炳哲:《什么是权力？》,王一力译,中信出版集团 2023 年版。

120.［德］韩炳哲:《资本主义与死亡驱力》,李明瑶译,中信出版集团 2023 年版。

121.［德］韩炳哲:《仪式的消失:当下的世界》,安尼译,中信出版集团 2023 年版。

122.［法］贝尔纳·斯蒂格勒:《象征的贫困 1：超工业时代》,张新木、庞茂森译,南京大学出版社 2021 年版。

123.［法］贝尔纳·斯蒂格勒:《象征的贫困 2：感性的灾难》,张新木、刘敏译,南京大学出版社 2022 年版。

124.［法］帕特里克·阿夫纳拉:《金钱：从左拉到精神分析》,华璐、严和来译,广西师范大学出版社 2023 年版。

125.［意］安东尼奥·内格里:《超越帝国》,李琨、陆汉臻译,北京大学出版社 2016 年版。

126.［美］亚当·莫顿:《论邪恶》,文静译,河南大学出版社 2017 年版。

127.［荷］诺伦·格尔茨:《虚无主义》,张红军译,商务印书馆 2022 年版。

128.［美］马克·里斯乔德:《当代社会科学哲学导论》,殷杰、郭亚茹、申晓旭译,科学出版社 2018 年版。

129. [德] 阿克塞尔·霍耐特:《自由的权利》,王旭译,社会科学文献出版社 2013 年版。

130. [埃及] 萨米尔·阿明:《资本主义的危机》,彭姝祎、贾瑞坤译,社会科学文献出版社 2003 年版。

131. [法] 居伊·德波:《景观社会》,张新木译,南京大学出版社 2017 年版。

132. [法] 让·波德里亚:《象征交换与死亡》,车槿山译,译林出版社 2012 年版。

133. [法] 让·波德里亚:《符号政治经济学批判》,夏莹译,南京大学出版社 2009 年版。

134. [法] 让·波德里亚:《为何一切尚未消失?》,张晓明、薛法蓝译,南京大学出版社 2017 年版。

135. [法] 让·波德里亚:《论诱惑》,张新木译,南京大学出版社 2011 年版。

136. [法] 让·波德里亚:《游戏与警察》,张新木、孟婕译,南京大学出版社 2013 年版。

137. [法] 让·博德里亚尔:《完美的罪行》,王为民译,商务印书馆 2014 年版。

138. [加] 理查德·J.莱恩:《导读鲍德里亚》,柏愔、董晓蕾译,重庆大学出版社 2016 年版。

139. [美] 瑞安·毕晓普、[美] 道格拉斯·凯尔纳等:《波德里亚:追思与展望》,戴阿宝译,河南大学出版社 2008 年版。

140．[美]韦恩·A.米克斯:《基督教道德的起源》,吴芬译,商务印书馆2012年版。

141．[英]罗伯特·C.艾伦:《工业革命》,史正永、赵后振译,译林出版社2023年版。

142．[英]帕特里克·波特:《自由秩序的虚假承诺》,姜一丹译,上海人民出版社2023年版。

143．[美]马歇尔·萨林斯:《人性的西方幻象》,赵丙祥、胡宗泽、罗杨译,生活·读书·新知三联书店2019年版。

144．[美]欧文·费雪:《繁荣与萧条》,李彬译,商务印书馆2014年版。

145．[俄]尼·布哈林:《食利者政治经济学——奥地利学派的价值和利润理论》,郭连成译,商务印书馆2002年版。

146．[奥]卡尔·门格尔:《国民经济学原理》,刘絜敖译,上海人民出版社2005年版。

147．[美]约瑟夫·熊彼特:《经济发展理论——对于利润、资本、信贷、利息和经济周期的考察》,何畏、易家详等译,商务印书馆1990年版。

148．[美]约瑟夫·A.熊彼特:《熊彼特选集》,秦传安译,上海财经大学出版社2010年版。

149．[英]约翰·梅纳德·凯恩斯:《就业、利息和货币通论》,高鸿业译,商务印书馆1999年版。

150．[美]克莱因:《凯恩斯的革命》,薛蕃康译,商务印书馆2015年版。

151.［美］小罗伯特·E.卢卡斯:《经济周期模型》,姚志勇、鲁刚译,中国人民大学出版社2013年版。

152.［美］罗伯特·J.巴罗:《自由社会中的市场和选择》,沈志彦译,格致出版社、上海三联书店、上海人民出版社2010年版。

153.［英］肯·宾默尔:《自然正义》,李晋译,上海财经大学出版社2010年版。

154.［英］罗伯特·萨格登:《权利、合作与福利的经济学》,方钦译,上海财经大学出版社2008年版。

155.［瑞典］乔根·W.威布尔:《演化博弈论》,王永钦译,上海三联书店、上海人民出版社2006年版。

156.［美］默瑞·N.罗斯巴德:《亚当·斯密以前的经济思想:奥地利学派视角下的经济思想史(第一卷)》,张凤林等译,商务印书馆2012年版。

157.［美］默瑞·N.罗斯巴德:《古典经济学:奥地利学派视角下的经济思想史(第二卷)》,张凤林等译,商务印书馆2012年版。

158.［德］汉斯－赫尔曼·霍普:《私有财产的经济学与伦理学:政治经济学与哲学研究》,吴烽炜译,上海财经大学出版社2019年版。

159.［美］悉尼·温特劳布编:《当代经济思想》,卢欣译,商务印书馆2021年版。

160.［意］阿列桑德洛·荣卡格利亚:《西方经济思想史》,

罗汉、耿筱兰、郑梨莎、姚炜堤译，上海社会科学院出版社 2009年版。

161．［英］埃里克·罗尔：《经济思想史》，包玉香译，商务印书馆 2021 年版。

162．［法］奥古斯特·孔德：《论实证精神》，黄建华译，商务印书馆 1996 年版。

163．［美］塞缪尔·鲍尔斯、理查德·爱德华兹、弗兰克·罗斯福、梅伦·拉鲁迪：《理解资本主义》，孟捷、张林、赵准、徐华主译，中国人民大学出版社 2022 年版。

164．［美］理查德·塔克：《自然权利诸理论：起源与发展》，杨利敏、朱圣刚译，吉林出版集团有限责任公司 2014 年版。

165．［美］唐纳德·R.凯利：《多面的历史：从希罗多德到赫尔德的历史探询》，陈恒、宋立宏译，生活·读书·新知三联书店。

166．［加］安德烈·库克拉：《社会建构主义与科学哲学》，方环非译，中国人民大学出版社 2023 年版。

167．［德］伽达默尔、［意］里卡尔多·多托利：《20 世纪的教训：一部哲学对话》，王志宏译，生活·读书·新知三联书店 2023 年版。

168．［英］詹姆斯·博纳：《哲学与政治经济学——历史关系的考察》，张东辉、夏国军译，商务印书馆 2021 年版。

169．［英］马克·布劳格：《经济学方法论》，苏丽文译，格致出版社、上海人民出版社 2022 年版。

170.［法］皮埃尔·布迪厄：《经济人类学》，张璐译，上海人民出版社 2023 年版。

171.［美］亚历克斯·卡里尼克斯：《平等》，徐朝友译，江苏人民出版社 2003 年版。

172.［美］托马斯·内格尔：《平等与偏倚性》，谭安奎译，商务印书馆 2016 年版。

173.［美］布瑞·格特勒：《自我知识》，徐竹译，华夏出版社 2013 年版。

174.［法］雅克·德里达：《多重立场》，佘碧平译，生活·读书·新知三联书店 2004 年版。

175.［法］让－弗朗索瓦·利奥塔：《异识》，周慧译，上海文艺出版社 2022 年版。

176.［法］吉尔·德勒兹、克莱尔·帕尔奈：《对话》，董树宝译，河南大学出版社 2019 年版。

177.［法］吉尔·德勒兹：《福柯》，于奇智译，上海人民出版社 2021 年版。

178.［法］吉尔·德勒兹：《褶子：莱布尼茨与巴洛克风格》，杨洁译，上海人民出版社 2021 年版。

179.［法］吉尔·德勒兹：《差异与重复》，安靖、张子岳译，华东师范大学出版社 2019 年版。

180.［法］吉尔·德勒兹、弗利克斯·加塔利：《千高原：资本主义与精神分裂（卷 2）》，姜宇辉译，上海人民出版社 2023 年版。

181.［英］亨利·萨默斯－霍尔:《导读德勒兹〈差异与重复〉》,郑旭东译,重庆大学出版社2021年版。

182.［澳］乔·休斯:《导读德勒兹〈差异与重复〉》,廖鸿飞译,重庆大学出版社2020年版。

183.［英］克莱尔·科勒布鲁克:《导读德勒兹》,廖鸿飞译,重庆大学出版社2014年版。

184.［澳］保罗·帕顿:《德勒兹概念》,尹晶译,河南大学出版社2018年版。

185.［斯洛文尼亚］斯拉沃热·齐泽克:《无身体的器官:论德勒兹及其推论》,吴静译,南京大学出版社2019年版。

186.［德］拉埃尔·耶吉、蒂洛·韦舍编:《什么是批判》,孙铁根等译,北京师范大学出版社2023年版。

187.［德］哈特穆特·罗萨:《新异化的诞生:社会加速批判理论大纲》,郑作彧译,上海人民出版社2018年版。

188.［德］哈特穆特·罗萨:《不受掌控》,郑作彧、马欣译,上海人民出版社2022年版。

189.［美］理查德·沃林:《非理性的诱惑:从尼采到后现代知识分子》,阎纪宇译,上海社会科学院出版社2017年版。

190.［英］特里·伊格尔顿:《唯物主义》,吴文权译,上海文艺出版社2023年版。

191.［英］特伦斯·欧文:《古典思想:牛津西方哲学史(第一卷)》,张卜天、宋继杰译,中信出版集团2023年版。

192.［美］唐纳德·坦嫩鲍姆:《观念的发明者:西方政治哲

学导论》,毛兴贵、莫娇、夏婉清译,中信出版集团 2023 年版。

193.［美］麦格琉:《古希腊的僭政与政治文化》,孟庆涛译,华东师范大学出版社 2015 年版。

194.［德］海德格尔:《论真理的本质——柏拉图的洞喻和〈泰阿泰德〉讲疏》,赵卫国译,华夏出版社 2008 年版。

195.［德］马丁·海德格尔:《柏拉图的〈智者〉》,熊林译,商务印书馆 2015 年版。

196.［法］吕克·布里松:《柏拉图哲学导论》,黄唯婷译,北京大学出版社 2018 年版。

197.［美］罗森:《柏拉图的〈智术师〉》,莫建华、蒋开君译,华东师范大学出版社 2016 年版。

198.［美］萨克森豪斯:《惧怕差异——古希腊思想中政治科学的诞生》,曹聪译,华夏出版社 2010 年版。

199.［美］伯格:《尼各马可伦理学义疏——亚里士多德与苏格拉底的对话》,柯小刚译,华夏出版社 2011 年版。

200.［美］戴维斯:《哲学的政治——亚里士多德〈政治学〉疏证》,郭振华译,华夏出版社 2012 年版。

201.［法］G.格洛兹:《古希腊的劳作》,解光云译,格致出版社、上海人民出版社 2010 年版。

202.［英］伯纳德·威廉斯:《真理与真诚:谱系论》,徐向东译,上海译文出版社 2013 年版。

203.晏智杰:《亚当·斯密以前的经济学》,商务印书馆 2021 年版。

204．包利民：《希腊伦理思想史》，中国社会科学出版社2021年版。

205．包利民：《古典政治哲学史论》，人民出版社2010年版。

206．王晓朝：《跨文化视野下的希腊形上学反思》，人民出版社2014年版。

207．高宣扬：《当代法国哲学导论》，同济大学出版社2004年版。

208．陈嘉映：《语言哲学》，北京大学出版社2003年版。

209．石元康：《当代西方自由主义理论》，上海三联书店2000年版。

210．何怀宏：《正义理论导引：以罗尔斯为中心》，北京师范大学出版社2015年版。

211．韩水法：《正义的视野：政治哲学与中国社会》，商务印书馆2009年版。

212．韩水法主编：《从文本到思想》，北京大学出版社2015年版。

213．韩水法主编：《理性的命运——启蒙的当代理解》，北京大学出版社2013年版。

214．赵鼎新：《国家、战争与历史发展》，浙江大学出版社2015年版。

215．赵鼎新：《社会与政治运动讲义》，社会科学文献出版社2006年版。

216．赵汀阳：《寻找动词的形而上学》，生活·读书·新知三联书店 2023 年版。

217．赵汀阳：《跨主体性》，生活·读书·新知三联书店 2023 年版。

218．赵汀阳：《方法与问题》，岳麓书社 2023 年版。

219．赵汀阳：《二十二个方案》，辽宁大学出版社 1998 年版。

220．赵汀阳：《坏世界研究》，中国人民大学出版社 2009 年版。

221．金观涛：《消失的真实：现代社会的思想困境》，中信出版集团 2022 年版。

222．苏国勋：《理性化及其限制：韦伯思想引论》，商务印书馆 2016 年版。

223．高全喜：《西方近现代政治思想》，中国大百科全书出版社 2023 年版。

224．冯克利：《尤利西斯的自缚》，中信出版社 2013 年版。

225．任军锋：《帝国的兴衰：修昔底德的政治世界》，生活·读书·新知三联书店 2017 年版。

226．应奇：《从自由主义到后自由主义》，生活·读书·新知三联书店 2003 年版。

227．周濂：《正义的可能》，云南人民出版社 2023 年版。

228．周濂：《现代政治的正当性基础》，上海三联书店 2021 年版。

229．丁耘：《儒家与启蒙：哲学会通视野下的当前中国思想》，生活·读书·新知三联书店 2020 年版。

230．吴增定：《利维坦的道德困境：早期现代政治哲学的问题与脉络》,生活·读书·新知三联书店 2012 年版。

231．吴飞:《尘世的惶恐与安慰》,北京大学出版社 2018 年版。

232．吴飞:《心灵秩序与世界历史:奥古斯丁对西方古典文明的终结》,生活·读书·新知三联书店 2013 年版。

233．李猛:《自然社会:自然法与现代道德世界的形成》,生活·读书·新知三联书店 2015 年版。

234．唐文明:《极高明与道中庸——补正沃格林对中国文明的秩序哲学分析》,生活·读书·新知三联书店 2023 年版。

235．彭刚:《西方思想史十二讲》,人民文学出版社 2022 年版。

236．崇明:《启蒙、革命与自由:法国近代政治与思想论集》,上海三联书店 2018 年版。

237．李筠:《英国政治思想新论》,商务印书馆 2019 年版。

238．谢惠媛:《善恶抉择:马基雅维里政治道德思想研究》,北京大学出版社 2011 年版。

239．陈华文:《命运与审慎:马基雅维里政治哲学研究》,商务印书馆 2016 年版。

240．张晗:《自然权利理论嬗变研究》,东方出版社中心 2023 年版。

241．黄伟合:《英国近代自由主义研究:从洛克、边沁到密尔》,北京大学出版社 2005 年版。

242．钟磊:《道德实在论及其认知向度》,魏犇群译,东方出版社中心 2022 年版。

243. 詹文杰：《真假之辩——柏拉图〈智者〉研究》，江苏人民出版社 2012 年版。

244. 周伟驰：《记忆与光照：奥古斯丁神哲学研究》，社会科学文献出版社 2001 年版。

245. 夏洞奇：《尘世的权威：奥古斯丁的社会政治思想》，上海三联书店 2007 年版。

246. 徐龙飞：《法哲之路：论马丁·路德宗教改革作为法哲学》，商务印书馆 2019 年版。

247. 徐龙飞：《立法之路：本体形上法哲学与国家政治思想研究》，商务印书馆 2020 年版。

248. 花威：《奥古斯丁早期意志哲学研究》，商务印书馆 2022 年版。

249. 陈斯一：《从政治到哲学的运动：〈尼各马可伦理学〉解读》，上海三联书店 2019 年版。

250. 陈斯一：《幸福与德性：亚里士多德伦理学十讲》，中国人民大学出版社 2023 年版。

251. 王寅丽：《世俗时代的政治哲学：共和主义的一项研究》，上海三联书店 2023 年版。

252. 黄璇：《情感与现代政治：卢梭政治哲学研究》，商务印书馆 2016 年版。

253. 刘禾：《语际书写：现代思想史写作批判纲要》，广西师范大学出版社 2017 年版。

254．孙帅：《抽空：加尔文与现代秩序的兴起》，商务印书馆 2021 年版。

255．孙帅：《自然与团契》，上海三联书店 2014 年版。

256．雷思温：《敉平与破裂：邓·司各脱论形而上学与上帝超越性》，生活·读书·新知三联书店 2020 年版。

257．吴功青：《上帝与罗马——奥利金与早期基督教的宗教—政治革命》，上海三联书店 2018 年版。

258．吴功青：《魔化与除魔——皮柯的魔法思想与现代世界的诞生》，生活·读书·新知三联书店 2023 年版。

259．刘海川：《霍布斯政治哲学研究》，上海三联书店 2023 年版。

260．吕超：《根本恶与自由意志的限度——一种基于文本的康德式诠释》，江苏人民出版社 2023 年版。

261．居俊：《知识与道德的二重奏——康德心灵哲学研究》，江苏人民出版社 2023 年版。

262．康子兴：《社会的"立法者科学"：亚当·斯密政治哲学研究》，上海三联书店 2017 年版。

263．张江伟：《欲望、利益与商业社会：从曼德维尔到斯密》，浙江大学出版社 2020 年版。

264．巫怀宇：《生活世界中的功利主义：哲学原理与历史实践》，南京大学出版社 2023 年版。

265．汪民安：《情动、物质与当代性》，山东人民出版社 2022 年版。

266．汪民安：《现代性》，南京大学出版社 2020 年版。

267．汪民安：《福柯的界线》，南京大学出版社 2023 年版。

268．许煜：《递归与偶然》，华东师范大学出版社 2020 年版。

269．余明锋：《还原与无限：技术时代的哲学问题》，上海三联书店 2022 年版。

270．董树宝：《影像的叛逆：法国当代哲学的艺术之思》，北京大学出版社 2023 年版。

271．刘文嘉：《拟真化生存：鲍德里亚媒介批判理论研究》，商务印书馆 2022 年版。

272．柳棱棱：《拟像场：当代空间展示设计》，华中科技大学出版社 2022 年版。

273．唐正东：《青年恩格斯哲学思想的形成与发展》，上海人民出版社 2022 年版。

274．潘建雷：《为现代社会而拯救自然：卢梭的"自然学说"释义》，上海三联书店 2018 年版。

275．刘小枫：《拥彗先驱：走向政治史学》，华东师范大学出版社 2019 年版。

276．刘小枫：《现代性社会理论绪论》，华东师范大学出版社 2018 年版。

277．刘小枫编：《城邦与自然：亚里士多德与现代性》，华夏出版社 2010 年版。

278．刘小枫主编：《政治生活的限度与满足》，华夏出版社 2007 年版。

279．刘小枫主编：《古典哲学与礼法》，华东师范大学出版社 2018 年版。

280．林志猛编：《立法与德性：柏拉图〈法义〉发微》，张清江、林志猛等译，华夏出版社 2019 年版。

281．刘训练编：《马基雅维利政治思想新诠》，天津人民出版社 2023 年版。

282．唐凯麟主编：《西方伦理学经典命题》，江西人民出版社 2009 年版。

283．郑天喆、王平主编：《马克思主义异化理论的当代诠释》，中国人民大学出版社 2021 年版。

284．江洋主编：《资本主义的矛盾与危机》，中国人民大学出版社 2021 年版。

285．李强主编：《财产权与正义》，北京大学出版社 2020 年版。

286．任剑涛主编：《理解现代国家》，中国政法大学出版社 2018 年版。

287．丛日云、庞金友主编：《现代西方政治思想的形成》，东方出版社 2020 年版。

288．复旦大学思想史研究中心主编：《"思想史研究"第一辑：什么是思想史》，上海人民出版社 2006 年版。

【英文文献】

1. Anscombe, G. E. M. (1959). *Intention*. Oxford: Basil Blackwell.

2. Berker, S. (2018). "A Combinatorial Argument against Practical Reasons for Belief." Analytic Philosophy 59(4), 427-70.

3. Berker, S. (2013). "Epistemic Teleology and the Separateness of Propositions." Philosophical Review 122(3), 337-93.

4. Björnsson, G. and Finlay, S. (2010). "Metaethical Contextualism Defended." Ethics 121(1), 7-36.

5. Broome, J. (2013). *Rationality through Reasoning*. Oxford: Blackwell.

6. Broome, J. (1991). *Weighing Goods*. Oxford: Basil Blackwell.

7. Bolton, Martha Brandt. (1987). "Berkeley's Objection to Abstract Ideas and Unconceived Objects". *Philosophy of George Berkeley*, edited by Ernest Sosa, 61-81. Boston: Springer.

8. Blackledge, Paul. 2012. *Marxism and Ethics: Freedom, Desire and Revolution*. New York: SUNY Press.

9. Blackorby, C., W. Bossert and D. Donaldson. (1997). "Critical-level utilitarianism and the populationethics dilemma", Economics and Philosophy, 13, 197-230.

10. Boadway, R. and N. Bruce (1984), *Welfare Economics*.

Oxford: Basil Blackwell.

11. Bossert, W. (1991), "On intra- and interpersonal utility comparisons", Social Choice and Welfare, 8, 207-19.

12. Bossert, W. and J.A. Weymark. (1998). "Utility theory in social choice", in S. Barbera, P.J. Hammond and C. Seidl (eds), *Handbook of Utility Theory*, vol.2, Dordrecht: Kluwer.

13. Brennan, G. and J. Buchanan. (1985). *The Reason of Rules: Constitutional Political Economy*. Cambridge: Cambridge University Press.

14. Bernstein, Richard. (1994). "Foucault: Critique as a Philosophical Ethos." In *Critique and Power: Recasting the Foucault/Habermas Debate*, ed. Michael Kelly. Cambridge, Mass: The MIT Press.

15. Cariani, F., Kaufmann, M. and Kaufmann, S. (2013). "Deliberative Modality under Epistemic Uncertainty." Linguistics and Philosophy 36(3), 225-59.

16. Carr, J. (2015). "Subjective Ought." Ergo 2(27), 678-710.

17. Cummins, Phillip. (1963). "Perceptual Relativity and Ideas in the Mind." *Philosophy and Phenomenological Research* 24 (2): 202-214.

18. Clewis, Robert R. (2006). "Kant's Consistency Regarding the Regime Change in France." Philosophy and Social Criticism 32 (4): 443-460.

19. Charlow, N. (2013). "What We Know and What to Do." Synthese 190(12), 2291-323.

20. Chisholm, R.M. (1977). *Theory of Knowledge*. 2nd edition. Englewood Cliffs: Prentice-Hall.

21. Chrisman, M. (2015). "X—Knowing What One Ought to Do." Proceedings of the Aristotelian Society 115(2pt2), 167-86.

22. Cowie, C. (2014). "In Defence of Instrumentalism about Epistemic Normativity." Synthese 191(16), 4003-17.

23. Dowell, J. (2012). "Contextualist Solutions to Three Puzzles about Practical Conditionals." Oxford Studies in Metaethics 7, 271-303.

24. Dowell, J. (2013). "Flexible Contextualism about Deontic Modals: A Puzzle about Information-Sensitivity." Inquiry 56(2-3), 149-78.

25. Dancy, Jonathan. (2000). *Practical Reality*. Oxford: Oxford University Press.

26. Davidson, Donald. (1980). *Essays on Actions and Events*. Oxford: Oxford University Press.

27. Dreier, J. (1990). "Internalism and Speaker Relativism." Ethics 101(1), 6-26.

28. Dreyfus, Hubert L. and Paul Rabinow. (1983). *Michel Foucault: Beyond Structuralism and Hermeneutics*. 2nd ed. Chicago: The University of Chicago Press.

29. Fantl, J. and McGrath, M. (2002). "Evidence, Pragmatics, and Justification." Philosophical Review 111(1), 67-94.

30. Feldman, R. (2000). "The Ethics of Belief." Philosophy and Phenomenological Research 60(3), 667-95.

31. Feldman, R. and Conee, E. (1985). "Evidentialism." Philosophical Studies 48(1), 15-34.

32. Finlay, S. (2014). *Confusion of Tongues: A Theory of Normative Language*. New York: Oxford University Press.

33. Finlay, S. (2020). "Reply to Worsnip, Dowell, and Koehn." Analysis 80(1), 131-47. 33. Foot, P. (1972). "Morality as a System of Hypothetical Imperatives." Philosophical Review 81(3), 305-16.

34. Flynn, Thomas R. (1989). "Foucault and the Politics of Postmodernity." Noûs 23 (2): 187-198.

35. Foucault, Michel. (1983). "The Subject and Power." In Hubert Dreyfus and Paul Rabinow, *Michel Foucault: Beyond Structuralism and Hermeneutics*. 2nd ed. Chicago: The University of Chicago Press.

36. Fraser, Nancy. (1989). "Foucault on Modern Power: Empirical Insights and Normative Confusions." In Nancy Fraser, *Unruly Practices: Power, Discourse and Gender in Contemporary Social Theory*. Minneapolis: University of Minnesota Press.

37. Geach, P. (1956). "Good and Evil." Analysis 17, 33-42.

38. Gendler, T.S. (2011). "On the Epistemic Costs of Implicit Bias." Philosophical Studies 156(1), 33-63.

39. Glüer, K. and Wikforss, Å. (2009). "Against Content Normativity." Mind 118, 31-70.

40. Glüer, K. and Wikforss, Å. (2010). "The Truth Norm and Guidance: A Reply to Steglich-Petersen." Mind 119(475), 757-61.

41. Goldman, A.I. (1999). *Knowledge in a Social World*. New York: Oxford University Press.

42. Goldman, A.I. (2001). "Social Routes to Belief and Knowledge." The Monist 84(3), 346-67.

43. Goldman, A.I. (2015). "Reliabilism, Veritism, and Epistemic Consequentialism." Episteme 12(2), 131-43.

44. Grimm, S.R. (2009). "Epistemic Normativity." In Haddock, A., Millar, A. and Pritchard, D. (eds), *Epistemic Value*, pp.243-64. Oxford: Oxford University Press.

45. Habermas, Jürgen. (1987). *The Philosophical Discourse of Modernity*. Cambridge, Mass: The MIT Press.

46. Harman, G. (1975). "Moral Relativism Defended." Philosophical Review 84(1), 3-22.

47. Harman, G. (1996). "Moral Relativism". In Harman, G. and Thomson, J.J. (eds), *Moral Relativism and Moral Objectivity*, pp.1-64. Malden, MA: Blackwell.

48. Hieronymi, P. (2005). "The Wrong Kind of Reason." Journal of Philosophy 102(9), 1-21.

49. Howard, C. (2016). "Transparency and the Ethics of Belief."

Philosophical Studies173(5), 1191-201.

50. Howard, C. (2020). "Weighing Epistemic and Practical Reasons for Belief." Philosophical Studies 177(8), 2227-43.

51. Hobwbawn, E.J. 1990. *Nations and Nationalism Since 1789: Programme, Myth, Reality.* Cambridge: Cambridge University Press.

52. Hirscheman, Albert O. (1995). *A Propensity to Self-Subversion.* Cambridge: Harvard University Press.

53. Holden, Matthew (2017). "Berkeley on Inconceivability and Impossibility." Philosophy and Phenomenological Research 98:1, 107-122.

54. Hoefer, C. 2019. *Chance in the world: A Humean guide to objective chance.* Oxford University Press.

55. Jackson, F. (1998). From Metaphysics to Ethics: A Defence of Conceptual Analysis. Oxford: Oxford University Press.

56. Joyce, J.M. (1998). "A Nonpragmatic Vindication of Probabilism." Philosophy of Science 65(4), 575-603.

57. Kelly, T. (2003). "Epistemic Rationality as Instrumental Rationality: A Critique." Philosophy and Phenomenological Research 66(3), 612-40.

58. Kolodny, N. and Macfarlane, J. (2010). "Ifs and Oughts." Journal of Philosophy107(3), 115-43.

59. Kratzer, A. (1981). "The Notional Category of Modality." In Eikmeyer, H.-J. and Rieser, H. (eds), Words, Worlds, and Contexts:

New Approaches in World Semantics, pp. 38-74. Berlin: de Gruyter.

60. Kratzer, A. (1991). "Modality." In von Stechow, A. and Wunderlich, D. (eds), *Semantics: An International Handbook of Contemporary Research*, pp. 639-50. Berlin: de Gruyter.

61. Kratzer, A. (2012). *Modals and Conditionals*. Oxford: Oxford University Press.

62. Kagan, S. (2009). "Well-being as Enjoying the Good." Philosophical Perspectives23(1), 253-72.

63. Kiesewetter, B. (2017). *The Normativity of Rationality*. Oxford: Oxford University Press.

64. Kiesewetter, B. (2022). "Are Epistemic Reasons Normative?" Noûs 56(3), 670-95.

65. Kolodny, N. (2005). "Why be Rational?" Mind 114 (455), 509-63.

66. Kornblith, H. (1993). "Epistemic Normativity." Synthese (Dordrecht) 94(3), 357-76.

67. Korsgaard, C.M. (1996). *The Sources of Normativity*. Cambridge: Cambridge University Press.

68. Kyriacou, C. and McKenna, R. (2018). *Metaepistemology: Realism and Antirealism*. London: Palgrave Macmillan.

69. Kimpton-Nye, S. (2017). "Humean laws in an unHumean world". Journal of the American Philosophical Association, 3(2): 129-147.

70. Leary, S. (2017). "In Defense of Practical Reasons for Belief." Australasian Journal of Philosophy 95(3), 529-42.

71. Leary, S. (2022). "Banks, Bosses, and Bears: A Pragmatist Argument Against Encroachment." Philosophy and Phenomenological Research 105(3), 657-676.

72. Lewis, D. (1996). "Elusive Knowledge." Australasian Journal of Philosophy 74 (4), 549-67.

73. Levi, I. (1980). *The Enterprise of Knowledge*. Cambridge, MA: MIT Press.

74. Levi, I. (1988). "On Indeterminate Probabilities." In P. Gärdenfors and N.-E. Sahlin, *Decision, Probability, and Utility: Selected Readings* (1988), pp. 286-312. Cambridge: Cambridge University Press.

75. Lockard, M. (2013). "Epistemic Instrumentalism." Synthese (Dordrecht) 190(9), 1701-18.

76. Lord, E. (2018). *The Importance of Being Rational*. Oxford: Oxford University Press.

77. Lehrer, K. and Cohen, S. (1983). "Justification, Truth, and Coherence." Synthese55: 191-207.

78. Lemos, N. M. (1994) *Intrinsic Value: Concept and Warrant*. Cambridge: Cambridge University Press.

79. McLaughlin, Brian (2013). "Why Rationalization Is Not a Species of Causal Explanation", in G. D'Oro and C. Sandis eds.,

Reasons and Causes: Causalism and Anti-Causalism in the Philosophy of Action, Houndmills: Palgrave Macmillan: 2013.

80. Melden, A. I. (1961). *Free Action*. London: Routledge and Kegan Paul.

81. Maguire, B. (2016). "The Value-Based Theory of Reasons." Ergo: An Open Access Journal of Philosophy 3, 233-62.

82. Maguire, B. and Woods, J. (2020). "The Game of Belief." The Philosophical Review 129(2), 211-49.

83. Mchugh, C. (2012). "The Truth Norm of Belief." Pacific Philosophical Quarterly 93(1), 8-30.

84. Moore, G. E. (1903) . *Principia Ethica, Revised Edition*. ed. Baldwin.Cambridge: Cambridge University Press.

85. Moore, G. E (1922) "The Conception of Intrinsic Value." In Moore, *Philosophical Studies*. New York: Harcourt, Brace and Co., 253-75.

86. Mackie, J.L. (1977). *Ethics: Inventing Right and Wrong*. London: Pelican Books.

87. Meacham, C. (2013). "Impermissive Bayesianism." Erkenntnis S6, 1-33.

88. McCarthy, Thomas. (1990). "The Critique of Impure Reason: Foucault and the Frankfurt School." Political Theory 18 (3): 437-469.

89. Nolfi, K. (2021). "Epistemic Norms, All Things Considered."

Synthese (Dordrecht)198(7), 6717-37.

90. Papineau, D. (2013). "There Are No Norms of Belief." In Chan, T. (ed.), *The Aim of Belief*, pp.64-79. Oxford: Oxford University Press.

91. Parfit, Derek. (1984). *Reasons and Persons*. Oxford: Oxford University Press.

92. Pearce, Kenneth L. (2017). *Language and the Structure of Berkeley's World*.Oxford: Oxford University Press.

93. Pryor, Benjamin S. (1998). "Counter-Remembering the Enlightenment." Philosophy Today 42 (Suppl.): 147-159.

94. Pritchard, D. (2007). "Recent Work on Epistemic Value." American Philosophical Quarterly 44: 85-110.

95. Quine, W.V. (1948). "On What There Is." The Review of Metaphysics 2(5), 21-38.

96. Rabinowicz, W. and Rønnow-Rasmussen, T. (2004). "The Strike of the Demon: On Fitting Pro-Attitudes and Value." Ethics 114(3), 391-423.

97. Rinard, S. (2017). "No Exception for Belief." Philosophy and Phenomenological Research 94(1), 121-43.

98. Ryle, Gilbert. (1949). *The Concept of Mind*. London: Hutchinson.

99. Roberts, John Russell. (2007). *A Metaphysics for the Mob*. Oxford: Oxford University Press.

100. Russell, Bertrand. (2001). *The Problems of Philosophy.* Oxford: Oxford University Press.

101. Roemer, John. (1982). *A General Theory of Exploitation and Class.* Cambridge: Harvard University Press.

102. Rabinowicz, W. and Rønnow-Rasmussen, T.(2000). "A Distinction in Value: Intrinsic and for Its Own Sake." Proceedings of the Aristotelian Society, New Series 100: 33-51.

103. Rajchman, John. (1985). *Michel Foucault: The Freedom of Philosophy.* New York: Columbia University Press.

104. Rawls, John. (1971). *A Theory of Justice.* Cambridge, MA: Harvard University Press.

105. Redman, D.A. (1994). "Karl Popper's theory of science and econometrics: the rise and fall of social engineering", Journal of Economic Issues, 28 (1), 67-99.

106. Resnick, S.A. and Wolff, R.D. (1982). "Marxist epistemology: the critique of economic determinism", Social Text 6 (Fall), 31-72.

107. Resnick, S.A. and Wolff, R.D. (1987). *Knowledge and Class: A Marxian Critique of Political Economy*, Chicago: University of Chicago Press.

108. Resnick, S.A. and Wolff, R.D. (1988). "Marxian theory and the rhetorics of economics", in Arjo Klamer, D.N. McCloskey and Robert M. Solow (eds), *The Consequences of Economic Rhetoric*, Cambridge: Cambrdge University Press, pp. 47-63.

109. Rorty, Richard (1979). *Philosophy and the Mirror of Nature*, Princeton, NJ: Princeton University Press.

110. Ruccio, David F. (1991). "Postmodernism and economics", Journal of Post Keynesian Economics, 13 (4), 495-510.

111. Ramsey, F. (1990). "Truth and Probability." In D. Mellor (ed.), *Philosophical Papers: F. P. Ramsey*, pp.52-94. Cambridge: Cambridge University Press.

112. Reisner, A. (2008). "Weighing Pragmatic and Evidential Reasons for Belief." Philosophical Studies 138(1), 17-27.

113. Reisner, A. (2009). "The Possibility of Pragmatic Reasons for Belief and the Wrong Kind of Reasons Problem." Philosophical Studies 145, 257-72.

114. Rinard, S. (2017). "No Exception for Belief." Philosophy and Phenomenological Research 94(1), 121-43.

115. Rinard, S. (2019). "Equal Treatment for Belief." Philosophical Studies 176(7), 1923-50.

116. Risberg, O. (2016). "Weighting Surprise Parties: Some Problems for Schroeder." Utilitas 28(1), 101-7.

117. Schaffer, J. (2004). "From Contextualism to Contrastivism." Philosophical Studies: An International Journal for Philosophy in the Analytic Tradition 119(1/2), 73-103.

118. Sawicki, Jana. (1991). *Disciplining Foucault: Feminism, Power and the Body*. New York and London: Routledge.

119. Schmidt, James and Wartenberg,T. (1994). "Foucault's Enlightenment: Critique, Revolution, and the Fashioning of the Self." In *Critique and Power: Recasting the Foucault/Habermas Debate*, ed. Michael Kelly. Cambridge, Mass: The MIT Press.

120. Scott, Charles E. 1991. "Foucault and the Question of Humanism." In *The Question of Humanism: Challenges and Possibilities*, ed. David Goicoechea, John Luik, and Tim Madigan. Buffalo, NY: Prometheus Books.

121. Schroeder, M. (2007). *Slaves of the Passions*. Oxford: Oxford University Press.

122. Schroeder, M. (2010). "Value and the Right Kind of Reason." Oxford Studies in Metaethics 5, 25-55.

123. Schroeder, M. (2012). "The Ubiquity of State-Given Reasons." Ethics 122(3), 457-88.

124. Setiya, Kieran 2009. "Reasons and Causes". European Journal of Philosophy, 19, 129-157.

125. Shah, N. (2003). "How Truth Governs Belief." The Philosophical Review 112, 447-82.

126. Shah, N. (2006). "A New Argument for Evidentialism." Philosophical Quarterly56 (225), 481-98.

127. Schoenfield, M. (2014). "Permission to Believe: Why Permissivism is True and What it Tells us About Irrelevant Influences on Belief." Noûs 48(2), 193-218.

128. Schoenfield, M. (2019). "Permissivism and the Value of Rationality: A Challenge to the Uniqueness Thesis." Philosophy and Phenomenological Research 99(2), 286-97.

129. Sahlin, N.-E. (2012). "Unreliable Probabilities, Paradoxes, and Epistemic Risks." In S. Roeser, R. Hillerbrand, P. Sandin and M. Peterson eds, *Handbook of Risk Theory*, pp. 477-498. Dordrecht: Springer.

130. Savage, L. (1972). *The Foundations of Statistics* (2nd edn). New York: Dover.

131. Seidenfeld, T. (1988). "Decision Theory without 'Independence' or without 'Ordering': What Is the Difference?" Economy and Philosophy 4: 267-315.

132. Sober, Elliott. (2001). "The Two Faces of Fitness." In *Thinking about Evolution: Historical, Philosophical, and Political Perspectives*, edited by R. Singh, D. Paul, C. Krimbas, and J. Beatty, 309-21. New York: Cambridge University Press.

133. Sober, Elliott, and Wilson, D. (1998). *Unto Others: The Evolution and Psychology of Unselfish Behavior*. Cambridge, MA: Harvard University Press.

134. Sen, A. (1993). "Markets and Freedoms: Achievements and Limitations of the Market Mechanism in Promoting Individual Freedoms", Oxford Economic Papers 45: 519-541.

135. Sugden, R. (1989). "Spontaneous Order", Journal of

Economic Perspectives 3: 85-97.

136. Sudgen, R. (1998). "The Metric of Opportunity", Economics and Philosophy 14: 307-337.

137. Shah, N. and Velleman, J.D. (2005). "Doxastic Deliberation." Philosophical Review114(4), 497-534.

138. Sharadin, N. (2018). "Epistemic Instrumentalism and the Reason to Believe in Accord with the Evidence." Synthese (Dordrecht) 195(9), 3791-809.

139. Sharadin, N. (2021). "Ecumenical Epistemic Instrumentalism." Synthese (Dordrecht) 198(3), 2613-39.

140. Stich, S.P. (1990). The Fragmentation of Reason: Preface to a Pragmatic Theory of Cognitive Evaluation. Cambridge, MA: MIT Press.

141. Stoneham, Tom. 2010. "Berkeley" In *A Companion to the Philosophy of Action*, edited by Timothy O'Connor and Constantine Sandis, 496-504. Oxford: Wiley-Blackwell.

142. Street, S. (2009). "In Defense of Future Tuesday Indifference: Ideally Coherent Eccentrics and the Contingency of What Matters." Philosophical Issues 19, 273-98.

143. Sylvan, K.L. (2020). "An Epistemic Non-consequentialism." Philosophical Review129(1), 1-51.

144. Sylvan, K. and Sosa, E. (2018). "The Place of Reasons in Epistemology." In Star, D.(ed.), *The Oxford Handbook of Reasons*

and Normativity, pp. 555-74. Oxford: Oxford University Press.

145. Sider, T. (2013). "Against Parthood." Oxford Studies in Metaphysics 8(2013), 237-93.

146. Silk, A. (2017). "Normative Language in Context." Oxford Studies in Metaethics12, 206-39.

147. Singh, K. (2021). "Evidentialism Doesn't Make an Exception for Belief." Synthese198(6), 5477-94.

148. Smith, M. (1994). *The Moral Problem*. London: Blackwell.

149. Stanley, J. (2005). *Knowledge and Practical Interests*. Oxford: Oxford University Press.

150. Sosa, E. (1991). *Knowledge in Perspective: Selected Essays in Epistemology*. Cambridge: Cambridge University Press.

151. Sosa, E. (2003). "The Place of Truth in Epistemology." In *Intellectual Virtue: Perspectives from Ethics and Epistemology*, ed. DePaul, M. and Zagzebski., M.Oxford: Oxford University Press, 155-79.

152. Sosa, E. (2007). *A Virtue Epistemology: Apt Belief and Reflective Knowledge, Volume I*. Oxford: Oxford University Press.

153. Sosa, E. (2007). *A Virtue Epistemology*. Oxford: Oxford University Press.

154. Stroud, S. (2006). "Epistemic Partiality in Friendship." Ethics 116(3), 498-524.

155. Tanney, Julia (2009). *Rules, Reason, and Self-Knowledge*,

Cambridge, MA: Harvard University Press, 2013.

156. Titelbaum, M.G. (2010). "Not Enough There There: Evidence Reasons, And Language Independence." Philosophical Perspectives 24(1), 477-528.

157. Touey, Daniel. (1998). "Foucault's Apology." Journal for the Theory of Social Behavior 28 (1): 83-106.

158. Trpin, B. and Pellert, M. (2019). "Inference to the Best Explanation in Uncertain Evidential Situations." British Journal for the Philosophy of Science 70(4), 977-1001.

159. Thiel, Udo. (2011). *The Early Modern Subject.* Oxford: Oxford University Press.

160. Vinci, T. C. (1998). *Cartesian Truth.* New York: Oxford University Press.

161. Vetter, B. and Viebahn, E. (2016). "How Many Meanings for 'May'? The Case for Modal Polysemy." Philosophers' Imprint 16, 1-26.

162. Wedgwood, R. (2002). "The Aim of Belief." Philosophical Perspectives 16, 267-97.

163. Wedgwood, R. (2006). "The Meaning of 'Ought'". In Shafer-Landau, R. (ed), *Oxford Studies in Metaethics, 1,* pp.127-60. New York: Oxford University Press.

164. Wedgwood, R. (2007). The Nature of Normativity. Oxford: Oxford University Press.

165. Williams, B. (1979). "Internal and External Reasons." In Harrison, R. (ed), *Rational Action*, pp.17-28. Cambridge: Cambridge University Press.

166. Worsnip, W. (2019). "'Ought'-Contextualism Beyond the Parochial." Philosophical Studies 176(11), 3099-119.

167. Worsnip, A. (2020). "Resisting Relativistic Contextualism: On Finlay's Confusion of Tongues." Analysis 80(1), 122-31.

168. Wilson, George (1985). "Davidson on Intentional Action", in E. LePore and B. McLaughlin (eds)., *Actions and Events: Perspectives on the Philosophy of Donald Davidson*. Oxford: Basil Blackwell.

169. Wood, Allen. (2001). "Philosophy: Enlightenment Apology, Enlightenment Critique." In C.P. Ragland and Sarah Heidt (eds). *What is Philosophy?*. New Haven and London: Yale University Press.

170. Witt, U. (1997). "The Hayekian puzzle : spontaneous order and the business cycle", Scottish Journal of Political Economy 44: 22-58.

171. White, R. (2005). "Epistemic Permissiveness." Philosophical Perspectives 19(1), 445-59.

172. White, R. (2007). "Epistemic Subjectivism." Episteme 4(1), 115-29.

173. Williamson, T. (2000). *Knowledge and Its Limits*. Oxford: Oxford University Press.

174. Winkler, Kenneth. (2011). "Marvellous Emptiness: Berkeley on

Consciousness and Self-Consciousness." In *Berkeley's Lasting Legacy: 300 Years Later*, edited by Timo Airaksinen and Bertil Belfrage, 223-50. Cambridge: Cambridge Scholarly Publishing.

175. Yakovenko, V. M. and Rosser, J. B. (2009). "Statistical mechanics of money, wealth, and income", Reviews of Modern Physics 81: 1703-1725.

176. Young, H. P. (1993). "The Evolution of Conventions", Econometrica 61: 57-84.

177. Young, H.P. (1996). "The Economics of Convention", Journal of Economic Perspectives 10: 105-122.

178. Zagzebski, L. (2000). "From Reliabilism to Virtue Epistemology." In *Knowledge, Belief, and Character: Readings in Virtue Epistemology*, ed. Axtell, G. Lanham MD: Rowman and Littlefield, 113-22.

179. Zagzebski, L.(2012). *Epistemic Authority: A Theory of Trust, Authority, and Autonomy in Belief.* New York : Oxford University Press.